陈友谅传

陈建成◎著

中国文史出版社
CHINA CULTURAL AND HISTORICAL PRESS

图书在版编目（CIP）数据

陈友谅传 / 陈建成著 .—北京：中国文史出版社，2021.8

ISBN 978-7-5205-3021-7

Ⅰ．①陈… Ⅱ．①陈… Ⅲ．①陈友谅（1320–1363）—传记 Ⅳ．① K827=47

中国版本图书馆 CIP 数据核字（2021）第 104317 号

责任编辑：徐玉霞

出版发行：中国文史出版社
社　　址：北京市海淀区西八里庄路 69 号院　　邮　　编：100142
电　　话：010–81136606　81136602　81136603（发行部）
传　　真：010–81136655
印　　装：廊坊市海涛印刷有限公司
经　　销：全国新华书店
开　　本：16 开
印　　张：27.5
字　　数：400 千字
版　　次：2022 年 3 月第 1 版
印　　次：2022 年 3 月第 1 次印刷
定　　价：69.00 元

序

陈友谅是个值得研究的人物。

他不同于同时代的朱元璋，也不同于270年后的李自成。他是一个渔民的儿子，在特定的历史条件下，他有着远大的抱负，也有着超人的智慧和胆略，掀起了一场席卷中原大地的狂风暴雨。

他又是一个失败者，是典型“胜王，败寇”的宿命。

陈友谅的身影虽然已经过去了600余年，他在不同的历史时期和不同的人物心目中有着不同的评价。

朱元璋（明开国皇帝）说：“朕以友谅志骄、士诚器小，志骄则好生事，器小则无远图。”

谈迁（明末清初史学家）直言：“国史于陈友谅、张士诚辈辄书寇，夫寇非所言也。彼未我臣，何寇焉。俱田间布衣，仗尺剑起事，虽仁暴悬殊，亦自有幸不幸焉。”

从明朝的开国皇帝、军机大臣、文人骚客到明末清初的政治家、文学家、史学家，他们都评价过陈友谅。

随着时间的推移，历史的变迁，对陈友谅的评价，似乎有些变味儿了，让后人感觉到迷茫。

丁耀亢（明末清初小说家）认为：“按友谅功业，已成犄角，几鼎峙矣。至其谋弑寿辉，是篡贼也。贼安能成大业乎？盖天生此辈，为我太祖作蕴。鄱阳贯颅，摧枯拉朽，殆天授非人力也。”

清朝中早期，勤政殿大学士张廷玉编纂的《明史》，正式将陈友谅定性为“反贼”“贼寇”。

这到底是什么原因造成的呢？

其实，原因很简单，清政权与元政权的统治者有着千丝万缕的血缘基因，并且都是少数民族统治大汉族。陈友谅是推翻元朝统治的中流砥柱，理所当然，清朝统治者对他也恨之入骨。

为了迎合清乾隆皇帝的口味，张廷玉还另著有《流寇传》。该书于清乾隆四年（1739）发行，书中对农民起义极端仇视。清朝统治者出于政治需要，完全站在元蒙统治者一边，以假乱真，以讹传讹。故而，在不明真相人们的心目中，陈友谅是个十恶不赦的“贼寇”。

历史是一本沉甸甸的教科书，日久月积，其尘埃越积越厚，当你去翻开你要查看的那一页时，你必须拂去上面的尘埃，这时展现在你面前，是淡黄而又崭新的一页。

元代傅箕(元末进士)在《南昌府志》中记载:“友谅以雄毅之姿,英迈之略,纠集群师,起兵汉沔,而威吴楚……所致之处,能者使,才者用,贤而有德者尊,礼俾各遂其性……”

梁启超在《中国历史研究》中说：“项羽、李密、陈友谅，时代不同，事业大致相同……这种失败的英雄可以供我们凭吊的地方很多。”

辛亥革命胜利后，孙中山先生为陈友谅在蛇山墓碑，亲笔题字：“大汉陈友谅之墓。”

饶汉祥（民国总统府秘书长）在《大汉皇帝陈友谅碑铭》撰文：“帝之才可以承天宠，帝之志可以合人统。帝构其胎而明获其种，惟古有项王与帝伯仲……”

南炳文（中国明史学会会长）在新编《明史》中指出：“陈友谅建立的政权是农民政权，在元末农民起义中的辉煌业绩是不容抹杀的……他坚持反对元朝的反动统治，从不屈服地进行战斗，不失为一个英雄人物。”

吴晗在《朱元璋传》叙述：“陈友谅虽然失败了，但他毕竟是反对蒙汉地主阶级统治的英雄人物，在历史上起过作用，当时人民对他是同情的，怀念的，他的坟墓到今天还在新建的长江大桥下被保存着，供来往游人悼念。”

1981年湖北省人民政府第三次对安葬在黄鹤楼下的陈友谅之墓进行维修保护，并竖碑题词：

江汉先英
三楚雄风

作者长期从事义门陈氏的历史文化研究，鸿爪雪泥。同时收集到了很多有关陈友谅的资料、图片、诗词、故事、民间唱词和民间传说，从而萌发了创作《陈友谅传》的构想。

这部作品的史料翔实，语言流畅，还引用了60余首古体诗词进行烘托，作品中钩沉逸事，可读性强，使这位历史人物，有血有肉地展现在读者面前。

在实现伟大“中华梦”的鼎盛时期，重读这部作品，读者对陈友谅身上体现出来的历史文化会有着属于自己的感悟。

陈友谅是推动中国历史前进的一代英雄！

刘敬堂

于鄂州庚子年仲秋

目 录

第一章

玉帝悦檀香误民间求子　判官做奇梦为土星起名

黄蓬湖里育天骄，大汉雄风卷怒潮。
废戾驱鞑多少事，波澜壮阔入云霄。

——题记

楔子

宋仁宗嘉祐七年，文颜博、包拯、范师道、吕诲等大臣，联合上奏折给仁宗皇帝，每份奏折的内容异曲同工：居住在江州德安艾草坪义门陈氏，人口聚众，朝野过盛，建议皇帝下旨，令其家族分析。否则，后果难以预测。

仁宗想打瞌睡，大臣们抱来了枕头。他连连批示曰：准奏！准奏！

义门陈氏十五代同居，三百三十二年未分家，萃族三千九百余口。从唐僖宗开始，就有“义门世家”之誉，该族以“忠孝为本，耕读传家”为家训，是当朝治家的典范！

这一团结现象，似乎是对宋室江山带来了潜在危机，仁宗皇帝迫不及待地下旨分家，赐五省七十二州郡的荒芜之地，给义门陈氏安居乐业。

三千九百余人，分到七十二个地方，族人各奔东西，要想做通大家的工作，是一件不容易的事。但皇命在手，怎敢怠慢，否则就有灭族之灾。

家长陈泰只好按房分拈阄。义门陈氏三房当家人陈延晤，拈得到荆楚的沔阳庄，便举家迁入。

沔阳庄坐落在江汉平原、风景秀丽的黄蓬山脚下。万里长江犹如一条玉带，紧紧地缠绕着黄蓬山而顺流东去，长江南面是八百里洞庭湖。

如果说洞庭湖是一块碧玉，那么黄蓬山就是一块翡翠，双双镶嵌在玉带上，显得更加璀璨、美丽。

宋代，这里是一片碧水连天，绕山而居的有很多渔业者、农耕者，而陈家台子是集居陈姓的渔民之一。

黄蓬山山势雄伟，绵延百里，北面就是黄蓬湖。黄蓬湖是古云梦大泽演变而来。

黄蓬湖畔有个黄蓬镇，自古以来是江汉通衡、商贾云集的重镇，历史悠久。这里风光旖旎，山清水秀，气候宜人。

黄蓬镇是西周时期“周国”的都城，你别小看了这个弹丸之地，这里可是个风水宝地。

汉高祖刘邦，曾在此地停过战船，留下了“御船矶”的传说：每五百年这里要出一次“龙种”。

黄蓬湖人们也称排湖，由于一到春季，大雨倾盆，黄蓬山的滚滚洪流，顺势而下，气势汹汹地直泻湖中，将碧清的湖水染成泥黄色，后来人们就称为洪湖。

1

这天不知怎的，一向热闹的黄蓬镇，格外冷清。立秋刚过，秋老虎如一个热气腾腾的大蒸笼，蒸得大地蒸汽袅袅，燥热难当。

镇中心的一棵老槐树上，一只乌鸦伴随着苦蝉在悲哀地鸣叫着；街道一个行人都不见，更别说有赶集的小商小贩了，就连街道两旁的店铺里，也难见到一名顾客。

老槐树下，一块黄底白字“神算周”的幡旆，在一根破竹竿上一动不动地竖着，周铁嘴斜欹在树干上，眯着眼儿纳凉。

突然，周铁嘴一下子站直了，他的耳朵尖，听出了有人从东向西而来。

来者是一老一少，年长者面目清瘦，目光炯炯有神，一派乡绅打扮。年轻背包袱者，则是一书童。

周铁嘴忙上前招呼说：“二位客官，路上炎热，请到树荫下凉爽凉爽。”

二位刚从码头上岸，没有走多少路程，并不燥热，他们没有理会他，一直向前走去。

“哎哟！这位老爷请留步，看您满面红光，精神焕发，一眼就看出您是个大福大贵之人。”

周铁嘴夸赞完后，话头一转说：“不过……您老的印堂有所发黑。来，来，来！我神算周跟您卜上一卦，帮您求神消灾如何？”

书童不耐烦地说：“去，去，去！一派胡言！”

老者望了望算命先生，心里一愣，此人我好像在哪里见过。他脑筋一个急转弯，微微一笑，心中有数了。

老者道：“这位先生，‘来而不往非礼也’，我对相术也略知一二，在你跟我卜卦之前，我给你看一相如何？”

周铁嘴心想，吹牛吧，你还吹得过我享誉沔阳的周铁嘴。

周铁嘴：“好啊，好啊！老爷请。”

看手相是男左女右，周铁嘴很内行地伸出了左手。

老者装模作样地看了一会儿说：“我可直说了。”

“不妨直说。”

老者甩开他的手，突然声如洪钟：“你上半生作恶多端，卖假酒坑人，后半生却招摇撞骗……”

周铁嘴还没待老者说完，就夹着尾巴逃走了。

“哈哈哈！”老者望着他的背影捧腹大笑。

书童问：“老爷，你是怎样算出来的？”

老爷说：“他前十年卖假酒，致死人命，是本官审的案子。”

“啊！难怪算命先生要逃走。”

眼前的这位老者不是别人，是大名鼎鼎的汉阳府判官陈皓。

陈皓是义门陈氏南桥庄江州都昌人氏，延祐二年中进士，任汉阳府判官。他可是个好官，断案如神，为民做主。

元朝政府日益腐败，推行戾治，将他这个执法官晾到了一边，他已深恶官场的腐败，干脆辞官不做，准备回家乡颐养天年，从事他的《礼记学说》研究。

正当他准备启程的晚上，陈皓做了一个奇特的梦：玉皇大帝将他召进天宫，命他为刚下凡到民间的土星起一个吉祥的名字。

土星下凡投胎到了黄蓬镇陈家台子一个渔民家里，他家与众不同，常年散发出一股檀木的香味。

陈判官还隐约记得，玉帝最后交代说：土星有普度众生之才，不久，土星降世之人会带领他的儿子在人间干一番大事业呢。

怪了，怪了！陈皓并不相信“周公解梦”学说，但为了自己儿子的前途，梦里是真是假，他想，到黄蓬镇走一趟也无妨。

陈皓晚年得子，如掌上明珠，他给儿子取名：有璧，意为儿子是一块碧玉。

夫人说："儿子是友字派行，用'有'怕族人说闲话。于是，就叫陈友璧。"

陈判官想到这儿，忙对书童说："走，我们去寻找有檀香味儿的屋子，讨杯水喝。"

一主一仆走出了黄蓬镇，来到了陈家台子。

陈家台子是一个有三千多人的大塆子，清一色姓陈，是义门陈氏沔阳庄一世祖陈延晤螽斯繁衍，瓜瓞绵延传下来的后人。

塆子中间，有一幢用田里的泥土压成的土砖为墙，用稻草盖着的三间茅屋，房主是一个老实巴交的渔民，大名陈思玉，因为是"普"字派行，又名陈普才，他是陈延晤的第十三代裔孙之一。

陈思玉已经有三个儿子，老大友富，老二友财，老三还未满周岁，就黄蓬湖渔民的通俗称呼，就叫他三伢子。

夜晚，忙碌了一天的陈思玉和堂客蔡氏早早地上床躺下了，他望着酣睡在他们中间的三伢子，对堂客说："伢他娘，明天是三伢子的周岁生日，我们该怎么安排啊？虽然家里穷，但周岁酒还是要办的，不然塆里的族人和亲朋好友会看不起我们的。"

蔡氏说："你是当家的，你说了算呗。"

陈思玉说："今天做业（渔民称捕鱼为做业）有百十斤鱼，我没卖，你明儿一早，去菜园里将那两垄茄子、架豆、辣椒都摘回来。"

蔡氏"嗯"了一声，算是应许了。

陈思玉继续说："我明天到镇上剁上十几斤猪肉回来，屋里还有两坛过年舍不得喝的稻花香纯谷酒，办三四桌周岁酒席应该是没有问题。"

蔡氏提醒说："三伢子的名字想好了没有？周岁过后，可是要上族谱啊。"

陈思玉说："这个伢出生时怪异，得起一个好旺名，将来有出息。明儿表弟康茂才要来，他是个读书人，叫他帮忙起个名字好吗？"

蔡氏担心地说："你接了人家没，他可是个大忙人。"

陈思玉说："接了，接了，三天前我就接了，他说他一定来。"

又是"嗯"了一声，葵氏宽心地自个儿睡着了。

陈思玉可睡不着，郑重其事地想了想，认定确实没有接漏掉的客人后，才放心地脱去上衣，准备睡觉。这时，三伢子“嗯”了一声。他有经验地抱起儿子，知道儿子要尿尿了。

他边把尿，边望着孩子想：这个三伢子，可不是个省油的灯，与他两个老实哥哥比起来，他是又调皮又捣蛋，我们老两口，对他是又爱、又惊、又忧，有一股说不出的感觉。

放好了儿子，陈思玉在床上翻来覆去地继续想着心事：小伢子图生不图长，三伢子一晃就一岁了，他想起了堂客从怀孕到生三伢子时那段传奇的经历。

2

那是去年的一天，陈思玉和堂客蔡氏二人顶着烈日，下黄蓬湖撒罗网捕鱼，他左一网右一网地撒向湖里，就是没有鱼儿入网。

大热的天儿，蔡氏在后面划桨，头上有芦席棚子盖着，还比较凉爽；陈思玉是站在船头撒网，就甭提多热了。

黄蓬湖有民谣为证：脚踏滚烫钉，头顶烈日蒸，手举千斤网，全身汗水淋。

网衣子上落下的水珠，夹杂着陈思玉的汗水，一滴滴地滴向船板，形成一片水渍，但很快又被阳光吸收。

又是一网下去，陈思玉顿时感觉到网绳沉甸甸的，他大喜过望：一定是网住了一条大鱼。

陈思玉忙喊道：“婆娘，将船稳住，稳住！”

蔡氏兴奋地：“知道，知道！”她左桨向前推，右桨向后搬，将船稳稳地停在了湖中。

陈思玉慢慢收网，网衣子露出了水面后，他猛地用力一提，将整条网提到了船板上。

他打开网衣一看，长叹一声，人像泄了气的皮球，跌坐在船板上。

蔡氏问：“怎么啦？”

陈思玉将网中一根重重的木头拿了出来，没好气地说：“人一倒霉时，盐罐子也生蛆。一天没有闻到鱼腥味，还以为捞着了一条大鱼，哪知鱼儿变成了木头。”

说完，他欲将木头向湖中丢去。

蔡氏无可奈何地笑了笑，安慰他说：“不要丢嘛，捞起来就是我们的东西，虽然不能当饭吃，但也能生火做饭啊。”

说的有道理，上岸后，陈思玉将木头拿着回家了。

这天，蔡氏将木头塞进灶膛做饭，突然一股香气弥漫全屋，直冲云霄，飘入天宫。

天宫中的玉皇大帝闻着，心旷神怡，忙问太白金星：“哪来的香味？”

太白金星奏道：“启禀陛下！是凡间黄蓬湖渔民陈思玉家，湖中取柴做翻子。”

太白金星有几千岁了，属于天宫老臣，满嘴牙齿所剩无几，关不住风，将“饭吃”说成了“翻子”。而玉皇大帝的龙椅高高在上，距太白金又有一段距离，却将“翻子”误理解为求子。

玉帝高兴地下旨说：“凡间人家求子，用檀香悦我，精神可嘉，理应奖励，派谁到凡间去呢？”

太白金星奏说：“土星这一段时间，不安心本职工作，异想天开，经常私自下凡，名曰了解民间疾苦，实则游山玩水。我看，将他贬到人间最为合适。”

“哦？朗朗乾坤，竟有不作为之徒。”

玉帝很是生气，下旨曰：“传土星见朕。”

土星奉旨进宫觐见玉帝，玉帝冷冷地问：“土星！听说你近段时间经常下凡，所为何事？”

土星胸有成竹地说：“启禀圣上！我土星的职责是供万物茁壮成长，而凡间政德失衡，万物凋零，民不聊生，令人痛心疾首。”

“那你是想下凡拯救苍生啊？”玉帝问。

土星纳头叩拜说：“吾帝英明！请恩准小臣下凡一段时间，协助人间扭转乾坤。”

“准奏！”玉帝补充说，“黄蓬湖有一渔民陈思玉，他向朕求子，实属心诚，朕令你投胎陈家，不得有误。”

土星欣慰道：“臣遵旨！”

蔡氏很快怀孕，为了一家人的生计，她每天挺着个大肚，和丈夫一起下湖捕鱼。

延祐七年八月十五日午时，本来平静的黄蓬湖上，突然风雨交加，湖水汹涌澎湃。

陈思玉虽然是个有经验的渔民，可从来没有见过这突如其来的恶劣天气。他忙收网，来到尾舱，替换大肚子堂客到睡舱休息，他则快速地划动着双桨，向背风的港湾驶去。

“哎哟！”不多一会儿，蔡氏在中间卧舱里突然大叫了起来，她腹痛不已。

陈思玉问：“怎么啦？”

蔡氏:“我怕是要发作了，快将船停靠在避风的芦苇中，烧一鼎罐热水来。”

“哎！”陈思玉熟练地烧好开水，拿出事先预备好的剪刀、洗布和婴儿的一套旧衣服。

穷人家就是这样，一套新生儿的衣服是：哥三年，弟三年，缝缝补补又三年，还舍不得扔呢。

葵氏咬紧牙关，痛苦地呻吟着，脸上疼得冒出了黄豆粒大小的汗珠。她牢牢地抓住丈夫的大手，充满着力气和希望。

一炷香的工夫，“哇”的一声，婴儿洪亮的哭声从渔船中传出，响彻云霄。

说来也奇怪，这时风也停了雨也住了，天空中的乌云一下子就散去，瞬间光芒万丈，满湖散发着百卉的香味。

陈思玉喜出望外，连忙将婴儿抱入浴盆洗浴。由于手忙脚乱，还没有仔细看一眼新生儿，他这才仔细打量着刚出生的婴儿。

突然，他失声地叫道。“婆娘，这个伢是个怪物，头上长了两只角，身上全是鱼鳞！”话刚说完，他精神失常地将婴儿抛入湖中。

“啊！”蔡氏一见，顿时昏了过去。

陈思玉见状，连忙抱起蔡氏，用大拇指钉住她的人中。一会儿，蔡氏才慢慢苏醒了过来。

这时，奇迹出现了，婴儿并没有沉水，而是被一叶翠绿的荷叶托着，荷叶底下好像有很多鱼儿、虾儿、龟儿托着，使他不沉入水中。

思玉夫妇见到这一幕，喜形于色，陈思玉连忙将婴儿抱回舱里。

夫妇俩再一细看，婴儿身上的鱼鳞，头上的双角都不见了，呈现在他们面前的是一个虎头虎脑、四肢不停地晃动的乖宝宝，他那一双明慧的大眼睛，冲着他们直笑呢！

3

陈思玉从回忆中回过神来，想着明天还有很多事情，等着他这个当家的安排，他就睡下了，不一会儿就发出了鼾声。

第二天一早，客人们陆续贺喜来了，村子里的孩子们早早地来到陈思玉的家，只等三伢子抓周开始，他们就有糖粒儿吃了。

“抓周啦……”

热闹声中，只见陈思玉忙前忙后，有时进厨房指挥帮忙的人，有时回到客厅与客人打招呼，忙得前额都冒出了汗珠。

堂屋中间的八仙桌上，放着一个大簸箕，簸箕里装有毛笔、算盘、杆秤、银圆、小剑、翠葱、糖粒儿等。

陈思玉将三伢子，稳稳地放在用红布包着的升子（农村量米用的小斗）上坐着，预示着步步高升。他刚放开双手，三伢子就伸出小手，毫不犹豫地抓起了一把小剑。

“杀！”人们一惊，伢语也寒气袭人。

康茂才是陈思玉的小表弟，年轻有为，他在沔阳府跟府台大人当师爷，今天是他特地请来，为三伢子取名的。

康茂才转动着他那灵活的眼珠儿说：“这孩子将来是行武之人。”

杨子玉抱着刚刚满月的女儿也来凑热闹，他吹捧道：“这伢将来是个武状元。”

不知是谁开玩笑地说：“这么好的伢子，你将你女儿许配给他，定个娃娃亲，将来是享不尽的清福啊。”

杨子玉说：“只要老陈家愿意，定娃娃亲要得！”

陈思玉夫妇站在一旁含笑不语。

“谁说这孩子是武将！”人未进屋，洪亮的声音倒是先进来了，进屋的是一位老者和书童。

老者指着三伢子的胸脯说：“这伢未来是个文武双全的大贵人。”

“哈哈哈！”“嘻嘻嘻！”一阵哄堂大笑。

这一阵笑声，倒把陈思玉笑蒙了。老者见状，忙用手指了指三伢子的胸前。

啊！原来是三伢子在抓剑时，一支毛笔也随之黏附在他面前胸口的衣服上。

笑毕，陈思玉见这位老者他并不认识，便不好意思地问："请问先生，何方贵客啊？"

书童忙上前答道："陈叔叔，这是我们汉阳府的陈判官！"

康茂才问："就是那个为民做主，巧治元鞑子的陈判官？"

陈皓双手拱拳："正是老夫。"

康茂才虽然是一介书生，但见识多广。他忙向众人说："大家快下跪，这可是位青天大老爷。"说着，带头跪在地上。

陈皓连忙将他扶了起来说："使不得，使不得，我已辞官不做了，何况这是本家堂屋，折煞老夫了。"

陈思玉忙将陈皓请到上首就座，亲切地问："本家老爷，您来到我这个穷茅草屋里，不知有何贵干？"

陈皓笑答："讨杯喜酒喝呗。"

康茂才大度地说："今天我这个先生怕是无用武之地了，这里有进士大老爷，他博闻强识，跟三伢子起名，非他莫属。"

杨子玉说："巧了，巧了！陈老爷是怎样知道今天是三伢子的周岁生日。"

天机不可泄露。陈皓机智地笑了笑说："我与本家有缘，刚巧路过。"

陈思玉说："本家大老爷，请为孩子赐名如何？"

陈皓回答说："《礼记·学记》曰：'虽有至道，弗学，不知其善也。是故学然后知不足，教后知困。知不足，然后能自反也；知困，然后能自强也。故曰教学相长。'老夫也不善专长，边取边学啊。"

陈思玉虽然不懂论语，但从家门老爷的谈吐中，知道遇见高人了，他真诚地说："家门老爷能为三伢子起名，是伢们的福气，烦请家门老爷了。"

陈皓问了问三伢子的生辰八字和家族派行后，接着问："这孩子还有其他特点吗？"

陈思玉兴奋地说："三伢子可聪明，半岁就会说话，八个月就能下地走路，就是……"

陈皓说："但说无妨。"

蔡氏快言快语："就是有点调皮捣蛋！"

陈皓问："啊，如何调皮捣蛋？"

"唉！"陈思玉叹了叹口气说，"我和堂客下湖捕鱼，这伢还小，要吃奶呀！我们就将他带到船上。谁知他不在睡舱里待着，每次麻利地翻到鱼舱戏鱼玩，起先我们还蛮高兴的，随后我们发现舱里的鱼越来越少了。”

蔡氏接过话题说：“你们猜怎么了！我们悄悄观察，原来是这伢将鱼放回湖里了。”

陈皓笑了笑说：“这说明这孩子有慈善之心，普度生灵之怀啊！”

“有啦！”陈皓说，“跟三伢子取的名字，就叫陈友谅！”

“陈友谅？”沉默了一会儿，康茂才说，“好！友也！友善、友情、友爱，且是老陈家沔阳庄十四代派序；谅也！有体察、料想、谅察、谅解之意。陈判官不愧为学富五车之人！”

陈皓谦逊地说：“康先生过奖了！”

这时，杨子玉抱着女儿挤进来说：“有劳陈判官也为小女取一芳名。”

陈皓用手指轻轻地抚摸了一下小女孩的小脸蛋儿，她笑得像一朵花似的。

陈皓说：“金花！一朵美丽的金花。”

“谢谢陈判官！”陈思玉、杨子玉不约而同地谢道。

“噼……啪……”又是一阵爆竹声，陈思玉赶忙请客人入席，但又不知如何安排席位。

陈思玉对康茂才说：“表弟，你是知道礼数的先生，这个席座由你来牵。”

康茂才也不谦让，他按沔水一带的习俗，排起了座次：蔡氏娘家坐首席，陈皓主仆二人坐次席，姑父一家坐上横头，康茂才等人坐下横头，一阵礼让后，大家方才入座。

这顿周岁宴，宾客非常高兴，话语投机，一直闹到天黑方才散去。

4

自从陈皓跟陈友谅取名后，陈思玉夫妇对三伢子是宠爱有加。一家五口，日子虽然过得紧巴巴的，却有滋有味。

这年，大儿子友富十二三岁，二儿子友财也有九岁多了。穷人的孩子是十二三岁，当家立继。于是，陈思玉将友富拜在行走江湖，阉猪的詹师父门下学阉猪；将友财送到堂弟陈普文铁匠铺里学打铁。

老三陈友谅也有三岁了，他为了他将来出人头地，能为老陈家光宗耀祖。陈思玉煞费苦心，从江湖上请来了威震武林的王矮虎师父，专门为他传授武功。

要说这个王矮虎，虽然其貌不扬，一米五的个儿，全身犹如圆桶一般，可十八般武艺样样精通，特别擅长点穴功。他能够根据不同时辰，将人点死，其后又能点活。

艺高人气傲，王矮虎从不轻易收徒弟，要想成为他的关门弟子，不论你年龄大小，必须过他三关，否则，提都别想提。

王矮虎初见陈友谅，就感觉到这孩子身上有一股英气，就悄然喜欢上他了。他心中暗喜，这个伢将来是我的接班人。

俗话说：矮子矮，一肚子坏。王矮虎当着陈思玉夫妇面，突然走到陈友谅身边，冷不防地抽出宝剑，猛地向陈友谅刺来。

“啊！”陈思玉、蔡氏夫妇吓得同时惊叫了起来。

一般三岁小孩哪见过这阵势，或口张目呆，或惊叫大哭。陈友谅初显英雄本色，他不慌不忙，机灵一侧身，就躲过了迎面而来的剑锋。

王矮虎虽然出剑凶猛，但他是掌握了力度的，适可而止。他见陈友谅小小年纪，这么机敏，也暗自一惊。

王矮虎第二怪招又出来了，他张开两腿，恶狠狠地对陈友谅说：“从老子裤裆里钻过去！”

陈友谅见状，一双小眼瞪得像铃铛，不服气地说：“凭什么要我钻你的裤裆，打死我也不钻。”

“啪……啪！”

“有种！”

“有骨气！”

邻村张家坝上的张定边、张必先两个小伙伴，不知什么时候进来看热闹，四只小手拍得呱呱响。

王矮虎宽慰地笑了笑，暗自思想：这伢有骨气。

骨气，是习武之人必须具备的素质，第二关考核，陈友谅顺利地通过了。

随后，王矮虎从陈思玉屋旮旯里，拿出一根撬石头用的圆铁棒，丢在陈友谅面前说：“我限你一个月内，将这根铁棒磨成一支铁剑！否则，莫怪我不收你这个徒弟。”

说完，王矮虎也不和主家打招呼，竟扬长而去。

“嗯！真是个怪人。”陈思玉自言自语地说。

5

陈友谅心想：磨就磨，有什么了不起的，不就是在考验我的耐力吗？

陈思玉屋前有一块磨刀石，陈友谅每天坚持去磨铁棒，这可急坏了镇上的几个好小伙伴儿。

这天一早，张定边、张必先和杨家矶里的小女孩杨金花相约来到陈家台子，找陈友谅打水仗玩游戏。

他们一进村口，就听见有节奏的“咔嚓……咔嚓”的磨刀声。

张定边大他们一点儿，鬼点子多。他对随来的两个小伙伴儿说：“你们看，三伢子磨剑认真的样子，太专心了，我们不妨走近他，用双手蒙住他的双眼，叫他猜一猜，我们是谁。”

“要得！”

“嘻嘻，我同意！”

说着，他们蹑手蹑脚地来到陈友谅身后，张定边猛扑过去，用一双小手蒙住了他的双眼。

陈友谅问：“谁呀？”

张必先伸出一支小手指，放在嘴前，做了一个“嘘”的手势。

杨金花虽然知道手势的意思，但不愿意他猜错，如是她暗示他说：“你猜，我们是谁？”

这不是不打自招吗？

陈友谅说：“原来是你们三个坏家伙，快松手，你的手指顶住了我的眼珠儿，胀得好痛！”

张定边说：“放开可以，那你要陪我们玩打水仗。”

“好、好！”陈友谅无可奈何地说。

这时，塆里又跑来了一群小伙伴，陈普文的大儿子陈友德见有人欺负友谅哥，不由分说，上前就去拉扯张定边。

张定边不管三七二十一，骂道：“你个裸日的，与你何干！”说着挥动小拳就要揍他。一岁多的弟弟陈英杰吓坏了，大哭了起来。

陈友谅忙拉着张定边说：“误会，误会，他是我堂弟。”

张定边见是陈友谅的堂弟，就松开了手。

陈友谅见大伙儿都心平气和了，就问道：“打水仗可以，谁来当主帅啊？”

张定边拍了拍胸脯说：“当然是我当啊！这里面我是老大。”

陈友谅摇着脑儿说：“不行、不行！这样不公平。”

张定边说：“那你说，该谁当主帅？”

陈友谅想了想说：“要不这样，我们摔跤定输赢，谁赢了谁就是主帅。”

“好啊、好！”张必先第一个赞同，他人高马大，浑身都是力气，摔跤他占有绝对优势。

杨金花翘着小嘴儿说：“这也不公平，专捡你们男孩的强项。”

张定边说：“来就来，谁怕谁！”

说着，张定边就与张必先纠缠到了一块去了。不大一会儿，张必先就将他摔倒在地。

张定边爬了起来，边拍身上的灰尘，边骂道：“你个裸日的，我俩是一个塆子里，也不留点面子。”

陈友谅说：“输就输了，莫耍无赖。下一个上！”

陈友谅小小年纪，初显精明，他叫塆里的小伙伴上，一是消耗张必先的体力，二是找出他的破绽。

可想而知，塆里的小伙伴们一个个像张定边一样，败下阵来，最后该轮到陈友谅上场了。

张必先有点飘飘然了，他得胜心切，不待陈友谅叫阵，就一个饿虎扑食，向对手扑了过来。

陈友谅侧身一闪，张必先用力过猛，脚刹不住车，换来的是一个狗啃泥。

“哈……”

“嘻……”

张必先哪受过这样的奇耻大辱，翻起身来又扑向陈友谅。他又是一躲，就是不让他近身。

只几个回合，张必先就气喘吁吁，陈友谅抓住时机，来了一个黑虎掏心，轻而易举地将他摔倒在地。

小伙伴们服了，一致推举陈友谅为主帅，任凭他排兵布阵。

“我呢？”杨金花见大家都有阵地，唯独冷落了她，抗议道。

陈友谅说：“女儿家家的，上不了战场！要不，跟大伙儿做饭去！”

小孩子扮家家玩，做饭也是一种乐趣。杨金花像一只小蝴蝶，飞来飞去，很快就用石块儿垒起了灶台，用布瓦片当锅，很快升起火来，像模像样。

陈友谅始终没有忘记师父的嘱咐，偶尔和小伙伴们玩耍，主要精力还是放在磨剑上。

一个月一晃就过去了，王矮虎履约来到陈思玉家里，见陈友谅还在认真地磨铁剑。

他拿着一看：虽然圆圆的铁棒尚未成剑形，但也磨成了长方形，而且贼亮贼亮的，王矮虎满意地点了点头。

王矮虎收徒，不像武林小说中描述的那样，在人迹罕至的空峒之地传教。他是到陈思玉家里教徒，有时住上半年，或一月，有时来上三五天就走了，塆里人都认为这是一个怪人。

但他传授武功有一套秘籍。年把多点儿时间，陈友谅就学会了十八般武艺，师父不在场时，还悄悄地传授给张定边、张必先和村里的陈友德等小伙伴，他屋前的空地，成了小伙伴的练武场。

6

这年，老四陈友仁出生了，为了一大家子的生计，陈思玉和蔡氏从早到晚忙于渔业，无暇顾及老大、老二、老三的学习情况。

这天，吃过晚饭后，陈思玉心血来潮，想考考三个儿子所学的手艺。

三个儿子学手艺，他是有考量的：他家几代人都是渔民，而渔民只能养家糊口，根本谈不上发家致富。他和父亲一样，扁担倒下来不认识个“一”字，父亲还有些涵养，跟他起名字思玉，其意思是思宝贝。

他却来个干脆的，老大叫有（友）富，老二叫有（友）财，友与有是谐音，唯愿一代比一代强，家家过上富裕的好日子。友谅这孩子有福气，是高人跟他起的名字，肯定比他起得好。

这年头，兵荒马乱的，荒年饿不死手艺人，只要儿子们不和他一样，做渔业就行了。

如是，他将三个儿子叫到堂屋里站着，他则坐在八仙桌旁的椅子上，像个主考官似的，首先问大儿子。

“友富，你的阉猪手艺学得怎么样，来跟父亲演示演示。”

陈友富从兜里拿出阉猪刀说：“父亲，这又没母猪，怎么演示啊。”

他望着精明的三弟，挑逗地说：“要不，我拿三弟的小蛋蛋儿试试。”

陈友谅瞪了大哥一眼，不满地说：“我才不呢，这是我做种的东西。再说了，别看大哥个子大，到时还不知道谁阉了谁呢？”

“啊！人小口气还不小呢，要不，就试试。”友富继续逗着他。

陈友谅的小手，将习武用的紧身带束了束，蛮有把握地说：“来就来，谁怕谁。”

说着，就如饿狼扑食地扑向大哥。

陈友财老实，也不知道帮谁，站在一旁傻笑。

“好了，别闹了。”陈思玉制止道。

“友富，你不要扯野棉花，你还没有亮你的手艺哩。”

陈友富想了想，无可奈何地背着师父教他的口诀。

两寸长，软巴巴，虎口量长切开花，然后将中指伸进子宫探寻抹，左一抹，右一抹，鸦雀窝里就是它。

陈思玉听后，满意地点了点头，转而问陈友财：“老二你学的呢？”

陈友财憨厚地一笑说：“我没大哥那么专业，我只知道，锤子叮当响，银子出万两。一阉猪，二打铁，再不赚钱去打劫。”

“嘻嘻，”陈友谅稚笑道，“二哥太有才了，形象地总结出了打铁手艺的重要性。”

陈友谅笑毕，摆开马步，正要施展他所学的十八般武艺。

这时，村里的渔民们陆续来到陈思玉前院里纳凉、聊天，打断了他在家人表现的机会。

第二章

稚童苦练武功刀剑点穴功　少年智除黑鱼孽龙驱龟精

冬云暗日找寒蓑，妖孽横行鬼唱歌。
欣有神童挥利剑，乌龙血水染红河。

——题记

1

夏天，陈家台子的渔民，到了晚上喜欢到陈思玉家门口纳凉，他们边扇扇子，边天南地北地聊天。

聊着聊着，就聊到了黄蓬湖里的鱼。

“唉”的一声，村长叹了叹口气说：“大伙儿有没有感觉到，我们湖里的鱼儿，是不是越来越少了？”

黄蓬湖的渔民，为了保持生态平衡，有一个不成文的规定：打渔不能用三指以下的渔网，避免网住正在发育的鱼，更不许用打铁镣、杀钢叉等狠毒渔具。这一规矩，代代相传，因此，黄蓬湖的渔业，年年都有好收成。

陈思玉颇有同感地说：“是呀，我们又没有违犯祖制，就是网不着鱼儿。”

“就是，就是！是什么原因呢？”大家七嘴八舌，就是找不出根源所在。

陈普文是个铁匠，经常挑着铁器，走村串巷。他为人仗义，见多识广，广结人缘，所以消息格外灵通。

他神秘地对大伙儿说：“你们还不知道呀，黄蓬湖里来了一条黑乌鱼精，长约丈余，有水桶那么粗，一天要吃千余斤鱼，才能填饱它的肚子，它白天沉入芦苇丛中睡觉，晚上出来大饱一顿。大伙儿想啊，一来二去，鱼儿不被这畜生吃光，吓也吓跑了。”

“黑乌鱼精是个什么东西，从来没有听说过。”一渔民说。

陈普文解释说：“黑乌鱼精，就是以鱼为食的鱼，也叫黑乌鲤鱼，这种鱼适应能力强，狡诈奸猾，不易捕捉，越长越大，久而久之，就成为精怪了。”

陈思玉说：“难怪湖里没有鱼啊！这如何是好？”

陈友谅本来无心听大人们聊天，是母亲要他送茶水给他们，正巧听见了大人谈论黑乌鱼精的事情。

陈友谅忍耐不住，大大咧咧地插嘴说：“你们大人只会做业，哪有捉湖怪的本领！”

他拍了拍自己的胸口说：“我就不信了，有我陈友谅在，妖孽还敢在黄蓬湖肆意妄为。走！我带你们去捉湖怪。”

村长怒道：“三伢子怕是吃错药了，小小年纪，竟口出狂言。”

陈思玉大怒：“快滚一边去，大人说话细伢听，哪有你插嘴的分儿，不知天高地厚的东西！”

说着，他顺手抽了儿子一巴掌。陈友谅捂着发红的脸蛋，倔强地说：“您只有欺负小孩的本领，有本事捉黑乌鱼精去呗。”

陈思玉见儿子小小年纪，竟敢顶撞老子，长大了还不无法无天了。他越想越生气，顺手脱下脚下的木拖鞋，就要板子伺候。陈友谅见状，撒腿就朝黑暗的地方跑去。

“你这个抽筋的，看你往哪儿跑。”他边骂着边去追儿子。

大伙儿见状，来了个不欢而散。

晚上，陈友谅乘父亲睡着了，就溜到自己的房间，他躺在床上翻来覆去，就是睡不着，心里很不服气，不就是一条黑乌鱼精吗？害得我在众族人的面前挨了父亲的打骂，丢死人了。今晚老子就去会会你，让你尝尝我的铁剑。

想到这儿，他翻身下床，蹑着脚儿，从堂屋旮旯里抓起半成品的铁剑，悄悄地打开大门，来到湖边，解开自家船儿的缆绳，划着双桨，往湖中划去。

渔船刚到湖心，在月光的照射下，只见一条巨大黑影，四处游动，追赶着鱼群。

陈友谅胆识过人，他放下双桨，握着铁剑，悄然无声地下到水里，向黑影游去。

他刚游到黑鱼的尾巴处，正欲抽剑刺去，黑乌鱼精觉察到后面有动静，本能地摆了摆大尾巴。

就这么一摆，陈友谅在水里翻了几个筋斗，他感到腿部一阵钻心的疼痛，他的脚踝儿被刷了一个长长的大口子。

“狗日的，好大的劲啦！”陈友谅咬牙忍着伤痛，狠狠地骂道。他重新游到了黑乌鱼精的身边，它根本不把他当回事儿，旁若无人地大口大口地享受活鱼大餐呢！

陈友谅虽然很生气，但还是冷静思考，如何制伏眼前这个坏蛋。

突然，他想起父亲捕鱼的诀窍：

鲤鱼怕鳞剥，黄牯怕板角，鳝鱼怕掐脖，黑乌鱼最怕敲脑壳。

说迟时，那时快，陈友谅迅速举起铁剑，狠狠地向黑乌鱼精的脑壳敲去。

只一个回合，稳、准、狠地击中了黑乌鱼精的要害，只见它在水里打了几个滚儿，就一动不动了。

这时，从黑乌鱼精的尸体上飘起了一股黑烟，飘向天空，向东而去。

陈友谅见状，并不介意，孩儿的天性上来了，一跃就骑在黑乌鱼精尸体的背上了。他见黑乌鱼精厚厚的鳞皮，刀斧不进，是一块护臂膀的好材料。他美美地想着：将黑乌精拖回去，鱼肉分给塆里的父老乡亲们享受，我将鱼皮剥下，做一件上好的肩甲，多么威风啊。

自此，不论是在比武场合或是硝烟的战场，人们不难看见，陈友谅身披黑鱼皮宝甲，在其肩上闪闪发光。

2

陈友谅敲死黑乌鱼精的消息很快在黄蓬镇传开了，镇上的人们只要是一见到陈思玉夫妇，就竖起大母子称赞他们养了一个好儿子，能为民除害。

每当此时，他们夫妇俩就笑得合不拢嘴。

陈友谅的师父王矮虎，闻讯后更是沾沾自喜，正巧今天路过沔阳，他顺道来到了陈思玉的家。

王矮虎人未进屋，声音倒是进来了。“普才老哥，快用黑乌鱼精的肉做几个下酒菜来。”

他拍了拍胸前的酒葫芦说：“我刚在沔阳城朱记酒坊打了一壶上好的稻

花香谷酒，我俩好好享受享受徒儿的胜利果实！”

“哎！哎！”蔡氏见三儿的师父来了，连连点头，朝厨房走去。

陈友谅倒也乖巧，拜见过师父后，就进厨房帮母亲，在灶膛里烧火做饭。

一会儿工夫，满屋就闻到了鱼汤的香味。陈友谅勤快地将一碗红烧鱼块、一碗白菜煮鱼肠、一碗洁白的乌鱼汤，外加一碗辣椒焖黄豆端上桌面。

老哥俩也不客套，堂屋条台下的八仙桌子上，他们各霸一方，开怀畅饮了起来。

酒过三巡，陈思玉的舌头开始卷勾了，他结巴地说：“老……哥……感……感……”到底感什么，下面的词儿就是说不出来。

陈友谅站在一旁伺候着，见父亲的模样儿，感觉哭笑不得，他向母亲使了使眼色儿，蔡氏连忙将丈夫扶进房里休息。

他双手捧上父亲的酒杯，低于胸前，恭敬地说：“师父，对不起，父亲不胜酒力，徒儿敬您一杯！感谢您这么多年来，无私地传授武艺，才使徒儿胆气横生。”

“哈哈哈……”王矮虎开怀大笑，随着笑声，一杯谷酒就顺畅地流入了喉咙。

王矮虎乘着七分酒兴，将陈友谅拉入他的怀里，坐在他的膝盖头上，爱抚地摸着他的头说：“徒儿，师父的十八般武艺都传授给你了，你要经常练习，熟能生巧啊。”

陈友谅说：“师父请放心，徒儿一定会勤学苦练，掌握过硬的本领，将来更好地为民除害。”

王矮虎高兴地说：“徒儿有志气！只是……只是……”他话到嘴边，又吞了回去。

陈友谅迫切想知道下文，见师父吞吞吐吐，忙摇着师父的右臂，撒娇地说：“只是什么呀？师父说嘛。”

王矮虎终于下定了决心，说：“师父平生所练的功夫，还有两种功夫未教给你。”

陈友谅微微一怔，原来师父还留有两手，他急不可待地问：“师父！哪两样？”

王矮虎道：“一样是童子功，但不能教你。”

“为什么呀！”

“练了此功夫的人就没有性功能。老夫初次见你天庭饱满，就知道你是个大福大贵之人，怕你断子绝孙。所以，就没有传授给你。”

陈友谅心想，我才不要断子绝孙呢，忙问：“那还有一种功夫呢？”

王矮虎道：“这就是我自己发明的点穴功。不过，在我教你之前，你必须答应我一个条件。”

陈友谅乖巧地说：“一日为师，终身为父。君要臣死，臣不得不死，父要子亡，子不得不亡。父子之间是没条件可讲的，一切听从师父您的。”

话是听得顺耳，但师父还是严肃地说：“你必须答应我，在没有危及你人身安全时，不论在任何情况下，你都不能使用该功夫。”

陈友谅连忙跪地，向王矮虎拜了三拜，说：“师父在上，徒儿谨记，如有违背，天打五雷轰，不得好死。”

王矮虎信任地点了点头，说：“徒儿快起来，不必发此毒誓，为师相信你，教你便是。”

王矮虎从肩上的褡裢中取出一个人体模型，滔滔不绝地演示说：“一天有十二个时辰，人体有十二经络，而十二个经络中就有四百零九个穴位，它们有着相辅相成的辩证关系。什么时辰点什么穴位，这一点很重要。当对手危及你的生命安全时，你要当机立断，运气于右手中指，闪电般地点向对方的死穴，瞬间使他动弹不得，你就占有主动权。改穴也是同样道理。”

王矮虎边讲边示范完后，就手把手地教陈友谅练习。一次、两次……待陈友谅完全掌握了，已是掌灯时分。

王矮虎见常人需要练就一年半载才能初步掌握的功夫，陈友谅只用两个时辰就掌了基本要领和口诀，大喜过望。

他毫不犹豫地从贴身口袋里，拿出他自己绘制的一本《点穴秘籍》，递给陈友谅。

“这是为师毕生心得，你边学边练，一定要保管好秘籍，切莫落入坏人之手。我行走江湖多年，行踪飘浮不定，你也不要寻找我。为师希望你长大以后，能将所学武功，行走江湖，匡扶正义，扫尽天下不平之事。”

“是！徒儿谨记。”

说完，王矮虎脚下生风，一溜烟儿地不见了踪影。

3

正当陈友谅望着师父远去的方向发愣时，张定边上气不接下气地跑来。

他气喘吁吁地说："友谅，不好了，黄蓬湖出现了一条大孽龙，它兴风作浪，淹死了我们村很多人哩！"

陈友谅说："走，到湖边看看去。"

刚到湖边，就听得一片哭声，惨不忍睹。原来，洞庭湖与黄蓬湖虽有长江之隔，其实通过地下河，两湖是相通的，这条孽龙是从洞庭湖那边窜过来的。

孽龙原来是东海龙王的小女儿，她在南海游玩时，正值豆蔻年华，情窦初开，看上了南海龙太子。于是，它俩偷吃了禁果，触犯了海规，被东海龙王处置，被驱逐出东海，永远不能入大海。

小龙女心怀不满，但又无可奈何。它沿长江逆上，游至安徽地界时，突然腹痛不已，想必是龙子要出世了。

小龙女纵身一跃于空中，鸟瞰地面时，见凤阳山上云雾缭绕，仙气直入云霄。它用手平放在眉头上面，看着、望着，忽然间眼前一亮：凤阳山腰的云雾中，一个身怀六甲的农妇在割猪草。有了，它一使劲，"哎哟！"随着一阵剧痛，一缕红光从下身而出，直入农妇口中，使凡子变龙子。

小龙女生下龙子后，继续沿江而上，到达洞庭湖时，观其湖美鱼肥，就住了下来。久而久之，它就异想天开，从地下河来到黄蓬湖，追鱼吞虾。

为了满足其私欲，它还对黄蓬湖渔民，下了一道苛刻的命令：沿湖村庄每年分别在龙王节这天，都要履行三牲祭礼：三头牛、三头猪、三只羊。随后，它将这些供品拖回洞庭湖老巢享用。如果哪个村庄不从，它就兴风作浪，闹得你人死船翻，不得安宁。

在沔阳地区，猪、牛都不是问题，问题是周围方圆几百里地都不养羊，哪儿去买羊啊！

这一年，轮到张家坝上献供品了，而张家坝上的人四处购物，就是买不到一只羊，也就作罢了。

孽龙见供品中少了三只羊，一下子就怒气冲天，它使出浑身解数，将尾巴在湖水里乱搅。瞬时，天昏地暗，湖水卷起一丈多高，可怜张家坝上的百艘渔船全部被打翻，渔民大部分葬身湖底。

陈家台子的渔民在近水相望，个个胆战心惊，可又无回天之力。

孽龙做完孽后，气势汹汹地对陈家台子的渔民说："明年的今天，是收你们陈家供品，如有不全，张家的下场就是你们的榜样。"

"嘻……"笑声震天动地，笑毕，孽龙扬长而去。

转眼间今年的龙王节就要到了，陈家还是买不到三只羊，家家不敢下湖捕鱼。

陈友谅见状，身披宝甲，手持铁剑，就要去跟孽龙拼斗。

陈家族长上前拦住他说："三儿！你不能这样去硬拼，它是龙宫精怪，你斗不赢它。"

陈友谅气得"嗷嗷"直叫："族长爷爷，您说咋办？"

族长说；"你去通知十六房大叔，来祠堂商议对策。"

陈友谅很快将十六房当家人通知到了祠堂。

毕竟是义门陈氏后裔，十六房当家人想到的不是今年应付龙王节就完事了，而是要想出办法，斩草除根，为黄蓬湖周边渔民除害。

大家一致认为，家侄陈友谅虽然武艺超群，但与孽龙打斗，并没有稳操胜券的把握。

对，智取！

陈友谅不但武艺高强，而且机智灵活，他献计说："我们必须从塞北草原购回三只肥羊，猪、牛我们本地都有，不是问题。三牲祭品备齐后，再另备十坛好酒。"

族长不理解地问："备酒何用？"

陈友谅笑着说："请族长放心，我去会会孽龙，自有妙用。"

陈友谅虽然年少，自从他敲死黑乌鱼精后，族人对他是刮目相看，对他的武功是深信不疑。

龙王节到了，孽龙为显淫威，又在黄蓬湖上兴风作浪。

陈家台子的族人，他们在湖边搭起了祭坛，陈友谅和族人一起将供品摆在祭坛上。

陈友谅令族人回避后，他点燃三炷香，跪地叩了三个响头，祷告说："龙奶奶，去年张家供品少了一点，现在我们陈家加倍奉上，请龙奶奶笑纳。"

烧香叩头完毕后，陈友谅就躲藏在湖边的一棵老柳树下，悄悄地观察孽龙的动静。

孽龙兴风作浪后，又累又饿，当看到祭坛上堆得满满而又香喷喷的供品时，它毫不客气，抓住一只羊腿，就狼吞虎咽了起来。肥羊加美酒，越喝越带劲，十坛稻花香谷酒被它喝得一干二净。

酒醉饭饱，孽龙竟昏昏欲睡，不一会儿就鼾声如雷。

此时还不动手，待到何时？陈友谅拔出铁剑，“哧”的一声，剑尖就刺进了孽龙的心脏。孽龙本想反抗，但酒精的作用，使它动弹不得。顿时，从孽龙胸前涌出的鲜血，染红了黄蓬湖。

汪洋大海都游刃有余的小龙女，却命丧小小的黄蓬湖。它不甘心，如是留下尸体，魂魄化着一股白烟，直上云霄，往东飘去，寻找它的儿子报仇。

躲在屋里的族人和邻村渔民见到这一幕，欢呼雀跃，纷纷拿出菜刀，要将孽龙千刀万剐。

陈友谅说：“且慢！各位父老乡亲，你们看看我这支铁剑，刺向龙心已经卷刃了，不能再用了。请大家帮忙，剥龙皮，抽龙筋，拔龙骨，砍龙头。”

族长好奇地问：“三伢子，你要这些东西干什么？”

陈友谅说：“族长爷爷，请用龙皮制鼓，响声洪亮，经久耐用。把它安放在黄蓬镇的望风亭上，如遇大风或暴雨，击鼓示警，下湖做业的渔民听到鼓声后，就收网避灾。”

村长赞扬道：“三伢子小小年纪，就能为民着想，将来大有作为。”

渔民们纷纷点头，竖起大拇指说：“是啊！黄蓬湖有了三伢子，还惧什么妖魔鬼怪！”

“谢谢大家夸奖。”陈友谅接着说，“将龙头砍下，挂在沔阳县城，警示孽障，不要来我排湖为非作歹。”

“好！好！这个办法好！”

陈友谅继续说：“龙筋抽出后，做桨桩绳子，既结实又有韧性，再好不过了。”

“这伢了不起，想得如此周全。”

陈思玉见乡亲们不住地夸赞仨儿，直笑得合不拢嘴。

陈友谅又笑了笑说：“龙肉分作大伙儿尝尝鲜，这龙骨嘛……我正差一件得心应手的兵器，龙脊骨坚硬无比，而且龙前颊，正适合闩上铁器。”

大家按照陈友谅的安排，取出龙脊骨，交给了他。

陈友谅请叔叔陈普文帮忙，叔叔欣然应许，通过他精心打磨改制，一根丈余长的龙骨偃月刀应运而生，他拿来村里称鱼的抬秤一称，乖乖，正好四十八斤。

陈普文见只有十来岁的侄儿，轻松自如地舞动着龙骨偃月刀，心想：这伢哪来这么大的力气啊！

4

陈友谅小小年纪，连续击毙黄蓬湖作孽的两条孽障，一传十，十传百，他的名声在方圆百里传得沸沸扬扬，而且越传越神。

陈友谅是玉皇大帝派下来的神童，专门惩治妖魔鬼怪，这下子我们沔阳百姓再也不怕妖孽作恶了，这是沔阳人的福气。

这个传闻，很快传到了沔阳知府鞑鲁花麻的耳朵里，他也感到惊奇，忙问康茂才："师爷，民间传说陈家台子出了个神童，可是真的？"

康茂才知道知府的为人，心狠手辣，他怕他知道实情后，加害于他，忙说："哪里的事，一派胡言，大人不必当真。"

鞑鲁花麻怒骂道："他娘的，这年头荒年出古怪，谣言四起，什么妖怪、救星、神仙都放出来了，我们沔阳是一块净土，可不许有人造谣惑众。"

他不完全相信师爷的话，对身边的心腹鞑鲁花赤说："你和师爷实地看看，是神童就带来见本官，我倒要看看他神在哪里，如果不是的，就以本府的名义贴出告示，对造谣者入狱判刑！"

"是！"二人乘船来到陈家台子。

康茂才远远看见陈友谅与一群孩子在玩打水仗的游戏，他眼珠儿一转，满不在乎地对鞑鲁花赤说："总兵大人，那……"他用手指了指陈友谅说："什么神童，不跟普通伢们一样，赤膊光光地打水仗。"

鞑鲁花赤循着他的手势望去，可不是吗？陈友谅就是个普通的孩子嘛！

康茂才乘机说："这些人真无聊，害得大人白跑一趟，快晌午了，走！到沔阳城酒馆去，我陪大人喝两杯。"

鞑鲁花赤阴沉的脸儿转为笑意，说道："走！喝酒去！"

这天，陈友谅刚练完武术功课，以张定边为首，附近几个村庄的孩子们，又缠着陈友谅打水仗。

这次聚集有四十多个孩子，兵多将广。陈友谅见状，转身回到屋里，全副武装了起来。只见他身披宝甲，手握龙骨偃月刀站在孩子们的前面，威风凛凛，俨然一个即将上战场的将军，准确地说，更像一个孩子王。

“张定边听令：你带领一班人马，埋伏在老柳树下，全歼从黄蓬湖上来的敌人！”

“是，末将遵命！”

“张必先听令：你带领一班人马，装扮成敌人，游水上岸，攻占前沿阵地。”

“是，末将遵命！”

“杨金花听令：你带领女兵升火造饭，犒劳三军！”

杨金花请示说：“启禀主帅，做什么好吃的呢？”

陈友谅想了想说：“用红苕、猪肉、鱼块一起蒸熟就是了。”

“是，末将遵命！”

陈友谅最后强调：“敌我双方只能使用水枪，否则军法处置。”

所谓水枪，就是用竹管做成的吸水管子，竹签上绑着棉布，小孩儿用力一推，水就喷了出去，做得好的水枪，水柱能喷出两三尺远呢。

顿时，陈家台子的湖岸边，杀声四起，水花飞舞，好不热闹。有几个小不点儿，干脆脱掉湿漉漉的短裤，光着屁股上阵了。

杨金花带的几个女孩子先是拍手助阵，当见到几个光着屁股的男孩，害羞地用一双小手蒙住双眼，转过身去，背对着战场。

陈友谅正准备鸣金收兵时，张必先的母亲来了。

她惊叫地说：“你们这些小阎王，个个像个落汤鸡似的，小心着凉了啊。”

边说边在孩子群中找到了自己的孩子，她发现了儿子，忙上前牵着他的手说：“必先，快跟娘回去将衣服换了，去小姨家，她家出事了。”

张必先说：“小姨家不是蛮好的嘛，怎么出事了？”

张妈妈说：“你小姨塆子里闹鬼了，好多庄稼不知怎么回事，一夜之间就被糟蹋了，小姨家也没有幸免，你小姨非常难过，我们过去劝劝你小姨。”

“闹鬼？”别看张必先五大三粗，可脑子并不笨。他想：又不知是何等妖孽在作怪呢？

想到妖孽，他自然想到了不远处，在进行战后总结的陈友谅，他可是个降妖除魔的英雄啊。

他挣脱妈妈的手，急匆匆地钻进孩子群里，不由分说，拉着陈友谅就走。

“必先！什么事啊，这么急？”陈友谅边走边问。

张必先说：“我小姨塆里出了妖孽，只有你才能降妖。”他用手指了指他母亲的身影说，“我娘还在那等着咱们呢。”

为朋友肝胆相照、两肋插刀，是陈友谅的秉性，何况是最要好的伙伴张必先呢。

陈友谅说：“走，看看去！”

5

张必先的小姨住在沔阳城外的麻四院村。刚到村口，就看见家家户户门前摆起了香案，烟雾弥漫。

村子中间就是小姨的家，进屋后，张必先就迫不及待地问：“小姨，你们村咋回事啊？家家烧香拜佛，白烟四起，不知情的人还以为是村子着火了呢。”

小姨说：“伢嘞，塆子闹鬼了，所有的谷子不知道什么原因，一夜间都被糟蹋了，看样子今年全村的人，要外出讨饭度日了。”

说完，小姨竟然“呜呜”地哭了起来。

张大妈上前拉着妹妹的手，安慰说：“好妹妹，别哭了，这样容易伤身体，一大家子还靠你呢！”

陈友谅问：“小姨，你们村子没有查找什么原因？”

小姨边抽噎边答道：“族长带领大家到城里的城隍庙里，求签问卦，庙里的住持和尚说：‘佛祖发话了，这是上天降灾，只有每家每户在屋前摆上香案，早烧香、晚磕头，才能消灾保庄稼。’”

陈友谅说：“您不要听住持和尚胡言乱语，只有真正找出原因，有的放矢，才能保住庄稼。”

小姨听后，瞪大眼睛望着陈友谅，心里咕嘀着：这是哪家的伢啊！小小年纪，竟然口出狂言，连佛祖的话也不相信。

张必先猜透了小姨的心思，忙解释说：“哦！小姨，忘了跟您介绍，这是我的好朋友，也是降妖除孽的能人，名叫陈友谅。”

陈友谅说：“您老放心，我和必先马上就去你们稻田里查个水落石出。”

张家小姨半信半疑。

陈友谅和张必先两孩子，来到稻田埂子上的杂草中，隐藏了起来，两双眼睛一眨不眨地盯着田里，白天平安无事。

晚上，吃完小姨送来的晚饭后，月儿还没出来，漆黑漆黑的，田野里偶尔传出阵阵蛐蛐的叫声外，一片寂静，两人并不害怕，分别躲藏了起来。

午夜了，虽然月儿姗姗来迟，它却像一盏明亮的汽灯，高高地挂在天上，地上如铺了白银一般，天上的星星一眨也不眨地、好奇地盯着他们。

太困了，张必先终于熬不住了，竟躺在草丛中熟睡了。

陈友谅的耐性很强，他借着月光，紧盯着稻田里。

突然，陈友谅听见稻田里有“呖呖”作响的声音，他仔细一看，娘啊！原来是一只硕大的乌龟在偷吃金黄的稻谷。

“孽障！看你往哪儿跑。”身随话飞，陈友谅一下子就跳到乌龟的背上。

这可不是一般的乌龟，它是沔阳城城隍庙门前的一只大石乌龟。年代久远，它吸日月精华，得到了天地灵气，白天乃是石龟形象，在门前一动不动。晚上，它能化身为一只活生生的乌龟，爬到离县城最近的麻四院的稻田里吃谷子，由于体形过重，每到一处，稻禾就倒成一片。

石龟精见有人踩在自己的背壳上，先是一惊，然后拼命地往一条水沟里爬去，到沟岸旁，它就势一滚，连同陈友谅一起滚进水里，竟想淹死他。

这个傻石龟精，这回它大错而特错了。陈友谅何等少年，他从小在湖边长大，乃水中蛟龙，天生一身好水性。

陈友谅如鱼得水，猛虎添翼，他两手瞬间抓住石龟精的脖子，一使劲，就将它扭翻了过来，肚皮朝上，四脚乱划。

可怜石龟精修炼千年，今晚倒霉透了，它知道掐住自己脖子的少年是土星转世，是它的克星。

它连连求饶说：“土星爷爷，请饶命，我再也不敢糟蹋百姓的庄稼了。”

石龟精为了表示诚意，又说：“土星爷爷，我肚里有一颗千年红宝丹，您将手松开，憋死我了，我吐出来，您老吞下，会使你力大无穷。”

陈友谅听罢，就把二百多斤重的石龟精拖上岸来。

这时天已放亮，张必先隐隐约约看见，一颗圆圆的东西闪着红光，从一只乌龟的口中吐出，很快进入陈友谅的口中，而被他吞进了肚里。

张必先急匆匆地来到陈友谅跟前说：“友谅，你真不够哥们，吃什么好东西，也不分给我一半。”

陈友谅指了指已现了原形的石龟说：“是这孽障吐的，腥死人了，你早点不来，来了就给你吞下。”

张必先相信地点了点头，他再仔细一看地上的石龟，惊讶地说：“这不是城隍庙门的石龟吗？”

陈友谅说：“正是！”

他指了指被糟蹋的庄稼说：“这些都是它造的孽，现惩罚它在这片稻田里值守十年，确保稻谷丰收，方可再回城隍庙。”

石龟精是好汉不吃眼前亏，从龟壳里伸出长长的头，不住地点头。可它内心里一肚子仇恨：君子报仇，十年不晚，你等着！

待陈友谅他们离开后，它一骨碌地溜入水中，沿长江直下，来到了江西鄱阳湖隐居，继续修炼。

鄱阳湖与长江的入口十余里的水面，有一处“百慕大”，从古至今，不知有多少船儿，在此平白无故地突遇大风大浪，翻船沉没，连人带船很快被淹没得无影无踪，不隔多久，人们就会在距此地八百余里的信州岸边，发现船只的残骸和死尸。

就是这块令人谈虎色变的奥秘之地，却被石龟精看上了，它乐居此处，悠然自得。十年后，也是这个石龟精，它做出了一个惊人之举，使陈友谅由主动变为被动，由兴旺变为衰败，这是后话。

第三章

俊后生破冰智救落水儿童　杨先生命题说竹笔头生花

荆楚天藏奇状璞，名师雕琢意如神。

骥飞熟记诗千首，饮水难忘掘井人。

——题记

1

今天是腊月二十四，南方今天是小年。往年的今天，家家户户忙着贴春联，挂灯笼，扫灰尘，祭灶神。

陈家台子的人，今年就不能如愿了。因为官府的渔业税没有交齐，这不是一件小事，而是抗税不缴的大事，别说过年了，官府是要捉人坐牢的。所以，他们敬完灶神后，就纷纷下湖去了。

然而天公并不作美，外面寒风凛凛，鹅毛大雪已经将黄蓬湖染得白茫茫的一片，湖边结成了厚厚的冰床。

陈思玉挑着渔网，蔡氏扛起双桨，顶着暴风雪出门捕鱼。

蔡氏临出门时，向陈友谅交代说："三伢子，雪下的越来越大，两个哥哥在外打工还没回来，你一个孩子在家里注意保暖，千万别冻着了。锅里我为你留下了饭菜，你在家里要自己照顾好自己。"

陈友谅将胸脯拍了拍，说："娘！你放心，我都十一岁了，是男子汉了，甭为我操心，放心做业去吧。"

蔡氏见三伢子这么懂事，这才放心而去。

陈友谅一个人在家中并不寂寞，他将后屋的稻草人抱到客厅，根据师父交给他的《点穴秘籍》的诀窍，认真地练习。

时间快到晌午了，陈友谅练着，练着，不觉大汗淋漓。

他停下来，用毛巾擦了擦汗，就坐在小椅子上，拿起张定边借给他的小人书《司马光的故事》，认真地翻看着。他刚看完“司马光砸缸”的故事，正准备看下一则故事。

突然，从湖面上传来“救命！”“救命！”的急促呼救声，陈友谅侠肝义胆，闻声后立即拿起龙骨偃月刀，打开大门急冲出去。

出门一看，是堂弟陈友德在拼命地呼叫。

陈友谅跑到他面前问：“友德，怎么了？”

陈友德吓得连话也说不出来，用手指向弟弟的落水的地方，哽咽地说：“我弟弟，我弟弟……”

原来，陈友德见外面的大雪已经停了，就拉着弟弟陈英杰去湖边滑冰。滑着，滑着，小英杰没有经验，一下子就滑到一处薄冰的地方，“咔嚓”一声，冰层破裂，他就掉进了湖里。

陈友德被这一幕吓着了，只知道一个劲地喊救命。

陈友谅何等精明，一下子就明白了。此时湖冰已开始封冻了落水口，他活学活用，想起了司马光砸缸的故事。立即运足力气，用龙骨偃月刀的尾柄猛地往冰上一杵，顿时，就将封冻的冰层砸开了一个大窟窿。

陈友谅毫不犹豫地跳了下去。万幸，由于是寒冬，小英杰穿着厚厚的棉衣棉裤，才使他没有沉入湖底，而是被冰块卡住了，但他已经冻得人事不省。

塆子里的青壮年都下湖捕鱼去了，只有老幼病残在家里。由于陈友德呼救声惨烈，全村的老幼都跑了出来。他们见到陈友谅抱着小英杰，还在水里挣扎，大家齐心协力，很快将他们救上了岸。

还是老族长有经验，他见小英杰已经奄奄一息，忙命大家将他放在温暖的床上。

族长边脱小孩的湿衣服，边对一旁站着的一位老者吩咐道：“快去铲一盆雪来！”

他将小英杰用被子盖着严严地保暖，只露出四肢。

雪很快端进来了，老者忙上前，协助族长用雪花使劲地擦着他的小手和小脚，小英杰细嫩的皮肤，很快由白转红，慢慢身体就有了体温，但他还在昏迷中。

陈友谅已经脱掉了湿漉漉的衣服，披着一床被子站在一旁，他见状忙说：

“族长爷爷！我服了红宝丹，我来！”

他俯下身子，对着小孩的嘴，使劲地吹气，不一会儿，只听得小英杰“哇”的一声大哭，围观的人们才松了一口气。

族长见小英杰没事了，忙吩咐陈友谅：“三伢子，快回屋换上衣服，免得着凉了。顺便在湖边望望，看看我们村的船队回来了没有。”

陈友谅说：“是，爷爷，我这就去。”

大过年的，村里的老人们，都期望着亲人们早点儿、平安地回家团聚。而族长考虑到的是，今年的鱼税，还等着大伙儿的鱼回来上缴呢。不然，知府大人追究起来，这个年就不好过了。

2

收渔税，沔阳知府魁鲁花麻只动动嘴皮子，有专班子去执行。他和蒙古夫人酒足饭饱后，正坐在家里边烤着火儿，边津津有味地听着，街头卖唱的蔡大爷和孙女小翠，专门为他们夫妇俩弹唱的曲儿。

魁鲁花麻用身体挡住夫人的视线，不时用一双淫邪的眼神儿，偷窥着小翠那少女微微凸起的曲线，暗自吞着自己流出的口水。

师爷康茂才站立一旁，看在眼里，恨在心里。

唱了一曲又一曲，余音绕梁，使知府夫妇余兴未尽，知府连连命令道：“再来一曲，再来一曲！”

蔡大爷重新调好了琴弦，小翠有节奏地敲着手上碟儿，边敲边唱：

手拿碟儿敲起来，
音伴雪花绕院徊，
声声唱不尽人间的苦呀，
老爷欢笑，穷人愁。

手拿碟儿敲起来，
满田菽稻何人栽，
声声唱不尽人间的苦呀，
富人尝粑，佃户徘。

手拿碟儿敲起来，
泛湖鱼虾劳命财，
声声唱不尽人间的苦呀，
官府收税，渔民灾。
……

这时，康茂才看见鞑鲁花麻脸色由白变红，杀气腾腾，连忙去推爷孙俩，高声吼道：“滚！滚！这唱的什么曲儿。”

他连推带拉，将爷孙儿俩推出了知府大门，悄悄地将一串新出的铜钱儿塞在爷爷的手中，使着眼色，意思是叫他们赶快离开。

康茂才转回来，见知府大人怒气未消，忙劝说：“老爷！别生气，与这些戏子生气划不着。马上年来了，看老爷还需要些什么年货？”

鞑鲁花麻就是好吃，也特别能吃，一提到年货，他就喜上眉梢。

他命令说：“你亲自去一趟黄蓬湖，多搞一些青鱼、鳜鱼、大白刁等上色鱼儿回来，越多越好，我还要向上面进贡呢。”

康茂才轻轻地说：“老爷，那鱼钱？”

知府怒道：“蠢货！这还要我说明，从渔税中扣除便是了。”

康茂才忙点着头说；“是，小的明白。”

有了鞑鲁花麻的旨意，康茂才就知道怎么料理了。他首先想到的是照顾表哥陈思玉。

康茂才手提两瓶老酒来到陈思玉家，天已上黑了，正好陈思玉夫妇打鱼回来。

陈思玉说：“哟嗬！过小年了，表弟不在家里享受天伦之乐，怎么记起了我这个穷亲戚了，难得，难得！快请坐。”

康茂才也不客套，来到八仙桌旁的上首坐了下来。

康茂才说：“我是无事不登三宝殿，元鞑子知府令我来，采购过年的鱼来了。”

陈思玉说：“这些当官的老爷，哪知道咱们渔民的疾苦啊，他用什么交换？”

康茂才淡淡一笑，说道：“当然是要付钱的。”

陈思玉说：“表弟！我们要那不值钱的废纸干吗？我们要的是粮食，将就将这个年过过去。”

康茂才转动着眼珠儿说：“这回连废纸钱都没有，只有一张白纸黑字。”

陈思玉先是傻了眼儿，但接过纸条一看，顿时眼前一亮。只见上面写道：“今收到黄蓬湖镇陈家台子春节贡鱼两千斤，抵扣明年全年的渔税。”

落款是沔阳府尹�鲁花麻的大印。

陈思玉感激地说：“我代表全塆的百姓感谢表弟。这年头，越来越重的渔税，压得我们实在是抬不起头哇！这样可好了，是减一年的税。”

正说着，门外有人叩门。

“大哥和嫂子在家吗？我是普文啊。”

陈思玉打开大门，只见陈普文提着两斤腊肉进来。

真是雪中送炭，陈思玉家过年只有鱼腥儿味，却无钱买肉，自然就没有腊肉的香味。

陈思玉是个本分人，无功不受禄，他忙友好地说：“弟弟，你将肉拿回去，这年头，生意也不好做，你家也不富裕，给孩子们吃啊。”

陈友谅不知是什么时候冒出来的，他连忙接过堂叔的腊肉，说：“谢谢叔！”

他向厨房边跑边说：“娘！有腊肉吃啊。”

陈思玉怒吼道：“三伢子，拿来！这么不晓得事！”

陈普文忙制止道：“大哥，别吼三伢子，今天我这肉拿来，是专门感谢他的救命之恩的。”

陈思玉有点丈二和尚——摸不着头脑。

一直旁观的康茂才微笑地问：“啊！怎么个救命之恩，说来听听。”

于是，陈普文将小儿子滑冰落入水中，陈友谅不顾个人安危，如何救起儿子，一五一十地道了出来。

陈思玉向正在出来的陈友谅问：“三伢子，有这么回事？”

“嗯，”陈友谅点着头儿，骄傲地说，“有功才受禄啊，不像您老那样，家里买不起肉说有肉。”

这孩子，拿竹竿子进巷子，直来直去，将他父亲羞了个大红脸。

陈友谅毕竟是个孩子，他可不管这些，拿起条台上放的小人书，来到康茂才面前，恭敬地说：

“表叔，我是得到这里边‘司马光砸缸的故事’而受到启发的，所以使出了浑身力气，就把厚厚的冰儿砸破，准确地救出了小弟弟。”

康茂才抚摸着他的头说：“你这伢，真是智勇双全，聪明能干。”

陈友谅说：“表叔，这本书里有一件事没有写明白，司马光练没有练过武功？”

“哦……”康茂才一时也被问得哑口无言。

陈友谅说：“一个水缸那么厚，司马光三岁最多只能拿起一斤重的石头，而投砸的力气微小得可怜，水缸很难打破。除非他练有武功或是出主意，叫比他大的孩子砸。”

他的一番宏论，直把康茂才惊得倒吸了一口气说：“奇才！奇才！这伢不进学堂太可惜了。”

陈思玉说：“表弟，我们穷人家的孩子，哪里上得起学堂啊。”

康茂才说：“杨家矶上的私塾先生杨子元是我的学长，我去跟他说一说，叫他先收下三伢子，学费我来想办法。”

陈思玉说：“三伢子，快谢谢表叔！”

陈友谅双手抱拳：“谢谢表叔！”

这时，蔡氏端出了香喷喷的菜肴，康茂才上座，陈普文右座，陈思玉下座。

陈友谅见机，灵活地打开了康茂才带来的老酒，一一满上。

陈思玉说：“真不好意思，我是就湖里的水、煮湖里的鱼。来，来！我敬大家一杯，预祝你们新年万事顺利。”

三人推杯换盏，畅饮至深夜。

3

开年元宵节刚过，陈友谅一蹦三跳，高兴地背着母亲缝制的书包，来到杨家矶塆里杨子元先生的书馆。

杨子元是黄蓬镇颇有名望的私塾先生，他学富五车，教学生是因势利导，严厉声色，对不认真学习或顽劣的孩子，惩戒他们的是戒尺，那滋味儿可是不好受的。

杨先生常说：“严厉出俊杰！”

也正如他所言，他教出的学生，大部分颇有建树。因此，有钱人家的孩子，都愿意拜他为师。

初入学的孩子，无外乎先从《弟子规》《三字经》学起，陈友谅有过目不忘的本领，经先生教了一遍以后，他就能倒背如流，并且仿效先生，用抑扬顿挫的声调，讲解书中的内容。

每当此刻，杨子元就会用手捋着他那独特的山羊胡子，喜出望外地自言自语："孺子可教，孺子可教也。"

戒尺对陈友谅而言，是个多余的教学工具。

一天中午，私塾里的学生都放学回家吃中饭去了，陈友谅、杨从政两个孩子还在书案上认真读书。

"嘻嘻，两位未来的状元，该吃午饭了。"一个甜甜的少女，用托盘端着两碗水饺进来。

陈友谅抬头一望，这不是我们小时候，打水仗的黄毛丫头杨金花吗，几年不见出落得亭亭玉立了。

杨金花嗔怒道："看什么看，人家脸上长有花啊！"

陈友谅先是脸色一红，继而镇定地说："还别说了，你这一颦一笑，脸上的两个小酒窝，还真像两朵花儿，漂亮极了。"

"不跟你说了，你们两位快吃饭吧，一会儿就凉了。"杨金花得到陈友谅的赞美，脸儿羞得像桃红似的，转身跑了。

陈友谅还不知道，杨从政、杨金花是先生的侄儿、侄女。

一晃一年过去了，跟陈友谅一起发蒙读书的弟子们，还停留在"人之初，性本善……"的基础之中，而陈友谅的学习进度，远远地超过了他们。

杨先生是因人而教，有升有落。陈友谅学完了《今古贤文》后，开始传授《史志》《古典文学》之类的书籍。

这天，陈友谅早早地来到学堂，只见杨从政早就坐在书案上了。杨从政见陈友谅进来了，忙拿起桌上的《弟子规》课本递给他说："友谅，请帮我看看，我背错了没有。"

陈友谅说："为何这么急背书呀？上课时再背不迟。"

杨从政说："那可不行。"

他不由自主地用右手摸了摸左手的手掌心。陈友谅明白了，这是怕再挨先生的戒尺。

陈友谅说："不要书，我都记着呢，你背吧！"

杨从政像似一个语言智障者，结结巴巴地背着：“弟子规……圣人训，首孝悌……次谨信、我爱人……”

“停，停！”陈友谅连忙纠正道：“泛爱众，不是我爱人。”

就这样，连续三遍，杨从政终于流利地将《弟子规》中的总叙、入则孝、出则悌等课文背完。

这时杨先生进来了，顿时课堂一片寂静。

杨先生首先布置陈友谅的作文，说：“友谅，你用‘说竹’写一篇文章。”

“是，先生！”陈友谅应许着。

杨先生是完全相信陈友谅的自觉性，顾自教其他的弟子去了。

陈友谅冥思苦想了一会儿，提笔写道：

说　竹

竹者，立根厚土，雨后春笋，不浮不躁，节节高升。

竹乃君子也，四季滴翠，虚心有节，劲骨凌云，万叶齐茂，风雨难摇，寒暑不凋，生则勃发，聚则成林。

故古人云：“泱泱沃土，不可一日无竹也。”我爱竹，千刀万斧斩不尽，一年一度发春华。

陈友谅将写好的作文，反复看了几篇，感觉满意，这才双手递给讲台上的先生。

他恭敬地说：“先生，请您赐教！”

杨子元一愣，问：“这么快就写完了？”

陈友谅说：“是的，这只是愚生的一篇浅见。”

杨子元见陈友谅如此自信，这才认真地读了起来。

这是一篇借物抒怀的作文，杨先生读着读着，惊喜得拍案而起。

他大声赞叹说：“友谅！你胸怀大志，日后必成大器！”

激动之后，他又想考一考陈友谅的诗作，他看见外面下着鹅毛大雪，而院子里的一株红梅却傲雪绽放。

“有了！”他想出一题道，“时间还早，你用梅雪情为题，写一首七绝诗。”

“先生，这有何难！”陈友谅胸有成竹，他随着先生的眼光，望了望窗外的景色，脱口而出：

雪爱梅花悄悄来，梅中雪意敞情怀。
红梅早恋忠贞雪，各自风流绽放开。

“好！好！好！”杨先生一反常态，又将山羊胡子捋了又捋，兴高采烈，连连说好。

陈友谅十三岁那年，随着朝廷货币改革制度的深入发展，全国的经济每况愈下，民不聊生。

越是这样，各个阶层的苛捐杂税反而越来越多，人们生活在水深火热之中。

陈思玉的家庭也不例外，尽管夫妻俩和两个儿子四人日夜劳作，也只能糠菜度日，何况家里还增添了两个小儿子陈友仁、陈友贵，七口之家，可想而知，家里穷得是叮当响。

陈友谅观此现状，不得不辍学帮助父母打理渔业。杨子元再三挽留，可陈友谅决心已定，告别尊师，离开了学堂。

杨子元翘起山羊胡子，用失望的眼神，望着陈友谅离去的背景，叹曰：“状元之才，国家栋梁，却断送在当朝腐朽、黎民贫困之中啊！”

回到家中，陈思玉见三伢子这么懂事，叹了口气说：“三伢子，只怪为父无能，却误了你大好前程。”

陈友谅安慰父亲说：“乱世之秋，家境困难，焉能怪罪于父。现在我虽然读不成书了，但我文武双全，只要一有机会，我一定要驰骋疆场，安邦定国！”

4

他的一番宏论，并没有给父亲带来多少喜悦，陈思玉一根筋儿地说：上帝像是故意刁难我们渔民，朝廷的苛捐杂税越重，而排湖的鱼却越来越少。

不是上帝在刁难渔民，而是渔民为了填饱肚子，一反常态地违背老祖宗传下来的规矩，什么网业、毒业都用上了，可怜正常发育的鱼类难以幸免厄运。这是一种恶性循环，破坏了自然生态平衡。

这几年，渔民们为了生存，有的逃荒要饭，流离失所，有的放下渔网，进沔阳城或汉阳府打短工，名曰“撵兔子”。

“撵兔子”的人越来越多，陈友谅也加入了“撵兔子”的行列。沔阳城僧多粥少，一时占山为王、打码头的斗殴现象时有发生，使整个沔阳城乌烟瘴气。

今天是腊月二十九，今年没有年三十。陈友谅为了能跟父母，每人买上一件新衣过年，他乘船早早地来到沔阳城码头“撵兔子”。

陈友谅连问了几家的码头工头，除了摇头还是摇头。

已过晌午了，还是没有找到活儿干，陈友谅此时已是饥肠辘辘，他摸了摸上衣口袋，“叮当”尚有两枚铜板作响。

两块铜板，只能买一小碗豆油皮，管它呢？车到山前必有路，船行桥头自然直。陈友谅是一个很想得开的人，吃一点比不吃强。他好不容易找到，一家买豆油皮的摊位，要了一碗豆皮，囫囵吞枣般地吃完了豆皮。

正要离开时，听见前面街道上闹哄哄的，举目一望，就看见一群地痞流氓在殴打一名“撵兔子”的人。

陈友谅侠肝义胆，眼里容不得沙子，双眼冒火，脚下生风，疾步上前，分开围观的人群，大吼一声：“住手！”

领头打人的是一位阔少爷，当他听见“住手！”之声，并未住手。心想，是谁吃了豹子胆，竟敢在他的地盘上管闲事？他斜眼一望，与陈友谅寒气逼人的眼光碰了个正着，使阔少不禁打了一个寒噤。

阔少扫视四周，虽有冷眼旁观的街坊，却无人出面劝阻，只有一个衣着乡下人打扮的小后生，在管闲事。他仗着人多势众，恶向胆边生，狠狠地命令道：“快跟老子收拾、收拾这个爱管闲事的乡巴佬！”

这时，屠户胡大海出来劝架说：“胡少爷，都是乡里乡亲的，得饶人处且饶人，饶过他们一回吧。”

“你个臭卖肉的，还来劝架，不想活了。”眼看着火苗就要窜到了胡屠户身上，只见胡大海的母亲连忙跪在胡少爷跟前，乞求说：“胡少爷，看在我七十多岁的老妪分上，不要与我这个不懂事的儿子计较啊！”

陈友谅见状，连忙将胡母拉起，道歉地说：“大娘！不关胡大哥的事，我一人做事一人当。胡大哥！快扶老娘离开这个是非之地。”

胡大海握着已经出汗的拳头说：“这位英雄，后会有期。”他是孝子，极不情愿地扶着母亲离去。

“你……有种！”

随着话音，胡少爷一个饿虎扑食，气势汹汹地向陈友谅扑来。此时，围观的人们赶紧往后退去，陈友谅立根不动，只一个侧身，顺手牵羊般地用力一甩，将恶少重重地甩倒在地，来了一个嘴啃泥。

众家丁见小后生将他们的少爷打倒在地，蜂拥而上，陈友谅轻视地一笑，左右开弓，一会儿抱手束身，一会儿右手撩裆，一会儿左手锁喉，一会儿弓步劈心，一会儿扫堂腿旋……

顿时，十来个家丁被打倒在地上呻吟。

陈友谅拍了拍手上的尘土，就去牵扶被恶少打倒在地上的人。

阔少见遇到了武林高手，三十六计，走为上策。

他连忙爬起，丢下一句恶狠狠的话："你小子等着！"

阔少就带领一群家丁落荒而逃。

"是你？"陈友谅扶起"撵兔子"的人，一看，惊讶地问。

原来地上挨打的人是陈友谅的同窗杨从政。

陈友谅关切地问："伤着了没有？"

杨从政擦了擦嘴边的血迹后，说："这群狗日的，仗势欺人，要不是我叔叔教的几套拳脚功夫防身，啊！更要感谢你及时相救，否则，我这百十来斤，就要交代在这里了。"

陈友谅又问："从政，这群地痞为什么打你？"

杨从政说："昨天在码头上卸完货，已经天黑了，我拿到工钱，就急匆匆地往家里赶，忘记缴保护费了。"

陈友谅明白了，这帮地痞流氓，今天就找上门来了。他愤愤不平地说："娘的，这是什么世道！"

杨从政说："是啊！不改变这个世道，我们根本没有活路。"

陈友谅说："光凭我们的实力，是很难做到的。"

杨从政向四周望了望，见围观的人群已经散去，他拉着他的手说："走，友谅，我带你去一个你想去的地方。"

5

陈友谅不明就里，还以为是带他去打工呢。所以，他也没有多问，跟在他的后面，一同前往。

路上，两人有说有笑，畅聊着分别四年来的离别之情。

这时，陈友谅突然想起一个人来，想必这个人已经是个亭亭玉立的大姑娘了。

他不好意思地问："从政，你塆里有个叫杨金花的姑娘，就是上次送饺子给我们吃的那个，不知她现在怎样了。"

杨从政不禁脱口而出："怎么，你认识我妹妹？"

陈友谅说："巧了，她竟是你妹妹，小时候，经常和张定边、张必先，他们一起来我们塆里打水仗，挺活泼可爱的一位小姑娘。"

杨从政说："啊，是这样的。她现在可不是小姑娘了，出落得如我们排湖的芙蓉，水灵灵的，可漂亮哩；她又漂亮，又能干，烧得一手好菜，我最喜欢吃她的蒸菜。"

杨从政夸赞起他妹妹来，津津乐道，说得陈友谅心里痒痒的，他恨不得一下子飞到杨家矶，去看看她，可男女授受不亲，他打消了这个念头。

不知不觉间，天就黑了下来，他们出了城，来到了胡家庄园。

陈友谅一看，这么大的一个庄园，就傻眼了，这一定是一个有钱有势的人家。他此刻心里不免嘀咕着：杨从政带我来这里干啥？

来得早，不如来得巧。此时，胡家庄园正在举行春节灯会，庄前的一排排桂花树上，拴着一匹匹骏马，有的在打喷嚏，有的在踢后蹄，扬起的灰尘与庄园的炊烟交融在一起，弥漫在天上，又渐渐散去。

远远地看见庄园大门前有一块广告牌，好奇心驱使陈友谅他们上前去看了起来，只见上面用正楷的毛笔字写着灯会的竞赛规则：

一、凡参加灯会的才子，可以自由地在庄园前的桂花树下，挑选一匹自己喜爱的马匹，进入庄园。

二、限定参赛者骑着马匹，一支香烛的工夫，沿着庄园跑一圈，并将沿途的灯诗记住，将在考场背诵。

三、获得第一名者，奖大洋二十块，第二名者奖大洋十块，第三名奖大洋五块。

四、一根烛的时间如没有跑完一圈，作自动弃权处理。

陈友谅看完告示后，就来劲了，蠢蠢欲动，他拉着杨从政的手说："走，牵马去！这么好赚的钱不赚白不赚，这比撵兔子强多了。”

“好嘞！”

陈友谅选中了一匹又高又大的枣红马，杨从政挑中了一匹雪白的赤兔马，两人骑上马背，大摇大摆地进入了庄园内，来到了竞赛场。竞赛会场灯火通明，只见主席台中央坐着四个老者，从衣着上看，一定是沔阳地界的乡绅名儒。

陈友谅瞬间眼前一亮，上首第二排座位上端坐着的，不是老师杨子元吗？他见先生正襟直坐，像是没有看见他。他想：想必是他老年纪大了，双目昏花，没有看见他们。

主席台上有一位管家打扮的裁判，只见他右手拿着锣锤、左手拿着香火，站在主席台的左侧，两根木头架子上，挂着一口直径约三尺的铜锣，铜锣下方放着一支未点燃的红烛。主席台的下面已经有七八位才子在严阵以待。

“哐”的一声锣响，十匹骏马扬蹄而飞。

陈友凉骑在马背上，并不急于超前，他按箭头所指方向，有顺序地一一看完诗灯，铭记在心上。

胡家庄园占地面积将近百余平方丈，四周是青砖院墙，南北朝向是前、后大门；园子里分三条街道，有顺序地按徽式建筑风格，建有青砖房舍，共有百余座楼台亭院，古色古香；街道地面上铺上清一色的大块红砂石，和谐有致；从屋檐下无人侵扰的青砖墙上、挂着斑斑点点的苔藓中不难看出，这个气势不凡的大庄园，有着百余年的历史。

陈友谅背诗的速度控制得恰到好处，当他进入会场的红线内，烛柱成灰无风干，尚有两位才子还没有到达目的地，算作弃权。

按入场顺序，第一个入场的只背得九首诗……第七个是杨从政，他不快不慢地背着、想着、再背着，竟然背来了六六大顺的好吉利数字，暂为第一名。

轮到陈友谅了，他抑扬顿挫地背着。

一

百花凝吐夜，四照似含春。
白白连星出，亭亭问月新。

二

狂有长安月，银光照北疆。
山林秋叶尽，宝地雪原荒。

三

缛彩遥山水，幽光近缀天。
大唐疑陨落，伴月倚楼悬。

四

火树银花合，星桥铁锁开。
暗尘随马去，照月逐人来。

五

巨蟒绕山旋，人行一线天。
森林传虎啸，偏向虎声前。

六

山外长江江外山，藻随流水却悠闲。
丛林修戒更幽梦，孤影难眠对月潸。

……

陈友谅一口气背完了一百首诗，迎来了满堂喝彩声。

杨子元像是不认识他似的，故意考他说："台下后生！你能用《佩文诗韵》里的十一真为韵，连吟三首诗吗？"

陈友谅心知肚明，这是恩师有意让他出人头地。他笑了笑说："各位前辈在上，那我就献丑了。"

一

怅然长夜冷，明早是新春。
昂首魁星出，乾坤举步新。

二

志宏荆楚地，不恋雪花银。
笑指元坤落，祥云载主人。

三

驱散乾坤雾，长江汇海滨。
淘沙污浊尽，华夏有粮薪。

台上正中间坐着的庄园主胡家富，他见眼前的才子，高兴地连连赞道：“沔阳之地，竟有如此奇才，赏！重重地赏！”

陈、杨两人拿到赏银，正准备离开时，却听见后面有人大声呼唤：

“两位才子，请留步！”

第四章

校场比武蟾宫折桂　监狱为官卧薪尝胆

沔水清清藏嫩藕，心空实节育莲花。
污泥不染嫣然艳，头举烟烟领众葩。
——题记

1

陈友谅听见后面有人喊他们，转头一看，是台上的裁判管家。

陈友谅问："请问管家，尚有何事？"

管家说："我家员外爱才，特令我务必留下两位才子，备有家宴年饭，吃完后再派船儿送你们回家。"

陈友谅说："不啦！请代我转告胡员外，谢谢他老的好意，我们要回家与亲人团聚。"

杨从政也附和道："是的，是的，我们真的要赶回家去，谢谢员外挽留。"

管家笑了笑说："我家员外留不住你们，难道你们的恩师杨子元，也留不住你们？"

一日为师，终身为父，既然是恩师的意思，就没有推辞的理由，他们无可奈何地跟着管家的后面，往客厅而去。

其实，今晚的灯会是胡家富、杨子元、康茂才等几位社会名流贤达精心策划的，目的是要选拔人才，网络人才，为今后发展他们的事业而备用。

他们这些社会贤达，早已秘密加入了白莲教。

乱世出英雄，国乱多宗派。红莲教是个秘密组织，总坛设于五指山，其入口相当隐秘，教会香主及教众大都依岩穴而居。以扶危济困为宗旨，分坛林立，门徒众多，是当年武林第一大帮会。

红莲教与白莲教实际是姊妹教派，共为一个瑜亮。红莲教以教义为信条，崇尚光明，认为邪不压正，光明能战胜黑暗，入教必学教义，熟记教义条文，否则师父是不传授武功给信徒的。

胡家富是白莲教江汉分坛坛主，也是荆楚大地唯一的一个分坛。他武功好生了得，藏而不露。杨子元是他的右护法，暗藏有一身武功，从未外露；还有左护法康茂才，训谕黄志坚。这是一个极其隐秘、等级森严的组织。

他们除了解陈友谅才华横溢外，还更了解他是王矮虎的徒弟，因顾及王矮虎的特殊身份，不便造次。因此，今晚将他留下来，一是试探他是否愿意加入白莲教，欲作为后备人才之用。

陈友谅、杨从政两人跟在管家后面，很快来到客厅，客厅中间摆放着一张八仙桌，宽大的客厅显得空荡荡的。

八仙桌上早已放满了十道菜：清蒸鳜鱼、红酥鱼块、沔阳烧鸡、排湖野鸭、粉蒸排骨，爆炒猪肝，蓬湖鳝片，另外就是三圆：鱼丸子、肉丸子、酥丸子，这种宴席称为三圆宴，十全十美，荤而不腻。

两只景泰蓝酒壶里的稻花香酒，飘出的香味与菜肴散发出的香味而交融，让人食欲大增，一派节日气氛的感觉。

胡家富、杨子元、康茂才、黄志坚四人，见陈友谅他们进了客厅，忙从客厅边的茶座上起来，互相一一行礼。

陈友谅、杨从政知书达理，恩师杨子元在上，行的是三拜叩首礼，跟胡家富他们行的是抱拳礼。

礼毕，管家俯身恭维地牵席，论资排辈，胡家富一席、杨子元次席，康茂才、黄志坚为三、四席，陈友谅、杨从政坐上横头，管家理所当然是下横头，担负陪客斟酒的任务。

待每人桌上的酒盅都斟得满满的酒后，胡家富双手捧杯，站起来说："诸位！今天是大年三十，我们吃的是年饭。首先，老夫恭祝大家新年，年年有余，阖家欢乐，身体健康，干杯！"

大家都站了起来，一一向胡家富拜年。

胡家富喜笑颜开，放下酒杯后，用双手向下挥了挥，示意大家坐下。

随后，他又敬陈友谅他们："两位后生少年才俊，能赏光寒舍，实属老夫之幸也，来，来，来！我们同干此杯，祝二位飞黄腾达，事业有成。"

陈友谅、杨从政连忙起身，来到胡家富面前，恭身敬酒道："祝您老福如东海，寿比南山！"

"哈哈哈……"一阵哄堂大笑。

他们又一一敬了恩师、两位长辈和管家的酒后，方才回到自己的座位。

酒过三巡，杨子元捋了捋他的山羊胡子说："两位爱徒，你们知道吗？眼前的胡员外可是个世外高人，武功盖世，为师引荐，二位拜师如何？"

杨从政是瞌睡遇见枕头了，求之不得，连忙下位，来到胡家富面前，"扑通"一声跪在地上，连叩了三个响头："师父在上，请受徒儿一拜。"

拜毕，他才意识到陈友谅没有跪拜，斜眼一望，陈友谅还在座位上发愣。

其实，陈友谅思想在激烈地斗争着，是不是恩师老糊涂了，明知我已从师，为何出此难题。

思索了一会儿，陈友谅站起来，抱拳作揖道："感谢胡员外、恩师抬爱，只是我三岁已从师，一日为师，终身为父，待我请示师父后，再行决定可好？"

胡家富一听，顿时脸色铁青，怪吓人的。

康茂才见状，忙起身打圆场，说："员外，难得友谅这个伢，忠义之士啊！"

正说着，突然大家只听得堂内传来一声大吼。

"你这乡巴佬，跛子的屁股，搞斜了，难怪我沿街找不着你，你竟然躲在我家里来了！"

进屋的是位公子哥，他不由分说，挥拳就向陈友谅扑来。陈友谅一惊，原来是街上的阔少，他机灵一闪，阔少的拳头重重地打在桌子上。顿时，"啪"酒盅落地粉碎声、桌上盘碟碗盏的颤抖声，声声不绝入耳。

"啪"又是一声拍桌子响声，胡家富大声训斥道："瑞儿，不得无礼！"

一声"瑞儿"，陈友谅恍然大悟，原来街上的阔少是胡员外的儿子，我这是自投罗网，看来今晚是砧板上的肉——听剁！

胡家富冷冷地问："瑞儿，到底怎么回事？"

于是，胡廷瑞将白天街上挨打的事，添盐加醋地诉说了一遍。

胡家富脸色更加铁青，冷面地望着杨子元，言下之意：你说怎么办？

杨子元见状，爱徒心切，忙附着胡家富的耳根，如此这般地说后，胡家富听着，脸色由青转红，点了点头。

杨子元说："友谅，你这个不争气的东西，惹下如此大祸。按照胡家庄园的规矩，你和少爷到校场比武，胜者走人，否则，人将在胡府劳役为奴。”

陈友谅昂着头说：“比就比，难道我打不过他！”

男子汉大丈夫，一言九鼎，签字画押后，一群人等，来到了练武场。

胡廷瑞手持宝剑跳入圈中，陈友谅在存兵器的架子上左挑右选，不是轻了，就是不顺手，根本没有自己的龙骨偃月刀好使，实在是可惜了。

胡廷瑞吼道：“乡巴佬！还磨蹭什么，是不是害怕了，打不赢就早点投降，免得丢人现眼。”

陈友谅气得颈脖子上的青筋凸了出来，抽出一件48斤重的大刀，“嚯”的一个筋斗，就跳入了圈内。

胡廷瑞不待管家裁判喊开始，就持剑上前，来了一个白蛇吐信，剑尖的寒光直逼陈友谅的心脏。

杨从政在一旁为陈友谅捏了一把汗，杨子元捋着他的山羊胡子面无表情。只有胡家富、康茂才两人在暗自发笑。一个是暗笑儿子武功大有长进，会先发制人取胜，一个是暗笑这一招对陈友谅而说，是小儿科。

说迟时那时快，陈友谅立足未稳，见一股寒气直涌心口，就势一滚。“当”的一声，胡廷瑞虎口一麻，他的宝剑被陈友谅的大刀劈成了两半。与此同时，陈友谅来了一个扫堂腿，重重地将胡廷瑞扫倒在地，只一个回合，就分出了胜负。

陈友谅上前将胡廷瑞拉起，他用冷峻的眼神望着他，意思是问胡廷瑞服不服，胡廷瑞垂下了脑袋。

康茂才早已耳闻陈友谅的武功，忙上前拉着他的手说：“贤侄，开年后，沔阳府要科考武举人，望你务必应考。”

胡家富、杨子元一干人等也纷纷点头。

陈友谅说：“是，表叔，我绝不辜负大家对我的信任。”

年夜饭吃了一半就被胡公子搅局了，通过比武，大家皆大欢喜。如是，又重新安排了一桌。

胡廷瑞与管家同坐下横头。他最佩服英雄，席间不停地向陈友谅敬酒，陈友谅则来者不拒，有理有节，胡公子佩服得五体投地。

年酒越闹越发，闹至深夜了，其他人要回家守岁。如是，陈友谅辞别胡员外，则和杨子元、杨从政一起，乘坐管家安排好了的篷船，回家过年。

2

这年是元顺帝至正六年，沔阳府科考武举人的时间就到了，主考官是蒙古人鞑鲁花赤。

元朝统治者对汉族是戴着有色眼镜来看的，这次武考，考试科目是因人而定：蒙古族人，只考马上射箭、徒步射箭、弓步射箭、刀法四个科目。而汉族考生除以上四项外，还要另考臂力、举力和十八般武艺。

简直是欺人太甚，这明摆着是要汉人落选嘛。陈友谅看完考试规则，气愤地想：王侯将相是有种族之别乎？我今天非要为咱汉人争口气，誓夺武举人。

本次科考，还有一个特别怪的现象，整个沔阳府辖区的汉人，只有陈友谅一人报考。不言而喻，汉人们心里都清楚明白，水底的月亮是捞不着的，何必去陪考啊！

陈友谅就是不服这个黑杆子秤，他迎难而上，志在必得。考场上，他击败了一个又一个对手，顺利地进入了前三名。

陈友谅勇往直前，击败最后一个元鞑子后，考官鞑鲁花赤故意刁难陈友谅，说：“只要你将府衙前的石狮举过头顶，才能摘得武举人冠冕。”

陈友谅气得牙痒痒，嘴唇在流血，他真想将眼前的元鞑子考官打翻在地，再踏上一只脚。但他为了夺得武举人，将牙齿咬破嘴唇流血，暗自吞进了肚里。

陈友谅恨恨地说：“口说无凭，立字为据。”

鞑鲁花赤不敢立字据，抬头望了望主考台中间坐着的一个人。

沔阳府尹鞑鲁花麻也来监考，他稳坐在考场台子上的中间，面色难看。这时，一只野蜂儿“嗡嗡”地飞进他的前胸，他情不自禁地低下头查看，众人还以为他点头同意了呢。

站在一旁的师爷康茂才见状，转动着灵活的眼珠儿，脸上流露出不易觉察的冷笑。他不等鞑鲁花麻开口，自作主张地拿来文房四宝，前往二人而去。

鞑鲁花麻正想制止，但转而一想，四周都是围观的民众，众目睽睽，不然是引发众怒，后果可想而知。

鞑鲁花赤远远地见他的主子，像似点了头。他脸上挂着冷笑，提笔与陈友谅签订了君子协定。

沔阳城的人们，听说陈友谅有希望夺取本届武科举人，纷纷来到考场，观看他的最后冲刺，为他呐喊助威。

考场周围人声鼎沸，那些精明的小商小贩，乘机摆起了地摊，还有抽签问卦的、算命看相的，五花八门的招幡，格外显眼。

考场里三层外三层地被看热闹的人群围着，导致鞑鲁花麻不得不调来众多兵丁维持秩序。

考场距衙门还有一段路程，兵丁在前面开路，鞑鲁花麻、鞑鲁花赤一行紧跟其后，人们则拥簇着陈友谅直奔衙门。

这时，周铁嘴拿着“神算周”的黄帕招幡，好不容易挤到陈友谅跟前。

周铁嘴阿谀奉承地说：“友谅老弟，你是个贵人，老夫刚才给你问了一卦，你猜是何卦？”

陈友谅饶有兴趣地问：“何卦？”

周铁嘴说：“大吉之卦也，你这次一定会夺得武举人，暂且不收你的卦钱，待开榜之日，你一定要加倍地补上，好吗？”

陈友谅胸有成竹，倒是落得一个好彩头，双手抱拳说：“一定，一定！”

周铁嘴屁颠屁颠地挤出了人群，去猎摄另一个对象。

陈友谅来到了府衙门口，没等鞑鲁花赤发话，他顺手将左边千余斤重的石狮举过头顶，沿着围成圈的人们，走了一圈后，再轻松自如地将石狮放回了原位，两眼直视着鞑鲁花赤，意思是说：还考吗？

“好！”“好力气！”

顿时，围观的群众一片喝彩声，夹杂着的尖叫声，淹没了小商小贩们的吆喝声。

鞑鲁花赤本来就是个无赖之徒，这时又耍起了无赖，他挥动着双手，大声疯狂叫嚣。

“大家安静，少安毋躁，这次不算！本考官尚未下达命令，考生自作主张，投机取巧将左边的小母狮举起，不算，不算数。”

“轰”全场一片哗然，鞑鲁花赤冷笑一声，冷冷地说：“考生现在可以举右边的雄狮子。”

“哧”人们转而是一片嘘叹声。原来雄狮的重量，想必有一千八百余斤。

陈友谅心想，懒得和这个无赖考官计教，举就举，有什么了不起，爷爷我吃了千年石龟精的红宝丹，力大着哩。

陈友谅来到雄狮旁，这回多长了个心眼儿，假装没有把握举起的样子，问鞑鲁花赤：“考官，我要是举不起来咋办？”

魁鲁花赤毫不犹豫地说："前功尽弃，取消所有成绩！"

陈友谅欲擒故纵，说："我要是举起来，还另加其他科目否？"

魁鲁花赤说："一锤定音！"

陈友谅又问："说话算数？"

魁鲁花赤说："君子一言，驷马难追！"

"好！"陈友谅一声好字过后，双手抱拳，向在场的观众作揖说："烦请各位父老乡亲，为我做证，刚才魁鲁花赤考官说了，我举起衙门前的雄狮，那我就是本届科考武举人了。"

"好！"

"好！英雄，我们为你做证。"

顿时，考场围观的群众支持的声音，就像黄蓬湖的风浪，一浪高过一浪。

陈友谅见目的已经达到，他围着雄石狮绕了一圈，找到了下手的支撑点，勒紧裤腰带，马步吸气，气运丹田。

"嗷！"的一声大吼，一千八百斤重的石狮，在缓缓地升起，人们看到陈友谅两只手腕上的肌肉像一座座小山包，而小山包上的青筋更像一条条凸起的小溪，血流可见，精力充沛。

"嗷！……"又是一声长嘶，沉重的石狮终于被陈友谅举过了头顶。

"啪，啪，啪……""好！……"

全场又一次响起了，经久不息的掌声和叫好声，观众无不佩服，相互赞叹："我们沔阳出了个力大无穷的英雄！"

3

考试结果上报朝廷期间，沔阳城的百姓、亲朋好友、家人和陈友谅的心情一样，悬着的心里，像装着十几只兔子，七上八下，相互猜测，焦急地等待结果。

漫长的一个月过去后，皇榜终于在衙门前的广告栏里，开榜公布了。其结果大大地出乎人们的意料，别说陈友谅考取了举人，连最基础的教头都不是，只录取最后一名——武士。

第一个看皇榜的是周铁嘴，他看得张口结舌，像不相信自己的眼睛，闭着揉着再睁开，但没有出现奇迹。

“唉……”他长叹了一口气，自言自语地说，“这回的算命钱，又泡汤了。”

沔阳城的百姓纷纷为陈友谅鸣不平：这是什么世道，可惜了这么好的人才。

陈友谅是晌午听一个“撵兔子”的人说，开榜了，他急不可待地拉着杨从政一起，跑步来到皇榜前看了一遍又一遍。

顿时，愤怒之火从头顶冒出，他疾步上前，欲想撕碎这张荒诞无稽的皇榜。

正当陈友谅伸手去撕皇榜时，一只有力的大手抓住了他的手腕，他扭头一看，原来是表叔康茂才。

陈友谅问：“表叔！你为什么拦阻我？”

康茂才将他拉到一边，悄悄地说：“你知道吗，撕碎皇榜是犯杀头之罪的。”

陈友谅气愤地说：“怕什么！我早就想揭竿而起，推翻这个既黑暗又毫无公理的腐朽朝廷。”

康茂才用食指放到嘴边，做了个“嘘……”的手势，压低声音说：“留有青山在，不怕没柴烧，现在还不到火候，待时机成熟，再造反不迟。”

陈友谅听到此话一惊，他只是气头上说说而已，没想到表叔，虽在府衙做师爷，却和三国时的关云长一样，人在朝中心在汉。

师爷康茂才奉胡员外之命，悄悄运作，拿出了数目可观的银子，贿赂了知府，这才为陈友谅谋取了一个狱卒的官差。陈友谅原本不想上班，但他继而一想：万丈高楼平地起，不管怎样，这也是步入官场的一个起点，决不能辜负了表叔的一片好心。

然而，人算不如天算，聪明一世的康茂才，在庆幸有钱能使鬼推磨时，他所担心的事儿，正悄无声息地向他袭来。

4

转眼间又到了年关，魁鲁花麻按惯例，要重点检查年税收入账目。查着查着，他发现今年的税收比往年减少了很多。

魁鲁花麻警觉了起来，多了个心眼，他支开师爷康茂才，传来了心腹魁鲁花赤，两人认真地、一页一页地查找原因。

在腐败的元朝后期，各级官僚贪污截留税款之事屡见不鲜。上行下效，魁鲁花麻本身就贪赃枉法，他也发现各乡镇的漏洞，但为了不东窗事发，提起葫芦根也动，只能是睁只眼闭只眼。

他俩着重查的是各地增加税收的情况，很快在黄蓬镇的账册上发现了问题：陈家台子本年度不但未增加渔税，反而一年未上缴一分钱的渔税，账上只付有他的一张购年货鱼的欠条。

鞑鲁花麻冥思苦想，就是想不起来，何时打了这张欠条，他突然大声喊道。

“师爷，你进来！”

康茂才进来，站在案台边问：“大人，有何吩咐？”

鞑鲁花麻气呼呼地将欠条推到康茂才面前，问：“这是怎么回事？”

康茂才拿过欠条一看，心里明白了几分，不慌不忙他答道：“大人，你真是贵人多忘事，这不是你去年底，为办两千斤上色鱼的年货，安排小的去办的吗？”

经康茂才这么一提醒，鞑鲁花麻似乎隐隐约约知道有这么回事，但也不能抵扣一年的税收啊！既然已成事实，他是哑巴吃黄连，有苦说不出，但知府心里很不舒服，一股怨气填满心中。

鞑鲁花麻气急败坏地对康茂才吼道：“滚滚，你滚出去，我再也不想见到你！”

康茂才毫不犹豫地走了出去，心想：此地不留爷，自有留爷处，咱们走着瞧。

鞑鲁花麻只是气头上，并没有真心赶走他的意思。鞑鲁花赤见康茂才连招呼都不打，就这么出去了，谄媚地说：“大人，此人不能用，若用此人，必有后患。”

鞑鲁花麻说：“哦？说说你的理由。”

鞑鲁花赤说：“此人表面上是服服帖帖地为大人服务，其实暗地里与那些穷鬼汉人关系相当密切，专门使小心眼儿，跟您使绊子。”

他将陈友谅在考场上要求立字为据，康茂才见风使舵，暗地帮助陈友谅的情况，加之为了陈友谅的工作安排，四处奔走的事情，添油加醋地进行挑拨，鞑鲁花麻仔细一想，还真是那么一回事。

鞑鲁花麻下了决心，说：“趁这次陈家台子事件，将他开除了！”

但他又接着说：“只是我还没有思想准备，我身边也要个跑腿的人儿，这一时哪里有合适的人选？”

鞑鲁花赤说：“大人不需过虑，下官早就为您物色了人选。”

鞑鲁花麻说：“谁啊？”

鞑鲁花赤说："就是名震江湖的周铁嘴。"

鞑鲁花麻说："不行，不行！一个算命先生，长期在我身边，成何体统。"

鞑鲁花赤进一步进言说："大人不要瞧不起此人，他可是个能人，不仅能说会算，据我观察，最难能可贵的是，他有一副奴才相。"

鞑鲁花麻说："啊！没想到我沔阳府堂堂总兵，还是个相术家。"

"哈，哈，哈……""哈哈……"两个狗官大笑。

5

周铁嘴做梦都没有想到，他这个咸鱼也有翻身的时候。要不是他谄媚奉承地跟鞑鲁花赤总兵算了一个大吉大利的胜卦，就没有今天我吃官饭的日子。他高兴得手舞足蹈，将已布满污秽褪了黄色的招幡丢进了柴房，走马上任，过起了汉奸走狗的生活。

康茂才离别了府衙，气冲冲地来到田家庄员。胡家富听到康茂才被革职了，他精心安插在知府身边的钉子被拔掉，这样就不能做到有的放矢，不能掌握鞑鲁花麻的情报，得再想想办法。

胡家富想了想说："杨先生，你必须亲自走一趟，务必做通你爱徒陈友谅的工作，要他成为我们的卧底，这样我们才能做到知己知彼，百战不殆。"

"好的！"杨子元受命往监狱而来。

陈友谅闻讯后，连忙走出监狱，双手扶着他说："老师，您老怎么有时间到我这里来？"

杨子元指了指监狱对面的稻田说："你进去和你们的头儿请个假，陪我在田埂上走走。"

陈友谅心领神会，说："不必请假了，头儿早就进城花天酒地、寻欢作乐去了。"

陈友谅虽然是个狱吏，却是个副监狱长，监狱长是闷豺，蒙古人。

师生俩一前一后地走在窄狭的田埂上，杨子元见空旷的田野上除了有几只蝈蝈鸣叫外，空无一物，这才开口道。

"友谅，康茂才被那狗官开除了，你一人在官场上要好自为之。"

陈友谅一听急了，说："他老在衙门干得好好的，那元鞑子为何要开除他？我去找那狗官理论理论。"说完，转身迈腿，欲向府衙方向而去。

“回来！”杨子元虽然声音不大，却铿锵有力，不容置辩。

陈友谅听到恩师发脾气，不得不回转到恩师身旁，愤愤不平地说：“这些狗官，对表叔太不公平了。”

杨子元反问道：“友谅，这个世道还有公平可言吗？”

他继而批评他说，“成大事者，要沉得住气，不能冒冒失失。”

批评过后，杨子元才向他道出了秘密。

“其实他早就不想干了，他是受命为胡员外而来到沔阳府衙做卧底的，主要是了解沔阳府的兵力布置、部队人数、谁是领兵等情况，寻找机会，培养亲信，以备后用。”

“啊，原来是这样！”陈友谅说，“老师，我也不想干了。”

陈友谅的一句“我也不想干了”，大大出乎意料。

杨子元问：“为什么？”

陈友谅如实回答说：“我的工作与仓库保管员没有什么区别，人家管理的是物，我管理的是人。特别是我看不惯闷豺这个恶棍，对待犯人是非打即骂，常常使用酷刑。而这些犯人大部分是交不起租子、欠高利贷或渔税的农民和渔民。每当这些犯人在受酷刑时，他们发出的惨叫声，声声像一根钢针，扎到我心窝里，有时我真想上去狠狠地揍这个狗日的一顿……”

陈友谅憋闷有一肚子苦水，终于倒完了。

“我知道你是一个有正义感、敢于说公道话的青年人，先忍忍吧！”

杨子元接着说：“孔夫子曰：‘苛政猛于虎’‘为政以德’。当朝逆其道而行之，导致全国各地风起云涌，都在为推翻当朝戾治而揭竿而起，我们江汉地区也在做相应准备，一旦时机成熟，我们也举起反元大旗。”

陈友谅像在学堂一样，认真地听取恩师的教诲。

杨子元转过身来，面对面地向陈友谅交代说：“你暂时不能辞职不干，你当前首要的任务，是照顾、联络监狱里的所有犯人，一旦举起大旗，你要发动这些人暴动，杀死闷豺，投奔我们白莲教，这可是一支生力军啊。”

陈友谅表态说：“好的，我听从先生的安排。”

杨子元继续布置任务：“你还要秘密地联系你的哥们和同窗，动员他们跟我们一起举事。”

“好的！”

他突然想起一个人来，问：“友谅，听说你跟沔阳街上卖肉的胡大海关系甚好，他武艺高强，如能够联络进来，那可是一员虎将啊。”

陈友谅说：“没问题，我与大海经常在一起磋商武艺，是剁头共颈的哥们。只是他是个孝子，要是他老娘不同意也是白搭。”

杨子元说：“只要跟他母亲讲明道理，我相信她老人家是会同意的。”

先生亲切地拍了拍陈友谅的肩膀说：“三伢子，你身上的担子很重啊！”

“不怕！”陈友谅坚定地点了点头。

杨子元说：“你再仔细想想，看还有什么困难？”

陈友谅想了想说：“其他的困难倒是没有，只是这样一来我就没有时间回家照顾年迈的父母了，还有两个年幼的弟弟。”

杨子元说：“也是的哈，你两个哥哥都已成家立业，迁到外地去住了，思玉老哥和嫂子的确要人照料。”

杨子元沉思着，怎样解决陈友谅的实际困难。他突然想起侄女杨金花来了，这俩孩子可是天生一对。

他胸有成竹地说：“你也老大不小了，也该娶一房媳妇，我跟你保一媒如何？”

陈友谅已经十八岁了，到了怀春的年龄，也想成家，只是他常常在梦中萦回一个姑娘的身影，要是能和她结为夫妻那该是多好哇！

陈友谅有了心仪的人，不愿意他人乱点鸳鸯谱。

他答非所问：“古人云：‘皮之不存，毛将焉附’。国家有难，匹夫有责，我想先立业，后成家。”

杨子元心中暗喜，年轻人心中装有治国平天下的大志，何愁反元大业不成？他继而鼓励道。

“中华大地谁举沉浮，乃吾辈也。”

第五章

先生独具匠心铸造旷世奇才　弟子醍醐灌顶独闯龙潭虎穴

雄鹰悍马疾天街，片片乌云处处霾。
地狱难收冤死鬼，黄蓬草寇乐开怀。

——题记

1

“友谅，时间还早呢，坐下，老夫跟你讲一讲当朝的历史。了解历史，在奋斗的宏伟大业中，就有了前进的目标。”

“哎！”

杨子元与陈友谅并肩坐在田埂的草地上，他对当代历史，以及当前华夏的形势，择重地跟他讲了起来：

蒙古帝国的开国皇帝是成吉思汗，原名孛儿只斤·铁木真，尊号“成吉思汗”，大意是“拥有海洋四方的大酋长”，是一位杰出的政治家、军事家。

成吉思汗有四个儿子，老大、次子先后战死，立三子窝阔为储汗，四子拖雷对三哥恨之入骨，与他是明争暗斗，成吉思汗六十大寿后，他们变本加厉地开始争夺权位。

1227年在征伐西夏的时候，成吉思汗对窝阔越来越不满意，想改立拖雷为储汗，窝阔为维护自己的汗位，与成吉思汗喝酒时，下药将成吉思汗毒死。

成吉思汗死后，皇后乃马真为监国，定由窝阔的儿子孛儿只斤·贵由即位。贵由死后，其皇后海迷失后为监国。由于贵由的儿子幼小，左右不了朝政，皇位便到了拖雷之子孛儿只斤·蒙哥的手中。

宪宗蒙哥死后，弟孛儿只斤·忽必烈与幼弟阿里不哥争位，赢得胜利。

即元世祖，是他统一了中国。

虽然，忽必烈也是一位杰出的政治家和军事家。然而，上梁不正下梁歪，上行下效，元朝帝位代代相争，一直到英宗做皇帝时，都未停止争斗。

皇室争权夺利，哪有精力治理国家，泱泱华夏，动乱不安。全国各地的反元势力，蜂拥而起，特别是中原大地，犹如一只装满炸药的铁桶，一触即发。

元至正十年，元朝国库空虚，印钞过量，纸币贬值，引发物价飞涨。为了解决财政危机，顺帝和都督相脱脱决定变更钞法。中书左司都事武祺、吏部尚书偰哲笃迎合脱脱旨意，更改钞法，铸用铜钱。这一改钞法使全国通货更加膨胀，民不聊生，为元朝灭亡留下了祸根。

河南、河北流传着这样一首民谣：“至正黄河泛，石人一只眼。挑动天下反，不久将会见。”

至正十一年，贾鲁治河时，在黄陵岗挖出了一个石人，果然是一只眼睛。继而汝州、颍州等地首发兵乱，群雄四起。

当年五月，颍州刘福通组织白莲教反朝廷；十月，徐寿辉在黄州蕲春立国称帝，建立天完国。

就是这样，昏君无道，为了维护他们的统治，从呼伦贝尔大草原和包头等地，抽调大批蒙古人来内地，实行户长戾制。所谓户长制，就是十户汉人就派一名蒙古人为户长，每十户共一把菜刀，以防汉人造反，户长的一切开支费用，都由所辖十户负担。而这些户长，有朝廷撑腰，欺男霸女，无恶不作。

杨子元继续说：“一个朝代的更迭，有推翻者，也有维护者，这是历史的必然规律。”

陈友谅听着，听着，似乎明白了很多道理，不时地点着头，他们谈到很晚才分开。

2

正如杨子元所料，沔阳府尹魁鲁花麻此时正在焦头烂额，他的一亩三分地也不太平，抗租抗税的事情时有发生，得想想法儿，治治这些穷鬼。

魁鲁花麻吩咐周铁嘴说：“快去把魁鲁花赤大人找来，我有紧急事务要跟他商量。”

“好的，大人，我这就去找。”周铁嘴点头哈腰地退出。

不一会儿，鞑鲁花赤在前，周铁嘴在后，急匆匆地进了鞑鲁花麻的办公室。

进屋尚未落座，鞑鲁花赤就急急忙忙地说：“完了，完了，大人！卑职正要来向您汇报一些重要情况呢！”

“什么情况？”鞑鲁花麻怕什么来什么。

鞑鲁花赤说：“沔阳地区的穷鬼们，好像是听到了什么风声，各乡镇都有抗租、抗税的事件发生，他们狂妄至极，有的还打伤了税务官等。”

鞑鲁花麻气急败坏地说：“我不是早就下达了命令吗？谁不缴税就把谁抓起来！”

鞑鲁花赤说：“卑职和其他官史是按照大人的命令执行的，但陈友谅拒绝收入犯人。”

鞑鲁花麻问：“他为何抗命不收？”

鞑鲁花赤说：“陈友谅说，监狱里已经人满为患了，他无法管理。”

“这……”鞑鲁花麻觉得陈友谅的理由无可厚非，顿时语塞。

站在一旁的周铁嘴，此时插话说；“大人！小的有一条一箭双雕的妙计。”

两个元鞑子此时正在愁眉苦脸，听到师爷有妙计于胸，他们异口同声地说：“快说！”

周铁嘴得意扬扬地说：“将带头闹事的穷鬼们，欲加他们是反朝廷的白莲教、阿勒教教徒，公开杀一批，一是起到杀一儆百的作用，二是监狱里不就空出来了吗？”

鞑鲁花赤竖起大拇指说：“真是一条妙计，周师爷高，实在是高！”

鞑鲁花麻恶狠狠地说：“宁可错杀一百，不可放过带头闹事的穷鬼，花赤大人和师爷你们俩负责此项工作。”

“喏！”“是，是！”

这天，陈友谅在监狱里值班，周铁嘴屁颠屁颠地来到监狱，一进监狱的大门，老远就叫喊道：“陈友谅！陈友谅……”

陈友谅听见有人喊他，急忙从办公室里出来：“谁呀！”

“是本师爷！”

陈友谅自打科考现场见到这个油嘴滑舌的算命先生后，就心生反感，尤其是看他进了府衙后，为虎作伥的行为，更是对他不屑一顾。

陈友谅不冷不热地说：“啊！原来是算命先生来了。”

铁嘴周也不计较，他也不敢跟他计较，他深知陈友谅的为人、个性和处事风格，免得自讨没趣。

周铁嘴说："我是奉了知府大人之命，来送判决书的。"

"啊！拿来吧。"陈友谅慢吞吞地说。

周铁嘴没有急于给他，他指了指手中的判决书，交代说："知府大人有令，这里面的十名死囚，你一定要用脚镣手铐地看紧啦，明天要在广场召开万人公审大会，就地斩首示众。

"斩首？"陈友谅接过判决书一看，连忙说，"你们搞没有搞错啊，这十个人，不是什么反朝廷的教徒，他们都是缴不起税收的农民和渔民。"

周铁嘴说："错不了。"

陈友谅愤怒他问："这……这是怎么回事？你们不能草菅人命！"

"嘿……"周铁嘴一声奸笑说，"你不是说，监狱里人满为患吗，这是知府大人为你减负啊。"说完，扬长而去。

陈友谅望着周铁嘴这个狗汉奸远去的背景，心想：这些可恶的元鞑子及走狗，滥杀无辜，却要嫁祸于我，这十位农民、渔民兄弟的性命，就变成是我害的。不行！我得救救他们，今晚我就打开牢门，与他们一起远走高飞。

这个办法不行，杨先生临走时的交代，"不要鲁莽行事"，又在耳边回响。

对！去田家庄园，找胡员外和恩师们讨教对策。

陈友谅用急行军的速度赶到田家庄园时，已经是大汗淋漓，他也不待门丁通报，就直入客厅。

"赶巧了，胡员外、先生、表叔都在啊。"他一一行礼毕，急忙将判决书递给胡家富。

胡家富看完后，眉头一蹙，脸上充满着怒火，他将判决书递给了杨子元。

胡家富见在座的一一看过之后，斩钉截铁地说："明天法场救人！"

杨子元说："人肯定是要救的，但要想出一个万全之策，既要救出人，也不伤害到我们救人的人。"

客厅里顿时安静了下来，大家都在沉思。

一会儿，陈友谅胸有成竹地说："各位长辈，我倒想起了一条连环计，既能救出穷苦哥们，又不暴露我的身份。"

大家不约而同地说："说来听听！"

陈友谅如此这般地讲了一番。

3

沔阳城的广场足有十亩地大小，是官府政治、文化活动中心。今天，沔阳城万人空巷，都被士兵们连哄带推地通知到了这里，参加公审大会。

校场主席台上，鞑鲁花麻脸色毫无表情地正中端坐着，两边就座的是鞑鲁花赤和闷豺。

陈友谅作为狱吏，今天也有一席之地，是主席台的右边角。

鞑鲁花赤皮笑肉不笑地斜望陈友谅，只见他右手紧握龙骨偃月刀，脸色铁青。

周铁嘴今天充当主持人的角色，他趾高气扬地用那干涩的鸭嘴嗓子，不停地嘶叫："大家安静，安静！本师爷现在宣读知府大人签署的判决书！"

广场上人声鼎沸，人们一个劲儿地往前挤，都想占据有利地方，目睹杀人现场，哪儿听得见周铁嘴的声音。

主席台的左前方，十名犯人背上插着斩标，双手反绑着跪在地上。死囚的背后站着十个彪悍的刽子手。刽子手们，头缠白头巾，赤着上身，手持贼亮、贼亮的大刀，一个比一个凶神恶煞。

这十个死囚中，九个是抗租抗税的农民、渔民，唯独胡大海一个人是沔阳城杀猪的屠户。

胡屠户所犯的案子，的确是够冤枉。

官府实行户长制，十户共用一把菜刀，并将屠户们的杀猪刀全部没收了。

胡大海表面上是失业了，但暗地里还是在秘密地经营他的营生。

不论胡大海做得如何隐蔽，自古道，九做必有一犯。

这天，鸡叫头遍，闷豺带着几个弟兄，从翠红楼刚嫖娼完后，正在往监狱方向回家时，突然听见"嗷……"猪的嚎叫声。

闷豺听见杀猪的声音，刚才还萎蔫的样子，一下子来了精神。他对哥们说："走！去弄副猪下水，再到我的一亩三分地喝酒去。"

闷豺他们走进屠宰场，见胡大海正在将一头猪开肠破肚，他恬不知耻地上前说："这副猪心肝是本官的了。"

说完，他也不谈付钱的事儿，拿着就走。

胡大海是个闷头眼子，他见一官爷提着猪心肝就走，连忙上前说："官爷，这副心肝钱？”

闷豺恼怒道：“没心没肝的东西，敢跟老子要钱，把他抓起来！”

胡大海因饭碗丢了，本来一直就窝有一肚子火，这次火山爆发，只见他气得“嗷嗷”大叫，拿起杀猪刀就要和他们拼命。

闷豺毕竟是从蒙古杀过来的老兵，他见胡大海竟敢动粗，他侧身一闪，躲过了寒光逼人的刀锋，顺手将胡大海拿刀子的右手牢牢地抓住不放。

此时，他一路的哥儿们，蜂拥而上。虽然胡大海有几套拳脚功夫，但终因寡不敌众，被五花大绑，投进了监狱。

台上周铁嘴的鸭嘴嗓子还在念着判决书：“罪犯胡大海，目无法纪，蔑视朝廷，私藏凶器，图谋不轨，刺杀朝廷命官，不杀不足以平民愤……”

胡大海虽然被五花大绑，但头是昂得高高的，一副宁死不屈的样子。

“天啊！这是什么世道，要我这个白发人来送黑发人。”胡大海七十岁的老娘，哭昏了过去。

胡大海的好友祝宗，送来了一碗送行酒递给他。

胡大海一饮而尽后，对他说：“好兄弟，请你务必要照看好我那可怜的老娘。”

“嗯。”祝宗来到胡母面前，背起已经哭得昏死过去的她，挤出了人群。

校场周围，官府士兵们持着兵器，将参加会议的人们，围在圈外。圈子外面，里三层外三层，都是参加会议和看热闹的人们。

人群中间，有百十个胡家庄园的便衣，胡家富、杨子元、康茂才也挤进在人群中间，胡廷瑞一双虎视眈眈的大眼，紧盯着主席台。

午时三刻已到，只听一声炮响，鞑鲁花麻伸出右手，正要从前面的令盒中抽出一支竹签令牌。

突然，只听得“嗖”的一声，与此同时，鞑鲁花麻“噢”的一声惨叫，右手并没有抽出令牌，而是被深深地扎入了一支飞镖。

这支飞镖是从胡廷瑞手中发出的，又准又狠。

陈友谅大喊：“快保护知府大人！”身随音落，他敏捷地跳到鞑鲁花麻面前，用龙骨偃月刀，将他罩了起来。

此时的鞑鲁花赤、闷豺、周铁嘴哪顾得上他们主子的死活，纷纷钻到桌子底下，只见用几张条桌搭起的主席台，在不停地颤抖。

顿时，整个校场大乱。人们就像钱塘江的浪潮，一浪高过一浪地向前涌，士兵们哪里见过这阵势，他们就像兔子一样，为了活命，一个比一个跑得快。

说迟时，那时快，只见十个刀斧手倒不是那么惊慌，手起刀落。人们不禁“啊……”的一声惊叫，大家停止了拥挤，纷纷望着刑场，胆小的闭上了眼睛。

当人们从惊吓中回过神来，杀人的地方一具尸体都没有，就是一滴鲜血也不见，而死囚连同刀斧手都不见了踪影。

人们这才恍然大悟，原来刽子手与劫狱的人，串通一气，是一伙的，都逃之夭夭了。

光天化日之下，被人劫了法场，魁鲁花麻这回底子可掉大了。

他气急败坏地大骂了起来：“饭桶，饭桶！你他妈的全是饭桶。”

魁鲁花赤、闷豺、周铁嘴，一个比一个恨不得将脑袋塞进裤裆里去。

陈友谅手持龙骨偃月刀，站在一旁暗笑：一个酒囊饭袋，带着一群饭桶。

魁鲁花麻手抖着，指着魁鲁花赤、闷豺骂道：“妈的，养兵千日，用兵一时，关键时刻，你们一个个都是缩头乌龟。”

闷豺胆战心惊地说：“是，是，我是乌龟养的。”

魁鲁花麻发泄完后，由怒转笑地对陈友谅说：“友谅，就是你是好样的，要不是你护卫本官，后果不堪设想。”

转而，他用狡黠的眼光望了望陈友谅，命令道：“本官命令你，负责组织专案组，限定十天之内，破获此案，将死囚和一干人等，全部缉拿归案。事成之后，本官提拔你为副总兵！”

“是！”陈友谅领命而去。

魁鲁花赤见陈友谅走后，就对魁鲁花麻说：“大人，你是否对他太重用了，他可是……”他望了望周铁嘴，“是汉人”三字，话到嘴边又咽了回去。

闷豺赞同道：“是呀，大人，他今后不就骑在我的头上，作威作福了吗。”

周铁嘴也随声附和道：“是啊，大人！两位大人说的有道理。”

魁鲁花麻白了他一眼，转而用蒙古语对他们叽里咕噜了一气，周铁嘴如云里雾里。

实际意思是：我从来没有相信汉人，这次劫法场我感觉到异常蹊跷，你们要将陈友谅盯得死死的。

魁鲁花赤、闷豺明白过来，异口同声奉承道：“大人，高！小的明白。”

周铁嘴看到他们高兴的脸色，忙点头哈腰，竖着大拇指说：“高，实在是高！”实际他狗屁不懂。

陈友谅回到狱中宿舍，放下龙骨偃月刀，坐在办公桌前，前思后想，心存疑虑：元鞑子知府，竟然命令他这个罪魁祸首，去调查这么大的劫囚案。到底是糊涂官打糊涂百姓，还是有所觉察，今后小心更是了。

陈友谅借查案之名，行走在去胡家庄园大路上。一路上他经常回头向后，警惕地望着，见没有尾巴，这才跨入庄园大门。

宽大的客厅里，胡家富父子、杨子元、康茂才在两旁的茶座上，饶有兴致地品着五峰绿茶，胡大海等十名死囚和十名刽子手，他们分别围在两张八仙桌上，正在吃喝着。

“你这个狗汉奸，还有胆儿在这里来！”胡大海见陈友谅进来，破口大骂，骂着，拿起自己的座椅，就要向他砸来。

坐在一旁的刽子手陈荣，手疾眼快，连忙夺过椅子说：“你长没长脑子，要不是陈大人巧妙安排，你的人头早就落地了。”

“哈……”一阵哄堂大笑。

这一阵笑声，直笑得胡大海直摸后脑勺。

陈友谅上前拉住胡大海的手说：“兄弟，对不住了，我原先没有通知你们，一是怕人多嘴杂，走漏了风声；二是怕闷豺这个坏蛋觉察出来，那样就前功尽弃了。”

陈荣摸了摸胡大海的脖子，开玩笑地说：“否则，你这个九斤半，怕是要被我斩下来，当夜壶了。”

胡大海并不气恼，他“嘿嘿”一声憨笑，拱起双手说：“陈大哥，我这条命是你给的，从今往后，我就听大哥的。”

胡廷瑞不服气地站起来说：“还有我呢？要不是我的飞镖百步穿杨，狗官的令牌一甩，你的人头早就落地了。”

陈友谅不是贪功之辈，笑着说：“这次成功劫了法场，是大家齐心协力的结果。”

他转向胡家富他们，双手抱拳行礼说：“主要是几位前辈指挥有方。”

胡家富先是白了儿子一眼，再是用赞誉的目光望着陈友谅。

陈友谅对胡大海说：“现在外面风声很紧，胡员外家里很安全，你和陈荣带着兄弟们，暂时在胡家富武馆里练习武艺，到时候是能派上大用场的。”

“好！我们听陈大哥的。”胡大海、陈荣带领众兄弟应诺道。

正当大家沉醉在初战告捷的喜悦中，杨从政急匆匆地跑了进来。

“二叔，不好了，快回家看看，妹妹被黄蓬山上的土匪绑架了！”

4

杨子元当听见侄女杨金花被土匪绑架了，脑袋“嗡”的一声炸开了。

“走！”他急忙抬腿，飞快地出了门外。

杨金花是他的掌上明珠，他能不急吗?

杨先生为了白莲教事业，练成童子功，一生未娶。自从大哥从老家湖南带着一双儿女来投奔他。他就感觉到天上掉下了星星，将侄儿、侄女视为己出，特别是对杨金花宠爱有加。

陈友谅比谁都焦急，一听到心仪的女孩杨金花被土匪绑架了，心里就像被捅了一刀，难受极了。

他拉着杨从政，紧跟在疾步如飞的老师身后，他们一行乘坐胡员外家的船，直向杨家矶驶去。

大家在船上坐下后，杨子元这才问侄儿，到底是怎么回事，杨从政将事情的来龙去脉细说了起来。

原来杨金花的父亲杨子玉，年老多病，这几天哮喘病又犯了，下不了床。她有孝心，仗着跟二叔学的功夫，独自一人去黄蓬山菩提寺敬香求佛，祈求如来佛保佑父亲，早日恢复健康。

在还愿下山的路上，正遇匪首罗显中带领一帮喽啰下山劫道回来，杨金花躲闪不及，与他们撞了个正着。

罗显中眼睛直了，怎么眼前出现了一个如花似玉的仙女。这不是做梦吧，他使劲儿地揉了揉自己的双眼，认真仔细地打量着她：

美人上着蓝色的翠烟衫儿，下穿草绿的百褶裙子，裙儿下的三寸金莲，纤腰以微步飘然；身披淡雅色的薄烟纱巾，一缕似瀑布的秀发，有序地散落在背后。肌若凝脂，气若幽兰，指如削葱根，唇如朱丹，眸含春水，如清波流连顾盼，香娇玉嫩的秀靥，艳比花蕊。

罗显中越看越想看，越看越激动，竟然伸出他那粗糙的右手，欲拉姑娘的纤纤玉手。

“啪”的一声，杨金花出手快如闪电，给他重重的一记耳光。

她边打边骂道："流氓！土匪！"骂完拔腿就跑。

罗显中用手摸了摸自己的厚脸，香津津的，一个劲地说："有味，有味。"

一喽啰窜上前提醒说："大哥，美人儿跑了。"

罗显中醒悟过来，急令道："追！快跟老子追，抓住她，做我的压寒夫人！"

一个三寸金莲的女子，在山路上哪里跑得过十几个膘肥大汉。此时，杨金花已累得香汗津津，气喘吁吁，她干脆停了下来不跑了，大不了拼个鱼死网破。只见她从腰带上抽出防身用的袖剑，对追来的土匪们怒目而视。

众喽啰很快将她围在圈内，荡笑声一阵接一阵。

"大哥艳福不浅，找了一个仙女做压寨夫人呢！"

"哈哈，大哥今晚花烛夜，我们哥们一定要喝个痛快！"

"一醉方休，哈……"

二当家谢伯坚说："哟，还是个母夜叉娘子呢，大家小心点儿，别让她伤着了，她可是大哥心爱……"

他还未说完，一股寒光如白蛇吐信般地直刺他的胸口而来。谢伯坚一闪，躲过了这致命的一击。

噼里啪啦铁器的撞击声，传入从后而来的罗显中的耳朵："怎么打起来了，走！去看看。"

他带着剩下的喽啰快步来到打斗现场，"哟！够刺激的，原来还是个穆桂英！"

罗显中见圈子里的姑娘渐渐体力不支，他提剑上前，只听"当"的一声，她的袖剑飞脱手中。

杨金花用左手托住被震得发麻的右手，她并不胆怯，怒目而视，愤懑地说："臭流氓！你们要干什么？"

罗显中进而露出了流氓的嘴脸，淫笑道："这还不明白，本大王我要娶你做我的压寨夫人。"

"呸！做梦吧！"杨金花吐了他一口唾沫。

罗显中并不生气，反而笑眯眯地说："美人儿，不要敬酒不吃吃罚酒嘛，还是乖乖地跟我上山，免得我的哥们不知轻重，像捆猪似的捆你上山。再说，你是我的私有财产，我也不想让哥们趁机乱摸你的玉体。"

"你才是猪哩，别乱来，容本姑娘想一想。"

杨金花是一个有胆有识的女子，她心里明白，要是被这帮土匪掠上山去，来个霸王硬上弓，那本姑娘只能咬舌自尽了。

不能，我不能死，她此刻脑海里闪出一个英俊的男子身影，对，我是为他活着的。她脑袋一转，计上心来。

杨金花转怒为笑说："大王心仪小女子，是我的福分，但也不能就这样野蛮地将姑娘带上山去成亲啊，如此这样，我娘家人今后有何颜面在黄蓬湖立足啊！"

罗显中想了想，觉得美人儿说的也有道理，他问："那你说怎么办？"

杨金花说："本姑娘虽不是名门望族，但也是书香门第，你一定要明媒正娶。"

罗显中倒也爽快，连连点头说："好！我答应，三天后我就带着媒人到你家里下聘礼，迎娶姑娘。"

他突然想起，忙问："我还不知姑娘芳名，家住何处，我如何下聘礼啊？"

杨金花胸有成竹地说："我叫杨金花，家住黄蓬镇杨家矶上，我叔叔杨子元是这一带有名的教书先生。"

"杨子元！"这个名字听起来很熟，罗显中似乎在哪儿见过他，正当他思索是否相信她时，谢伯坚忙上前道：

"大哥，杨家矶上是有个杨先生，我小时候上他家读个私塾，他是有一个侄女叫杨金花，多年不见，出落得如此美丽，倒是不认识了。"

跑了和尚跑不了庙，我暂且相信这姑娘一回。

罗显中高兴地说："好！一言为定，到时我会准时来下聘礼，迎娶姑娘。"

迎你个头，蠢猪！到时候友谅哥不揍死你才怪呢。杨金花想着，高兴地下了黄蓬山。

5

杨从政刚讲完事情的来龙去脉，船儿就到了杨家矶码头，陈友谅第一个冲上坡岸，直奔杨子元家中而去。

杨金花早已倚立在门边眺望，见自己盼望的人儿急匆匆的样子，心里像灌了蜜似的。

"友谅哥，你来了，快进屋坐。"杨金花闪在门边，含情脉脉地招呼道。

陈友谅说："有人欺负金花妹妹，我能不来吗？"

杨金花低着头说："我就知道哥哥会来救我。"

这次她也不知怎的，无意中将友谅哥改成了哥哥。当她看见后面的叔叔、哥哥在向她挤眼，她脸色一下子红到了脖根。

"你们坐，我去倒茶。"她退入厢房。

大家落座后，杨子元问："友谅！这事你说咋办？"

陈友谅愤愤地说："老师，您老别担心，我连黄蓬湖的孽龙都治服了，难道还怕这几个小小的蟊贼，来一个打一个，来两个打一双，打死他们后，丢在黄蓬湖里去喂鱼。"

杨子元捋了捋他的山羊胡子，老谋深算地说："不妥！我们现在正是用人之际，要团结各路英雄好汉。"

其实，杨子元在船上听侄儿讲完，侄女无事，心上拴着的一块石头就落地了。从侄儿的字里行间中，他揣摩出这伙山贼并非恶人，估计也是被逼上梁山的，他想收编这伙人。

对呀！陈友谅想：姜还是老的辣，我怎么没有想到这一层呢？经老师一提醒，他灵光的脑子又活跃起来，不一会儿，他想起单刀赴会的计策来。

陈友谅献计说："老师！三天后我扮金花妹妹，坐上迎亲花轿，单刀赴会，见机行事。"

杨子元信任地点了点头。

"不行，不行！这事闹开了，我怎样嫁人啊。"杨金花端茶出来，听到这么一说，第一个站出来反对。

一直没说话的杨从政开玩笑地说："妹妹，你不是嫁了吗？"

"我嫁给谁了？去去，一边去，这时谁还有心思跟你开玩笑。"杨金花冲着哥哥翘着樱桃小嘴说。

杨从政向陈友谅努了努嘴，说："你不信，问叔叔。"

杨金花转头朝叔叔一望，见叔叔脸上露出了慈祥的笑容，手捋着山羊胡子，两眼温和地望着陈友谅。

杨金花顿时明白了过来，脸上唰地桃红，她用一双秀手蒙着发红的脸蛋儿，跑进闺房。

第三天，杨家咀垮子东头，由远而近地响起了锣鼓声、唢呐声、鞭炮声，好不热闹。

一个媒婆跟屁虫儿似的跟在骑着高头大马、头戴礼帽，身装紫青色长袍，脚蹬长长的马靴，身披大红花的罗显中后面。

紧跟着的是用红布扎着的六六大顺、六箱聘礼，聘礼后面抬着八抬大轿。

杨家咀的村民们还蒙在鼓里，是谁家姑娘出嫁，怎么没有通知大家。如是，一向爱热闹的姑娘、媳妇、婆婆、小孩子们跟在迎亲的队伍后面看热闹，他们来到杨子元家门口就停了下来。

啊！人们这才明白，是子玉叔家的金花妹子出嫁。

吉时已到，鞭炮齐鸣，罗显中抱着全身红嫁妆，头罩红色婚帕的新娘子从里屋出来。

怎么这沉啊！罗显中虽然有点蛮力，抱着新娘子还是感觉沉甸甸的，也许是第一次抱女人的缘故吧。当他好不容易将新娘子放入轿中，两颊已冒出了细细密密的汗珠。

山寨的军师吴能，他没有参加迎亲的队伍，而是带着其他的喽啰，在寨子里搞后勤，办酒宴呢！

“军师，来了，来了！”山寨放哨的喽啰高兴来报。

吴能忙吩咐道：“快放鞭，放湖铳！”

喽啰问：“军师，湖铳放多少响？”

吴能说：“十响！十响礼炮，十全十美。”

不一会儿，在一片响声、欢呼声中，花轿在众多喽啰的拥簇下，抬进了宽大的聚义厅中间，停了下来。

聚义厅上方，簸箕大的“义”字下面，一张金钱豹皮垫的木椅高高在上；木椅下方早已摆好了五行长长的方桌，足够五十来号人用餐；餐桌上早已摆好了大块红烧野猪肉，山鸡、野鸭和全鱼等十几样的荤菜，桌旁还摆放着一坛坛稻花香酒。

吴能兴奋地说：“大哥！吉时已到，快去将花轿里的新娘子，牵出来拜堂啊，兄弟们还等着看新娘，喝喜酒呢。”

“是啊！”“快啊！”众喽啰齐声应和着。

罗显中说：“看你们一个一个猴急的，真是太监不急，倒是急死和尚，你们不就是想尽快看到你嫂子的芳容吗？”

说着，他就伸手掀开轿帘，去用手牵新娘的手。

“哎哟……”罗显中的手被新娘子用力一握，痛得大叫了起来。

罗显中求饶地说：“老婆！轻一点，轻一点。”

“哈哈，打是亲，骂是爱，否则，哪来被窝盖。”吴能见状，顺口溜就蹦了出来。

“啾……”谢伯坚，用手指吹完口哨后，大声地说，“哟嗬，大哥也有怕人的时候。”

大家正闹着。突然，新娘子从花轿里闪出，飞身来到豹皮椅子上高高地站着，他掀掉红头帕，声音洪亮地说：“我乃陈友谅也！”

众匪徒先是一惊，但很快明白过来，抬回山寨的是一位男人。

罗显中气急败坏地喊道：“兄弟们！操家伙，将这小子跟我剁成肉泥！”说着，他持宝剑飞身向陈友谅刺来。

陈友谅早就想试试他所练的点穴功到底行不行，苦于师父的教诲，一直没有对象实践。他默默地禀告：师父，这可怪不得徒儿，这百十号人要取我性命，我只能实践出真知了。

说迟时，那时快，陈友谅见剑锋直向自己的胸口刺来，他纵身一跃，右手的食指和中指合并一起，如猛虎下山般地向罗显中的阴都穴点去。瞬间，罗显中就像一座雕塑持剑立定，动弹不得，两只眼睛茫然地眨着。

谢伯坚、吴能他们早有耳闻，陈友谅方圆百里的名气，今日一见果然名不虚传，但大哥遇险，不得不救啊。

谢伯坚大喝一声：“好你个陈友谅，速来受死！”一把大刀舞得如天女散花，罩在了陈友谅的头顶。

这是一员猛将，可不能大意。陈友谅倒地一滚，就滚到了豹皮椅的后面，谢伯坚的大刀如旋风般地劈来，却扑了过空，大刀深深地砍在豹皮椅子上。

陈友谅乘他抽刀之机，冷不防一个双龙出洞，直指他的命门穴而来，谢伯坚顿时成了俯身握刀的雕像。

吴能观状，忙命令众喽啰，实行群蜂战术，百十来人蜂拥而上。

陈友谅不慌不忙，左一指，右一指，不一会儿工夫，百十号人就像菩提寺的菩萨，一动不动、东倒西歪、怪态百出。

第六章

黄蓬山十条好汉结义　大排湖两名兄弟成亲

黄蓬结义谱新篇，金玉良缘爱恨牵。
碧水雄鹰怀大志，桃符换后艳阳天。

——题记

1

虽然初试点穴功，看似轻巧，但还是非常消耗精力的。陈友谅此时已经精疲力竭，他见土匪的桌子上放着这么多好菜肴，便扯了一个青鸭的鸭腿，抱着酒坛子，自斟自饮，补充体力。

陈友谅吃着，喝着，他突然放下酒坛，侧耳一听，外面传来了急促的脚步声。

他一惊，难道山寨里还埋伏着一伙人，这时他全身一点力气都没有，看来要吃亏啊。

“友谅，你真不够哥们，竟一人上山吃独食，哈哈哈……”张定边笑声洪亮，仅差一点儿就震穿了屋顶。

陈友谅眼前一亮，进来的是张定边、张必先、杨从政、王奉国、陈友德和陈英杰几个哥们，还有一个他不认识的朋友熊天瑞。

陈友谅问：“你们怎么来啦？”

杨从政说：“自你一人走后，我担心你独闯山寨会吃亏，这不，我找上他们，一起上山，助你一臂之力。”

陈友谅笑着说：“谢了，难得你们这么够哥们，不劳烦哥几个了，我全部搞定了。”

张必先小孩子气一般，他将这些不能动弹的土匪，左推推右看看，见没有一个反抗的，竖起大拇指，赞叹道：“哇！友谅，你好厉害哟。”

张定边还以为都死了呢，大大咧咧地说：“人家说我心狠手辣，看样子你更狠毒啊！”

张必先满不在乎地说：“谁叫这些不知死活的土匪，光天化日之下强抢民女，死了活该。”

说着，他看见满桌的酒菜，馋涎地说：“来来来！这里为我们准备了这么多的好酒好肉，不吃白不吃，为了友谅的胜利……”

张必先像个馋猫，话未说完，就被一块肉堵住了。

“哈！……来吃呀，喝呀！”陈友德也是一样馋，高喊道。

陈友谅忙说：“且慢！正事还未办呢，要是时辰耽搁了，我真成了心狠手辣的罪人了。”

说完，他来到罗显中面前，对他说：“我问一句你答一句，同意就眨眼睛，不同意就闭眼睛。”

罗显中眨着眼睛。

陈友谅问：“你服不服气！”

罗显中又眨了眨眼睛。

“你愿意归顺于我吗？”

罗显中眼睛不停地眨着。

陈友谅相信了他，迅速帮他解开了穴道。

罗显中“扑通”一声跪在地上，头如小鸡啄米似的不停地叩着，边叩边说：“谢谢英雄不杀之恩！”

陈友谅无心顾及他，时间有限，帮助其他弟兄解穴要紧。他向陈英杰叼了叼嘴，陈英杰很快就理会了堂哥的意思。

他用手揪住罗显中的耳朵，提将起来，说：“我说你也真是的，天下的女人多的是，偏抢我哥的女人，找亏吃了不是？”

罗显中忙道歉说：“小的不知，再也不敢了。”

杨从政说：“知错就改，大家会原谅你的。友谅是个宽宏大度之人，我建议你们跟着他，吃香的喝辣的，好日子还在后头呢。”

刚被陈友谅解开穴道的谢伯坚和罗显中，异口同声地说：“我们愿意带领弟兄们听从英雄调遣。”

陈友谅笑着说：“别英雄英雄地叫着，怪别扭的。”

杨从政揣摩出了陈友谅的意思，提议道：“三国有刘、关、张桃园三结义，成就了一番霸业。”他用手指着陈友谅、张定边、张必先、熊天瑞、陈友德、罗里中、谢伯坚、王奉国八人说：“我们也来个黄蓬山九结义如何？”

陈英杰见没有他，一下子急了，不满地问：“那我呢？”

陈友德说：“小屁孩，一边玩去！”

陈英杰不高兴地说：“亏你还是我哥呢，胳膊往外拐！”

“哈哈哈……”一阵哄堂大笑。

陈英杰更加急了，忙跑到陈友谅跟前，拉着他的手摇晃着说：“友谅哥，你是最通情达理的人，我已经十三岁啦，已经是个大人了，我是你们的十弟。”

陈友谅摸了摸他的头，微笑地说：“你本来就是我弟弟嘛。”

陈英杰高兴得一跳三丈：“啊！友谅哥答应啦。”

大家一致同意结拜兄弟。相互报了生辰八字后，张定边年龄最大，其次是张必先，再则陈友谅，大哥理应张定边莫属。

张定边推让说：“我们这次结拜，不是闹着好玩的，是要成就一番大业。如此重任，非陈友谅莫属，我提议来一次改革，不按年龄大小排座次，推举陈友谅为大哥，再由大哥进行梁山泊排座次如何？”

“啪……”大家拍手赞同。

陈友谅也推让说：“张大哥有勇有谋，我何德何能，头把交椅理应张大哥你坐。”

张必先提醒陈友谅道：“小时候我们打水仗，大哥不是早就选定为你了吗？”

陈友德证明说：“是有这么回事。”

罗显中表态说：“友谅大哥，别再推辞了，大家一致推举你坐第一把交椅，你就别推辞了。”

谢伯坚和王奉国附和着说：“是啊，是啊，友谅大哥，你就别谦让了。”

杨从政见目的已经达到，就激将陈友谅说：“谦虚过度也等于骄傲，友谅大哥，你不挑起这副重担，谁挑哦。”

陈友谅还是不表态，含笑地望着一言未发的熊天瑞。熊天瑞见状，来了一个顺水推舟说：“我赞同大家的意见。”

这时，陈友谅谦逊地说：“友谅无德无能，承蒙各位兄弟抬爱，这个大哥的交椅我先坐着，在日后的大业中，谁的能力强、功劳大，我就把交椅让给谁。”

张定边、陈英杰一左一右地将陈友谅推到豹皮交椅上坐定后，众兄弟每人拿着一炷燃着的檀香，跪下纳头拜道：

“我们众兄弟愿追随大哥出生入死，有福同享，有难同当。”

陈友谅第一次坐上头把交椅，如坐针毡。想起造反大业刚刚开始，自己责任重大。他连忙下位，将张定边扶起后，用手挥了挥说：“众位兄弟，快快请起！”

罗显中忙令寨里弟兄搬来九把交椅，谢伯坚很有经验地吩咐右边放三把椅子，左边放六把椅子。

陈友谅缜密有序地安排道：“请张定边坐大首的第二把交椅，张必先坐中间第三把交椅，杨从政下首四位，熊天瑞坐左首五位，依次是罗显中六位、谢伯坚七位、王奉国八位、陈友德九位，最后一位是陈英杰。”

大家依次而坐，侧耳恭听陈友谅的就职演说：“众位兄弟！当朝昏君无道，实行戾治，劳苦大众处于在水深火热之中，民不聊生，官逼民反。历史赋予我们己任，驱逐元鞑，拯救苍生，复我汉室，和谐共存！”

“驱逐元鞑，拯救苍生，复我汉室，和谐共存！”众兄弟举起右拳，齐声高呼，响彻云霄。

2

聚义庆祝酒宴在黄蓬山闹腾了一夜，天刚蒙蒙发亮，陈友谅与众弟兄相互一一道别。

罗显中礼貌地将他们送出山寨，陈友谅交代说：“我要回监狱上班，山寨作为我们的反元基地，暂时保密，还是由你负责管理弟兄们，进行军事训练。请记住，从今往后，再也不能干打家劫舍的勾当，兄弟们的生活费我来想办法，待时机成熟，再带领兄弟们举起反元大旗，杀元鞑个措手不及，占领府衙。”

罗显中表态说：“请大哥放心，我一定要将山上的弟兄训练为只只下山猛虎，到时够元鞑子喝一壶的。”

陈友谅点了点头，就与张定边、杨从政他们分别下山而去。

张定边、张必先、熊天瑞一行三人有说有笑地一同下山，他们行至山脚下时，熊天瑞朝后望了望，见没有其他人跟上来，他向张定边身边靠了靠。小声道：

“大哥，你怎么这么老实，凭什么陈友谅当大哥，我心里不服。”

张必先没好气地白了他一眼，说："凭的是他的能力。"

熊天瑞说："难道我大哥的能力比他差吗？"

张定边怒道："住嘴！别大哥、大哥地叫了，我是二哥，今后再叫我大哥，小心我割掉你的舌头。"

熊天瑞一惊，伸了伸舌头。看来今个儿是马屁没有拍着，反而拍在马蹄上了。

张定边自知语气重了点儿，缓了缓口吻说："大哥他为人胸怀大志，心胸坦荡，才高八斗，武艺超群，不骄不躁，待人亲和，爱民如子，是我们学习的榜样。凡成大事者，都要心悦诚服，襟怀坦白地紧紧团结在大哥的身边，决不能有二心！"

熊天瑞又伸了伸舌头，连连表态说："是，是，是！"

张必先不知道熊天瑞对二哥怎么这样心服口服，一直将到嘴边想问的话藏在肚子里。

不多时，来到了熊家塆的分岔路口，熊天瑞也与他们道别后，回家去了。

张必先早就憋不住话了，靠近张定边的身边说："二哥，你与老五是卤水点豆腐，一物降一物，老五像似很怕你啊。"

张定边脸一顿，假装生气地说："老三，难道你不怕我？"

张必先直话直说："一个塆里穿开裆裤长大的，我俩谈不上谁怕谁，你有理、讲义气我就服你。"

张定边竖起大拇指说："要说讲义气，还是大哥，不愧为义门陈的后生。"

"二哥说的是，我也蛮佩服大哥的。"张必先笑着说，又想起来了先的问题，"二哥，你还没有回答你和老五到底是什么关系呢。"

张定边笑着说："我和他是梁山泊的朋友。"

"此话怎讲？"

"打出来的呗。"

张必先一听打架，兴趣来了，打破砂锅纹（问）到底："二哥！快说说，是怎么打起来的？"

张定边反问道："你知道我们张、熊两姓的世代恩仇吗？"

"当然知道。"

"你讲来听听。"

"讲就讲。"于是，张必先就讲了起来。

3

张家坝是坐落在黄蓬湖的北边，而隔湖相望的是熊家塆。张家坝历史悠久，是以渔业为生存，排湖大部分水面是归张家坝所有，而熊家塆要晚百十年来定居，其祖先是来排湖边开荒种田的农民。

原先两村隔湖相望，倒也和谐，相互结亲往来，是根连根的两大姓氏。

那是宋朝末年，兵荒马乱，民不聊生，为了生存，两家为争夺排湖水面面积，而发生了流血冲突，大打出手。

张家坝的渔民人多、船多、铳多，占有绝对优势。而熊家塆的人心齐，两家在排湖上摆开了战场。

两家从初一战至十五，熊家塆渐渐走了下坡路，他们大部分渔船，被张家坝的湖铳摧毁，熊家人纷纷跳入湖中逃生。

熊家塆有一后生，水性不是怎么好，他将芦苇当着救命稻草，爬在上面等待救援。可迟迟不见人影，眼前芦苇不堪重负，就要沉下水底。

"救命，救命呀！"熊家后生慌恐呼唤着。

这时，后生看见一条渔船向他驶来，他放弃芦苇，一跃就爬上了渔船船沿，抬头一看，是亲舅舅的渔船，心想这下死不了了。

舅舅是张家坝的，他已杀红了眼，见后生是熊家塆的，仇人相见分外眼红，他提叉便刺。

熊家后生急呼："舅舅，是我！"

舅舅愤怒地吼道："在我们张家人眼里只有仇人，没有亲情。"

话落叉到，可怜外甥就这样被亲娘舅刺入湖中，葬身鱼腹。

这悲惨一幕，恰好被熊家塆的一幸存者目睹。

为了使熊姓子孙记住这血海深仇，就将惨死后生的血衣，挂在熊家祠堂最显眼的地方。

自此，张、熊两姓的仇恨越结越深，老死不相往来。

张必先讲完，扬扬自得地说："二哥，我讲得不错吧，下面该你讲了。"

"嗯"一阵沉思后，张定边在排湖，为阻止熊家渔业的一幕，又浮现在他的眼前。

4

那是去年七月，洪水泛滥，熊家塆的大部分田地被淹没，为了生存，熊家塆里不信邪的青年熊天瑞，他领头带着村民组织了多条渔船，悄悄地在排湖捕鱼。

这一幕，恰巧被张定边发现，守土有责的责任感涌上心头。熊家趁我们张家无人值守，又悄悄地在我湖区捕鱼，这次被我发现，决不能让他们肆意妄为。他收回渔网，将船划到熊家塆子的船中间。

张定边高喊道："熊家塆的人听着，赶快将渔网收起，统统滚蛋，否则别怪老子不客气。"

熊天瑞在船头一望，见是一位头扎红色方巾，仪表堂堂，目光如电，年龄和自己一般大小的后生，竟敢独自叫骂。

他毫不畏惧地说："小伙子，说话客气一点，别老子、老子的，老子的老子早就到阎王爷那儿报到去了。"

张定边定眼一看，出头的是一个头扎蓝色方巾，五大三粗，黑黝黝的青年，竟敢顶撞自己。他气不打一处来，丢开双桨，抓着一根竹竿子，如猛虎下山一般，船儿就像离弦的箭，直冲熊天瑞而来。

"好个不知天高地厚的愣头小子，你怕是茅厕里看东西，找屎（死）！"熊天瑞怒说。

熊家塆里的其他渔船见状，一溜溜儿地将张定边的船儿团团围住。

张定边并不惧阵，轻描淡写地说："别打狗婆阵好不好，老子的船大，有种的，一个一个地上来，与老子比试比试。"

熊天瑞气得火冒三丈，一个鹞子翻飞，就飞到了张定边的身边，挥拳就打。

"好一记岳家拳！"张定边赞叹道。他使出一套陈氏太极拳，不紧不慢地应对，试探虚实。

一拳黑虎掏心、一记左云手，熊天瑞的重拳像是打在软软的棉花上。他大骇，快如闪电地打出一套连环拳，却都被张定边的太极拳一一化解。

大战了五六十个回合，熊天瑞已经是气喘吁吁，而张定边却无事一般。

"倒！"张定边大喝一声，一个黑虎掏心，就把熊天瑞重重地甩倒在船板上，再踏上右脚，使他动弹不得。

"不服气的，再来一双！"张定边傲慢地向熊家人高叫。

突然，他感觉到头上有一般冷风袭来，不好！他本能地身体向下一矮。

“放开我哥哥！”张定边抬头一望，一个仙女借助竹竿的弹力从天而降，一只秀脚直伸着，像一把利剑，向他的头上刺来。

原来是熊天瑞的小妹熊幺妹，飞身来救她哥哥。

还没等张定边回过神来，熊幺妹手中的竹竿如玉骨凌风般地向他刷来，张定边一个鲤鱼翻滚，避开了竹竿，顺便也抽出了船中的一根竹竿。

“乒乓，乒乓……”好一阵竹竿的乒乓声传入排湖，震得湖水碧波荡漾，野鸟惊飞。更像是两人在跳着苗族的竹竿舞，有节奏地敲打着和谐的音符。

一龙一凤在激战中，熊幺妹为躲避下身而来的竹竿，紧身后退，“啊呀！”一声，她退至船沿，脚下一滑，人体就失去了重心，眼看就要落入湖中。

说迟时那时快，张定边一惊，急忙丢掉手中的竹竿，飞身一跃，一下子拉住了熊幺妹的手腕，用力一拉，顺势把她抱入怀中。

熊幺妹怒目直视张定边，想用力挣脱他的怀抱，这一挣不打紧，张定边的双手，却准确无误地抱紧了她胸前的两只玉兔，她如电麻一般，顿时传遍全身，就像棉花一样酥软酥软的。

“坏蛋！”熊幺妹从小就跟哥哥一起习武，本来就是个练家子，瞬间明白了眼前这个坏蛋加色狼，是有意吃她的豆腐。

她动弹不了，脸色唰地一红，声音极低地嗔怒说：“坏蛋，求你啦，快放开我。”

熊幺妹被紧紧抱住，动弹不得。

张定边嬉皮笑脸地望着她，调侃地说：“放开美人儿可以，但你要答应我一个条件。”

“什么条件？”

“答应做我的婆娘。”

“滚一边去，我们两姓不许结亲。”

张定边不服气地说：“谁定的规矩，张、熊两姓不得结亲！我倒是要破这个规矩，定要娶你做老婆！”

“你……你大逆不道，竟敢违背祖制。”

“不合情理的祖制，我就敢破除它。”

熊幺妹听后，才意识到这是个天不怕地不怕、敢于担当的男人，就是她梦中的郎君。

想到此时，她脸儿更加绯红，停止了反抗，默默地闭上了双眼。

躺在船上的哥哥，看见这一幕，心里恨得痒痒的。

张定边抱着美人儿，在奇思妙想：我得想法儿，让张、熊两家化干戈为玉帛，只有这样，才能顺利地娶回怀中的美娇娘。

这时，熊家埫里十几条船上的人，见熊天瑞被打伤，妹妹被俘虏，欲纷纷上前营救。

张定边此刻恨透了这帮人，打搅了他的春梦，他左手紧紧抱着美人儿，右手顺手拿起熊幺妹的竹竿，舞得如天女散花。

只听得“扑通、扑通”的落水声，没有一人能上得来张定边的船上。

熊天瑞见状，有气无力地制止说：“散了，散了，我们打不过他。”

他转而望着张定边讨饶地说：“好汉，快放下我妹子，你们这样……埫里人会说闲话的。”

张定边笑着说：“放下可以，但你要答应我，将你妹妹嫁给我。”

熊天瑞心想，你们两人在大庭广众面前都这样了，看来这是缘分，他无可奈何地点了点头。

张定边这才松开了手，熊幺妹一跃而起，轻轻地给了他一拳，含情脉脉地说：“乘人之危，你真坏！”

张定边和熊幺妹上前将熊天瑞扶了起来。看来张定边下手重了一点儿，甩得不轻，以致他坐在船板上，还在不停地揉搓着自己的屁股盘子。

张定边笑了笑，就对熊家的几条船喊道：“请对面的几位长者，来到我船上，商量解决两家矛盾的事儿。”

熊家埫的一位长者，见张定边还是个年轻后生，他用不相信的口吻说：“嘴巴无毛，办事不牢，年轻人，我们两家几代人的冤仇，你解得开？”

张定边说：“仇家宜解不宜结，大家互让一步海阔天空。现在正是乱世之秋，为了生存，我们再也不能相互残杀，要团结起来，才能保家保湖。”

大家还是不信，可熊幺妹认准的男人，就有一种心有灵犀一点通的感觉，她向他们招了招手说：“各位大爷大伯，快过来，且相信他一回吧。”

熊天瑞瞪了她一眼，心想：真是女大不中留，幺妹遇着她心仪的人，就一下子成了叛徒，站在敌人一边了。

张定边似乎是看破了他的心思，用坚定的语气说：“熊大哥，别看我年轻，我在我们族人中，说话是有分量的，请你们相信我。”

张定边没有说大话，他解开了矛盾的死结，做通了族人的工作，以排湖汛期为讫止：汛期来了，熊家垮可以在排湖捕鱼，水退后，则从事农业，并立下文书，相互遵守。

5

张定边结婚的消息不胫而走，惊动了黄蓬山以及黄蓬湖周边的村垮。不论再穷，大家凑份子，纷纷来到张家坝上捧场，讨杯喜酒喝，使一向清静的村子，热闹了起来。

为什么有这么多人来捧场呢？不是张定边当了什么官儿，而是他的为人，在十里八乡是远近闻名。他脾气刚烈，疾恶如仇，仗义疏财，武功精湛，广交朋友，好打抱不平。跟他打交道过的人，人人都愿意跟他交朋友。

最重要的是：张定边用超人的智慧，公平解开张、熊两家世仇。新娘子一拳定终身的佳话，已经传遍了沔阳地区，大家是慕名而来。

还有另一层关系，新娘子熊幺妹，美若天仙，其武功在方圆百里也是有名的角儿。人们凑热闹，为的是一睹她美丽的芳容。

陈友谅、张必先、杨从政、罗显中、陈友德、陈英杰等哥们和山上的众弟兄早到了一步，为的是帮忙跑腿儿。

一上午来了这么多贺喜的人们，使张定边始料未及。

张定边急匆匆地跑到他们面前，拍着两手说：“大哥！你说怎么办啊，我没有请这么多人啦，一点准备都没有。”

张定边的父亲，虽然年近花甲，可从来没有经历过这么大的场面，忧喜参半，只知道一个劲儿地拍着大脑。

“这可怎么办，连板凳都没有客人坐的。”

张母更是六神无主，只是来回在屋内外跑来跑去，不知道该忙什么事儿。

陈友谅见状，拿出一条长凳子，将二老扶在凳子上坐着。

“二老歇会儿，别累坏了身子，待会儿新郎、新娘还要拜高堂呢。请二老相信我，家中事儿我负责搞定，包二老满意。”

二老是知道陈友谅很有能耐，张母忙说：“伢哩，谢了！”

“您老将我当外人了不是。”陈友谅处事不惊，略一思考，心中就有了打算。

他见张定边在一旁傻站着，上前捋了捋新郎官胸前的大红花，开玩笑地说：

“你安心去接新娘子，家里一切事情都交给我好了。”

“人家火烧屁股了，你还有心思开玩笑。”张定边小声嘀咕着，放心地离开了。

“哈哈哈……”大家见新郎官这个样子，都开心地大笑了起来。

陈友谅及时调整部署，吩咐张必先说：“三弟，你和族人商量，动员大家今天的鱼儿不要卖了，全部送到二弟家，照价付款。”

“遵命！”张必先抱拳行礼后，抬脚便走。

“回来！”陈友谅笑着说，“我话还没说完呢，顺便烦请各家腾出桌椅碗筷，送到你塆里的稻场上，开流水席。”

张必先领命而去后，陈友谅转向罗显中说：“六弟，你将弟兄们分为两组，一组负责后勤，一组负责维护秩序。”

他特别交代说：“根据沔阳府的规定，几百户的张家坝，有几十个元鞑子户长，今天他们肯定要来打秋风，你们要好吃好喝地招待他们，以防他们捣乱，冲了喜气。”

罗显中握着拳头说：“他们敢！我这拳头也不是吃素的。”

陈友谅劝说道：“六弟，小不忍，则乱大谋。今天是二弟的大喜之日，暂且不招惹他们，这些元鞑子，是兔子的尾巴，长不了的。”

“是！大哥。”罗显中受命而去。

这时，他看见杨从政这个书呆子，用期待的眼光望着他。

陈友谅拍着未来舅哥的马屁说：“四弟，你知书达理，接待客人和安排座次这个重大的任务，只有你能完成。待会儿胡员外、恩师、康表叔就到了，要把他们安排好，这可是你在长辈们面前长脸的好时光啊。”

杨从政屁颠屁颠地张罗去了。

“友德、英杰两人赶快到胡家庄园，向胡员外禀明这里的情况，再叫胡大海悄悄地杀两头猪来，顺便将庄园里的厨子全部带来，越快越好。”

“是！大哥！”陈友谅望着两兄弟远去的背景，“吁……”他长长地嘘了一口气。

婚礼盛况空前，鞭炮响了一整天，流水席开了一桌又一桌，一拨又一拨，一直闹腾至深夜方才散去。

结拜的几个哥们不肯散去，非要闹新房。

杨从政是个斯文人，劝他们说：“哥们，都醉醺醺的，给二嫂留个好的印象啊。”

罗显中不改匪气地说：“结婚三天无大小，此时不撩撩二嫂，婚后就不敢撩了。”拉着杨从政就去了新房。

张必先也不甘落后，邀上其他的几位说：“哥儿们！节目准备好了没，上！”

“哈！……”

陈友谅摇了摇头说：“你们闹吧，我还要送客人呢。”

陈友谅作为大哥，老成稳重，不便出现在新房里。他借故送恩师杨子元回家，离开了张家坝，来到了杨家咀。

6

杨金花见陈友谅送叔叔回来，忙上前施礼道：“友谅哥，请坐。”

随即她麻利地倒上两杯新茶，递给叔叔和友谅哥。人虽然是站在叔叔这边，两眼却含情脉脉地望着陈友谅，不愿离去。

杨子元见状，捋了捋山羊胡子，微笑着说：“金花，你陪友谅聊聊天，我去你父亲那儿，商量点事儿。”

金花含羞地点了点头，杨子元起身往后堂而去。

陈友谅见杨金花站在对面，面如桃花，两眼暗送秋波，令人如醉如酥。他慌忙避开她的眼神，故作镇定地指着恩师刚离去的椅子道。

“金花妹妹，请坐着说话。”

杨金花乖巧地、悄悄地将椅子捋了捋，紧挨着他的身边坐了下来。她低着头儿，两手不停地玩弄着自己的秀发辫子。

一阵沉默，多么安静啊，仿佛万物都停止了运动，只听得见两人“怦怦”的心跳声。

陈友谅终于控制不住自己的情感，他猛地、紧紧地拉住她的手，激动地说：“金花妹妹，我喜欢你，嫁给我好吗？”

杨金花的脸儿更加桃红，默默地点着头儿后，害羞地低下了头。

陈友谅见金花默许了，更加激动，但他不想对心上人隐瞒什么，直截了当地说：“金花妹子，自我父亲去世后，家里越来越穷了，连彩礼怕是也备不来，要委屈你了。”

杨金花轻轻地答道："我不要彩礼，只想跟你过日子。"

陈友谅说："我大哥成家搬到嫂子的娘家桑植去了，二哥也分了家，家里只有年迈的母亲和两位未成年的弟弟，我又长年不在家，怕是要难为你多操心了。"

杨金花说："友谅哥，我早就知道你家的情况，你放心，我会将婆婆视娘亲一样照顾，教两个小叔学文化，练武功。"

陈友谅宽慰地笑了笑，接着说："我俩的婚礼要一切从简，不能像二弟结婚这么热闹，你不会介意吧！"

杨金花不假思索地说："婚礼只是一种形式，我不在意，我俩是两情相悦，相亲相爱就行了。"

陈友谅激动地将她搂在怀里，深情地说："我陈友谅娶上你这个知书达理的婆娘，真是八辈子修来的福啊。"

号称女侠的杨金花，此时像小鸟依人般地依偎在他的怀中，一直到天亮。

正如他们商量的一样，杨金花出嫁时，再简单不过了，没有迎娶的场面，没有置办酒席，没有举行婚礼。

陈友德、陈英杰两人帮助挑回了杨金花置办的四床被子、木盆马桶、梳妆铜镜等嫁妆，她本人则是由康茂才、杨子元两位媒人陪同来到婆家的。

结拜的十兄弟都来到二哥家里商量送礼的事儿，张定边摇了摇头说："算了，大哥提前打了招呼，坚决不收礼，不办酒。"

王奉国说："大哥这个人有点不近人情，不可理喻。"

罗显中说："大哥是个怪人，他说婚后请我们十弟兄到沔阳城下馆子。"

熊天瑞无可奈何地说："那只有这样了。"

特别是主管他们的户长闷狼，没有闻到酒香，很是生气，他提着他掌管的菜刀进屋，也不道贺，阴沉着脸问陈友谅。

"陈副监狱长，你也太小气了吧，亏你还是吃皇粮，怎么不办喜酒，请我这个户长呢？"

陈友谅不冷不热地说："对不起，所有人我都没有请，家里穷呗。"

新娘子杨金花，正准备下厨做午饭一家人吃，切菜时，怎么也找不着菜刀，她刚走出厨房，看见闷狼手里的菜刀，气上心头。

"菜刀也被你们没收了，还想喝酒，喝尿差不多！"

说完，杨金花用敏捷的身手夺过了菜刀。

“哎哟，轻点！”闷狼用左手托住疼痛的右手，一双色眯眯的双眼，紧盯着她曲线分明的胸口，直流口水。

陈友谅早闻他一个色鬼，今儿一见，果然名副其实。他恶心地下了逐客令：“闷户长，今天可不是我家供饭啊，请走吧！”

陈友谅不买户长的账，他也没办法。虽然他是哥哥闷豺的下属，但是个难料理的角儿，哥哥也畏惧他三分，他只好怏怏而去。

新婚三天后，陈友谅就去监狱里上班了，整个家务担子就压在杨金花一人身上。

杨金花是个闲不住的人儿，她到屋里屋外查看了一遍，四处布满了灰尘，乱七八糟，比她想象的要困难许多。

婆婆因年久在湖水里浸泡，加之生下五个儿子，在月子里还要浆洗，落下了风湿病根，已致现在双手严重变形，动弹不得。要不是长期饮用黄蓬镇上周老中医的黄藤药酒，想必是连床也下不来，更别说做家务活儿。

大哥、二哥分了家，丈夫早出晚归，友仁、友贵两兄弟哪里是干家务活的料，男孩子玩性大，自觉性又差，才使得屋里乱成这样。

这天，俩小叔子正要去湖里摘菱角，却被嫂子叫住了。

“友仁、友贵，今儿就不出去了，帮嫂子打扫卫生好吗？干完活后，中午我包饺子给你们吃。”

“嗯！”兄弟俩愉快地答应着。自从三嫂过门，家里就大变样了，特别是一日三餐，再也不是饱一餐，饿一顿，也无须哥俩胡乱下厨做饭。

特别是三嫂的炸藕丸子和用鱼、藕、菱角混在一起做的三蒸菜，香喷喷的，他们想着，就不禁流下口水来。

三嫂空闲时还教他们读书和武艺，陈英杰也是嫂子的徒弟。因此，三嫂的话，他们言听计从。

在三嫂的带领指挥下，床帐、被子、衣服洗涤一新，屋里屋外，打扫得干干净净，收拾得井井有条，焕然一新。

婆婆蔡氏见新媳妇这般能干，她那布满犁沟的脸上，笑得合不拢嘴，深壑更加明显。

婆婆逢人就夸：“我家死老头子，没有我有福唷，三媳妇是我们黄蓬镇最能干、最贤惠的媳妇。”

蔡氏的话儿，一点儿都不夸张，但还是使得垮里的婆婆们都嫉妒她。

说者无心，听者有意。蔡氏夸赞三媳妇的话，不久就传到黄蓬镇上二儿陈友财的媳妇，周秀花耳朵里来了，使她很不舒服，女人就容易产生妒忌心理。

夫妻在一起过日子，就像牙齿和舌头，常常有磕磕碰碰的时候。

这天，周秀花因孩子们不听她的话，脸上挂着冰棍儿，借题发挥地发泄对婆婆的不满。

“友财，你这个没用的东西，成天只知道‘叮当’地响，打个死铁！”

陈友财莫名其妙。

“我一心一意打铁，有什么不好？”

周秀花说：“你老娘逢人就说，老三家里好，这不是指桑骂槐吗？我去找哪个老不死的理论理论去！”

一向沉默寡言的陈友财，不知哪来的勇气，“当”的一声巨响，将手中的铁锤重重地锤在铁锭上。

“你敢！三弟有能耐，找了一个好弟媳，比你强百倍！你要向老三家学学才好！”

周秀花放起泼来，哭着说：“你个不要脸的东西，老三家好，你去跟老三过好了。”

她边哭、边骂、边将挂钩上的半成品铁器甩得满地。

陈友财骂道：“你这婆娘，简直是一条疯狗，这日子怎么过呀！”

“不能过，不能过，你给老娘滚！”

陈友财是黄蓬镇有名的气（妻）管炎（严），刚雄起的胆儿顿时就蔫了，他只有自找下坡的台阶。

“我是说，他妈的官府真坏，连锄头、渔叉都不能打，说这是什么凶器，还让不让人过活啊。”

“你这个没用的男人，别指桑骂槐，跟老娘滚。”

往回老婆叫滚，他都是假惺惺地滚到一边去。自古道，夫妻是床头打架床尾和，他这一招屡试不爽。

这次，陈有财又是将手中的锤子丢在地上，却没有在一边生闷气，而是头也不回地往镇上的码头而去。

待周秀花醒悟过来时，她忙向码头追去。到了码头，哪儿看得见丈夫的身影，只见丈夫坐在小小渡船上，像一片树叶，消失在茫茫的水际之中。

第七章

小叔救嫂子怒杀元鞑户长　金鲤藏天书大造舆论攻势

出自书香贤德妇，三时孝养育麒麟。

政坛祸水推波涌，金鲤天书唤梦人。

——题记

1

陈友谅这天刚查完监狱的号子，正准备回宿舍时，大门卫兵匆匆跑来报告。

“陈副狱长！门外有一个自称是您二哥的人，找您。”

“啊！我知道了。”陈友谅听说是二哥来了，三步并作两步地向大门跑去。

“二哥，真是你，快进来，你是无事不登三宝殿，还没有吃饭吧。”

陈友谅接过陈友财的包裹，拉着他的手，连珠炮似的发问。

“吃饭！气都气饱了。”陈友财委屈地说。

“谁给我二哥气受了，告诉我，我去收拾他。”

“除了你那恶鸡婆似的嫂子，还能有谁。”

“这……”陈友谅打开宿舍的门，请道，“二哥，进屋再说吧。”

待陈友财坐定，陈友谅倒了一杯茶水递给他说：“女子无才便是德，要说二嫂这脾气，就是你娇惯的，你看你弟媳，多么贤惠啊。”

陈友财一听到提起弟媳，就气不打一处来。

“老娘四处夸你的女人贤惠，我那女人打破了醋坛子，无理取闹。”

“二哥，你消消气，在我这儿喝点小酒解解闷，待会儿事儿就过去了，再回去好言劝劝嫂子。”

陈友财说：“仨，我不想打铁了，官府这也不许打，那也不许打，赚不到钱，想进城找点零活儿做做。”

陈友谅心想，二哥来得早不如来得巧，自劫法场，陈荣他们出走后，监狱里正缺人手。

陈友谅说：“二哥，你来得正好，我要办一件大事，正缺人手呢。”

陈友财问：“仨，什么大事儿？”

陈友谅说：“到时候你就知道了，我安排你个狱卒的活儿。你表面是负责监狱的后勤工作，暗中要将闷豺这个元鞑子盯死了，他有什么不对劲的地方，马上跟我说。”

打虎亲兄弟，上阵父子兵。三弟的忙我不帮谁帮？陈友财想了想说：“那你嫂子怎么办？”

陈友谅不假思索地说：“我带信给金花，将二嫂接回家中去住。”

陈友财忙说：“别，别。你二嫂的心眼儿窄，她一回家，准闹得家里鸡犬不宁。”

陈友谅笑着说：“二哥，放心好了，金花心里暖着呢，任何冰块儿，只要与她相处，都会被她融化。”

正如陈友谅所说，陈家台子的族人，对友谅的媳妇，个个赞不绝口。她的确是百里挑一的好媳妇，婆婆每天穿着整洁干净的衣服，头发被媳妇梳得油光油光的，走起路来再也腰不弯，腿不颤了。

特别是两位小叔子，每天也是装扮一新，读书、练武日益精进，让村里的伙伴们羡慕不已。

杨金花接到丈夫的口信后，连忙到镇上二嫂家。

杨金花进门后，热情地对周秀花：“二嫂，二哥在友谅那儿当差，他怕你个人冷清，特令我接二嫂和孩子们回家去住。”

周秀花见是老三杨金花，不冷不热地挖苦道：“老婆子心里只有你这个好媳妇，哪还容得了我啊。”

杨金花毫不介意，含笑着说：“我好，还不是跟二嫂你学的，婆婆在我面前经常夸你呢！”

周秀花不相信地问：“真的？”

杨金花拉着她的手，亲切地说：“我们是姊妹，我骗你干吗。你也知道，婆婆是刀子嘴，豆腐心，她暗地里，就爱夸你勤快、能干。”

女人的虚荣心，一点儿甜言蜜语就能满足，何况杨金花是一个充满智慧的女人。妯娌俩很快就亲如姊妹，带着孩子们，一路上两人有说有笑，回到家中。

陈家台子湖边的老槐树，一到冬天就枯枝叶黄，条条枝儿，就像是一个个垂头无力的老人，一动不动地任由寒风凌虐。

杨金花的婆婆这年一病不起，她为她抓了几十副中药，也不见好转，病情越来越重，近日经常昏迷不醒。

为了不影响丈夫陈友谅的大业，不让他们分心，她没有通知告诉沔阳城里的弟兄俩。

她挺着个大肚儿，来到黄蓬镇上，请来了老中医周老先生。

周老先生来到病床前，号了号脉，摇了摇头，对站在床前的妯娌俩和友仁、友贵说：

“陈婆婆油已干，灯即将熄，神仙也没有办法，准备后事吧！”说完，他背起药箱，告辞而去。

杨金花送走周老医生，返回婆婆的房间，见昏睡的婆婆醒转过来，嘴唇一动一动的，像是有话儿要说。

她连忙拉着婆婆的手，附身亲切地对她说：“娘，有什么吩咐，请说啊，我和二嫂、四弟、五弟都听着呢。”

蔡氏有气无力，断断续续地说：“我……想……喝……鳜鱼汤……”

杨金花听懂了婆婆的意思。可怜婆婆渔业一生，为了这个家，为了养活五个儿子，就是舍不得吃值钱的鳜鱼。

她是个刚强的女人，望着骨瘦如柴、辛苦一生的婆婆生命垂危，而又无力回天，她伤心地抽泣着，两眼就像断了线的泪珠儿，滴湿了自己的衣襟。

一定要想方设法，满足婆婆人生最后的一个愿望。她问渔家女周秀花：“二嫂，此时湖里有鳜鱼吗？”

周秀花答：“原先有，近几年湖里的小鱼小虾都捞起填肚子了，怕是绝迹了。”

哪怕是有一点点儿希望，为了婆婆，也得试一试。

她对周秀花说：“二嫂，你和五弟守着婆婆的床前，哪儿都不能去，不然连……”

杨金花本想说，连一个送终的人都没有，她欲言又止，不能往坏处想啊。

她转而对陈友仁说：“四弟，你去准备船桨、松子油灯、渔叉，我们一起下湖杀灯叉去。”

“嗯！”陈友仁应声后，准备渔具去了。

周秀花恍然大悟，忙说：“你深更半夜里，要去湖里杀灯叉啊，要去只能我去，你挺着个大肚子，多不方便。”

杨金花用手轻轻地抚摸了一下肚子，笑着说：“放心吧，二嫂，小家伙才八个月多点，不碍事的。再说我是习武出身，身子骨没有那么娇气，活动活动，对生产有好处。”

说着，她接过陈友仁递来的松子油灯，打开门，与四弟跨入黑夜之中。

寒冬的夜晚，黄蓬湖漆黑茫茫，刺骨的北风凛冽地响着。杨金花手持鱼叉，站立船头，两眼沿着松子油灯的光线，紧盯着清澈的水底，一眨也不眨一下。

已经过去一个时辰了，别说是鳜鱼，就连原来满湖的喜头鱼也没有发现一条。

陈友仁沉不住气了，他边划着双桨，边说：“三嫂，我们回去吧，待明日一早，我去沔阳城买一条，如果沔阳没有，到汉阳也要买到。”

“唉！”杨金花叹了叹口气说，“苕弟弟哟，只怕是远水救不了近火。娘想喝鳜鱼汤，想必是回光返照。”

“再坚持坚持，我就不信，我俩的孝心，感动不了上苍。”她像是为陈友仁打气，也像是为自己打气。

提到上苍，杨金花突然想起什么。她放下鱼叉，活动活动已经发麻的四肢，然后双手合十，望着茫茫天空，默默地祈祷。

大慈大悲的观世音菩萨，您可怜可怜我那苦命的婆婆，赐一条，只要一条鳜鱼，我回去熬汤，满足婆婆人生的最后一点心愿。

突然，只听“哗”的一声，杨金花眼睛一亮，借助灯光，她看见湖底下的水草边，有一条与水草一样花纹的鱼儿，在摆尾游动。

杨金花向划桨的四弟做了做手势，陈友仁心领神会地稳住了船身。“唰”的一声，一条重约两三斤重的鳜鱼，随着鱼叉收起浮出了水面，它在七齿钢叉上，左右不停地摆动。

二媳妇熬的鱼汤，三媳妇一勺一勺地喂着，没喝几口，婆婆就安详地闭上了双眼。

在沔阳地区，去世的老人满有六十以上者，为白喜事，遗体要在家里放上三天以上，供亲戚朋友瞻仰后，方可安葬。

蔡氏是耄耋老人，虽然丧事一切从简，但风俗不能破坏，同时也为了等远在湖南的大哥陈友富一家，回来见上老娘最后一面。这样一等，第五天蔡氏才入土为安。

2

杨金花作为陈家举内的当家人，身怀六甲，日夜忙碌，待婆婆安葬后，她身子骨像似散了架似的，倒在床上便睡。

“哎哟！”半夜，杨金花被剧烈的疼痛痛醒，她推了推熟睡的丈夫，说，“友谅，快去叫二嫂进来，小家伙想必是要出来了。”

陈友谅揉了揉眼儿，说：“不是离预产期还有一个月吗？”

“哎哟！”杨金花强忍着疼痛说，“可能是这几天劳累，动了胎气。”

陈友谅见婆娘痛得大汗淋淋，打开房门急呼“二嫂、二嫂！”

周秀花听见陈友谅急促的呼喊声，忙披衣出来问：“三弟，怎么啦？”

陈友谅说：“金花肚子痛得厉害，怕是要生了。”

周秀花是渔民的接生婆，很有经验地吩咐道：“快去烧开水，端进房里来。”说着她拿着接生用的剪刀，棉纱、助产棍就来到杨金花的房间。

“儿奔生来娘奔死。”杨金花第一次经历分娩前的痛苦，临盆近两个时辰了，小家伙还不出来，她紧咬着助产棍，痛得大汗淋淋。

“用力，用力，再用力！”二嫂边帮她擦汗，边鼓励说。

随着婴儿“哇”的一声洪亮的哭声，杨金花幸福而又疲倦地闭着眼休息。

周秀花边帮婴儿洗浴、边扎脐带、边高兴地对门外的陈友谅招呼道：“三弟，母子平安，快进来看看，一个大胖小子，婆婆送的，婆婆送的。”

陈友谅进屋后，抱着白胖胖的儿子，笑得嘴都合不拢了。

“老三，看你傻笑的样子，快去报喜呀！”二嫂吩咐说。

江南的习俗，不论哪家生了娃儿，第一时间，要去媳妇的娘家“报喜”。

杨子玉、杨子元两老，得知这个喜讯高兴的劲儿就别提了。

杨子玉急忙叫杨从政：“快！快！将院子里的两只老母鸡抓住，送给你妹妹煨汤发奶，奶水多，我外甥才胖呢。”

杨子元捋了捋山羊胡子，自言自语地说：“双喜临门，红白喜事碰到一块了，先白后红……”这孩子来得不是时候，他眉头皱了皱，但很快又恢复了平静。

杨金花毕竟是习武的身子，分娩三天，她就扎着头巾下地，在房间里来回慢慢走动。

陈友谅端着鸡汤进来，见状忙关心道："金花，快上床躺着，小心落下月子痛。"

杨金花笑着说："我没有你想象的那么娇气。"她活动双臂问："啊！你找先生为儿子娶名字了吗？"

陈友谅脸上堆满了笑容，说："放心吧，儿子的二家爹早就为外甥起好了。"

杨金花问："二叔为我儿起了什么好的名字？"

"陈善！"陈友谅说，"老师说，你对老娘的善心感动了苍天，是王母娘娘送来了宝贝儿子。"

其实，杨子元从外甥的生辰八字中，测算出他在二十五岁时，有一个重大劫难，但他没有告诉侄女、侄女婿。但愿外甥能化险为夷，行善积德，善始善终。

"陈善好，陈善这名字好所！"杨金花兴奋地说。

"你看，你看，我们光顾着高兴，鸡汤都快凉了。"陈友谅端着鸡汤，亲热地用汤匙喂她。喝着，喝着，她忽然想起九弟陈友德的婆娘蔡花也在坐月子。

杨金花说："友谅，蔡花也在坐月子，又没婆婆照顾，是个孤儿，娘家什么亲人都没有，怪可怜的，你将另一只母鸡送给他家，也让她补补身子。"

陈友谅笑着说："你真是我的好婆娘，我也有此想法，又怕你不同意呢。"

说完，他亲了亲她和熟睡的儿子，提着芦花老母鸡，就往陈友德家里而去。

3

陈友谅不全是为了送鸡，他还有大事同友德商量。他提着芦花老母鸡，不一会儿就到了叔叔陈普文家。

陈英杰眼尖，连忙从屋里跑出来，与他打招呼。

"大哥，你来了，快进屋。"他朝里屋喊道，"哥、嫂，快出来，友谅大哥来了！"

陈友德从房里出来，见陈友谅提着一只鸡，怪不好意思地说："大哥，来就来呗，还带什么鸡。"

陈友谅见头上缠着布巾的蔡花，怀里抱着快满月的女儿出来，笑着解释说："这是你嫂子娘家送来的鸡，有好几只呢，她怕养瘦了，叫我送一只过来，跟弟媳补补身子。"

蔡花听后，激动地说："谢谢嫂子，平时她也经常接济我们，这时又送老母鸡来，真是雪中送炭啊。"

她用手指抚摸着襁褓中的女儿的额头，对她说："这下我女儿有奶吃了啊！"陈友谅边寒暄边打量起好久没来的屋子，虽然屋子破旧，但收拾得清洁有序，不由感叹地说：

"一个家还是要有一个女人撑着啊。"

普文叔以打铁为生，家里原先在村里来说，还算富裕的家庭。自从婶娘在湖边洗衣服淹死后，叔叔、两个弟弟，三个光棍将家里折腾得乱七八糟。特别是官府禁止打菜刀等锋利铁器后，这个家就逐渐中落，这样可好了，娶回了蔡花，这个家又撑起来了。

陈友谅想走了神，来的正事还没办呢。他征求蔡花的意见道："弟媳，我们监狱人手不够，我想让友德弟到我那儿去帮忙。"

蔡花忙说："不是亲不关心，你跟友德谋了这么好的官差，我真不知道怎么感谢你才好呢，你跟嫂子真是两个大好人。"

陈友德一时感觉到突然，正想问个明白，他见大哥的眼儿向他眨了眨，他顿时明白，大哥是有大事儿要他办。

"你先到房里去，我们男人有事儿商量。"蔡花听了丈夫这么一说，顺从地抱着女儿回房去了。

陈友谅见她回屋，用手招了招，兄弟俩赶紧围在他的身旁，他低声地对他们说：

"现在监狱里人满为患，管理犯人的狱卒忙不过来，闷豺命我找一些临时狱卒。这正是我们起事，发展力量的好时机。我原想招山上的弟兄，但细想起来，他们不是本地人，怕闷豺起疑心，将你和二哥招进去，有根有蒂，名正言顺。"

陈友德点了点头，说："明白，全听大哥的。"

陈友谅转向英杰道："叔叔长年在外奔波，是我派他出去做穷苦大众的联络工作，家里的事全靠你了。"

他特别提醒道："特别要防闷狼那个家伙，他不是人，是个畜生。"

“哥、大哥放心！”陈英杰拍了拍胸脯说，“我跟大嫂学得了一身武艺，有我在，嫂子和侄女不会掉一根汗毛的。”

陈友谅、陈友德信任地点着头，一同往沔阳城而去。

这天，轮值到陈普文家里供应户长闷狼吃饭，陈英杰见水缸里没有水了，就挑着水桶去塆头的井里，挑水去了。蔡花一早就去菜园地里摘了一些青菜回来，正坐在堂屋低着头儿择菜呢。

突然，她的后腰被人紧紧地抱住，一张臭嘴喘着粗气儿，朝着她的脸上啃来。蔡花虽然看不清面相，但从气味中闻出不是丈夫的，她气恼地骂道：

“哪个狗日的！”顺手“啪”的一巴掌。

“嘿嘿，打……是亲，骂是……爱，不打不……骂不……入怀。”

蔡花从他那结巴不清的语言中，听出是蒙古户长闷狼。

“放开我！你这个天杀的，亏你还是个户长，光天化日之下，竟敢吃老娘的豆腐。”她边怒骂边挣扎着。

闷狼厚颜无耻地说：“你这……漂亮……美人儿……自看……见你……我就……想得到……”

闷狼有的是蛮力，他像老鹰抓小鸡地将她往房里抱拖着。

“救命啊！救命！”蔡花拼命地挣扎，高声地哭喊着。

“再……喊……我……我就……将你……你女儿……摔死！”闷狼望着熟睡的孩子，恶狠狠地威胁着说。

蔡花吓傻了，连忙闭上了嘴巴。

陈英杰挑水返回途中，隐隐约约听见嫂子呼喊“救命”声，他丢掉肩上的扁担，顺手操起地上的一块砖头，向屋里急冲。

当他进入嫂子的房间一看，一个男人下身一丝不挂地压在嫂子身上，正在强行撕扯她身上的衣服。

陈英杰恶向胆边生，疾步上前照准闷狼的后脑壳，“啪！啪！”就是两下。闷狼吭都没吭一声，直挺挺地扑在蔡花身上。

陈英杰见状，更加来气，他用力一抓，闷狼离开了她的身子，仰面倒在地上。

陈英杰拳头雨点般地向闷狼的脸上击去，他边打边骂道：“你个板板养的，我叫你欺侮我嫂！我叫你欺侮我嫂！……”

倚在床边战栗的蔡花，见地上的闷狼脸上血肉模糊，一动不动，小声地说：“弟弟，别打了，这畜生可能死了。”

陈英杰这才住了手，他弯下身子，用手摸了摸闷狼的颈动脉，一点跳动的迹象都没有。

他起身在尸体的衣服上，擦干净了手中的血，恶狠狠地骂道："这个板板养的，谁知这么不经打。"

女人就是胆小怕事，蔡花六神无主地说："这可怎么办啊？这可怎么办啊？"陈英杰人小胆大，安慰她道："嫂子放心，待夜深人静，我将这只狼拖到黄蓬湖喂鱼！神不知，鬼不觉。"

习武之人力气大，陈英杰抱着闷狼的尸体，将他拖进了柴房，用高粱秸盖住，这才帮助嫂子清理地上的血迹。

夜深，陈英杰扛起用布袋包着闷狼的尸体，丢在小船舱里，操起双桨，向湖心驶去。在深水区，他将布袋解开，塞进早准备好的石头，扎紧布袋口，用力一推，只听"扑通"一声，布袋里的尸体很快沉入了水底，水面激起了圈圈涟漪。

陈英杰干脆利落地完事后，在返回家的途中，他脑儿经湖风一吹，清醒了许多：这元鞑子失踪，官府一定会派兵来调查、搜寻，会闹得满城风雨，鸡犬不宁。这样一来，是否影响大哥的大事啊！

想到这儿，陈英杰调整了小船的方向，向沔阳城急划而去。

天刚麻麻亮，陈友谅习提着龙骨偃月刀，走出监狱，来到监狱旁边的一块平地上练武。练着，练着，他敏锐地觉察到前面响起了一阵急促的脚步声。

陈友谅停了下来，循着脚步声望去，只见陈英杰满头大汗地向他跑来。

"大哥！不好了，我闯祸了！"陈英杰见到他，没头没脑地说。

陈友谅暗自一惊，脸上却是平静的。他从肩上拿下他习武擦汗用的方巾，递给他说："十弟，先擦把汗，再慢慢地说。"

陈英杰见大哥这么镇定，他倒不那么急了，他将大哥拉到一旁，小声地说出了事情的原委。

陈友谅愤愤地说："闷狼是闷豺的弟弟，这一对元鞑子豺狼，狼狈为奸，丧尽天良，干尽了坏事，死了活该！"

陈友谅嘴是这么说，但脑细胞在飞快地活跃着：昨日是叔叔家供饭，闷豺一旦发觉他弟弟失踪了，首先报复的是叔叔一家人，再就顺藤摸瓜……

想到这儿，他忙对陈英杰吩咐说："你赶快返回家中，带上你嫂和侄女投奔山上六哥去，越快越好。并向老六传达我的意思，叫他们做好起义准备，随时下山接应我们。”

“嗯！”陈英杰这才知道事态的严重性，这次是将天捅破了，山雨欲来，他马不停蹄地往回急赶。

4

兵贵神速，先下手为强。陈友谅决定提前起义，先占领沔阳监狱，除掉监狱长闷豺及其走狗。

他回到监狱，传来陈友财、陈友德到他的宿舍议事。

待他俩进屋后，陈友谅在门口四处望了望，见没有尾巴，这才紧紧地拴上大门。

陈友谅问：“你们俩来，没有被闷豺他们发现吧？”

陈有财说：“闷豺昨晚带着他的亲信进城，花天酒地闹腾到半夜才回，现正睡得像个死猪呢！”

“天助我也！”陈友谅高兴地说。

他简明扼要地向他们介绍，陈英杰将闷豺的弟弟闷狼杀死在家中，沉尸于湖底的事情经过。

陈友德听后一惊，担心地问：“我婆娘和女儿现在怎样了？”

陈友谅拍了拍他的肩膀说：“老九，放心吧，我已令老十带着弟妹和孩子上山，投奔老六那里，暂避避风头，安全着呢。”

“好哦！还是大哥考虑得周全。”陈友德吁了一口气。

陈友谅思索了一会儿，说出了他的打算。

“十弟已经打草惊蛇，我决定提前动手，先干掉闷豺及其亲信，放出被关押的无辜农民、渔民弟兄。自愿留下来的，将他们集中起来，进行军事训练。等到魁鲁花麻他们发现时，我们已远走高飞，与黄蓬山弟兄们会师了。”

“好！”友财、友德一致同意。

陈友谅沉下脸色，向他俩说：“我去杀闷豺，你俩分别干掉他的蒙古亲信，汉人狱卒不许杀！行动成功后，要严密封锁消息。”

“那……要是有汉卒反抗呢？”陈友德担心地问。

陈友财说：“不会的，只要你说是陈监狱长的命令，只杀元鞑子，他们不但不反抗，反而会帮助我们。”

陈友谅会心地一笑，点了点头。看来，这兄弟俩事先已做了大量工作。

“行动！”陈友谅一声令下，三人飞快地闪出房间，消失在茫茫晨雾之中。

陈友谅肩披黑鱼皮盔甲，手提龙骨偃月刀，来到闷豺的住地，侧耳向门缝里一听，里面鼾声如雷。他一喜，本想拨开门闩，进去偷袭他。可是，不管他怎么拨弄，门闩丝毫不动，原来里面加了倒栓。

陈友谅暗骂道：“这个狗日的，警惕性还蛮高呢。”

他急中生智，左手用力捶打着房门，高呼道。

“闷头，闷头，快起来，有人越狱了！”

陈友谅一阵接一阵的紧急呼喊声，终于将沉睡中的闷豺吵醒，他下身只穿着裤衩儿，跑出来开门。

闷豺将头伸出半掩着房门外，不耐烦地说：“吵什么吵，还让不让人睡个安稳觉。”

“我叫你个元鞑子，踏踏实实地睡个安稳觉！”

陈友谅手起刀落，瞬间，一串血柱从闷豺的颈脖儿喷出，一颗人头像皮球一样，沿着房间的台阶，蹦弹得老远才停了下来，无头的身躯还直挺挺地立在门里，冒着血泡儿。

5

首次暴动非常顺利，号子里的穷苦哥们，都被放了出来，全部在放风的操场上集合。

只有那几个不明白事情原委的狱卒，还在四处张望，交头接耳地打听：“发生了什么事儿？”

陈友谅威风凛凛地站在高处，一双深沉的眼睛凝视前方。他全副武装，身上的黑盔甲闪闪发光，手中擦拭一新的龙骨偃月刀，刀锋寒气袭人。

陈友德挥动着双手，大声喊着。

“大家静一静！现在请救出穷苦哥们的领头人，陈友谅大……”

他欲言又止，此时称大哥不合时宜，于是改口说：“欢迎陈友谅大人讲话。”

“呱唧，呱唧……”台下响起了掌声。

陈友谅将大刀递给站在一旁的陈友财，挥舞着右手，顿时操场上鸦雀无声。

“穷苦的农民、渔民兄弟们！你们受苦了！当朝统治者为了维护他们的统治，不顾我们穷苦百姓的死活，强征苛捐杂税，并实行戾治，官逼民反！”

陈友谅换了换口气，继续说：“为了将穷苦大众，从水深火热之中拯救出来，恢复我大汉大好河山，我决定带领大家，举行武装起义，彻底推翻这个黑暗社会！”

陈友德牢记着大哥在黄蓬山上提出的口号，带头高呼：

“驱逐元鞑，拯救苍生，复我汉室，和谐共存！”

“驱逐元鞑，拯救苍生，复我汉室，和谐共存！”大家紧跟着高呼，响声在监狱的上空，久久回荡。

陈友谅又挥了挥右手说：“大家愿意跟着我陈友谅造反的，原地不动，不愿意的，请站出来，我发给路费放大伙儿回家。”

人群中站出一个五大三粗的汉子，陈友谅认识他，他是排湖镇李家垴的农民李明道，也是犯人中的头号老大。

人们还以为李明道站出来，是为了领路费回家。然而他来到陈友谅跟前，“扑通”一声跪在地上。他向陈友谅连叩了三个响头，高声说：

“我愿意追随大帅造反，马革裹尸还！”

这时，“扑通”“扑通”！操场两百多穷苦哥们和几十个狱卒都跪了下来，边叩头边高呼：“追随大帅，造反！造反！”

这一幕太感人了，使陈友谅始料不及，他连忙上前将李明道扶了起来。边向众弟兄挥手说：“弟兄们，快起来。友谅何德何能，受此大礼，我决不辜负弟兄们的厚望，杀出一片新天地来。”

他问陈友财：“二哥，今天是什么日子？”

“至正元年辛巳八月初六日。”陈友财不假思索地说。

陈友谅说：“请大家记住今天，从今天起，元朝统治者的末日已经来临，大汉永放光芒。”

“大汉万岁！”“天助大汉！”人群激昂的欢呼声如山呼海啸。

陈友谅整了整盔甲，威严地命令道：“陈友财听令！”

“在！”陈友财双手合掌应着。

“传我命令，通知张定边、张必先、杨从政、熊天瑞四人，迅速将造反英雄的家眷转移至黄蓬山。令罗显中、谢伯坚二人负责加固山寨的防御工事，以防官兵攻寨！”

“是！”陈友财领命而去。

“陈友德听令！”

“在！”

“令你速去胡家庄园，向胡家富、杨从元、康茂才等元老禀明这里的情况，以防不测。送完信后，你带着陈荣、胡大海、胡廷瑞立即返回监狱，连夜将弟兄们撤回山里。”

“是！”陈友德领命而去。

“李明道听命！”

“在！”

“命你为监狱支队长，将起义的弟兄们分为三个中队，由随即而来的陈荣、胡大海、胡廷瑞三人担任中队长，将兄弟们带上黄蓬山后，进行军事训练！”

“是！”

李明道很有组织能力，他迅速将二百多人，分为三个中队。

陈友谅看着生龙活虎的弟兄们，脸上露出了笑容。他开始惦记胡家庄园的情况，现在不知准备得怎么样了。

6

胡家庄园已经里三层外三层增添了岗哨，一时间，庄园内外也出现了紧张气氛。

胡家富、杨子元、黄志坚、康茂才、管家，他们正在商量着起义的事儿，忽听下人来报。

“胡员外！陈狱长派人来了，有要事求见。”

胡家富连连说：“快请，快请！”

陈友德匆匆进来报告说：“胡员外！我大哥在监狱起义得手，杀死了监狱长，控制了整个监狱。”

大家听后，相视一笑，又围坐在客厅里，商量着起义的细节。

康茂才乘机对胡家富说：“舵主，我们出兵不能是无龙头的野马，陈友谅年轻气盛，俗话说：‘嘴上无毛，办事不牢。’再说他也不是我白莲教弟子，我建议由您挂帅，举起白莲教的造反大旗。”

胡家富老谋深算，一言不发，毫无表情地望着杨子元。

杨子元白了康茂才一眼，不满地说："怎么又老调重弹呢，我们不是商量好了吗，黄州徐寿辉举起了白莲教大旗，我们积极配合陈友谅，伺机将他的队伍归顺徐寿辉皇帝。"

黄志坚附和着说："右护法言之有理，舵主也有此意，我们不能临阵换将，乃兵家大忌也。"

胡家富见两员大将意见一致，笑而不露地说："我们还是按既定方针办理，力举陈友谅为起义军主帅，只是考虑与这支军队取一个吉利的名字。"

杨子元说："舵主！这个我早已想好了，就叫红巾军！待正式起义那天，义军每人头上都缠着红头巾。"

"红色好，预示着日出，好！就叫红巾军。"

胡家富赞扬地说，转而他问站着的管家说："我吩咐你买的十条大鲤鱼办好了没有？"

管家点着头说："一切按老爷的安排办妥了。"

黄志坚不解地问："舵主！你要这么多鲤鱼干什么？"

胡家富终于脸上有了笑意，故弄玄虚地说："天机不可泄露，这是我为陈友谅大将军送的一份大礼！明儿你们就知道了。"

第二天，沔阳城值勤的巡察队的士兵们，巡至湖边时，发现水上漂着一条三十多斤重、半死不活的大鲤鱼。

他们见状，一齐扑向水中去捉鱼，而水中的鲤鱼，在做垂死挣扎，一捉一逃，很是忙碌了一阵子，士兵们终于将鲤鱼捞了起来。

一士兵说："送到伙房加工，我们饱餐一顿。"

"要得！"他们很快找来了一副箩筐，两人抬着向军营走去。

刚将鱼抬至军营门口，就被蒙古哨长发现，他见这条鲤鱼肥大金黄，满肚子的鱼子儿。

哨长心想，将此鱼献给知府大人，说不定知府大人一高兴，就提升自己呢，这样一来，升官发财的机会不就来了。于是，他命令两士兵抬着鲤鱼，往沔阳府进贡来了。

鞑鲁花麻最喜欢吃黄河鲤鱼，见哨长进贡来这么大的黄蓬湖鲤鱼，高兴得手舞足蹈。

"赏，重重有赏。"

哨长一行领赏去后，鞑鲁花麻在府衙案台上，微闭臃肿的眼儿，正做着香喷喷鲤鱼大餐美梦时，厨师慌慌张张来报。

“大人，大人！鲤鱼肚子里发现有天书。”

鞑鲁花麻一下子惊醒了。

“天书？什么天书？”

他接过用厨师递过来，用红锦布包着的锦缎，急忙打开一看，真是一笺天书，只见上面写着：

蓬湖神鱼现，明日乾坤亮。
天下谁来坐，唯有陈友谅。

第八章

月饼传令黄蓬湖惊涛骇浪　洒阳攻克红巾军初战告捷

中秋月饼纸传书，户户遵循杀外驴。
血泪声声难诉尽，狗官首级万人除。

——题记

1

魁鲁花麻看完天书后，眉头紧锁，根本不相信这是什么天书，一定是陈友谅为了蛊惑人心，而使出的伎俩。

他对身旁躬身弯膝的周铁嘴说：

“本官对陈友凉早有怀疑，限定他半月之内，侦破法场劫案，到现在他都没有进展，想必是贼喊捉贼，是他带人干的。”

他将天书递给他说：“你看这里面有什么蹊跷？”

周铁嘴看了看天书内容，暗自一惊，想起了黄河造反一案，忙对他说：

“大人，这个天书如同黄河‘石人一只眼，挑动黄河天下反’如出一辙，从而引发了汝州、颍州兵乱，匪首彭玉莹至今外逃，下落不明。这个所谓的天书，要认真查一查，肯定是一个阴谋！”

“阴谋？”魁鲁花麻突然大喝一声，“来人！”

衙门外的一个传令兵迅速进门问：“大人！有何吩咐？”

“你去监狱……”他又改变主意命令道，“师爷，你和传令兵一起去监狱，命令闷豺将陈友谅捉拿归案。”

周铁嘴献计说：“陈友谅武艺高强，一般人不是他的对手，只能智取。”

“对！智取。”

鞑鲁花麻想了一会儿说：“你到伙房多带些酒肉，就说是我派你去慰劳他侦案辛苦，你和闷豺一唱一和，将他灌醉后拿住候审。”

“是！”周铁嘴他们刚走，鞑鲁花赤慌慌张张地直入府衙。

“大人，我的厨子剖鱼时，在鱼肚子里，发现了一纸天书。”

随着，府衙的下属机构的官员们纷纷来报，吃鱼时发现了天书。

鞑鲁花赤慌神地说：“大人，现在沔阳城街谈巷议，沸沸扬扬，都在传递天书内容，大有山雨欲来风满楼之势。”

鞑鲁花麻故作镇定，向乱成一团的文武众官吼道：“慌什么慌，我已令人去捉拿陈友谅。待陈友谅归案后，谣言不攻自破！”

鞑鲁花麻的话音未落，一只鸭儿嗓子就从门外传了进来。

“大人不好了……闷监狱长和他的亲信被杀死在监狱内，他本人身首异处……”

原来是周铁嘴上气不接下气地进来报告。

鞑鲁花麻顿时像泄了气的皮球，萎蔫了：看来是本官下手迟了，使陈友谅成了漏网之鱼。

他连珠炮似的问：“陈友谅呢？监狱的囚犯呢？”

周铁嘴寒噤地说：“监狱里人去狱空，陈友谅早已带着他们逃之夭夭。”

鞑鲁花麻气急败坏地命令道：“鞑鲁总兵，你快带兵去追剿陈友谅，宁可杀得血流成河，也不可放过反贼一个。”

鞑鲁花赤原地不动地，无可奈何地说：“大人，我是个空头总兵，手里总共只有百十来名士兵，根本不是陈友谅的对手。”

鞑鲁花麻拍案而起，吼道：“你的兵呢？你的一千多能征善战的蒙古帝国的勇士呢？”

鞑鲁花赤战战兢兢地回复道：“大人真是气糊涂了，为了执行皇上‘群养蒙古制’的英明决策，士兵们不是都派往各乡、镇、村当户长去了吗！”

鞑鲁花麻听后，瘫软地倒在衙案的椅子上，嘴里咬牙切齿地“陈友谅，陈友谅！”地号叫着。

周铁嘴忙劝说：“大人！小不忍则乱大谋，我们要督促各地户长，加强对穷鬼们的监督，使他们没有造反的机会。”

鞑鲁花赤附和说：“正是！”

2

陈友谅此时正在清点进山的各路人马，经仔细查点，有三千之众，个个手持五花八门的兵器，头缠红巾，威风八面。

红巾军的首届军事会议，是在山寨聚义厅里举行。

参加会议的有：白莲教分舵主胡家富、左护法黄志坚、右护法杨子元、师谕康茂才；陈友谅的十弟兄：老二张定边、老三张必先、老四杨从政、老五熊天瑞、老六罗显中、老七谢伯坚、老八王奉国、老九陈友德、老十陈英杰；还有陈友财、李明道、胡大海、陈荣、胡廷瑞也应邀参加。

会议由陈友谅主持，他并没有坐在头把交椅上，只是紧靠在四大元老的下手而坐，坐在顶前面的是胡家富。

三声铳响，一阵“呜呜”的号角声响起之后，陈友谅站立起来作了开白场。

首先，他用铁的事实揭露当朝统治者的戾治，分析了当前全国针对朝廷斗争的形势，并做了一番为什么要举旗造反的宏论。然后，他谦逊地提议，由胡家富先生做动员报告。

胡家富站起来，抱拳向各位行礼后，谦虚地说：“各位兄弟！当朝腐败，民不聊生，官逼民反，民不得已而反。陈友谅今日之壮举，是替天行道，是亿万民众之心声，也是做出了老夫想做而不敢做的事情，我坚决拥护和支持他，为彻底推翻元鞑子的统治，恢复我大汉大好河山而奋斗！”

陈友谅高呼道：“驱逐元鞑，复我河山。”大家奋臂同呼，响彻云霄。

待大家安静下来后，陈友谅说：“现在请杨子元先生，宣布今天会议议程。”

杨子元捋了捋山羊胡子，慢条斯理地宣布道。

一、成立沔阳地区红巾军统帅部，推选出沔阳王。

二、由沔阳王提议，成立红巾军及沔阳政府和军队组织机构。

三、制定红巾军军旗图案。

杨子元最后说：“请在座的红巾军英雄们，各抒己见，先民主，后集中，再由推选出来的沔阳王定夺。现在我们要讨论第一个议题，谁当沔阳王！”

一阵沉默，张定边弟兄十个，有八个面面相觑，只有陈友谅、杨从政心知肚明。

沔阳王有什么好推选的，领头造反的是我大哥，当然非他莫属。

张定边打破了沉默，站了起来，声音洪亮地说："沔阳王非大哥陈友谅莫属，谁人也取代不了他的位置。"

他喧宾夺主，向会场的众位道："谁同意我的观点请举手。"

与会的兄弟九人加之陈友财、胡大海、王奉国、陈荣，一致举起了双手。

陈友谅扫视了会场其他人，胡家富毫无表情，让人捉摸不定；恩师杨子元笑而不语；黄志坚和康茂才面有左右为难之色，只有那胡廷瑞显露出愤愤不平的样子。

陈友谅心中有底了，站起来，礼让地发表自己的观点。

"我举荐胡家富先生为沔阳王，因为他老德高望重，学富五车，武艺超群，驾轻就熟，运筹帷幄，是沔阳著名的财主和白莲教分舵主，是沔阳王合适人选。"

胡廷瑞的脸就像六月份的天，多云转晴天。

胡家富暗想，陈友谅的确有大将风度，他如数家珍地赞扬我，不是真心推举我为沔阳王，而是为了安抚我们白莲教和儿子的心。

张必先是个猛张飞，他见大哥谦让王位，急了，站立起来，大声嚷叫："我不管什么胡家富、胡员外，大哥当不上沔阳王……"

他挥了挥手中的大刀说："问它答不答应！"

"大胆！"陈友谅一拍座椅，声色俱厉地说：

"胡老一生从事反元活动，是我们红巾军的主要创始人之一，我们要尊重他老，还不向胡员外赔礼道歉！"

张必先从没见大哥发这么大的脾气，心虚地望了望陈友谅，见他愤怒的眼神里还包含着另一层意思。

张必先心领神会，假装认错的样子说："胡员外，对不住您老了，我这个人是拿竹篙子进巷子，直来直去。"

胡家富露出了一丝冷笑，说："感谢友谅赞誉，老夫年已古稀，胜任不了沔阳王一职，恐有负众望。后生可畏，陈友谅为沔阳王正是老夫所意。"

他望了望康茂才说："康师谕，我曾多次向你提起过，陈友谅才是我们的带头人，后生可畏。"

康茂才听后，心领神会，连忙站起来表态说："我和胡舵主都同意，陈友谅为沔阳王。"

大家的意见都统一了，张必先带头拱手，向陈友谅行叩拜之礼。

“恭喜大王，贺喜大王！”

会场的人都站了起来，唯独胡廷瑞动作迟缓了一下，一齐拱手向陈友谅行上任之礼。

陈友谅还礼后，由张定边、张必先两人右右扶着他，坐在聚义厅的头把交椅上。

杨子元说：“大王，你说说你对红巾军的安排。”

陈友谅胸有成竹地说：

“各位英雄：我个人初步意见是，仍然保留沔阳知府，由胡家富担任府尹一职；杨子元、黄志坚为辅尹。负责沔阳地区的农、渔民的一切事务，废除黄蓬湖的村庄割据制，健全禁渔期制度，大面积放养适应于黄蓬湖生长的鱼苗，尽快恢复生态平衡，使广大渔民有鱼捕，同时在排湖一线种植大面积菱、藕，使渔民有副业收入。鼓励动员沔阳地区农民，沿黄蓬湖周边开垦农田，维护各庄员主的合法利益，减租减税，使耕者有其田，尽快使穷苦百姓过上衣食无忧的生活。”

掌声响成一片。

陈友谅接着说：“一个战无不胜的军队，要有严格的军纪，与广大穷苦百姓的关系，应该是鱼水深情的关系，不能侵害百姓的利益。为此，红巾军成立督军，由张定边为主帅，熊天瑞、熊幺妹为副将，监督检查各起义部队的军容军规，有先斩后奏的职权。”

“是！”张定边、熊天瑞站立起来领命。

“张必先为红巾军先锋，陈友德、李明道为副将，领兵一千，驻扎在黄蓬镇操练，时刻准备打仗。”

“是！”张必先、陈友德、李明道站立起来领旨。

“罗显中为二路军将军，陈友财、陈荣为副将，领兵一千，驻扎在黄蓬山操练待命。

“胡廷瑞为三路军将军，王奉国、谢佰坚为副将，领兵一千，驻扎在王家庄园操练待命。

“胡大海为治安警卫将军，陈英杰为副将，领兵五百，负责府衙和军部后勤机关以及起义官士的家属安全保卫。

“康茂才为后勤军需将军，杨从政、陈友仁为副将，负责部队的粮款筹集，不许向贫苦百姓强行摊派。

“陈普文为密使探官，陈友直为副将，负责发动劳苦大众积极参加红巾军的宣传鼓动和情报工作。”

“是！”各路将军分别站立起来领命。

“杨金花、周秀花负责全军的妇女、稚童的安全、教育、监护工作。”

“呱唧、呱唧！”又是掌声响成一片。

大家为陈友谅运筹帷幄，人尽其能，量才而用的安排而折服。

在讨论军旗的过程中，因有多张设计图纸，争论不休。最后，大家将目光投向杨从政设计的一张图案上。

军旗为红色，带有多边彩条的三角形，军旗右上角是一条黄色巨龙腾飞的图案，下方是一块空白，显得有些单调。

张定边看了看说：“龙的下面，写一个楷字‘陈’字，恰到好处。”

大家纷纷点头同意，杨从政与叔叔相视一笑，提笔加上陈字。

3

陈友谅见三项议程顺利完成，高兴地对与会人员说：

“明天是八月十五，是我们中华的传统中秋节，我已和张将军商量，准备明天打响‘杀家鞑子’战役！”

张必先站起来，不解地问：“大王，何为杀家鞑子战役？”

陈友谅似乎是答非所问：“我已密令陈普文、陈友直负责沔阳各糕饼房，月饼的生产订货工作。”

他说着转向友直，问道：“副密使陈友直，月饼发放的事情进展如何？”

陈友直站起来说：“大王请放心，基本发放完毕，叔叔，啊！不对，是密使大人，他正带人在各地检查呢。”

张必先还是不明白，大大咧咧地说：“月饼与杀家鞑子，这哪跟哪呀！干脆，大王令我带着一班人马，杀进府衙，不就得了。”

杨子元站起来解释说：“这是大王的一箭双雕之计，一是动员劳苦大众，同仇敌忾，二是借此扩大红巾军的影响。”

陈英杰早已憋不住了：“我和张将军一样不解，这与月饼有何干？”

杨子元笑着说：“月饼传天书呀！”

“什么天书？”康茂才和一些不知内情的人，不约而同地问。

陈友谅笑指着张定边说：“由张将军解释给你们听。”

张定边手里拿着一张包月饼的纸，高声念道：

紧急密令：

沔阳地区的父老乡亲们！

中秋月饼无毒，请放心食用。

元鞑子占我家园，奸我妻女，抢我食粮，是可忍孰不可忍，我们只有团结起来，万众一心，才能推翻蒙古人的统治。

务请大家在八月十五晚一起行事，杀死家鞑子户长。成事后于八月十六日来黄蓬山参加义军。特此密令！

红巾军首领：陈友谅张定边

辛巳年八月十五日急令！

八月十五这天，沔阳地区穷苦百姓家里，都意外地收到一份月饼，当他们看到月饼中的密令，人人心花怒放，个个蠢蠢欲动。

于是，每十户人家联合起来，有用利器的，有用木棍的，有用石块为武器的，有的是智杀，有的是蛮杀。总之，一夜之间，一举杀死了长期欺压百姓头上的元鞑子户长一千余人。

这次战役大快人心，义军取得了初步胜利。参加杀元鞑子行动的千家万户，青壮劳力者，纷纷上山投奔红巾军，使义军队伍一夜间扩展多达一万余人。

4

沔阳知府鞑鲁花麻闻报，陈友谅发动穷鬼，一夜之间杀掉我蒙古帝国一千多名勇士，他气急败坏地向站在一旁的周铁嘴吼道。

“这都是你出的馊主意！”

周铁嘴浑身颤抖，乞求地望着他。只见知府两眼放射出只有北方草原狼才有的凶残蓝光。

周铁嘴“扑通”一声跪在地上，用手抱着他的大腿，头像小鸡啄米似的叩着，一副可怜巴巴的样子。

“求大人看在我平时鞍前马后的分上，不要杀我，不要杀……”

未等汉奸铁嘴的“我”字出口，鞑鲁花麻提剑，将全身的怨恨，一股脑儿地发泄在周铁嘴的胸口上。

红巾军杀死一千余名蒙古人的消息不胫而走，沔阳城里的百姓无不拍手称快，奔走相告，越传越神。

红巾军是天兵天将，是玉皇大帝派下来拯救苍生的军队。

更令知府鞑鲁花麻胆战心惊的是，据可靠情报，陈友谅不日要攻打沔阳城。他急令传令兵通知总兵鞑鲁花赤和衙内官员，全部来府衙开会，商讨抗敌之策。

鞑鲁花麻等了好长时间，只见鞑鲁花赤等几个官吏磨磨蹭蹭地走来，但不见一个汉人官吏。

鞑鲁花麻问回来的传令兵：“我不是通知汉人也来开会吗？”

传令兵说：“凡属汉人掌控的衙门，一听说陈友谅要攻打府衙，早已关门逃走了。”

鞑鲁花麻又像泄了气的皮球，瘫坐在官椅上，问：“总兵大人，你说该怎么办？”

鞑鲁花赤愤愤地说：“我当时就建议大人，汉人靠不住，你非坚持要用汉人不可，搞什么蒙汉一家亲的策略，现在可好，树倒猢狲散。”

“啪”的一声巨响，鞑鲁花麻用手拍打着台面，气急败坏地说：“养兵千日，用兵一时，我是问你如何抗敌，别扯其他的野棉花好不好！”

鞑鲁花赤说：“有什么好办法，关闭所有城门，快马上奏朝廷，请求派兵救援。”

“事到如今只有如此了。”鞑鲁花麻揉了揉拍桌子时用力过猛，现在还发麻的右手，命令道。

“总兵大人，我现在令你为沔阳守城总指挥，我来起草奏折。凡不听从你的命令者，特别是城里的刁民，杀无赦。”

鞑鲁花赤没好气地说：“杀、杀，就知道杀！大人，再也不能开杀戒了，杀怒了民众，他们暗中打开城门，沔阳就不攻自破了。”

“那你说怎么办？”

鞑鲁花赤接着献策说：“大人，现在只有安抚市民。打开粮库，凡愿意参加守城者，奖大米一担。”

鞑鲁花麻心疼地挥了挥手，说：“就按你的意思去办吧！”

沔阳城的百姓看见府衙贴出的告示，纷纷来到官府仓库，报名参加护城队，领取大米和管制武器。

东门的康泰和郭俊，他们也在排队的队伍中，郭俊扯了扯康泰的衣角，悄悄地说：“康泰，我总认为这事有点儿那个味道。”

康泰小声问：“什么味道？”

郭俊说：“汉奸的味道啊！”

“苕裸！”康泰笑骂后，用左手挡着，口对着他的耳朵如此这般一番。

“这主意好，还是你有办法。”两人相视一笑。

“别在那里交头接耳，快跟上队伍！”一蒙古兵嚷道。

他们听后，很快插上了空当。

5

鞑鲁花麻这次的情报相当准确，陈友谅的确在作战前准备。

第二次军事会议，是在鞑鲁花麻的眼皮底下、城外的王家庄园里召开。

这次与会者，除四大元老外，只有各路一把手张定边、张必先、罗贯中、胡廷瑞、胡大海、陈普文参加。会议内容主要是讨论，以最小的代价而攻破沔阳城，活捉鞑子知府，交给穷苦百姓审判。

康茂才首先发表自己的意见说：“就现在的局势，围而不打，困也要困死他，反正沔阳城，如今是胡屠户案板上的肉。”

胡大海见提到他，兴奋了起来，问：“怎讲？”

罗显中做着剁肉的手势，笑着说：“听剁呗！”

陈友谅摇了摇头说：“此方案不妥，一是困久了，敌人的援军就会到来，将失去战机，前功尽弃。再说，围而不攻，首先困死、饿死的是城里的老百姓。”

胡家富点着头说：“大王分析得有道理，我们要想出万全之策。”

张必先急了，说：“蒙古鞑子城内空虚，让我带一班人马，架云梯，杀他个人仰马翻。”

张定边提醒道：“三弟你只知道冲呀，杀呀！你要知道蒙古人最擅长的是骑马射箭，再说他们还有十几门大炮，我们强攻，势必会有很大伤亡。这样，不就违背了大哥的用最小的代价，取得最大胜利的初衷吗？”

“嘿嘿”张必先傻笑着，不好意思地挠了挠后脑壳。

胡家富暗自思忖，左护法黄志坚秘密训练的家丁，个个都练就了一身铁布衫金钟罩、刀枪不入的武功，暂时不能亮出来，看看陈友谅的方案再说。

黄志坚却按捺不住，他坐在旮旯里，用眼儿时不时地望着舵主。

杨子元用手捋着他的山羊胡子，不紧不慢地说："依老夫之见，既要攻破沔阳城，又要保存实力，唯一的办法是智取。"

"智取？"恩师的话，点醒了陈友谅，他站起来对右边坐着的陈普文说，"叔叔，请您出来一下。"

陈普文有一条秘密战线，他的地下网络除他本人知道外，只有陈友谅知道个大概，就连恩师和最要好的兄弟张定边也是云里雾里。

他们一前一后地走出议事大厅，来到一处僻静去，陈友谅停住脚步问："叔叔，城里可有您的内线？"

陈普文说："东门的鱼贩子康泰和铁匠铺的郭俊两人，是我发展的内线。这两人都身怀武功，为人仗义，颇有正义感。"

"好！"陈友谅命令密使道，"您迅速潜入城里，联系他们二人，夜半在城隍庙里放火为号，我令义军从西门、北门和南门码头佯攻，趁乱，你们想办法打开东门城门，埋伏在附近张定边将军的义军，一举攻入城内。"

"遵命！"陈普文双手抱拳行礼道，"请大王放心，末将一定完成任务。"

说完，陈普文匆匆而去。议事厅里的众人见陈友谅脸带笑容地一人进来，就知道大王的攻城计划心有谋略。

果不其然，陈友谅步入议事厅中间，就开始发布命令：

"督军张定边听令！"

"末将在！"张定边站了起来。

"令你率一部义军，今晚趁夜色秘密潜入东门附近隐蔽，待南北西门打响后，东门会悄然打开，你乘机带领义军杀入城中，负责打开南、北、西门，不得有误！"

"末将遵命！"

"张必先、罗显中听令！"

"末将在！"张必先、罗显中两个同时站立起来。

"以城隍庙火光为号，你们俩分别负责佯攻西门、北门。请两位将军听明白，是假装进攻，且声势要越大越好。你们最好利用我们这儿稻草多的优势，多扎一些稻草人来迷惑敌人。

“末将遵命！”张必先虽然回答斩钉截铁，但还是忍不住地小声咕噜，“打仗就打仗呗，还扎什么稻草人。”

罗显中见状，低声对他说：“三哥，这你就不懂了，大哥用兵如神，这是他的草船借箭之计。”

“啊！”张必先恍然大悟。

“胡廷瑞听命！”

“哎！我听着呢。”胡廷瑞慢吞吞地站起来，有气无力地答道。

陈友谅也不跟他一般见识，命令道：“你带一班人马，从水上佯攻南门，湖铳、鸟铳、鞭炮一起用上，越热闹越好！”

“是……”胡廷瑞的余音好长。

“胡大海听令！”

“末将在！”

“你带领人马，随张将军从东门进城，直接杀入沔阳府，活捉罪恶滔天的鞑鲁花麻！”

“末将遵命！”胡大海回复后，高兴地想：大王真好，将这么好的美差交给了我。

6

夜晚，沔阳四大城门紧闭，只有那一盏一盏的松子油灯挂在城墙上，在漆黑的夜晚一闪一闪的，像鬼火一样。灯光下，时不时有几个士兵打着哈欠，在无精打采地巡逻。

陈友谅的指挥部设在北门，他们正在焦急地等待城隍庙的火光。

陈普文受命后，一番乔装改扮，顺利地混入了沔阳城。正当他来到东门铁匠铺时，正巧与挑着大米的康泰、郭俊两人碰了个正着。

在铁匠铺里，陈普文将大王的调虎离山之计与他们交代明白后，不大一会儿，天色就暗淡了下来。

三人分别行动，康泰、郭俊假装去东门协助值守。陈普文则潜入城隍庙，准备好了干柴后，就躲在角落里眯了一会儿，等到半夜再点火。

睡梦中，梦见天上下起了大雨，将外面的柴火淋湿了。

正当他心急如焚时，只听陈友谅一声怒吼：

“石龟精，原来是你在这儿捣蛋，识相的，滚得远远的，最好滚到鄱阳湖去。否则，我要将你的王八蛋掏出来喂狗了。”

“是，是，是！”石龟精灰溜溜地走了。

真是怪了，这时，大雨一下子就住了。

陈普文打了一个激灵，很快清醒了过来，原来是南柯一梦。

凭夜色来看，时间差不多了，他来到柴堆一摸，果然湿润润的，还好，还能点着。陈普文迅速掏出火链，“咔嗒”几声，就将柴火点燃。

城隍庙里火光冲天，同时北门、西门、南门码头三个方向同时传来土炮声、湖铳声，夹杂着人们的喊杀声，声震寰宇。

魁鲁花麻的城防指挥部设在府衙。城内火光冲天，他从睡梦中惊醒，连衣服都来不及穿，拖着鞋子，急忙跑进指挥部，与已经戎装着身的魁鲁花赤闯了个正着。

“怎……怎么回事！”魁鲁花麻恐慌地问。

“一定是陈友谅乘夜色攻城！”魁鲁花赤边说边拿起兵器，对知府说，“大人，您在指挥部坐镇指挥，我去城墙看看。”

还未等魁鲁花麻说声同意，他就骑上战马，往厮杀最激烈的北门而去。

7

魁鲁花赤毕竟是久经沙场的蒙古战将，他判断很准确，北门打得最为激烈。

北门是陈友谅亲自挂帅，张必先一马当先地指挥佯攻。

张必先超常规地发挥稻草优势，他从四里八乡征来了几百辆手推三轮车，车上装满了稻草，每个义军手推一辆车，作强攻之势，城墙上的守城士兵见势，炮火连天，箭矢飞梭，杀声震天。一波一波地进攻，一波一波地后退。

魁鲁花赤来到城墙看得真切，连连赞扬他的副将，指挥有方，士兵英勇顽强。

大约拉锯了半个时辰，防守东门的哨长领兵前来增援。

哨长讨好地报告：“报告总兵大人，我率部前来增援。”

“啪”的一声，魁鲁花赤重重地扇了哨长一耳光。

总兵骂道：“我日你的八代祖宗，谁叫你来的！”

哨长摸着发烫的脸，委屈地回答：“我们防守的东门，连一个鬼毛影子都没有，听到北门战斗激烈，就灵活机动地来了嘛。”

“咔嚓”一声，魁鲁花赤冷剑飞快，可怜哨长还没弄明白是咋回事儿，就做了孤魂野鬼。

“我们中了陈友谅的调虎离山之计！快！带领一部士兵，随我去驰援东门。”魁鲁花赤命令副将。

迟了，哨长前脚刚走，康泰、郭俊就打开了沉重的东门，张定边长驱直入，拼杀了一会儿，就顺利地打开了北门，再领兵往西门而去。

魁鲁花赤一行刚下城墙，见北门洞开，他就策马，向冲进来的张必先厮杀过来。

张必先虽然勇猛，但第一次上战场，马上拼杀经验不足，渐渐露出了破绽。

“不好！”一旁观战的陈友谅，见魁鲁花赤的偃月大刀，朝着张必先的空当劈来，他策马上前，“哐”的一声，陈友谅的龙骨偃月刀挑开了魁鲁花赤的偃月大刀，震得魁鲁花赤虎口发麻，险些失去大刀。

仇人相见，分外眼红。两人也不互通姓名，一白、一红的两匹战马上，两把偃月刀胶着在一起，舞得天昏地暗。火光中，只见刀光，不见人影，大战了几十个回合。魁鲁花赤的副将见主帅体力不支，拍马上前，解脱了魁鲁花赤。

魁鲁花赤跳出圈外，心想：我们都不是陈友谅的对手，三十六计走为上策，趁乱，他策马直奔北门城外逃去。

“找死！”随着陈友谅大喝一声，副将被陈友谅的龙骨偃月刀劈成两半，从马上跌落在地，发出了沉闷的响声。

陈友谅回过头来，欲想找魁鲁花赤决战，哪里看见他的人影，只所得由近而远的马蹄声，消失在茫茫的黑夜之中。

一切都是按照陈友谅事先预料的安排，在顺利进行。

胡大海、陈英杰领兵直入府衙，衙内的几个卫兵哪是他俩的对手，上前一个杀一个，上前两个杀一双。两人很快就进入了指挥部大厅，四处张望，没有发现魁鲁花麻。

胡大海扫视了一眼大厅，高声命令道：“统统地跟我搜，就是挖地三尺，也要将这个狗官找出来，我要将他碎尸万段。”

胡大海的声音刚落，陈英杰眼尖，他见办公桌上的茶杯像发轻微的地震一样，在不停地晃动。

陈英杰掀开桌上的盖布，往桌子底下一看，喊道：“找什么找，狗官在桌子底下打战呢！”

他像老鹰抓小鸡一样，将已吓得小便失禁，而下身湿漉漉的鞑鲁花麻拖了出来。

“狗官！你也有今日！”胡大海见一向作威作福的狗官，恨得咬牙切齿，提刀就向他砍来。

“当”的一声，陈英杰用宝剑挡开了大刀，提醒他道：“胡将军，事前大王不是交代过吗，要活捉，召开万人大会，交给沔阳百姓审判。”

胡大海狠狠地说：“也罢，叫你这狗官多活一会儿。”

8

今天，沔阳城的大操场上，人山人海，广场正中的主席台上，坐着的再也不是鞑鲁花麻之流。正中坐着的是新上任的沔阳知府胡家富，左右而坐的是黄志坚和杨从元，依次而坐的是陈友谅、张定边、张必先、罗显中、胡廷瑞。

主席台上，用大白纸书写的“公审大会”四个大字耀眼夺目。

主持人康茂才声音洪亮地高声宣布：

“公审大会现在开始！将鞑子狗官鞑鲁花麻带上来！”

鞑鲁花麻被五花大绑，后背插着斩标，在四个彪形大汉押送下，从后台而出。紧跟其后的是，头缠红巾，上身赤裸，凶神恶煞的刽子手。

大家仔细一看，这个刽子手，不是沔阳城杀猪的胡大海吗？他几时改行了，从杀猪改为杀人。

为了得到这一报仇雪恨的机会，会前，胡大海在陈友谅面前，磨破了嘴皮，说尽了理由。

鞑鲁花麻跪在主席台下，看见群情激愤的人们，早已吓得面如死灰，魂魄此时已经回到了，北方茫茫大草原的上空。

“下面请沔阳的百姓，有秩序地上台控诉鞑鲁花麻的罪行！”

随着康茂才的声落，首先上台的是，街上靠卖唱小曲生活的胡大爷，只见他拿着一根长长的白布，颤颤地控诉说：“可怜我那只有十五岁的孙女翠翠，她不甘受辱，就是用这根白布，吊死在这个狗官的床沿……”

翠翠的死，沔阳城的百姓早有耳闻，在痛恨狗官不是人的同时，都在传颂翠翠的刚烈。

那年，鞑鲁花麻在府衙里听爷孙两唱小曲，窥见小翠翠虽然年幼，但已出落得如刚出水的芙蓉，娇艳艳的。他色心陡起，但碍于夫人在场，不便造次。

正烦闷时，小翠翠的一曲“声声唱不尽人间苦……”惹恼了他，他又起杀心，要不是康茂才机智地帮助他们，爷孙俩早已命送黄泉。

第二年，鞑鲁花麻的老婆回蒙古探亲，他孤枕难熬，突然想起卖唱的翠翠，淫心顿起。周铁嘴迎合他的旨意，以知府大人要听小曲为名，将小翠骗入鞑鲁花麻的房间。

鞑鲁花麻见如花似玉的小翠，如饿狼一般地扑向她，小翠乞求着，奋力反抗着，一个弱女子哪是饿狼的对手，她无力地被他压在床上。

正当他要对她实行强暴时，传命兵紧敲着房门，急促地报告说：“大人！鞑鲁花赤总兵，有紧急军务求见。”

他极不情愿地从小翠身上爬起，啃了啃她的小脸蛋儿，淫笑着说：“美人，你等会儿！我去去就来。”说完就走出了房门。

小翠原本打算逃走，她拉门，而门被反锁着，窗户的窗栏粗大，无法动弹，根本无法出去。

她凄凉地哭着，寻思着，我们穷苦人的命为什么这么苦啊。我一个弱女子，这一次是难逃这个狗官的魔爪。也罢，为保我女儿之身，也有脸去九泉之下与父母相见，她撕碎了床单，吊死在床架上。

“打死他！”“将这个披着人皮的禽兽，碎尸万段！”会场下的人群，愤怒地大喊。

紧接着上场的是排洲塆的老族长，他愤怒地举着拳头，控诉说：“至元五年，黄蓬湖发大水，狗官为了保全他的马场不被水淹，竟下命挖开紧连排洲塆的大堤，排洲塆一千多人烟的村庄，瞬间成为汪洋大海，可怜我那老幼一百零四口，被活活淹死，葬身鱼腹。我含着悲痛，带着我的族人，背井离乡，四处乞讨……”

族长话还没说完，熊天瑞就跳上台中，高高举着手里的血衣，愤恨地指着鞑鲁花麻说：

“去年，沔阳大旱，我们村的稻谷颗粒无收，狗官不顾我们的死活，强征苛捐杂税，我带领村民极力抵制。这条恶狼竟下令在我村里大开杀戒，可怜我五叔、三弟，惨死在蒙古兵的屠刀之下。”

……

控诉的人越来越多，从上午八点至午时三刻从未间断，台下的人群如排湖的波浪，一浪一浪地涌向跪着的鞑鲁花麻。要不是红巾军士兵们奋力地挡住人浪，这个狗官早就被激愤的人们，一口一口地咬死了。

陈友谅见目的已经达到，为了避免场面失控，他向胡家富传递了一下眼神。

胡家富点了点头，站起来高声命令："午时三刻已到，将血债累累的狗官鞑鲁花麻就地正法！"

刽子手胡大海早已等得不耐烦了，手起刀落，狗官身首异处。

胡大海像踢皮球似的，将鞑鲁花麻的人头踢向人群，不一会儿，这颗狗头就被愤怒的人群，踩得稀巴烂。

第九章

严肃军纪克敌制胜法宝　巧织草鞋凝聚鱼水深情

铁壁铜墙军纪铸，娘亲情愫神鞋赋。
匡扶正义感苍天，可叹斜梁难顶柱。

——题记

1

“大家静一静！大家静一静！”康茂才喊破了嗓子，也镇不住台下因愤怒而骚乱的人们。

张必先见状，从旁边卫兵手里夺过鸟铳，朝天一扣扳机，“轰”的一声，终于镇住了人们的骚乱。

陈友谅见状，狠狠地瞪了张必先一眼。

“你有脑子没，对待群众能用这样的办法，你这样与官府有什么两样。”

张必先闻言，脸唰地红了，连忙收起了鸟铳。

康茂才乘机大声宣布：“现在请沔阳王陈友谅讲话！”

一万多民众，一听义军领头人陈友谅要讲话。顿时，会场鸦雀无声。人们聚焦地关注着，台上站起来的沔阳王，聆听他的演讲。

陈友谅向大家挥手致意后，声如洪钟地说：

“沔阳地区的父老乡亲们，你们好，你们受苦了！”

陈友谅的话音刚落，台下掌声雷动，经久不息。陈友谅不停地挥动着双手，这样掌声才慢慢平静下来。

“红巾军是我们穷人的队伍，这支队伍是为穷苦老百姓打天下的队伍，为的是普天下的劳苦大众，再也不受蒙古鞑子的欺负，重新恢复我大汉大好河山，让大家过上好日子……”

台下再一次震荡着“呱唧，呱唧”的掌声。陈友谅微笑着，又用双手挥了挥，示意大家安定下来。

“我们这支队伍既然是穷人的队伍，那就要时时处处为老百姓着想。我们和你们是鱼水关系，你们是水，我们是鱼，是你们养育了我们，鱼儿离不开水。否则！就会被干死、渴死、饿死！因此，我在这里向父老乡亲表态，同时也向义军兄弟们敲一下警钟，我们的队伍从士兵到将军，不论你官有多大，功劳有多高，决不允许伤害、侵占穷苦百姓的利益！更不允许欺压百姓！否则，我们就和元鞑子一样，猪狗不如！……”

又是一阵震耳欲聋的掌声，响彻云霄，经久不息。

陈友谅望了望主持人康茂才，想要他呼吁平息掌声，见他比谁都拍得卖力，他摇头笑了笑，重新挥舞着双手。

“父老乡亲们！我陈友谅说到做到，不放空炮。我们已经制定了严格的军纪，并任命铁面无私的张定边将军，为义军督军，授予他有先斩后奏的权力！……”

陈友谅热情洋溢的讲话持续了一个多时辰，太振奋人心，太鼓舞人心了。虽然未时已过，但是人们仍久久不愿离去，纷纷举臂高呼：

“义军万岁！”“还我山河！”“陈大王洪福齐天！”

正在这时，天空狂风大作，大雨倾盆。人们的欢呼声和倾盆大雨声，很快汇成一条巨大的洪流，滚滚向前。

2

张定边和夫人熊幺妹草草吃完中饭，他对她说：“夫人，去把熊将军、康将军和郭将军请到我这里来议事。”

“是，末将遵命！”熊幺妹一身巾帼戎装，提剑而去。

张定边望着夫人远去的身影，浮想联翩。

一个军队，如果没有一个严格的军规，那就像一盘散沙，日久天长，它就会被大风大浪卷得无影无踪。大哥命我为督军，用心良苦，为了补充督军实力，他将康泰、郭俊派在我的帐下，是对我的信任，自我感觉到肩上的担子，分量很重啊。

一个崭新的军队，就是要有严格的军纪，雷厉风行的作风，才能招之即来，来之能战，战之能胜。

不一会儿，四员大将的报告声，打断了他的思绪。张定边坐在中间的案台上，向四位挥了挥手，示意他们坐下。

他们见主将脸色严峻，不便多问，自觉地坐在他们各自的位置。

张定边“咳咳”，清了清嗓门说：“我叫夫人将三位将军请来，想必是大家都清楚，我们肩上担子的重量。”

四位严肃地点了点头，不约而同地说：“请主帅训示！”

“大王雄才大略，深知水能载舟，也能覆舟的道理，穷苦百姓虽然现在拥护我军。但是，如果我们伤害了百姓的利益，伤了他们的感情，他们也会起来反对我们。大王胸怀大志，为了建立一支强大的军队平定天下，将治军这个光荣而又艰巨的任务交给我们，担子虽重，你们有没有信心完成，这个艰巨的任务？”

“有！”三位异口同声地答道。

张定边满意地点了点头，下达命令：“熊天瑞，率领康泰、郭俊为一组，负责北门、东门的军容军纪检查，我和熊幺妹负责南门和西门的巡查，如有违反军纪者，不论官兵，严惩不贷！”

张定边这样安排，是身体力行，将重担压在自己的肩上。北门是张必先部驻扎，东门是杨从政部驻驻扎，这两支部队都是农、渔民出身，思想单纯，唯命是从。而西门是罗显中部驻扎，这是一支收编的土匪部队，他担心部分土匪出身的人，恶习不改，会做出什么出格的事来。南门是胡廷瑞部驻扎，这是一支胡家庄园部队，士兵个个骄横无比，特别是主帅胡廷瑞，少爷作风，仗着父亲的权势，连大王他都没有放在眼里，不得不防。

张定边担心的事情还是发生了。

他们夫妇俩率兵，巡查到西门街道时，见四五个头扎红巾的义军，正在抢夺一绸缎店的绸缎，绸缎店老板边求饶着，边扯住一伍长手中的一卷绸缎，乞求地说：

“兵爷，你们行行好，你们将货物抢去了，这是我们的全部家当，我一家老小可怎么活啊。”

“去你娘的，老子还管你死活！”义军伍长狠狠地踢了一脚，将店老板踹倒在地。

他招了招手，匪气十足地说：“弟兄们走，换酒喝去。”

店老板双手拍打着地面，凄凉地哭诉：“苍天啊，这些天杀的义军，与元鞑子有什么两样哦！”

街上围观的群众议论纷纷：“陈大王不是说过，不许欺压百姓，这……”

“站住！”一声霹雳震天响，伍长和几个义军不禁打了一个寒噤。

他们回头一望，个个脸色吓得雪白，手中的绸缎哆嗦着掉在地上。

“将他们绑了，押回军营听候发落！”张定边命令他的卫队。

熊幺妹和两个女兵一一拾起地上的绸缎后，和气地对店老板说：“请老板将布料拿着，跟我们走一趟，做个证人。事后，我派人将绸缎如数送还，有些损坏的，我们照价赔偿。”

“谢谢！谢谢！”店老板连声道谢后，就跟着熊幺妹她们来到了军营。

罗显中、谢佰坚、陈友财三人正在中帐里畅饮，忽然卫兵慌里慌张地闯进报告：“罗将军！张将军一行，直奔中帐而来。”

罗显中一惊，挥手对卫兵说：“快！收拾碗筷，两位将军随我出门迎接。”

罗显中他们出门，正与张定边一行相遇，看见张定边脸色铁青，他连忙赔着笑脸迎接道：

“二哥、二嫂军务繁忙，能有空在我部视察，是我们的荣幸，快请进，快请进！”

张定边也不跟他客套，命令道：“集合队伍，我们在校场等候！”说完，转身往校场而去。

熊幺妹嗔怪地瞪了他们一眼，领兵追随丈夫而走。罗显中三人如坠云里雾里，不知何处惹二哥生气了。

谢佰坚说：“六哥，怎么回事啊？”

罗显中似乎觉察到什么，没好气地对他说：“还不快去集合队伍！”

“是！”谢佰坚去集合队伍，罗显中、陈友财连忙跑步，往校场方向而来。

三千多人的队伍，很快来到校场中央，列队待命。

张定边喧宾夺主，不待罗显中训示讲话，就直入主题。

“红巾军兄弟们！今天我率部在西门巡查时，发现这个伍长带领他的手下，光天化日之下当众抢劫，严重败坏了我军声誉。”

熊幺妹指着店老板和手中的绸缎，厉声地问伍长他们：“人证、物证俱在，你们还有什么话说！”

伍长和四个士兵都颤抖着，头几乎低到了裤裆。

张定边高声说："我们军队都组织学习了《红巾军纪律条例》，我现在问大家，对抢劫民众财物者？"

"斩立决。"只有三三两两、有气无力的声音。

张定边吼道："大声说！"

"斩立决！"

伍长挣脱了两位督卒的手，"扑通"一声跪在罗显中面前，声音嘶哑地说："大哥！救救我，看在我多年追随你的分上……我上有七十岁的老母啊！"

罗显中摸着他的头说："兄弟，谁叫你不争气呢，军法大于天啦！你放心去吧，你老娘我来养老送终。"

随着"咔嚓，咔嚓"声响，五颗人头落地，鲜血染红了一片校场，士兵们不忍心看到这血淋淋的场面，纷纷闭上了眼睛。

张定边又大声吼道："对治军不严者？"

"二十军棍！"这次的声音整齐洪亮。

罗显中面无表情，无可奈何地爬在刑凳上。

陈友财见状，忙悄悄地对张定边说："张将军，就饶了罗将军吧！不然，他在他的部下面前，威风扫地呀！"

张定边暗暗叫苦：友财二哥，你好糊涂啊！你以为你是大哥的二哥，就可以无视军法了吗？为了红巾军，为了大哥的宏图大业，你可不能怪我啊。

他再一大声吼道："对徇情纵容者？"

"二十军棍！"陈友财不服，被几个督卒强按在刑凳上。

"一、二、三……十、……二十。"

张定边心里铁面无私，执法如山，连杀五名违纪士兵，并责罚主帅治军不严，同时还责罚了沔阳王的二哥，在红巾军里传得沸沸扬扬。

陈友财特别不服气，拉着陈友德、陈英杰来到王府告状来了。

"友谅！你这是什么结拜兄弟，无缘无故地将我臭打了一顿。"

陈友谅故意问："谁啊？谁这么大胆子？"

陈友财说："还有谁？不就是你那二杆子兄弟嘛。"

"所为何事？"

"罗显中有几个士兵违反了军纪，也不至于有死罪吧，你张定边有权，杀就杀了呗，与罗显中有什么关系，我好言相劝，没想到也遭到他的毒打，这不是打你的脸吗？”

“啪”的一声，陈友谅猛拍办公桌，高声吼道：“打得好！”

陈友财、陈友德、陈英杰三人吓得大吃一惊。

陈友谅指着他仨说：“你们三人听好了，不要以为你们是我的亲人，就能享有特权，那就大错特错了。军纪大如山，我陈友谅违反了军纪，张督军他们一样可以治我的罪。”

兄弟仨从来没有见过他发这么大的脾气，都低声说：“知道了。”

陈友谅缓和了一下口气，对陈友财说：“二哥，心慈不能带兵，根据你的性格，不适宜在军队带兵，将你调到后勤，协助杨从政工作如何？”

陈友财说：“也罢，我也不习惯打打杀杀。”

3

陈友谅治军有方，唯才任用；张定边铁面无私，通过整治罗显中部队事件，已经在红巾军中起到了意想不到的效果。全军上下，开展了认真学习《红巾军纪律条例》活动，很快使部队团结一心，步调一致，为推翻元朝统治，奠定了坚实基础。

部队对民众秋毫无犯，沔阳地区的百姓安居乐业，陈友谅爱民如子的形象有口皆碑，传出了沔阳地区。

陈友谅欣喜他管辖的一亩三分地，恢复了正常的生活秩序，就将全部精力进行运筹帷幄，决战千里的雄才大略上来。此时，他正在王府的办公室，望着《全国反元斗争态势图》沉思。

要想沔阳成为红巾军稳固的大后方，首先要消灭北方襄阳地区的当朝势力。可喜的是西边的荆州，姜钰率部起义成功，已归顺在我的帐下，没有西顾之忧。南边虽有长江天险作屏障，但也不是万无一失。我已秘密安排大哥友富去湘北，联系易华，在湘乡举起反元大旗，不知进展如何？只要这三个地方，掌控在我的手中，我就可以放心大胆地挥师东进，直逼当朝重镇汉阳。

襄阳城历来是兵家力争之地，朝廷派了丞相左脱脱的弟弟右脱脱镇守，城墙坚固，鞑鲁花赤逃往襄阳，投奔在右脱脱的帐下，使他如虎添翼，是一块难啃的骨头。

要想攻克襄阳，谁为主帅，谁为先锋，尤为重要。

陈友谅想到此时，脑海里出现了足智多谋恩师的身影。他忙命令在外面守候的陈英杰说：

“十弟，有请杨先生。”

“是！”

不一会儿，杨子元来到王府，一番客套礼节之后，陈友谅将他的战略意图告诉了恩师。

杨子元走到地图前，认真思索了大王的战略意图，说：“大王，你这个战略构想非常完美。你要亲自挂帅，至于谁打先锋，我个人认为，令黄志坚打先锋尤为合适。白莲教徒有金刚罩体、刀枪不入的神功，但没有经过真刀真枪的实战检验，是驴子是马，拉出来遛一遛不就知道了。”

陈友谅高兴地说：“恩师此建议甚好！”

其实，在沔阳义军的滚滚洪流中，有一股暗流在涌动。陈友谅浑然不知，只有博学多才的杨子元生生，才感觉到这股暗流，带着寒意，卷着漩涡，在悄无声息地向义军袭来。但由于他的特殊身份，他也不便道破，只是在暗中悄悄地帮助陈友谅而已。

4

陈友谅在义军和百姓中的威信越来越高，使新上任的沔阳知府胡家富坐立不安。这天，他秘密召开了有黄志坚、康茂才、胡廷瑞参加的白莲教骨干会议。

杨子元没有参加这样的会议，也是他第一次没有参加。康茂才心里明白，杨子元现在身份特殊，既是陈友谅的恩师，又是陈友谅的岳丈，分舵主不得不防，这次议事，是不能让他参加，以防走漏风声。

会议还没开始，“咳咳……”胡家富不住地咳嗽。

大家关切地问：“舵主，您不舒服。”

“没什么，老毛病又犯了。”

胡廷瑞连忙帮父亲捶着背儿。

胡家富见儿子越来越懂事儿，提醒儿子说：“你虽率领一路义军，但行为举止都要收敛收敛，首先管住自己，更应严加管教部属，不要做出什么出格的事来。否则，张定边心狠手辣，六亲不认，到时你后悔都来不及了。”

“他敢！”胡廷瑞不屑一顾地说。

黄志坚说：“有什么不敢的，为了维护陈友谅的利益，张定边这个二杆子，什么事儿都做得出来。”

康茂才也劝道：“胡少爷，还是小心为妙。”

胡家富见儿子点了点头，气儿顺了，这才转入了正题。

“从目前的形势看，陈友谅深得人心，我们再也不能观望了，要主动出击。否则，我们白莲教苦心经营这么多年，算是白费了。”

胡廷瑞说：“只要父亲一声令下，我和黄护法立即去活捉陈友谅，将义军的权力夺过来。”

“混账！”胡家富骂道。

“谁叫你去捉陈友谅的？我要的是这支义军，为我所用。要想达到目的，收买人心很重要。首先，我们要在义军面前展现自己，使他们重新认知我们的实力，然后实行小恩小惠，将他们拉拢过来。”

康茂才问：“舵主！怎样展现和拉拢？”

胡家富说：“我们苦心经营了这么多年，家丁训练有素，武艺超群，刀枪不入。正所谓兵强马壮，不在战场施展一番太可惜了。”

黄志坚说：“舵主所言极是，那怎样拉拢义军呢？”

“你们要深入义军中去，放下架子，与他们打成一片，结兄拜弟，经常请他们下馆子，接济穷苦弟兄。所需开支如实在本庄报销。”胡家富支招。

康茂才转动着眼珠儿说：“感谢舵主想得周到。但陈友谅的十弟兄，个个都讲义气，怕是很难拉拢。”

胡家富摇了摇头说：“此言差矣！陈友谅的义军是乌合之众，且他推行不征收百姓税赋，这是他最终走向失败的病根。”

胡廷瑞说：“父亲！何以见得？”

胡家富分析说：“军队是一个庞大的机器，它要有雄厚的资金做后盾，才能使它正常运转。陈友谅穷兵黩武，他不会安于现状，一定在酝酿攻打襄阳，来壮大义军的声威。”

康茂才问：“舵主！你是怎么知道的？”

胡家富自信地说：“凭我对他的了解，他一定会扫除沔阳周边之敌，巩固后方。实际我也是这么想的，这对我们的事业很有利。”

黄志坚、康茂才、胡廷瑞三人，见舵主分析得很是那么回事儿，异口同声地问："舵主！我们该怎么办？"

"这正是我们这次会议的目的。"

胡家富说："我们要主动请缨，争取打先锋，一来是壮大我们的军威，二来可以捏一捏陈友谅的痛脚，使他骑虎难下。我思索了一整天，这个先锋由黄护法来担当。"

黄志坚推迟道："我当不合适，还是由少爷来当，我积极辅佐他。"

"不行！"胡家富坚定地说，"他嘴上无毛，办事不牢，姜还是老的辣，你办事，我放心！"

如是，几人又秘密策划了让陈友谅左右为难的阴谋。

第二天，黄志坚来到王府里，拜访了陈友谅，两人客套一番后，黄志坚毛遂自荐。

"大王，据说您要攻打襄阳，让末将为先锋，立首功如何？"

黄志坚根据舵主的旨意，主动来王府请缨，使陈友谅始料不及，但也恰巧中了他的下怀。

陈友谅高兴地说："黄护法，看来英雄所见略同，你当先锋，有什么要求尽管提出来。"

黄志坚"哼哼"笑了两声，装出一副不好意思的样子说："按道理我应无条件服从大王的命令，但末将的确还有一个小小的要求，不知当说不当说？"

陈友谅亲切地说："但说无妨。"

黄志坚说："襄阳城距我们这里有八百余里，行军打仗，跋山涉水，最废的是脚下的鞋子，我想请大王多为我们的士兵，多准备几双鞋子，以作路上备用。"

陈友谅不假思索地说："这有何难，我这就安排杨从政办理。"

"谢大王！我回去准备准备。"黄志坚行礼而去。

望着黄志坚远去的背景，陈友谅总觉得哪个地方有点不对劲。

5

鞋子？看是小事，其实是一件大事。

黄志坚承接胡廷瑞的部队打先锋，有近四千人。为了万无一失，后续部队得派张必先部、罗显中部跟进。这样一来，义军有近一万五千余人行军，每人一双，也要得一万五千双。

就目前的行情，一块银圆只能买两双布鞋。

我的天啦，一次就要八千银圆。义军有言在先，不征百姓税赋，也就没有收入。虽然上次从鞑鲁花麻的官库，缴获了一万余块大洋库存，但仅此一项就去了一大半，还有这么多义军吃饱穿衣呢！

不对！作为后勤军需官，康茂才为什么不想办法？

再说胡家庄员也不在意这点小钱，为什么胡知府，康表叔不出面，而要一个辅尹出面。难道这里面……

唉！真是分文难住了英雄汉，陈友谅有点儿烧老壳。

“快请杨从政、陈友财两位将军到我这里来。”陈友谅命令陈英杰道。

陈友谅在办公室里踱来踱去，在焦急地等待着他们，主要是想摸清全军账目情况，知道米缸里还有几升米。

一个时辰过去了，只见陈英杰一人满头大汗地跑了进来。

“十弟，他们呢？”陈友谅迫不及待地问。

“大哥！我寻遍了他们的办公地，都不见影儿，连一个管事的人都没有。我信步去了他们的伙房，做饭的厨子告诉说，四哥和友财哥带兵到十里八乡化缘去了。”

陈友谅说：“巧妇难为无米之炊，真是难为他们了。”

“这么多鞋子如何解决呢？”陈友谅像是自言自语，也像是问陈英杰。

陈英杰献计说：“做呗，动员姑娘婆婆们连夜加班加点。”

陈友谅摇了摇头说：“办法倒是个办法，但那里去找这么多布料，再说时间也来不及啊。”

这时，王府大门外的卫兵，跑进来报告说：“大王！门外有一个老婆子，自称是您干娘，要来见您。”

“我干娘……”陈友谅摸着脑袋，就是想不起来，他何时拜有干娘来着。

6

陈英杰听罢，怒道：“好大的胆儿，竟敢冒充大王的干娘，将她轰走！”

“且慢！”陈友谅问，“她老说没说找我有何事？”

“她说了，与您送草鞋来了。”

“草鞋？”真是瞌睡来了送枕头。

陈友谅忙说：“快，有请！”

陈英杰如在云里雾里，不解地问：“大哥！你哪来的干娘，我可从来没有听你说啊？”

陈友谅笑着跟他说：“走，我们出门迎接她老，待会儿你就知道了。”

兄弟俩刚到门口，就见一位八旬老妪，颤巍巍地上前拉住陈友谅的手，直呼他的小名。

“三伢子喂，不是干娘说你，你官当大了，也不来看看干娘。这不，干娘来看你了，却被他们挡在了门外，你的门槛好高啊。”

陈友谅见是原来他资助的孤寡老人，忙说：

“薛娘！对不起，我不知是您来了。”

陈友谅快步上前，双手扶着她，笑着对陈英杰说：“还站着啊，快去泡菊花茶啊，多放些甘蔗糖。”

“好，好！”陈英杰麻利地冲来了糖水。

“甜啊！”薛娘被陈友谅扶坐着，喝着菊花糖茶，高兴地打量着陈英杰，唠叨了起来。

“这后生不错，人长得灵气，向你大哥多学点，对老人可要有孝心，时间长了，会感天动地的……”

陈英杰饶有兴趣地问：“薛娘！我大哥可对你孝顺不？”

薛娘说：“可孝顺啦，十年啊，不论是他到沔阳城来撵兔子，还是后来在城里当官差，只要是一经过我的家门口，就要帮我将水缸里的水挑满，柴火要跟我备足，还时不时从城里带些豆油皮、鱼儿鸭儿地给我这个老婆子尝荤，我有这么一个孝顺的儿子，是我老婆子前世修来的福哟……”

陈英杰从薛娘啰里啰唆的话语中，才知道事情的原委。

薛娘孤苦伶仃一人，独居在沔阳码头一间破旧的茅屋里，生活过得很艰辛。

一天，陈友谅来城里撵兔子，看见她颤巍巍地提着砂罐子，在湖里提水吃。

薛娘三寸金莲，脚跟不稳，差一点滑倒在湖中。陈友谅眼尖，大步上前将她扶住，并帮她将水提到她家里。从此，陈友谅就担当起照顾薛娘的义务。

她兴奋地逢人就说：“我有一个孝顺的干儿子。”

陈友谅笑着说：“薛娘！别夸我了，那都是我应该的。听门卫说，您老是跟我送草鞋来的？”

“你看我这记性，啰唆起来，把正事儿给忘了。”

薛娘从怀里掏出一双编织精细的草鞋，递给陈友谅，又开始唠叨了起来。

“听人说，我儿领导着千军万马，我寻思着该为你做点什么。巧了，晚上做了一个梦，梦见孩儿正为鞋子发愁。太上老君托梦说：

‘用口封十的草，元加口的麻，几根木上的布，北斗星的手，睡中景的法，编织的草鞋，又好看又结实。’

清早醒来后，我先品味不出是啥意思，后来细细琢磨，才慢慢明白。”

薛娘停止了唠叨，诙谐地问：“伢们！你们知道是什么意思？”

陈英杰文化水平低，干脆摇了摇头。陈友谅一想：口封十是个田字，元十口是个园字，几根木是个机字，北斗星是指老人，梦中景是指梦中的法儿。

陈友谅说出了答案：“干娘，您的意思是说，用田里的草，园里的麻，机上的布，利用老人和妇女的巧手，按梦中所教的办法编织。”

“我儿真聪明。”

薛娘从口袋里拿出一双布料草鞋，送给陈友谅说：“这是干娘按梦中所说做成的。”

他仔细端详了又美又牢的布草鞋，兴奋地问：“薛娘！您老太有才了，这双布草鞋是您织的样品？”

薛娘沾沾自喜说：“不是我，还有谁。”

陈友谅迫不及待地吩咐陈英杰道：“快去，叫你两个嫂子过来。”

杨金花现在是三个孩子的母亲，大儿陈善，二儿陈理，小女儿陈伯琳还不到一岁。

她正在沔王府后院里，教练陈家的几个孩子习武，周秀花则坐在一旁，边做女工边监督孩子们，看着有没有孩儿偷懒。

陈英杰匆匆来报：“两位嫂子，大哥请你们过去议事。”

杨金花忙放下手中的宝剑，嘱咐大儿子陈善说：“善儿，你是老大，你带着弟弟妹妹们自己练习吧，可不许偷懒啊。”

“哎！”只有七八岁的陈善，正是贪玩的时候，他嘴里答应着，待娘和二婶刚走，就带领弟弟妹妹们，一窝蜂似的，玩起了捉迷藏的游戏。

杨金花和周秀花领命立即组织义军家属，在薛娘的技术指导下，很快将一万多双的布草鞋任务完成。

这种布草鞋是开天辟地的独创发明，杨金花给它取了一个响亮的名字：“红巾军神鞋。”

黄志坚所率领的先锋部队，穿上红巾军神鞋后，脚下生风，很快就到达襄阳城下。

7

襄阳城起初筑于汉初，历代修缮，形似正方形。其东南边有仲宣楼、魁星楼；西南边有狮子楼；西北隅有夫人城。城垣长十五余里，平均高二丈四有余，中间是用土层夯筑，外用大块青砖垒砌。城北以汉水为池，东、南、西三面凿有城濠，濠宽有40余丈，水深近八尺，终年水波潋滟，俨若平湖。

由于城高且固，濠宽纵深，加之汉岘天设，山川环卫，号称“铁打的襄阳”。

黄志坚作战前动员说：“弟兄们！养兵千日，用兵一时，我们为胡舵主长脸的时候到了，我现在命令，向襄阳城进军，在护城河上架设浮桥，攻破城门，活捉右脱脱。”

他转向立马并肩的胡廷瑞说：“胡公子，这四千多兵中有三千多都是农、渔民弟子，不会铁布沙功夫。我带我们一千多家丁打头阵，你则带着他们随后跟着助威。”

胡廷瑞求之不得，连忙点头说：“是！一切听从主帅安排。”

“进军！”一切都安排好了，黄志坚在马上将宝剑高高举起，大声命令。

“刀枪不入，洪福齐天，活捉脱脱！”

“刀枪不入，洪福齐天！”

官兵们列着整齐的队伍，迈着大步，喊着口号，抬着云梯，雄赳赳地向襄阳城墙逼近。

守军在城墙上观望到，头上缠着红巾的部队，黑压压的一片向前推进，快到护城河边，右脱脱“嘿嘿”一声冷笑，急下令道：“放箭！快放箭！”

城下箭镞飞舞，直入人群，义军纷纷举起手中的大刀和宝剑，去横扫箭矢，顿时天空传来“乒乓、乒乓”之声，在寒光闪闪之下，箭矢被劈成两段，毫无威力地落在地下，红巾军无一伤亡，整列的队伍狂喊着。

“刀枪不入，洪福齐天，活捉脱脱！”继续向前。

城楼上的右脱脱魁鲁花赤看得真切，心中大骇，难道他们是天兵天将，真的刀枪不入，将我大蒙古帝国的神箭阵不放在眼里，直逼而上。

“大人！快放炮，不然就来不及了。”鞑鲁花赤提醒道。

“放炮！”随着右脱脱的一声令下，“轰轰……”一连串的火炮冲天，震耳欲聋。

“哈哈哈！”鞑鲁花赤狂笑着，指着护城河对岸，硝烟弥漫中，成片倒下的义军。

他高兴得嘶叫：“右脱脱大人，快看！”

右脱脱狂欢道：“沙俄帝国的大炮，威震天下。”

后面没有被炸死的士兵，清醒过来后，慌忙去救主帅，哪里还有主帅的身影，只见身先士卒的黄志坚血肉模糊地倒在地下，留下了一片鲜血。

一贯骄横的胡廷瑞，是随军站在最后面，前面的官兵为他当了炮灰。他感到很纳闷，主帅不是教了大家铁布衫的功夫，刀枪不入吗？怎么主帅倒是第一死了呢？他哪里知道，黄志坚教的功夫和口诀，壮壮军威，挡一挡鸟铳之类的枪弹还是可以的。

可是，这些火炮是朝廷刚从大沙俄帝国进口的，丈余厚的城墙它也能炸穿，何况是血肉之躯呢。黄志坚这回底子掉大了，鸡蛋碰上了石磙，玉石俱焚。

“大人！允许我带兵冲出城外，杀他个片甲不留！”鞑鲁花赤请战道。

“好！”右脱脱很快调拨一千余精壮人马，在鞑鲁花赤的带领下，放下吊桥，直扑狼狈不堪的义军。

“快跑！”胡廷瑞第一个跑了。因义军大部分受伤，失去了战斗力，可怜一部分很快成了蒙古兵的刀下鬼。王奉国奉命断后，边抵抗边向后撤退。

眼看鞑鲁花赤的人马，就要大开杀戒。

“冲啊！救出义军兄弟！”这时，张必先的援军及时赶到，他一马当先地冲入敌阵。

鞑鲁花赤突然见到众多援军，大惊失色。

好汉不吃眼前亏，三十六计走为上策。他急令撤退，逃进城里，收起吊桥，紧闭城门。

陈友谅赶到硝烟尚未散去的战场，目睹了成片的义军倒在血泊之中，他翻身下马，摘掉头盔，捶头痛哭。

“兄弟们啦，本王对不住你们，我本是想要大家过上好日子，没想到你们早先一步，战死沙场，你们是沔阳的骄傲，请你们一路走好！……”

陈友谅哭着，诉说着，其真情感天动地。

突然，刚才还晴朗的天空，下起了瓢泼大雨，并沥沥地下个不停，雨水夹杂着鲜红的血水，汇流成河，进入护城河中顺流而下，染红了汉江。

陈英杰忙撑着雨伞，帮大王挡雨。随行的杨子元、张定边、张必先等大将见状，纷纷劝说。

杨子元劝道：“大王！人死不能复生，您要保重身体，节哀顺变。”

张必先大大咧咧地说：“是啊，大哥，您要保重身体，打仗哪有不死人的，我一定要为弟兄们报仇。”

张定边劝道：“大王，您要保重身体，还有好多军务等着您亲自处理啊。”

这句话提醒了陈友谅，他举目一望，原来血淋淋的战场，被大雨冲刷得干干净净。

突然，陈友谅在成群的尸体中，发现了黄志坚残缺不全的尸体，他推开雨伞，急步上前，脱掉战袍，将黄志坚的残肢碎肉，一一捡起，用自己的战袍包好后，放到他的尸体旁。

他对站在一旁的胡廷瑞说：“胡将军，你负责运送黄辅尹的遗体回沔阳，择其家族祖坟地，隆重安葬。其他弟兄们的尸体就地掩埋。”

张定边忙上前提醒道：“大王，胡廷瑞涉嫌有贪生怕死，临阵逃脱之罪，要留在这里听候调查处理。”

陈友谅摇了摇头说：“二弟，胡舵主有恩于我，胡将军夺取沔阳南门有功，你这不是将我的军吗？置我于不仁不义之中。”

“你……”张定边见大哥话儿说到这个份上了，一时语塞。

“去吧，去吧。”陈友谅向胡廷瑞挥了挥手。

“是！”胡廷瑞这次回复得比哪次都干脆！

“三弟，令你迅速将襄阳城团团围住，连只麻雀都不能放过，我要亲手宰了右脱脱，为死难的兄弟们报仇！”

“是！”张必先受命而去。

陈友谅恢复了常态，对身边的将军们说：“各路将军，去将属部安营扎寨，午后来我中军帐议事，商量破城之策。”

第十章

沔王游猎看金凤朝阳　鲁班托梦为博士造船

义门宅厚大将军，双凤朝阳掩彩裙。
凭借鲁班图舰纸，洞庭湖上起风云。

——题记

1

陈友谅在胡大海、陈英杰的护卫下，来到中军帐的案台刚刚坐下，就看见满面春风的恩师尾随进了中军帐。

他暗自一惊，作为白莲教的右护法，见到自己的嫡系部队，全军覆没，理应悲哀，为何他老还面带笑容呢？

陈友谅忍禁不住心中的疑惑，问道：“恩师为何满面春风？”

杨子元捋了捋山羊胡子，心中有数地说：“我知道大王心中在想什么。不是老夫不悲哀，但襄阳所发生的事情，都是在按老夫的意愿发展，老夫高兴呗。”

陈友谅似乎明白了一点，试探地问：“恩师是指这次黄右法失败，是借敌人之手，助我清除身边的隐患，避免将来发生内讧吗？”

杨从元捋着山羊胡子笑了笑，算是默认了。

“胡廷瑞临阵脱逃，罪不可赦，但大王在处理胡廷瑞的问题上，存有私心杂念，义不能统兵啊。”

杨子元一针见血地指出了陈友谅的错误。

他继续说：“我建议你，将爱搞阴谋诡计的康茂才和贪生怕死的胡廷瑞，乘这次机会，将这两人彻底清出义军，永不录用。否则，后患无穷。”

“这……”陈友谅支支吾吾。

“我知道你下不了这个决心，你这伢太讲义气了。因为你是义门陈的后裔，你的血管里，流淌着义门的血液。”

陈友谅折服地说：“古人云：‘道吾善者是吾贼，道吾恶者是吾师。’知我者恩师也。”

“正因为你把我当着恩师，我才直言相劝，你按我的意思去做，对你今后的宏图大业是有利的。”

陈友谅思索了一会儿，用征求意见的口吻道：“恩师，康茂才毕竟是我表叔，我借故开除他，对不住我死去的爹娘。要么，令他去当善儿、理儿的老师如何？”

他见他默不作声，继而将自己的想法和盘托出道：“胡员外是我创业的奠基者之一，有恩于我。看在其父的面子上，削去胡廷瑞的三路军主帅一职。任为沔阳辅尹，协助其父镇守沔阳如何？”

“唉，”杨子元叹了叹口气说，“你宅心仁厚，理应当颂，但这是血与火的战争，不能菜刀切豆腐，两面光啊。不然……”

杨子元本想说，当断不断，必有大难，话到嘴边又咽了回去。

这时，帐外传来了一阵急促的马蹄声，传令兵飞马送来了一封书札。

“好！太好了，天助我也！”

陈友谅看完后，从座椅上弹跳了起来，兴奋地将书札递给了杨子元。

杨子元迅速地浏览了书札的内容，高兴地说：“这是一封鼓舞士气的好消息，下午在会上传达。”

“好的。”

时间到晌午，陈友谅留下杨子元在中军帐中简单地进了午餐。不久，各路将军就陆陆续续地来中军帐，在各自的座位上坐了下来。

陈友谅见大家都到齐了，开场白也不来，就迫不及待地说：

“开会之前，我告诉大家一个振奋人心的好消息。在我们统一部署下，易华和陈友富两位将军在湘乡举起了反元大旗，一举攻克了湖南重镇岳阳，与我沔阳根据地成为防御犄角，乃庆事也。”

“大王英明！大王洪福齐天！”

胡大海带头高呼了起来。大家群起高呼，洪钟般的声音从中军帐中传出，传进了襄阳城，令右脱脱惊恐万状。

陈友谅挥了挥手，平息了声浪后，大声命令："王奉国将军听令！"

"末将在！"王奉国直挺挺地站了起来。

"本王令你接替胡廷瑞，为三路军主帅，组建三路军，恢复官兵士气，为进攻襄阳城，作出新的贡献！"

"遵命！"

陈友谅挥了挥手，示意他坐下，待王奉国落座后，接着说："现在请各路将军各抒己见，畅所欲言，为攻破襄阳城，出谋划策。"

会议在激烈的争论中进行，最后形成了两个焦点。

以张定边为首的一部分将领，他们分析全国各地反元斗争风起云涌的形势，朝廷现在是泥菩萨过江，自身难保，根本无力救援远隔千里的襄阳。为了保存义军实力，避免不必要的牺牲，主张围而不攻，困死右脱脱。

陈友谅摇了摇头说："办法虽好，但在困死右脱脱之前，首先困死的是襄阳城几万百姓，我们就成了千古罪人。"

张必先是个好战分子，以他为首的部分将领主张智取襄阳城。

张定边说："三弟，我提醒你哈，襄阳可不是沔阳，再无康泰、郭俊两位将军做内应，打开城门了。"

"是啊！"大家一窝蜂儿地倒向张定边一边。

杨子元饶有兴趣地问："张将军，你的智取方法能说出来，让众将军心悦诚服吗？"

张必先说："这有什么不能说的，实际智取，我也是跟大哥学来的。白天我们睡大觉，晚上四面佯攻，声势越大越好，办法由各路将军自己去想，只要达到我方无伤亡，而敌人的炮弹无休止地放就行了。"

陈友谅听明白了，这个猛张飞有时脑子还是蛮灵光的。

他接着他的话尾说："你的意思是耗尽敌军的弹药，襄阳城就不攻自破。"

"嘿嘿，"张必先憨笑一声，"还是大哥了解我。"

"这个办法好！"陈友谅一锤定音。

他将各路军的任务分配完后，就宣布散会，大家各自散去，只有张必先坐而未动。

"三弟，还有什么事吗？是不是嘴馋了，想在我这混饭吃。"陈友谅开玩笑地说。

张必先说："才不是呢，大哥的中军帐伙食，不一定比我们先锋营里好。

我是有一个秘密要跟大哥单独说。”

“哦？说来听听。”

“但大哥要答应我一个要求。”

陈友谅笑着说：“今天怎么啦，太阳从西边出来了，脾气直爽的三弟，也有弯弯肠子了，有什么要求说出来嘛。”

“攻进襄阳城后，鞑鲁花赤要由我来解决。”

“是这个要求啊。”

陈友谅知道他是要挽回在沔阳败在鞑鲁花赤手下的面子，故意激将道：“不行，你不是他的对手！”

张必先气得“嗷嗷”直叫，声音提高了八度，高嚷着：“大哥别看不起人，我已练马术多时，马上搏斗已到了炉火纯青的地步，为的是亲手劈了这个元鞑子，以雪前耻。”

“少吹牛吧。”陈友谅还是摇了摇头。

张必先更加急了，他喧宾夺主，从兵器架上抽出陈友谅的龙骨偃月刀甩给他。

“大哥不信？我俩在校场比试比试。”

胡大海、陈英杰站在帐篷边暗笑。

“哈哈哈，”陈友谅接过大刀，大笑说，“古人云：‘江山易改，禀性难移’呀。你作为领军大将，还是这么不经激怒，如果在战场上被敌军激怒，不能保持清醒的头脑，就会失去判断力，铸成大错。”

张必先不好意思地说：“原来是大哥用的激将法，容我慢慢改正好吗？”

陈友谅说：“知错就改，就是一位好将军。其实，我早就知道，你在带领士兵，苦练杀敌本领，马上功夫已达到一定的水平了。不说这些了，我答应你，鞑鲁花赤就交给你了，你该说说你的秘密。”

张定边望了望两位卫将一眼，走近大哥的身边，口对着他的耳朵，如此这般了一番。

陈友谅连连点头道：“此计甚好，依计而行。”

他望着张必先离去的背影，对一直站在帐边的胡大海、陈英杰说：“张将军越来越成熟了，将来一定会在战场上克敌制胜，屡立战功。”

胡大海说：“大王说的极是，我们一定要向张将军学习，在襄阳之战中，再立新功。”

陈英杰可没有他那么会拍马屁，只是憨厚一笑。

2

攻打襄阳城的战役打响了，襄阳知府作战室里灯火通明，右脱脱如热锅中的蚂蚁，左右乱窜。

他对站在一旁的魁鲁花赤说：“陈友谅这是什么战术，白天休息，晚上猛攻，我们的炮弹，却无目的乱轰，这是要使我们弹尽粮绝啊。”

魁鲁花赤说：“可不是吗，陈友谅最喜于夜间作战，我就吃了他夜间的亏，下一步不知他又会使出什么幺蛾子。大人，我们的援军什么时候到？”

右脱脱望了望室内其他人员，无可奈何他冷笑一声，压低声音说：“什么援军，朝廷自身难保，我说援军马上就到了，那是一句假话，为的是鼓舞士气。”

“唉！”魁鲁花赤叹了一口气，又问，“我们库存的炮弹还有多少？”

“所剩无几。”

“看来，为了我蒙古帝国，这次我们真的要马革裹尸还了。”魁鲁花赤泄气地说。

“唉，”右脱脱叹了叹口气说，“听天由命吧！”

张必先见敌人的炮火越来越稀疏，元军正在作困兽之斗。他令部队转佯攻为强攻，推出了十几门土炮，隔着护城河，向城墙上的守军狂轰了起来。

元军龟缩在城墙里，不敢露头。四五十个身强力壮的义军，推出了用四辆马车绑装着的特大撞木，在护城河边的吊桥边待令。

“孙将军，该你露身手了。”张必先对早已等得不耐烦的孙琼，命令道。

你别看孙琼身高大过五尺，瘦骨伶仃的样儿，他可身怀绝技，人如壁虎，会飞檐走壁。他可是张必先的宝贝疙瘩，不到关键时刻，是不会用他的，这也是他向陈友谅道出的秘密。

只见孙琼一身夜行侠的青衣打扮，后背插着一把削铁如泥的宝剑，只一眨眼的工夫，人就潜过护城河，身体紧贴在城门的城墙上。他的四肢如壁虎一样，一步一步地向吊桥的缆绳爬去。一炷香的工夫，他左手抓住缆桩，右手抽出宝剑，运足气力使劲向缆绳砍去。

守城和攻城的双方官兵同时听见“哐”的一声震响，吊桥重重地甩了下来，如地震一般。

说迟时，那时快，“冲！”张必先一声闷吼，撞木像离弦之箭，通过吊桥，飞向厚厚的城门冲去。

撞木撞在城门上，似千军之力，如六级地震。“哐”的一声，沉重的城门如片材倒地，拍起的灰尘，避天盖目。

“杀！”张必先高喊着，一马当先，率兵第一个杀入襄阳城。

鞑鲁花赤听见沉重的响声，凭经验知道，城门已经攻破，他走出府邸，飞身上马，横下心来，准备杀出一条血路，趁乱突围。

“恶狼！哪里逃！”张必先见鞑鲁花赤比泥鳅还滑，又想与沔阳一样，趁乱脱逃，这次没那么容易！

鞑鲁花赤听见吼声，心里一惊，回头一望，原来是手下败将张必先。

他恶向胆边生，轻蔑地回应道：“手下败将，找死！”说着策马挥着偃月刀，向张必先劈来。

张必先眼明手快，用手中的大砍刀一挡，“哐”的一声，两人的虎口都震得发麻。

你来我往，两人在马上大战了三十几个回合，都难取胜。不能这样长期拖延下去，否则真的逃不了。鞑鲁花赤想着，故意卖了一个破绽，拖刀便跑。

张必先见状，策马便追，夜空传来两匹“嘚嘚”急促的马蹄声，眼看就要出城了，突然前面的马蹄声戛然而止。

“不好！”张必先警觉地将整个身子侧于马腹。

“嗖”的一声，一支暗箭从他的头顶飞过。娘的，这条恶狼竟然使用暗器伤人。

张必先看见敌方的战马因急刹蹄子，使两前蹄高高扬起。

此时不出手还待何时，他瞄着前面的两只后马腿的一只，用力甩出手中的大刀，不偏不斜，将马蹄劈断了一只。

“轰”的一声，鞑鲁花赤伴随着失衡的战马，兀然地倒在地上，手中的偃月刀脱手飞出很远。

几乎与此同时，张必先飞身一跃，纵然跳在鞑鲁花赤的身体上，由于张必先两百多斤身子的重力，将他压得七孔流血。张必先可不怜悯这些，他抽出袖剑，狠狠地刺入他的心口。

3

三天的时间，陈友谅以最小的代价，夺取了号称“铁打的襄阳城”，全歼包括右脱脱、鞑鲁花赤在内的蒙军一万多人，俘虏一千二百多人，大获全胜。

庆功表彰大会是在襄阳魁星楼里举行，湘乡的易华，荆州的姜钰也从驻地赶来祝贺，并参加了会议。

会前，陈友谅提议众将军全体起立，向为夺取襄阳城，黄志坚等一千余名阵亡烈士，低头致哀一炷香时间，会场沉静肃立。

礼毕，由杨子元宣读嘉奖令。张必先所部功不可没，头功非他部莫属，其他几路军无可非议。

而不显山、不露水的孙琼，是这次攻破城门的大功臣，却鲜为人知。大家听完他作的事迹报告，无不为英雄竖起了大拇指。

张定边是挨着张必先而坐，他悄悄地给了他一拳头说：“三弟，你长见识了不是，军营里藏龙卧虎，这么英勇的人才，也不向二哥我介绍介绍。”

张必先憨厚一笑，算是做了回答。

张定边说：“三弟，忍痛割爱如何？”

张必先说：“二哥！不是我不给你面子，树大招风，孙琼这小子，大哥也看上他了。”

张定边听到大哥提前抢走了孙琼，也不便说什么了，只是专心地听着陈友谅的讲话。

会议到了最关键时刻，陈友谅发表了热情洋溢的讲话：

“各位劳苦功高的兄弟们！你们辛苦了！

刚才军师杨子元先生宣读了表彰文书，总结得很好，很全面。该文是按各部报上来的战功事迹，由督军张定边部负责一一核实后，才起草颁布表彰的。功绩只是过去的一簇光环，我们还任重道远，还需众将士众志成城，加强军事训练，再立新功！”

会场爆发出热烈的掌声。

陈友谅待掌声平静后，接着说：

“自我们举起反元大旗五年来，战沔阳、夺荆州、收岳阳、攻襄阳四大战役，一仗比一仗辉煌，所向披靡，令腐朽的朝廷闻风丧胆。请在座的注意，这些重大胜利的取得，除各位将士英勇拼搏外，主要是得益于劳苦大众的支持。务必请大家记住，我们的老祖宗荀子的至理名言：‘水则载舟，水则覆舟，君以此思危，则危将焉而不至矣？’因此，我们要一如既往地、紧紧依靠贫苦大众，扩充兵源，伺机向东挺进，挥师北上，攻入京城，将蒙古鞑子赶回蒙古，恢复我大汉江山！”

会场再一次爆发出热烈、经久不息的掌声。

“由于我们得到了百姓的支持，义军队伍不断发展壮大，现有将士七万之众，长江流域四个重镇成为我们的根据地，为了统一管理，协同作战，共创辉煌。

“本王决定成立元帅府，我任统兵大元帅，张定边任左元帅，张必先任右元帅，杨子元任军师，杨从政任军需官，陈普文任情报官，还有一名后勤管理官，由陈友财担任。

“元帅府设立下属府尹：胡家富任沔阳府尹，胡廷瑞为辅尹，镇守沔阳；姜钰任荆州府尹，康泰任辅尹，镇守荆州；易华任岳阳府尹，陈友富任辅尹，镇守岳阳；郭泰任襄阳府尹，任亮为辅尹，镇守襄阳。各府可因地制宜，自行制定改善民生政策，优者全面推广。如遇重大军情，可用快马或信鸽传书，由两张元帅派兵驰援。

“为了我们红巾军后继有人，元帅府下设学塾，由康茂才任学长，杨金花、熊幺妹分别为副学长，传授汉语、武术、军事等课程。

元帅府设立督军，由熊天瑞任主将，陈友仁为副将；

元帅府设立先锋营，由罗显中任主将，陈友贵为副将；

元帅府设立二路军，由李明道任主将，陈荣为副将；

元帅府设立三路军，由谢伯坚任主将，陈友德为副将；

元帅府设立四路军，由王奉国任主将，孙琼为副将；

元帅府设立警卫营，由胡大海任主将，陈英杰为副将。”

陈友谅宣读完元帅令，与会者纷纷表态，坚决拥护服从陈元帅的命令。

4

“大家还有没有意见？”会议到了最后，陈友谅征求意见。

“我有意见！”杨从政站起来说。

“感谢大元帅对我的信任，由于我军的政策，不加收百姓的赋税，我部在不折不扣地执行。可是我军已发展到七万多人马，每天这么多人要吃、马要喝啊，我这个管军需的媳妇，的确难做无米之炊，请元帅们、将军们想想法儿……”

陈友谅打断他的话说：“杨将军，困难是明摆着的，这不是今天讨论的话题。”

杨从政有点认死理儿，继续说：“我们现在粮食这么紧缺，当务之急，那一千多蒙古俘虏兵怎么办，我可养不起他们！”

胡大海立马站起来说：“这还不好解决，杀了呗。”

杨子元白了他一眼，挖苦道：“胡将军怕是杀猪杀上了瘾，又想改为杀人了。”

“哈哈……”一阵哄堂大笑。

胡大海本想顶撞两句，一看杨子元冷峻的眼神，话到嘴边又咽了回去。

陈友谅说：“不能杀！我们是仁义之师，驱虏不屠。再说了，大部分蒙古兵是草原上的牧民，与我们一样是贫苦百姓，是被逼无奈而来当炮灰的。只要他们表态，永不与大汉为敌，我们将他们释放回草原，他们会一传十，十传百地传颂我汉人的大度和宽容。”

杨从政说：“大帅说的有道理，我去执行。”

陈友谅站起来宣布散会后，真诚地说：“各位将军，本帅穷得叮当响，没有钱举办庆功宴，待日子好转了，我再补上。”

“理解！理解！……”将军们说着各自回营地去了。

走在后面的姜钰，上前拉住杨从政问：“襄阳哪里有馆子，我和易华他们要找地方吃饭啊。”

杨从政说：“我作东，我带几位去。”

这时，陈英杰匆匆地跑了过来说：“哪儿也别去了，大帅今个儿在中军帐，请几位远方的兄弟，并请杨将军作陪。

他们一行来到中军帐，陈友谅已在门口迎接他们，他一手拉着姜钰，一手拉着易华，抱歉地说：“两位兄弟远道而来，理应尽地主之谊，没有在会后请你们。”

他望了望杨从政，诙谐地笑着说：“要怪只能怪我这个军需官，他抠门抠到我头上了。”

“哈哈哈……”

陈英杰恰到好处地解释说："实际大帅早就想到了你们，一早儿就令我带几个兄弟上山打猎，这不，打了几只兔子和野鸡，刚回来，大帅就令我请你们。"

陈友谅说："先没请你们，是怕这小子没有收获啊。"

"谢谢，谢谢！"姜钰、易华听后，激动地同声称谢。

姜钰说："我们一定要学习大帅俭朴的作风、亲民的热情、高尚的情操，我们要努力治理好一方，为民造福。"

"谢谢两位！"

陈友谅转而吩咐陈英杰说："去把蒙军俘虏中，一个叫乌日更达赖的总兵也请来。"

陈英杰翘着嘴巴说："凭什么呀，我好不容易打了一点野味儿，就去喂草原狼，不去，不去！"

陈友谅并不生气，这也难怪他，我在会上讲"驱虏不屠"的道理时，他打猎没有参加会议，不知者不为过。

陈友谅像一个尊师，循循善诱地开导他。

"我们举兵造反，不是为了屠杀异族，而是为了推翻这个腐朽没落的王朝。"

他问陈英杰道："我们造反的目的是什么？"

陈英杰毫不犹豫地说："坐江山呀！让穷苦百姓过上好日子呗。"

"蒙古人民是不是穷苦百姓？"

"这……"陈英杰抓了抓后脑壳。

"有道理，还是大哥豁达、深远，我这就去。"

陈友谅望着他的背影，对他们三位说："是一块好钢，还需锤炼锤炼。"

杨从政、姜钰、易华心悦诚服地点着头。

乌日更达赖胆战心惊他来到大帅帐内，向大帅和在座的各位，一一行了蒙古抱怀礼节，就低着头站着。

陈友谅亲切地向他招了招手，指着专门留给他的座位说："乌日更达赖总兵，请坐下，本王没有好的招待，略备薄酒，为你压压惊。"

乌日更达赖感激地说："感谢大帅不杀之恩，你们的军队真是仁义之师啊！我回草原去，要大力宣传你们的仁义之举，动员牧民们，永不与大汉为敌。"

陈友谅说："谢谢！我们要化敌为友，世代友好下去。"

5

第二天一早，张定边、张必先闻着腥味儿来了。他们还未进中军帐，就听见张必先的大嗓门。

“大哥！您真不够味儿，个人吃独食，也不叫我和二哥来尝尝野味。”

陈友谅笑着说：“那是为了招待远方的几位兄弟，才叫十弟去打的。”

张定边说：“大哥，还有没？”

陈友谅说：“一大堆馋猫子，连骨头渣子都吞了，哪有啊。”

张必先说：“再去打呗。”

“打猎？这是个好主意。”自从拿下襄阳城后，陈友谅忙得焦头烂额，正想出去走走，清醒一下脑子。

陈友谅、张定边、张必先、陈英杰四人，脱去戎装，乔装成猎人打扮，一路上有说有笑地直往距襄阳城不远的砚山而来。

砚山脚下住着一户猎户，名叫潘蓬山，他年过半百，中年丧妻，膝下只有一个宝贝女儿，名叫潘苕华。她年方十六，出落得如山茶花儿，白嫩玉立，聪明伶俐，从小勤学苦练，能文喜武。

好汉不养二八女，一家有女百家求。可令潘老汉伤透老筋的是，女儿不贪钱财、地位、门第、名分，就是喜欢武艺超群的英雄好汉，要玩什么“射凤招亲”。

原来，她家的后山，有一只矫健、灵活、漂亮的金凤凰，谁能射中它，她就嫁给谁。

多少慕名而来的后生，都是高兴而来，扫兴而归。

陈友谅哥四人，可不知射凤招亲这一事儿，他们来到砚山转悠，边看大自然的风景，边搜寻猎物。

突然，大家看见一只金凤凰飞了过来，陈友谅动作灵敏，举箭一射。

只所得“嗷”的一声惨叫，凤凰飞落到了潘蓬山的茅屋前，正巧被出屋泼水的潘苕华看见，她的脸儿忽地就像施了粉儿似的，一片桃红。难道这是姻缘，苦苦期待的意中人来了？她放眼四处搜寻射凤人。

陈友谅手持弓箭，跑在前面，欲俯身拾起金凤凰。他一抬头，正与一双含情脉脉的少女相对，她那眼中的情火，火辣辣的，似乎是要将他融化似的。

陈友谅打了一个激灵，心猿意马，想入非非。突然，他脑子里闪出了夫人杨金花温柔的身影。他像做了贼似的，丢下金凤凰，低头小跑而去。

张定边、张必先、陈英杰三人不知发生了什么事儿，紧追慢赶，这才赶上了他。

陈英杰气喘吁吁地问："大哥！发生了什么事儿，跑这么快？"

陈友谅也不作解释，闷头闷脑地说："拔寨，回沔阳！"

6

其实，此时的陈友谅，忽然感到心口有点隐隐作痛。与刚才的情景，形成了鲜明的反差，他预感到沔阳会发生什么事儿。

果不其然，刚进襄阳城，就闻快马来报，胡知府病逝，他与郭泰、任亮辞别后，率部拔帐启程。

晌午，义军就到了沔阳城西郊。张定边远远就看见了一座武侯祠，他向陈友谅请示。

"大帅！我们到武侯祠里歇歇脚，拜一拜关老爷如何？"

"好的！"陈友谅指着不远处的读书台，向两位副帅介绍道。

"这里是诸葛亮向丑女学习的地方，两人日久生情，诸葛亮娶了丑女黄氏，传为一段佳话。后来黄丑女为她丈夫献计造木牛流马，成就了一番事业。"

"大哥懂的真多。"张必先赞道。

他们翻身下马，大步流星地往武侯祠里而去，陈友谅一时兴起，吟诗一首。

武侯祠内拜关神，又听诸公朗读辛。
才女无颜贤淑佐，胸怀三国盼佳人。

"哈哈！大哥又思春了。"张必先大声嚷嚷。

陈友谅瞪了他一眼说："就你聪明，声音小一点，小心旁人听见，影响不好。"

怕什么来什么，门外一片吵闹声，一名女子清脆的吟诗声，传了进来。

佳人闺阁梦戎装，花木从军报国扬。

巾帼须眉观汝辈，追随元帅骋沙场。

“好诗！有志气！”陈友谅转身一望，见是一名大家闺秀，带着五六个丫鬟来武祠进香还愿来了。

她们刚走进门口，就被胡大海、陈英杰带兵拦住，不许入祠，小姐听见祠内有人吟诗，急中生智，就接龙吟了一曲。

“胡将军，放她们进来。”张必先见大帅心悦，忙朝门外喊道。

“嘻嘻……”一会儿，一阵银铃般的笑声传了进来。

张定边眼尖，一眼就看出她是沔阳城大富商张守敬的小女儿，芳名张凤道。

“原来是张小姐一行，失礼，失礼！末将这里有礼了。”张定边恭敬地施礼。

“嘻嘻，原来是张将军啊。失敬，失敬！”

张凤道还礼后，转向陈友谅施礼道：“想必这位是大名鼎鼎的陈大元帅了，小女这厢有礼了，祝大帅洪福齐天！”

“谢了！”陈友谅还礼后，问张定边道，“你们认识？”

张定边回应道：“是的，大帅。你别看她是一位千金小姐，人长得娇小文静，她却不是一个非凡的女子。她年方十七，人称赛西施，名倾沔阳城；五岁就会吟诗作赋，性格如江湖汉子，豪放大方，且胆大心细；脑袋灵活，通天文地理，善用兵法。”

“将军，看你说的。”张凤道见张定边夸赞她，脸如桃红，倒感到不好意思起来，不觉低下头儿，用玉手玩弄自己的秀发。

陈友谅见该女子天生丽质，又是才女，心想能为我所用该多好。他用眼神向张定边示意了一下，他心领神会地问。

“不知张小姐来武侯祠干什么，你们弱女子应该到观音菩萨那儿去还愿啊！哈哈哈！”

张凤道秀眉一皱，不高兴地说道：“你们大男人别瞧不起我们女子，古有花木兰、宋有穆桂英，哪一个都不比你们男人差。我今天挑明了说，我来武侯祠，是求关老爷保佑我参加红巾军。这不，来得早不如来到巧，关老爷显灵了，还请大帅恩准。”

张凤道自从陈友谅校场比武，看见他的英姿，她就怦然心动，朦胧的少女之心就刻下了深深的烙印，立下誓言，非他不嫁。

陈友谅倒没有其他心思，他早就想组建一个女兵营，由夫人和熊幺妹负责管理训练，将来一定会大有作为。

“好吧，你明天带上你的姐妹，到元帅府找杨金花报到。”

陈友谅心里惦记着胡知府的丧事，无心在此逗留，告别张凤道，直接来到胡家庄园。

7

胡家富一病不起的主要原因是黄志坚战死沙场，他苦心经营十余年的家底，一次就败没了，致使老哮喘病又加重了。

他是一个心怀大志，好高骛远，不切实际，但心胸坦荡之人。在他病危倒卧在床榻上时，他将儿子胡廷瑞和师谕康茂才叫到床前，断断续续地交代后事。

“老朽毕生……从事反元大业……一事无成。后生可畏……友谅、人杰……你们要……好自为之……一心一意……追随他……完成……完成……”

人之将死，其言也善。康茂才牵着他的右手，胡廷瑞抚着他的左手，眼含泪儿地答应道：“请你老放心，我们牢记您的教诲，死心塌地地追随大元帅，决不变心。”

胡家富听后，安详地闭上了眼睛。

陈友谅率领诸将军，披麻戴孝地来到胡家庄园，昔日的繁荣荡然无存，只有那条条白布，在四周无力地飘着。

刚走到大门口，陈友谅触景生情，号啕大哭。

“恩公！前辈！友谅能有今日，是您老指挥有方，但我事业未成，您怎忍心抛下我们先行而去……”

胡廷瑞闻声，身披重孝地出来，“扑通”地跪在陈友谅面前，满脸泪水地劝说：“请大帅节哀，保重贵体。家父临终遗言，要我们至死不渝地跟随大帅，完成他老未完成的事业。”

“他老是个心胸坦荡，心存魏阙，胸怀大志之长辈。”

陈友谅扶起胡廷瑞，继续说：“他老的丧事要以我们大帅府的名义，由杨军师组织治丧班子，高规格地出殡，要使普天下百姓都知道，他老为拯救苍生，坚持反元斗争，毕生所作的努力和贡献。”

“是！一切按大王的指示办理。”杨子元答道。

就在胡家富的丧事风风光光、热热闹闹地处理完后，陈友谅突然接到易华来自岳阳的紧急军情：朝廷集结约有十万兵力，从长沙水陆并进东下，势逼岳阳，约五天后就会抵达岳阳城下。

军情似火，岳阳是沔阳的南大门，一旦失守，沔阳将门户大开，后果不堪设想。

紧急军事会议上，将帅们一致同意派兵驰援岳阳。军师杨子元，却提出了一个难以解决的难题。

“我军驰援岳阳，从陆路走，四处都是元军，每前进一步，都要付出血的代价，待赶到岳阳时，胜负难料。那么我们只有从黄蓬湖入长江，进入洞庭湖，走水路方可救援岳阳，只有这样，才能万无一失。可是，这样一来，又有一大难题摆在面前，我们几万人的部队，哪儿有那么多战船啊！”

8

这是个棘手的问题，比巧妇难为无米之炊更难，大家你望着我我望着你，就是想不出好办法来。

张定边说：“干脆，我们去将黄蓬湖周边的渔船，都征集过来。”

陈友谅思索了一会儿说：“这个办法不行！我们有七万多将士，一条船最多只能承载十人左右，要得七千多条，哪有那么多。再说，我们将渔船都征收来了，渔民怎么生活。还有一个不确定因素，假如我们在洞庭湖遇到了官方战船，小小渔船，岂不是要吃大亏。”

“那我们就杀开一条血路，从陆地驰援岳阳。”罗显中说。他是湖南桑植人，并不知道怎样从陆路入岳阳。

杨子元说：“说得轻巧，陆路要从汉阳、江夏、咸宁、赤壁通过，且不说路程远，这些重镇都有朝廷重兵把守，待你杀开血路，黄花菜都凉了，远水解不了近渴啊。”

“这也不行，那也不行，真是急死人了。”张必先沉不住气，使劲地抓着自己的脑壳。

车到山前必有路，船到桥头自然直。矛与盾本来就是对立物的统一，遇到困难时，不能被困难吓倒，只要冷静、仔细、认真、坚持、多渠道地去想办法，一切困难都会迎刃而解。

陈友谅想到这里，扫视了一下会场，总觉得会上缺席一个人，啊！是二叔没有来。

“英杰，有请情报官陈普文。”他命令道。

没等陈英杰应诺，就见陈普文急匆匆地来到会场。

他向众位拱手行礼说：“对不起各位，我刚从兵博士那儿回来，耽搁了大家的宝贵时间。”

罗显中不解地问：“什么是兵博士，马博士的？”

杨子元说：“就是你们湖南人说的木匠，我们这儿叫博士。”

陈友谅一听二叔提到博士两字，就知道有戏了。

他忙问：“二叔，您找兵博士干吗？”

“大帅不是要大型战船吗？博士的祖师爷鲁班早就为您想好了。”陈普文笑着说。

“啊！怎么回事儿，快说来听听。”

陈友谅如在云里雾里，迫不及待地催他快道出原委。

陈普文不紧不慢地介绍了起来。

兵博士是黄蓬湖地区有名的木匠，手艺精湛，他带的弟子造的船，美观大方，经久耐用。方圆百里的村子都请他造船，日久天长，他的造船业达到了顶峰，门下就弟子就有二百余众。这几年，黄蓬湖的鱼少了，就没有人找他造船，可他那两百多徒弟要活命啊！

他急呀，前年的年三十，他做了一个梦，梦见祖师爷鲁班，给了他一张图纸，建议他造两艘远洋货船，带领弟子们漂洋过海贩茶叶，销丝绸，这样他们的生活不就解决了？他醒后，没日没夜地按梦中的图纸，模仿地画了出来，他卖掉所有家产，带着徒弟们，在长江码头边，搭棚支架，两年中真的造出两艘大船来。

陈友谅听完他二叔的介绍，急令杨从政道：“军需官，快带上银子去将两艘大船卖下。”

陈普文说：“没用的，我好说歹说，他就是不卖。”

张定边提醒说：“将船价提高呢？”

“也没用，我试过了，那是个怪人，说给一船金子他也不卖。”

杨子元觉得兵博士醉翁之意不在酒，他问：“他没有说说为什么不卖。”

“我问了，你们猜怎么着，他说他的船认人，一般的人驾驶会翻船的，你们说说，气人不气人。”陈普文生气地说。

杨子元听出了弦外之音，笑着说：“大帅，想必是要你亲自出马。”

陈友谅说：“走！我们一起去会会这位高人。”

红巾军将帅一行骑着高头大马，紧跟着陈友谅的后面，来到长江码头，远远望去像是两栋高大的楼房耸立在江边。他们下马，下江堤，走近一看，原来是两艘巨船，刚刚漆完的桐油漆，显得贼亮贼亮的。

第十一章

调虎离山看空城计计计连环　铁桶围城遇太乙天阵阵阵机关

巨舰飞行救岳阳，原来只是计圆场。
红巾双女施天阵，一计难成一计扬。
——题记

1

陈友谅认真地打量着，这两艘举世无双的巨船。

船长约有十九丈、宽约五丈、吃水深度约一丈五尺、船高三层，一条船满负荷可载近三万人。天助我也，这正是我军的数字。

陈友谅高兴地想着，兴奋地带着他们一行漫步上船，边走边参观：各层舱室里都设置有厨房、厕所、卧室、办公室、会议室，应有尽有；楼与楼之间除有楼梯外，还有供马儿跑的专用楼道：三楼上端的六根桅杆整齐有序地排列着，柱上挂满了整装待发的白帆；船舷的下方左右弦，设计有八八六十四根巨桨，其动力可见强大。

要是在左右弦钻有直径三尺的圆孔，装上六六三十六门大炮，那该有多么威风啊！

陈友谅正美美地想着，陈普文带着兵博士来见他了。

眼前的兵博士，满头银发，长长的白色银须挂到了胸前，目光炯炯有神，气宇不凡。

陈友谅上前抱拳行礼道："来者想必是大名鼎鼎的兵博士，友谅这厢有礼了。"

"小民不知是大帅光临，失礼，失礼。"

兵博士还礼后，明知故问道：“不知大帅来小棚子有何贵干？”

“哈哈哈”陈友谅大笑，只字不谈卖船的事，顺着他的话味，赞叹道：“如此小棚，却藏有鸿鹄啊！”

“大帅过奖了。”

“可不是吗，博士为了膝下弟子能过上琼瑶般的日子，要远渡重洋，走前无古人走过的路，难道这还不是鸿鹄之志。”

“老夫与大帅比起来，真是小巫见大巫了。”

“大乌何用，心系岳阳，也只能望水兴叹啊。”

兵博士见大帅暗示无船解岳阳之危，淡淡一笑说：“水能载舟，也能覆舟，重载之舟，如无好的舵手，在大风大浪中，也会如小棹一样，遇风而翻啊。”

张必先见兵博士如此放肆，正要发作，却听见大帅“咳”的一声，用眼神制止了他。

陈友谅谦逊地一笑，再次抱拳行礼后说：“博士教诲极是，友谅举兵起事，为的是救百姓于水火之中，百姓是我的衣食父母，他们是水，我是鱼，哪有鱼儿离得开水啊。”

兵博士听后，心想，眼前这位年轻的大帅，是一个有远大抱负的真龙天子，追随他，今后会享不尽的荣华富贵。

想到这儿，他激动得欲行君臣之礼，陈友谅忙将他扶住，连连说：“兵博士，使不得，使不得。”

“大帅竟有如此胸怀，将后必成大器。老夫献巨船，带领众徒弟，跟随大帅打天下。”

杨子元与陈友谅会心地一笑，他建议道：“大帅，我们红巾军建立一个新的兵种，称为造船营如何？”

陈友谅高兴地说：“好！欢迎兵博士率众弟子加入义军，封您老为造船营将军，为了我们的宏伟大业，多造大型兵船，驰骋华夏。”

他转而对张定边说：“张副帅，再拨一千兵士，由兵将军指挥，主要任务是：一是负责保卫造船基地安全，二是负责他们的生活起居，这些能工巧匠是我们军中的宝贝啊！”

“是！末将马上安排。”

杨从政正想悄然离开，陈友谅眼尖，说道：“杨将军先别忙着离开，你按兵博士的计划，拨专款给造船营，不得有误。”

“是！”杨从政口里应着，心里却在嘀咕着，麻雀吃蚕豆也不跟屁股眼商量，这么一大笔开支，我那儿去筹啊。

2

陈友谅白天高兴，陪兵博士多饮了几杯。

晚上，他搂着夫人，缠绵一番后，余兴未尽地对夫人说：“金花，想起我自举起反元大旗，深得民心，各路英雄云集，乃是顺水推舟，一往无前，大快人心。”

杨金花笑着说：“可不是嘛，各路高人纷至沓来，就连张凤道这样的奇女子也看上了我家大帅。唉！看来我有鸠占鹊巢之危啊。”

“看你这个醋坛子样儿，我是那种人吗？”

杨金花大度地说：“嘻嘻，你不是哪种男人？你是土星出世啊。土也，播种万物的神。你放心好了，我理解，历朝历代的君主，既爱江山也爱女人，一个成功的男人，他的后屋没有几只凤凰嬉戏，那才不正常呢！只要你日后，还记得我这个结发妻子就可以了。”

陈友谅说：“怎么会呢，哎！张凤道来女兵营表现怎样。”

一提起张凤道，杨金花可来劲了，兴奋地说：“奇女也，她熟读兵书，才华出众，组织能力很强，近个把月就将女兵营扩充了一千多人，她正配合熊幺妹，在对女兵进行强化训练呢，倒是省了我不少的事儿。”

陈友谅说：“我明天要率部南征，有胡廷瑞镇守，有熊幺妹、张凤道辅佐你，沔阳城我就无后顾之忧了。”

杨金花说：“大帅，请放心去吧，待你凯旋，你将看到沔阳城的新气象。”

3

第二天一早，在宽广的洞庭湖中，两条满帆的巨型战船和其他数十条战船，载着六七万义军，顺水行舟，如离弦之箭，威风凛凛地向岳阳城飞驰而来，只用了两天时间，岳阳城楼，清晰可辨。

岳阳城守将易华、副将陈友富从城楼远眺，两座移动的大山正向岳阳靠近，从望远镜中渐渐出现的是两艘战船。

是福或是祸，是祸躲不过。易华还以为是朝廷的官船，急令守城军民。

“做好战斗准备，哪怕是战到一兵一卒，我们也要保住岳阳城，陈大帅一定是会来救援我们！”

顿时，一场大战在即的紧张气氛，笼罩着岳阳城。城墙上的十几门巨炮，调整好了角度，炮口直逼来犯之敌。炮手拿着已点燃的火把，只等主将一声令下，大炮就会发出愤怒的吼声。

“且慢！”陈友富将望远镜递给易华，说，“易将军，好像是我们的援军。”

易华接过望远镜，可不是吗，镜头里出现了“陈”字军旗。不一会儿，只见第一艘战船的指挥楼上，胡大海正举着喇叭筒，高喊：“易、陈两位将军！快打开城门，我家大帅亲自带领神兵，来驰援你们了。”

易华感到纳闷，大帅哪儿来的这么大的战船，从样式上看，比朝廷的战船还要大。他并不认识胡大海，难道有诈？

易华欲将望远镜递给陈友富说：“暂且不要开城门！陈将军，你再仔细看看，喊将何人？”

陈友富笑着摆了摆手，说：“不用了，易将军，放心吧，我听出来了，是警卫营胡大海将军。”

城门大开，警报解除了，岳阳城的军民夹道欢迎陈大元帅和红巾军，其热闹气氛笔下无词言表。

晚上，易华设宴慰问大军，主宴席设在岳阳楼上。岳阳楼上的灯光，映照在洞庭湖的碧水中，波光粼粼；湖面上荡起的微风，吹得赴宴者心旷神怡；黑夜中，时不时传出沙鸥求偶的欢叫声。

杨子元品味着岳阳特产：小葱闷青螺。其美味绝伦，想起唐代诗人刘禹锡的《望洞庭》，不禁吟咏起来。

湖光秋月两相知，潭面无风镜未磨。
遥望洞庭山水翠，白银盘里一青螺。

陈友谅见恩师高兴，此时也诗兴大发，脱口而出。

洞庭宽八百，水阔任鱼游。

巨舰乘风兴，蛟龙赏月悠。
泱泱华夏恨，曲曲汉江愁。
电叱风云起，中原掌稳舟。

“好，好诗！”举人出身的易华，也有着文人的迂腐个性，本不善于拍马屁的他，这次也不禁吹捧了起来。

“大帅文武双全，诗中深邃洞庭、豪情满怀、忧国忧民，鸿鹄之志，乃吾辈学习楷模。”

大家你一言，我一言地品诗、评诗，吹捧大帅，只有杨子元微笑地捋着他的山羊胡子，饶有兴趣地听着。

正当大家酒酣耳热时，易华的探子来报，朝廷的水陆两路大军退回长沙。

易华长长地舒了一口气。

陈友谅有点儿奇怪，问：“难道敌人知道我们来驰援了？”

张定边自信地说：“不会吧，我的保密工作应该是做得蛮到位呀！”

“不好！”杨子元拍了拍脑门，焦虑地说，“我们中了朝廷的调虎离山之计，沔阳城危在旦夕！”

陈友谅完全同意恩师的分析，为了以防万一，他留下罗显中部协防岳阳，自己则带领大部队，连夜乘舟返回救援沔阳。

4

正如杨子元预料的一样，陈友谅的确中了朝廷的调虎离山之计。巧设该计的始作俑者是丞相左脱脱。他为了报杀弟之仇，苦苦思索了一个多月，才想出来的毒计。

首先，由长沙府大造声势，集结人马，水陆两路准备进攻岳阳。根据陈友谅的秉性，他一定会派兵增援岳阳，保住沔阳的胜利果实。为了此次围剿陈友谅的老巢一举成功，左脱脱从京城南下，在汉阳府坐镇指挥。

汉阳府派出的探子回报：陈友谅狂妄自大，目中无人，没有将枕边之敌汉阳守军放在眼里，亲领大军去增援岳阳。沔阳城内兵力空虚，只有胡廷瑞四千士兵镇守。

左脱脱闻报，一声冷笑，心想，这次端掉陈贼的老巢，胜券在握。他急令元军以两万余陆军，五千之众水军，水陆并进，连夜偷袭沔阳，打他个措手不及。

胡廷瑞、杨金花已经得到陈普文的探报，元军大兵压境，若是派人通知陈友谅救援，远水救不了近火，只能死守待援。

杨金花没有被来势汹汹的敌人所吓倒，初显巾帼英雄本色。她率领熊幺妹、张凤道等女兵首领，分头动员城里百姓，沔阳存亡，匹夫有责。除老弱病残外，人人上阵，个个守城，实行全民皆兵。城内百姓积极响应、备战，大有势与沔阳共存亡的斗志。

动员完后，杨金花主持召开以陈普文、胡廷瑞、陈友仁、熊幺妹、张凤道五人的战前骨干会议，商讨拒敌之策。

会上，大家群策群力，很快形成了一个完善的守城作战方案：

陈普文速去离沔阳最近的荆州，请求姜钰派兵增援；杨金花率领一千兵士及五千百姓镇守东门；胡廷瑞率领一千兵士及五千百姓镇守南门；熊幺妹率领一千兵士及五千百姓镇守北门；陈友仁率领一千兵士及五千百姓镇守西门。

张凤道主动请缨，率领一千女兵，在黄蓬湖中，迎战从长江逆水而上的敌水军。

一切部署妥当后，众将各自忙着布防而去。杨金花最担心的是张凤道，一千对五千，五比一，敌我力量悬殊，况且这一千女子都没有实战经验，而敌人是五千匹草原狼啊。

想到这儿，杨金花不禁打了一个寒噤，急忙对将要出门的张凤道喊道："凤道，请留步。"

张凤道转身见杨金花满脸愁云的样子，明白了是对她不放心。

她狡黠地一笑说："姐姐是不是对我不放心？只要姐姐答应我一个条件，我以此为动力，保证大获全胜。"

杨金花似乎也猜出，这个鬼机灵的妹妹要提出的条件，满脸严肃地说："妹妹！军中无戏言，只要你能克敌制胜，什么条件我都答应你。"

张凤道此时感到非常幸福，眼前的这位大帅夫人，啊！大姐，不但有女将风范，而且聪颖过人，贤淑大度。

她情不自禁地上前拥抱杨金花说："你做我的亲姐姐如何？"

杨金花娇嗔地瞪了她一眼，亲切地抚摸着她的秀发说："你这个死妮子，自从你进军营起，我就知道你的花花肠子，是不怀好意，来者不善，是来抢夺我的丈夫。”

张凤道倚靠着她的肩上，调皮地说：“姐姐，别说那么难听嗬！我们是共同协助丈夫，完成他的宏伟大业。”

大敌当前，不能儿女情长，杨金花用双手扶着她的双臂，用一双信任的眼睛望着她。

“好妹妹，去安心地打赢这场保卫战，待大帅回府，我就安排你和他完婚，随他南征北战，我也就安心了。”

张凤道羞红着脸说：“一切听从姐姐安排，我去迎敌了。”

“妹妹，注意安全！”她望着她离去的背影喊道。

5

黄蓬湖虽然水面宽阔，但西边是一大片湿地，芦苇水草，候鸟成群，沟壑纵横，犬牙交错。

不熟悉该水域的人，进得来，出不去。过去，有很多贪婪的猎人，踏入湿地猎鸟，身陷囹圄，葬身淤泥。

这也是兵家排兵布阵的好地方。今晚，张凤道率女兵在此地布下了“太乙混天阵”，严阵以待，只等元军上钩。

深夜，张凤道率领五只湖铳棹子，埋伏在元军的必经之路上。一只棹子只能乘载两人，一个炮手，一个划桨人。

你别小看了这小小的湖铳棹子，它所载的湖铳，射程可达百米以上，铁砂铳子儿，可散发簸箕大的圆形，其威力巨大，用于猎杀大群的候鸟。

“来了！来了！”女哨兵杨排风，低声向她报告说。

张凤道看见由远而近的点点星光，对女兵们说：“姊妹们，请沉住气，听我口令，待敌船行至有效射程之内再打。打完后，桨手迅速撤退，炮手趁机填药，敌人的船大而且笨，是追不上我们的，我们且战且退，将敌军引进太乙混天阵，全歼他们。”

从长江进入黄蓬湖，元水军将领闷虎，就迫不及待地命令各战船全速前进。他站在指挥船的船头甲板上，望着依稀可辨的沔阳城的灯光，咬牙切齿地禀告：“我的两位好哥哥，你们惨死在陈友谅的手上，三弟今天来为你们报仇来了，我要将沔阳变为血海，男人统统杀光，将女人虏回蒙古包，日夜享乐。”

原来他就是闷豺、闷狼的三弟闷虎，他们弟兄四人，豺、狼、虎、豹，两个在沔阳作恶，两个在汉阳行凶。

突然，寂静的夜空传来一个女子喊打的声音，紧接着，“轰……”的一声巨响，顷刻间从芦苇荡中喷射出五条火龙。闷虎一声：“不好！有埋伏！”顺势卧倒在甲板上。待他回过神来，见无第二轮炮火攻击，他急令他的十条战船，同时向芦苇荡里开火。

顿时，隆隆炮声，打破宁静的夜空，黄蓬湖鱼惊鸟飞，一片火海。

“快划！元鞑子的炮火太厉害了！”张凤道高声喊着，故意装出惊慌的样子。

闷虎举起望远镜，循着声音一看，只见五只小小的棹子，棹子上有十名漂亮的女子，她们在惊慌失措地、奋力地划着小桨，向有芦苇的远方逃窜。

“快追，是五只小棹子，全是漂亮娘们，谁俘虏了就是谁的女人！”闷虎指挥道。战船上全是如饿狼般的元军，闻主帅的命令，水手们精神百倍，奋力齐声地，边乘风扬帆，边划着战船，箭一般地逼近小棹子。

就这样，元军一路打打追追，他们的十艘战船，沿着宽广的湖面，逐渐进入狭窄的河道。

一进入窄小的河道后不久，元军的十条战船，都在原地打转儿，动弹不得。

闷虎气势汹汹地问：“怎么回事儿？”

舵手报告说：“主帅！我们船的舵儿，全部被渔网缠住了。”

这些娘们太狡猾了，将我们带进了渔民的渔网里，难道就这样，让到手的鸭子飞了？不能，这口恶气我非出不可！他气急败坏地命令道：“派水鬼下水，清理渔网！”

这时芦苇深处传出一群女子的渔歌声。

排湖水呀，
浪呀嘛浪打浪！
排湖岸边是家乡。
鱼儿来了，
去呀么去撒网，
……

闷虎听见歌声，直气得七窍生烟，恶狠狠地命令道：“快放下小船，去活捉她们，拖上船来，让我们的蒙古勇士玩死她们。”

顿时，芦苇荡里热闹非凡，几十条小船的划水声，士兵淫秽的喊声……惊醒了芦苇中众鸟的好梦，惊恐地飞向天空。

“放箭！”张凤道见敌人进入了伏击圈，一声令下，千余只箭矢像蝗虫般地飞向元军的船上，顷刻间，元军有百十名士兵被射中，倒向湖中，湖水很快被染成一片通红。

“快！撤退，原路返回，退守战船！”闷虎方知中计，忙令命军士回撤。

“闷将军，不好了，我们迷失了方向，不知道回归之路在哪里？”一位千总恐慌地报告说。

此时，芦苇中时不时飞出致命的箭头，港汊中的元军伤亡过半。他们漫无目标地向芦苇里用箭乱射，作困兽犹斗。

然而，元军只有挨打的份儿，却不知敌人藏在哪儿。

“我们进了美人儿的太乙混天阵啊！”闷虎这才明白过来，可怜他临死还不知道他的对手，布阵人是谁。

闷虎在做垂死挣扎，他急令士兵弃船进入芦苇，寻找女人们拼命，这下子，正中张凤道的下怀。

元军刚想上岸，而岸边迎接他们的是深深的泥潭，大部分元军陷在泥潭里动弹不得，任凭女兵们放箭宰割。闷虎也陷入了泥潭，他似梦幻般地陷入了蒙古东胜沙漠的响沙里，慢慢地，整个身体被沉没于沙里。

天空出现了鱼白色，战斗胜利结束了，女兵们像芦苇丛中的鸟儿，欢声雀跃。

张凤道可高兴不起来，她遥望着炮火连天的沔阳城，担心着城里的父老乡亲和姐姐杨金花的安危。

用什么办法才能解沔阳之危呢？她脑细胞飞速地运转着，对！《孙子兵法》里的三十六计里，有围魏救赵之计。

“姐妹们，暂且不能高兴，沔阳保卫战正在激烈进行，我们要想办法解沔阳之危。”

“杀！我们杀他个回马枪，拼死解救城内的父老乡亲。”

声音洪亮、面目清秀、性格直爽的女将杨排风说道。她与穆桂英帐下的杨排风同名同姓，性格相近，就是没有她那五大三粗的身材，否则，就是杨排风转世。

张凤道听后，摇了摇头说："不行，敌人有两万之众，而我们区区千把人，那是以卵击石。我想元军的前线指挥所一定设在蔡甸，我们到长江边兵博士那儿去搬救兵，一举偷袭敌指挥部，这样，元军的阵脚就会大乱，沔阳之危就会迎刃而解。"

杨排风赞道："凤道姐姐此计甚好，我们听从调遣。"

女兵们刚到排洲塆，就遇上了兵博士率千余红巾军去沔阳城的路上，他们是想助杨金花一臂之力，解沔阳之危。

张凤道拦住了兵博士，道出了围魏救赵之计。

"此计甚好，一箭双雕！"兵博士高兴地随她挥师东下，直袭蔡甸。

张凤道料事如神，元军前敌指挥部正设在蔡甸，左脱脱和汉阳知府郭英亲临前线指挥。

突然，元卫兵营大将闷豹急匆匆地跑进中军帐，报告说："宰相大人！不好了，不知哪儿窜出的红巾军，正攻打指挥部，我军快顶不住了。"

左脱脱一惊，陈友谅乃江汉奇人，用兵如神，看来此次战役又宣告失败。三十六计，走为上策，别在小小的沔阳翻船，还是回京都，从长计议。

他令汉阳府尹，鸣金收兵，自己在闷豹的护卫下，狼狈地逃回汉阳城。

在撤退的过程中，西门的攻城元军，破屋又遭连夜雨，攻城时遭到了胡廷瑞的顽强抵抗，损失过半。刚准备撤退，又遇从荆州赶来救援的姜钰堵截，胡廷瑞在城楼看得真切，见机行事，打开城门奋勇直追，两军前后夹击。可怜元军三千余众，当场战死两千余，被俘一千余，要不是陈友谅"驱虏不屠"命令在先，胡廷瑞会将他们杀得一个不留，为师叔黄志坚报仇雪恨。

6

陈友谅亲自督促，命令水手们日夜不停地划着六十四只巨桨，船速虽然很快，但他还是认为船的速度很慢。不论他多么心急如焚，水路不比陆路，可以抄近道或跑步前进，就能提高行军速度。水路基本上是匀速直线运动，而他两天两夜没有合眼，一颗心始终悬在嗓门上。

他的回援部队，还是两天后才进入黄蓬湖。

陈友谅身披战袍，手握龙骨偃月刀，神色庄重地站立在指挥塔上，时不时用望远镜观察沔阳城方向。近了，更近了，他终于看见沔阳城楼上，仍然飘着他那格外显眼的“陈”字军旗，天空中飘浮着朵朵祥云。

“恩师！快来看啊，这回是您老失算了，沔阳城安然无恙，一派祥和。”陈友谅异常兴奋地，对一旁打盹的杨子元，高呼着。

杨子元听见大帅的呼声，揉了揉因缺乏睡眠而发红的眼睛，快步来到陈友谅跟前。这时战船距沔阳城更近了，他接过他递过来的望远镜仔细一看，城墙上增添了很多新的弹孔。他用鼻子耸了耸，空气中，还弥漫着硝烟味儿。

杨子元又捋了捋雪白的山羊胡子，感慨地说：“一场大战已平息，硝烟刚刚散去，侄女儿和沔阳百姓将会名垂青史。”

“怎么啦？”陈友谅两天没合眼，有点儿昏头昏脑。

杨子元笑着说：“大帅回家，问问花儿就知道了。”

陈友谅一上岸，就看见沔阳城内，街面熙熙攘攘，井然有序，一片繁华祥和气象，他高兴地跨上战马，直接回到了大帅府。

“金花！金花！快跟我说说，沔阳的情况！”陈友谅急忙下马，连马鞭都忘了放下，人未进屋，声音倒是先进来了。

“哟！大帅，这是要拿马鞭整谁的家规啊。”杨金花见丈夫回来，话语带着玩笑地问。

陈友谅见客厅里冒着蒸鱼的香味儿，二叔、二哥、二嫂，侄儿、侄女、善儿、理儿、女儿伯琳都在客厅。

他忙将马鞭递给陈善说：“怎么会呢，一家子都在啊，谁跟我说说沔阳城的情况，谁就优先动筷子。”

“哈哈……”

杨金花故意吊他的胃口道：“我看谁敢！还有友德、英杰、友仁、友贵，四个小叔子还没来呢？”

陈友谅傻眼了，这才注意到门上、窗牖上都贴满了大红喜字，今天是个什么好日子啊，全家都到齐了，是跟谁办喜事儿？

但他还是想急于知道，近两天沔阳的情况。如是，他乞求地问陈普文道。

“二叔，您老最理解我，请说说沔阳的情况。”

于是，陈普文将朝廷丞相左脱脱，亲自率水陆两路大军，夜袭沔阳城的经过，一五一十地叙说了一遍。

陈友谅又问：“你们面对强大的敌人，是怎样拒敌的呢，难道你们唱的是空城计？”

陈普文称赞道：“大帅！你有好福气，找了两个好贤内助啊！一个临危不惧，指挥有方，一个熟读兵书，沉着应战，再强大的敌人，在她们的面前也会有来无回。”

“慢！”陈普文的一番话，将陈友谅说糊涂了。

他心想，我只有金花一个婆娘，哪儿来的两个贤内助呢？他不解地望了望杨金花，只见她的眼神儿，流露出既高兴又无奈的神情。

陈友谅见杨金花这种神情，连忙表态说：“二叔，你也不老呀，五十刚刚挂零，怎么糊涂了，我只有金花一人啊。”

坐在娘身旁的宝贝女儿伯琳，翘着小嘴儿，气咻咻地说：“你不是要找风道姨做小老婆吗？还装模作样，花轿马上就要进门了。”

伯琳是陈友谅的掌上明珠，他瞪了瞪女儿一眼，小伯琳并不惧怕，回敬了他一个鬼脸。

杨金花见状，爱抚地对女儿说：“你一边去，大人说话细伢听，别没大没小的。”

她见女儿不作声了，这才向丈夫解释说：“夫帅，是这样的，战前风道妹妹向我提出要求，只要她能解沔阳之危，就嫁给你。我和二叔一商量，认为这是一个好事儿，我们老陈家兴旺发达，多一朵花儿，就多一些种子，大帅的大业后继有人，我们就同意了。”

陈友谅心中暗喜，表情却是一脸严肃，摇了摇头说：“这哪跟哪啊，我倒成了你们的交易品了。再说三弟张必先，二十七八的人了，尚未成家，大哥却娶了两个老婆，影响多不好。”

杨金花是哑巴吃汤圆，心中有数。她调侃道：“哟，夫帅真是高风亮节啊，这么好的女人不要，倒要送给三弟。”

陈友谅忙说：“去！去！去！你明知道我不是这个意思。”

杨金花酸溜溜地说：“我说呢，哪有猫儿不吃腥之理。夫帅，放心吧，你那能干的小婆娘，早就为你想在前面了。你们新婚三天后，就让三弟完婚。”

陈友谅急问：“姑娘是哪儿的？”

“风道妹妹的副帅，杨排风姑娘。”

“好！挺般配的。”

7

就在陈友谅在沔阳城张灯结彩，为副帅张必先大办婚事时，京都朝廷却乱成了一锅粥。

元至正十年，广州、信州、沔阳、黄州、九江、苏州、凤阳、徐州、太原、长沙、曹州、袭州等地，纷纷相继举兵起义，旗号有白莲教、红巾军、阿弥令等等。义军攻打城池，惩治官吏，驱元屠卒，风起云涌，各地的告急文书，似雪花飞絮，飘向大元朝廷。

左脱脱是朝廷兵部尚书、都督相、国太尉、兵马大元帅，朝廷重臣，于权贵一身。他是蒙古哈拉尔旗人，全名耶律楚材·脱脱，他是家庭长子，当地牧民称他为左脱脱，其弟为右脱脱。

左脱脱不敢扣押告急文书，连夜进了紫禁城，向元顺帝奏明了各地紧急军情。

元顺帝听后，颓丧地跌坐在龙椅上，仰天长叹道："如此说来，孤家的江山休矣！这如何是好。"

左脱脱说："皇上，请下旨主要大臣，连夜进宫，商讨抗敌大计。"

"只能如此了。速令六部官员、左丞相、八大亲王来宫议事。"顺帝下旨道，宫中太监领旨分头而去。

元顺帝是个荒淫无度、残酷无情、不理朝政的昏君。看来今晚不能去后宫春宵一刻。为了坐上这把龙椅的安稳，这是他登基后第一次加夜班，商讨国事。

朝廷重臣们各怀心思地赶到顺帝的勤政殿，他们行毕君臣之礼后，看见顺帝阴沉着脸，一言不发，样子怪吓人的。皇帝没有下旨，他们也不敢坐下，个个忐忑不安地站在大殿上。

左脱脱默默地将一大堆告急文书，分发给各大臣们阅看。

好一会儿，顺帝这才怒声怨气地说："大家看完了吗，想我元帝大厦即将倒塌，各大臣们却毫不知晓，你们拿着朝廷的俸禄，只知道钩心斗角，吃里爬外。大家要清楚地认识到，覆巢之下，岂有完卵的道理，孤家连夜召你们进宫，就是要大家出谋献策，怎样才能平息各地的反元叛军。"

有的主张派兵清剿，有的主张安抚，有的一言不发，有的争论不休，殿内乱得似一锅粥。

战争是个庞大的机器，它是要有雄厚的资金作动力的。顺帝深知国库空虚，无财力进行战争。

顺帝对一直默默不语的左脱脱说："都督相，谈谈你的平叛之策！"

左脱脱是个阴谋家，他更知道现在派兵镇压，是水里按葫芦，按进去这头，浮起了另一头，无济于事，况且他还有沔阳失败的教训。看来只能用旁门左道，来平息这场席卷全国的反元浪潮。

他见皇上点名发言，忙献上一计说："请皇上假发诏书，大赦天下，释放反朝廷者、抗捐抗税者、抗服兵役者；暂时停止使用徭役、减免苛捐杂税、废除户长制、取消蒙汉禁婚等措施，待稳定民心后，再修改朝纲，大量起用汉人为吏，以达到缓解蒙汉矛盾，平息叛乱的目的。"

吏部尚书偰哲笃心想，就是你的歪主意多，上次我支持你搞"更改钞法"，你倒赚得钵满盆盈，而我们是没有吃到羊肉，倒惹得一身骚，到现在民众还愤愤不平。

他毫不留情面地带头反对说："你这又是一个馊主意，假传圣旨，愚弄百姓，穿帮之日，皇上的颜面何在，皇上的威信何在？"

左脱脱心如明镜，知道他是醉翁之意不在酒，忙赔着笑脸解释说："偰大人是担心皇上失信于民？实际这是个缓兵之计，待民心安稳之后，皇上再发一道诏书告知天下，明年的八月十五这天，朝廷要举行大比武，武科状元来掌管朝廷军队大权。不论汉人、蒙古人、回族人等民族，更不论与朝廷做个对的叛匪、响马等，都可以报名参加比武……"

偰哲笃气愤地说："皇上，你听，他说得越来越离谱了。"

顺帝面无表情地说："别打岔子，待都督相把话说完。"

左脱脱接着说："汉人最大的特点是，一个汉人是只虎，三个汉人是条虫，待他们为武状元争得你死我活的时候，皇上您再来弄死这些虫儿，不像是弄死一只蚂蚁一样容易吗？"

顺帝一生就是喜欢草菅人命，见消灭叛匪如弄死一只蚂蚁的话后，来了精神，忙对左脱脱赐座说："爱卿请坐，快详细说明你的计划。"

左脱脱胸有成竹地说："全国各地的英雄豪杰，见武状元有这么大的权力，一定会从四面八方云集京城，抢夺这个诱人的画饼。我已拟了十条绝户之计，不用三年，国家就自然太平了。"

"哪十条？"顺帝迫不及待了。

左脱脱一一道来他的毒计。

一、制定比武规则，比赛者相互签订生死簿，生死有命，富贵在天，让他们自相残杀；

二、比赛结束后，对状元、探花、进士三者，封以高官厚禄，并开庆祝宴贺之，在宴会上暗下毒药毒死他们；

三、对没有入选的场内武士，以弩弓射杀之；

四、对未入场内的武士，在城内大肆搜捕，经审后，秘密暗杀；

五、对拒捕者格杀勿论；

六、城外各路口，增设伏兵，凡入城逃脱的武士，见一个杀一个，见两个杀一双；

七、每遇群体逃跑者，先用炮轰，再一一追杀；

八、对漏网之鱼，颁布通缉令，继续追杀，斩草除根；

九、对叛匪家属，嫡系五代之内者全部诛杀，宁可错杀八百，决不放过一个；

十、对叛匪家属，嫡系六至九代者，充军流放到我们大草原，世代为奴。

“妙！妙计也。”顺帝听完后竖起了大拇指。

各位大臣，见皇上已经定性了，人人表态说：“好计，妙计。”

第十二章

朝廷比武花魁将属陈友谅　宝驹破墙半道杀出常遇春

日理军机为万民，群雄推主汉王亲。
朝廷巧设擒枭计，比武场中五彩缤。

——题记

1

为了他所辖一亩三分地民众的福祉，为了近十万红巾军的生存发展，陈友谅日理万机，夜以继日地工作，批复多如雪花似的奏章，三天没有回后院睡觉。困了，就在办公室里临时的床铺上，小眯一会儿。

今晚又是一个不眠之夜，他手里拿着军需营送上来的奏章，仔细地翻阅着。

启奏大帅：

由于军费来源较少，军费赤字已经达到十一万四千块银圆，我营不得不采取措施，缩减各路军费伙食标准。这样一来，官兵意见很大，特别是罗显中部和胡廷瑞部，意见非常强烈。为了稳定军心，望大帅调整税收政策，以图安定军心。

不行！陈友谅拿着这本奏章，在办公室里边踱着步子边想：我们造反的初衷，是改善民众生活，救民如水火。如果我们加征农、渔民的苛税，是能够改善军队伙食，但那与喝民血有什么两样。

他没有想出更好的办法，暂不作批示，将奏章放在“急待处理”的一栏中，按顺序又拿起了一本。

这本奏章是情报营送来的，大致意思是呈报朱元璋在金陵不与元军作战，养精蓄锐，对中原大地虎视眈眈，需多加堤防。

陈友谅本身就没有将朱元璋放在眼里，但他还是被他的“高筑墙，广积粮，缓称霸”的战略决策所吸引，自言自语道：“看来朱元璋非等闲之辈，他的手下有能人啊！”

别人好的经验我等要学习借鉴。朱元璋的“广积粮”三字如清醒剂，一下子就将他的脑梗死冲开了。

他忙将军需营的奏章重新拿到桌面，用小楷字在右上角批复：“军队暂无战事，速制订出军垦计划，提交军事会议讨论。”

江汉平原湿地纵横，只要组织好军队垦荒，何愁不能改善士兵的装备和伙食。想到这儿，陈友谅紧锁的眉头舒展开了。

他又拿起一本奏章，还是情报营送来的，这是关于朝廷要在明年的八月十五举行武状元争夺赛。他看完了具体实施细则，异常兴奋，心想：顺帝终于认识到自己执政的错误，现在举贤使能，不搞种族等级制，消除战争，安定团结，顺其民意。

这是有识之士报效国家，服务民众的大好时机，陈友谅下定决心要去试一试，夺取武状元。

这时，儿子陈善推门进来说：“父亲！今天是母亲的生日，二娘令我请你回家吃饭。”

陈善将“请”字的语气故意加重了，看来家人对他这个不称职的丈夫和父亲，意见还是蛮大的啊。

“啊？知道了！”陈友谅想趁机将自己的想法，先征求恩师、二叔、舅哥的意见后，再定夺。

他对儿子说：“善儿，快去将你家爹、二爹、大舅一起请来，庆祝你妈的生日，人越多越热闹。”

“哎！”陈善爽快地答应而去。

“唉！”陈友谅叹了一口气，心想着，当家方知柴米贵，一大摊子事，将人搞得焦头烂额，是该休息休息，乘兴喝上两杯，解解乏。

2

陈友谅的家，就在他办公地点的后院，不一会儿工夫，就到家了。只见杨金花舒坦地坐在茶椅上，而张凤道挺着个大肚，在指挥着一群女兵忙里忙外。

陈友谅心疼地说：“凤道，你也来歇会儿，陪我喝杯茶。”

张凤道笑盈盈地走过来说：“你也不要妒忌大姐不干活，她今天是寿星，是我叫她坐着享福的。”

杨金花娇嗔地瞪了丈夫一眼，笑着说：“就是嘛，哪儿像您……”

“哈哈哈！原来大哥也是个妻管炎，在外面指挥千军万马，在家里可服两位嫂子管啊！”

张必先一进来，就听见大嫂在数落大哥，大大咧咧地开起了玩笑。

“恭喜大嫂！”“贺喜大嫂！”只见后面九弟兄，依次鱼贯而入。

陈友谅好奇地问：“你们怎么都来啦？”

陈英杰抢着回答说：“大哥！我们是闻着香味儿而来的。”

张定边、张必先、熊天瑞、罗显中、谢伯坚、王奉国等八兄弟笑而不语，任凭老幺表演。

其实，他们九弟兄并不知道今天是大嫂的生日，是陈理从父亲办公室里出来，正巧与陈英杰撞了一个满怀。

“啊，原来是你小子，来找你父亲的？”

小孩子有喜事儿，心里存不住。他见四处无人，踮着脚儿对着陈英杰的耳朵说：“十叔，我告诉你个秘密，可不能出卖我哟。”

陈英杰笑逗着说：“我出卖谁，也不会出卖我大侄子啊。不信，我俩来拉钩。”

陈善伸出小手指与十叔的小手指钩在一起，说道：“拉钩，拉钩，一百年不许悔。”

拉完钩，就等于是小孩子发誓了，他信任地对他说：“今天是我娘的生日，二娘令我来叫父亲回去喝酒庆贺。”

有酒必有肉，陈英杰肚子的油，早就干枯了，忙问：“有肉有鱼没有？”

“今儿一早，二娘娘家的用人，送来了好多好多的鱼和肉，还有两只板鸭呢！”

陈英杰知道，二嫂娘家是沔阳的大户，时不时借故送些鱼肉来给帅府改善伙食。所以大哥不知道我们两个月都没有尝荤。

“你去通知你家爹他们，我去通知你八个叔叔，都来跟你娘过生日好不好？”“嗯！”

就这样，陈友谅义结的九个兄弟，倒是先到了。

杨金花见九个叔叔都到齐了，加上娘家人和陈家老少，再加上帮厨的姐妹们，要得三桌才坐得下去，不知厨房里的食材够不够。

她拉着张凤道进了厨房，忙问："妹妹，来了这么多叔叔，菜够吗？"

张凤道说："大姐，放心吧，菜倒是有，可弄几桌酒席怕是来不及了。"

杨金花对厨房的女兵们说："来，我教你们个法儿。"

首先将鱼、肉、鸭分别切成方块状，再加盐和炒熟的粗米粉一起搅拌均匀，备用；同理，将藕、菱角、红苕、冬瓜、南瓜、萝卜，洗净切块，用盐和米粉搅匀，备用。再用蒸笼，每一层分别放入鱼、红苕、冬瓜；肉、菱角、萝卜；鸭、藕、南瓜入锅蒸熟。这样，每层的色、香、味俱全，且快速省时，营养价值高。

厨房蒸笼里的香味飘进了大厅，罗显中耸了耸鼻儿说："来得早不如来得巧，大嫂在做蒸肉招待我们。"

陈友谅看见他们一个个馋猫儿的样子，不禁一笑，诙谐地说："你们不是来跟大嫂过生日的，想必是来打我这个财主的秋风。"

"呵，呵！"大家不好意思地傻呵呵地笑着。

张必先直话直说："大哥有所不知，你又找了一个好亲爷，每天派人送鱼肉你们吃。可我们众兄弟可苦了，两个月没吃荤了，怎么白菜煮萝卜，连点油都没有，我们强忍着，可士兵们意见很大。"

"是啊！""是啊！"众兄弟附和着说。

张定边一脸严肃的表情，接过他们的话题说："大哥，提高军队伙食，相应发给士兵津贴，这是我们急需要解决的当务之急。有很多士兵的家庭，只有他一个劳力，还指望着发军饷养家糊口呢。当兵吃粮，津贴养家，天经地义。"

陈友谅见大家发牢骚发得差不多了，向大家道歉说：

"各位兄弟，大哥对不住你们，让你们吃苦了。"

他指了指杨从政，接着说："军队生活艰苦，还是军需营上报情况，我才知道的，这是我的严重失察，我向将士们道歉，为了解决这个问题，我想出了一个解决的办法……"

说到此时，杨子元，陈普文两人进来了。

陈友谅接着说："二位长辈来得正好，我有两件事情想与大家商量。一是怎样才能改善军队生活，使士兵们能安心地服务于军队。"

谢伯坚说：“我们也想解决这个问题，曾组织士兵下湖捕鱼，上山打猎，但也只能解决燃眉之急。我看啦，长久之计还是要扩大税收范畴，我们红巾军也是为了保一方平安，这叫取之于民，用之于民嘛。”

一直沉默不语的杨从政，第一个点头赞许。

张定边说：“这个办法不行！我们不能朝令夕改，失信于民。”

杨子元一进客厅，就观察到陈友谅的笑样儿，就知道他想出了好办法。他习惯性地捋了捋山羊胡子，轻轻地咳嗽一声，制止了大家的发言。

“大伙儿再也不要争论了，大帅一定想出了好办法，听听他的意见。”

知我者先生也。陈友谅没有直接说出办法，而是开导大家的思路说：“请大伙儿说说，我们江汉平原最多的是什么？”

陈友德不假思索地说：“当然是湖多，湿地多啊。”

陈友谅说：“说的对！实际办法六弟已经在实施了。”

“捕鱼、打猎？”谢伯坚摇了摇头。

“不行，不行，我刚才说了，这只是权宜之计。”

陈友谅含笑不语，用期望的眼睛扫视了客厅。

张定边恍然大悟，说：“大哥是要围湖造田，实行军垦。”

杨子元立马赞同说：“这个办法好，开展军垦，高处种田，低处养鱼，湿地放鸭。这样一来，既解决了军队军费问题，又能改喜士兵的伙食。”

杨从政松了松口气说：“我怎么想不到这么好的办法呢？这样，我们军需营就要轻松多了。”

陈友谅说：“你也别想轻松，恩师年近古稀，你要承担起他的大部分工作。”

杨从政说：“好的，理所当然。”

陈友谅接着说：“军垦方案由军需营制订，各路军积极响应配合，每路军必须开垦千亩农田，兴修水利。按军师所说，高处种田，低处养鱼，湿地放鸭。四弟你在完成所部军垦任务的基础上，负责督促检查，违者按军法论处。二弟也要制订出练兵计划，力争做到生产练兵两不误。”

张定边、熊天瑞点了点头。

杨从政说：“趁大伙儿都在一起，军中伙食标准怎样制订，我好安排后勤营落实。”

正在这时，女兵们从厨房里捧出一笼笼还冒着热浪的蒸菜出来，香喷喷的，打断了他们的谈话。

每个桌上放着三个蒸笼，每笼里有荤素搭配、色香味俱全的三种食材，三三管九，外加一大碗青菜蛋花豆油皮汤，十全十美。

张必先嘴馋，先用筷子尝了尝，咂了咂嘴说：“我看啦，军队伙食就按此样来，每八位一桌，每桌放一大蒸笼，外加一碗清汤就足够了，每餐变着法儿蒸菜。这样，保准士兵高兴，更有精气神儿，大生产、大练兵。”

谢伯坚边吃着边学着四川话说：“要得！”引起哄堂大笑。

笑毕，陈普文对身旁坐着的杨子元说：“杨先生，您给这蒸菜定个名儿。”

杨子元放下筷子，捋着山羊胡子，脱口而出：“沔阳三蒸。”

“沔阳三蒸，好！”大家乘着酒兴，呱唧了起来。

3

大家酒足饭饱后，正要陆续散去时，陈友谅将杨子元、陈普文、张定边、张必先四位请到了自己的办公室。

待大家落座后，他将情报营上报的关于朝廷要举行武状元争夺赛的文书，递给大家一一传阅。

四位分别看完后，陈友谅发话说：“我准备去参加比赛。”

首先站出来反对的是军师杨子元，他说：“大帅，万万不可！狗永远改不了吃屎的本性，我想这一定是朝廷设的鸿门宴，意欲将天下英雄豪杰一网打尽。”

陈友谅解释说：“恩师，我认为有必要一试。假如朝廷是改过自新，那就避免了战争，使生灵免遭涂炭，何乐而不为呢？”

“你……”

杨子元见陈友谅明知山有虎，偏向虎山行，刚愎自用，顿时无语，他只能用眼神儿望了望张定边，欲拉同盟军。

张定边说：“大帅，军师说得对，万一是鸿门宴怎么办？”

张必先表态说：“我随大哥一起去，也好有个照应。”

张定边说：“去，去，你还照应大哥，你这个猛张飞，不要大哥照应你，就很不错了。”

张必先脸儿又涨得像猪肝，碍于情面他没有发作。

陈普文深知侄儿的脾气，他一旦决定的事情，是一定要做到的，九头牛也拉不回。

陈普文建议道：“大帅，在去之前要联络各路英雄豪杰，商量好对应之策，方可进京。”

陈友谅说：“二叔说得很有道理，正合我意。烦请你下江州与鄱阳王陈友壁商议，我欲借宝地召开群英大会。请用我的名义下帖十八反王和其他英雄豪杰。”

陈普文问：“为什么集会要定在江州？”

陈友谅解释道：“江州地理位置中心，且九江通衡，水陆交通发达；鄱阳王陈友壁乃我同族同辈兄弟，为人热情仗义。再者，我想顺道到白鹿洞去，拜访一位高儒。”

张必先学着陈友谅的声调说：“还有，我是个穷大王，请不起各路英雄……”

陈友谅嗔怒地说：“再说，再说！我令杨排风将你的嘴缝上。”

“哈哈哈……”

会议最后统一了观点，依陈友谅的方案而行。

群英集会是在江州如期举行，陈友壁不愧为义门子孙，尽地主之谊，热情招待八方来客。一日三餐，虽然没有海味，但鄱阳湖的鳜鱼、银鱼、大白刁、青鱼、螃蟹等水产品应有尽有。特别使贵宾们垂涎三尺的是，庐山的香菇烧石鸡、竹笋闷野猪肉、小葱地衣炒鸡蛋等山珍美味，其味无穷，赞不绝口。

参加大会的十八反王有：鄱阳王陈友壁、苏州王张士诚、幽州王秦大勇、台阳王方国珍、福州王宋仕雄、长沙王苏定海、辽东王古世文、甘肃王沙祖寿、徐州王李春、西吴王韩林儿、大尧王刘福生、颍州王刘福通、大梁王马进喜、红线王傅友德、太原王薛凤缟、西凉王马增喜、徽州王左君必、南汉王陈友谅。

集会还特邀了徐寿辉、朱光清、明玉珍、邹普胜等十路起义英雄，一同来江州结盟，共商反元大计。

会上，各路英雄豪杰和十七反王，一致推举陈友谅为首届盟主，全权负责这次进京赶考事宜，并相互签订了如下盟约：

一、八月十五朝廷招考武状元，如果是阴谋诡计，我等结为同盟军，同心同德，共同讨伐朝廷。

二、情谊第一，比赛第二。我等不能为夺名次，自相残杀而中朝廷奸计，点到为止，愿者服输。

三、如果进京赶考的人员遇害，我等众家英雄的留守人员，一旦噩耗传来，立即联合发兵京城，报仇雪恨。

四、如果朝廷是真心实意地选贤任能，我等英雄，不论谁夺取状元，一旦掌握朝廷兵权后，都必须团结各路英雄豪杰，谋夺顺帝江山，由武状元做皇帝，大家共治天下。

集会在团结友好的气氛中闭幕。各路英雄豪杰纷纷回到自己的一亩三分地，准备迎接八月十五日的主考。

4

陈友谅辞别陈友壁后，他与陈英杰两人骑马出城，一前一后，直奔庐山脚下而来。

陈英杰不解地问："大哥！你这是要带我到什么地方去啊？"

陈友谅说："我带你去白鹿洞，去拜见一位著名的儒士。"

"谁啊？"

"去了你就知道了。"

半晌工夫，他们来到庐山五老峰南麓的后屏山下，放眼一望，白鹿洞书院依山而建，一座座楼阁庭园尽在参天古木的映衬之中，门前溪水终年潺潺不断。这里山林环合，草木秀润，温度适宜，风光绮丽，野趣天成。

"啊！好美啊！"陈英杰第一次出远门，更是第一次看到这么美丽的地方，不由得赞叹了起来。

两人下马，并肩步行，陈友谅望着恬静而又萧条的书院，不禁感叹。

"听恩师讲，南唐升元年，李渤创办书院，称之为白鹿洞学院，亦称庐山国学。宋仁宗五年，改称白鹿洞书堂，与其时的岳麓书院、应天府书院、嵩阳书院并为四大书院，人才济济，高儒云集，弟子数千。只可惜时遇兵荒马乱之年，儒士如林中之鸟，大难临头各自飞了。"

陈英杰问："没人了，那大哥还来干什么？"

陈友谅说："临行前，恩师反复交代说：'白鹿洞虽人去楼空，但有一高儒姓陈名皓，是我们义门陈氏长者，只有他独自一人隐居此地，潜心研究《礼记学说》，要我去求他指点一二，必有收获。'"

“啊，我知道了，大哥是为求知而来。”

“算你聪明。”

两人有说有笑，不觉间进入了书院深处，在一隐蔽处，只见有一书童在打扫一座庭院卫生。

陈友谅忙上前拱手行礼道：“烦请书童通报先生，沔阳陈友谅求见。”

书童望着气宇轩昂的陈友谅，惊讶地说：“你就是陈友谅？先生算准了你会来，叫我在门外候着呢。快请进，快请进！”

“先生！南汉王陈友谅到了。”书童禀报说。

陈友谅随书童进入一间书屋，只见一位鹤发童颜的尊者，正襟危坐在一长形条台边，条台上堆满了各式各样的竹笈和线装古书，他正专心致志地翻读一本竹笈呢。

陈友谅忙上前施礼道：“家侄友谅，拜见前辈。”

陈皓慢慢地合上竹笈，轻轻地放在一旁，微笑地用手指了指客座说：“贤侄，坐，请坐，请客座。”

陈友谅从书童手中接过一杯庐山云雾茶，双手捧着，恭敬地递给陈皓说：“世伯，茶，敬茶，敬香茶。”

这一老一少的雅趣，被守在门外的陈英杰听得真切，他铭记于心。

“哈哈……”陈皓捋着尺余长的银须，高兴地说，“贤侄才思敏捷，看来老夫没有看错人。”

陈友谅不解地问：“先生早就认识晚辈？”

“哈哈……家父没有跟你提及，你的名字还是我取的呢。”

陈友谅恍然大悟，激动地说：“世伯原来是汉阳府大名鼎鼎的陈判官。”

陈皓说：“贤侄聪慧。自你周岁生日一晤，分别三十年余，耳闻贤侄举兵起义，雄踞一方。我儿友壁不思学业，也与你一样，自称鄱阳王，也算是一方志士，真是乱世出英雄啊！”

陈友谅当听到陈友壁是他儿子时，大为惊讶，还以为自己听错了，追问道：“鄱阳王陈友壁，是……”

陈皓打断他的话说：“壁儿自幼顽劣，心无大志，且我家祖茔，葬于储秀山，宅心仁厚。而你家祖茔葬于月形山，双鹅挽水处，是一块风水宝地。”

陈友谅更为惊讶，我家的祖坟山他老都清清楚楚，他乘兴问他道：“世伯！愚侄愚笨，何为风水宝地？”

陈皓淡淡一笑，答所非问道：“我将修书一封，令壁儿率兵归顺贤侄，吾儿带头，群雄仿效，不能使泱泱华夏大地，再成为春秋战国之乱。”

陈皓接着说：“成大业者，要以汉高祖刘邦胸怀大志、凝聚民心、笼络人才、宽容仁慈、冷静善智为榜样；要以枭雄项羽刚愎自用，傲视天下、坑杀降军、火烧阿房宫、治军不严、欺压百姓而失去民心为明镜；要用越王勾践卧薪尝胆的励志精神激励自己。只有这样，才能无愧于历史赋予你的使命。”

陈友谅像一个发蒙的书童，在专心听取先生的教诲。他端坐着，两手平放在大腿上，一动不动，就连一双炯炯有神的眼睛，也一眨不眨。

陈皓看在眼里，喜在心里，这是一个难得的可铸之才。

陈皓严肃地说：“英雄者，要有胸怀大志、救难民众之抱负；要是腹藏良策、肚里能撑船之大度；要能听取相反意见，团结朋友之胸襟。如果达到了这样的境界，才有包藏宇宙之机，吞吐天地之志也。”

爷儿俩话语投机，从历朝历代治国平天下的明君，到孔孟之道的克己复礼，从陈胜、吴广的农民起义态势，到魏、汉、吴三国犄角对峙局势等，一一进行了探讨。从下午一直谈到第二天天刚放晓，方才各自休息。

临行前陈皓送给陈友谅一本《孙子兵法》和一本自己著的《礼杞学说》。交代说，只要读懂弄通了这两本书，它就会帮助你夺取天下和治理天下。

这次庐山白鹿洞之行，使陈友谅受益匪浅，听了高儒一堂课，胜读十年书。为了治国安邦大计，为了生灵免遭涂炭，他更加坚定了赴京都夺取武状元之决心，为和平政变推翻元朝统治而奋斗！

5

中秋节已经临近，京都车水马龙，四处张灯结彩，“欢迎八方英雄勇夺武状元”的条幅随处可见，从表面上看，朝廷是真心实意地欢迎来自全国各地的英雄豪杰们。

从四面八方来的，除有十八反王外，各路英雄豪杰预计有千余人以上，整个京城的大小客栈人员爆满，有来得迟的已无客栈可宿，或借住市民之家，或直接在离紫禁城较近的西直门下打地铺安身。

好就好在陈友谅令胡大海、陈普文打前站，一月前就订下了好再来客栈。

因此，十八反王的随行人马并不担心住宿问题。

考场就设在紫禁城的广场处，广场四周早已被围墙隔着，只有一道门供人出入，朝廷卫士戒备森严。

八月十五的清晨，卯时已到，只听得三声炮响，参考人员有秩序地陆续入场后，只听得“哐”的一声，大家回头一望，卫兵已将沉重的铁门锁上。

陈友谅心里一惊，忙低声对十七位反王说：“大家提高警惕，小心有诈！”

刚说完，只见顺帝、左脱脱和十几位大臣骑着高头大马，在百余名护卫的拥戴下，目中无人地向阅武台而来，煞是威严。

朝廷大员一行来到阅武台边，纷纷下马，徒步上台。顺帝在中间位置坐好后，众大臣这才按事先安排好的座位落座。

左脱脱骑的是一匹汗血宝马，格外显眼，馋得陈友谅心里痒痒的。他并未下马，手举令旗，策马围着参试人员环绕一周后，高声喊着。

“今天奉吾皇圣旨，招考武状元，为我大元帝国选贤。上场的各路英雄豪杰，没有贵贱之分，自立生死状上场比武。夺取状元者，披红戴花，由吾皇亲赐玉酒三杯，并颁发状元印，然后由老夫我转让帅印，由状元统领三军。考取进士、榜眼、探花者，朝廷另有重任。总之，凡来参加考试未殇者，登名造册，作为朝廷命官任用。”

喊完后，左脱脱原想人群中会发出雷鸣般的掌声，哪知，除有交头接耳声外，只有阅武台上几位大臣零星掌声。

他心里恶狠狠地说：这些刁民，等一会儿有好果子你们吃。他自知无趣地来到阅武台，没好气地大声宣布：“比武开始！”

应试者依次在台上签名挂号，领取腰牌。巧了，陈友谅的腰牌号，竟与他手中的龙骨偃月刀一样，一个是四十八斤重，一个是四十八号。

按规定，应试者登记完后，要一一参拜皇上。

轮到四十八号了，陈友谅来到顺帝面前，行君臣之礼道：“沔阳渔夫陈友谅参见皇上，吾皇万岁！万岁！万万岁！”

“陈友谅！”顺帝和左脱脱等大臣，不由自主地异口同声地脱口而出。

陈友谅真是胆大包天，他可是朝廷列为的头号反贼，人家躲都来不及，他倒好，自己送上门来了。

仇人相见，分外眼红。就是这个反贼，杀死了我弟弟右脱脱和众多朝廷命官。左脱脱恨不得抽出宝剑，亲手宰了这个反贼。小不忍则乱大谋，且让他多活几个时辰。想到一网打尽的大计，他停止了抽剑的动作。

顺帝脑子也在飞快地运转着，眼前这个反贼没有三头六臂呀，与常人没有什么两样。

皇帝的威严又上来了，他大声说："陈友谅！站起来，让孤家看看你的庐山真面目。"

"谢皇上！"巴不得呢，陈友谅伸了伸腿，威武地站在皇上面前，毫无惧色，顺帝认真地打量着他。

他身高八尺，头上戴着束发嵌宝紫钢胄，肩披黑鱼皮宝甲，身披大红战袍；身着青起花八团苏缎马褂，束着五彩丝攒花结长穗绦，登着青缎白底布靴；面若中秋古月，色如春晓之花；一双箭眉下的两眼炯炯有神，黑色胡须飘洒胸前，仪表堂堂，一派英雄气概。

顺帝认真仔细地打量完后，暗自一惊，难怪他要起兵谋反，原来此反贼有一副帝王之相。多亏了左脱脱定此毒计，杀死了陈友谅等众位反贼后，我大元帝国也就高枕无忧了。

顺帝不露声色地向左脱脱使了使眼色，左脱脱领悟。

左脱脱满脸堆笑地对陈友谅说："请陈英雄下场比武。"

这场武状元争夺赛本来就是一个阴谋，无须拳击、甩跤、举重等烦琐科目，也无须分组赛，只有一项，就是骑马格斗。决定输赢的方法也很简单，实行淘汰制，谁被打落下马或跳出梅花圈外，谁就是输家，自动退场，下一个挑战者上场。

苏州王张士诚初显英雄本色，连续击败十余名对手，好就好在陈友谅提前与各路英雄打了招呼，点到为止，已经有四十几位英雄上场，竟无一个伤亡。这使左脱脱始料不及，这是朝廷不愿意看到的结果。

张士诚以胜利者自居，骑着一匹白龙驹，手提方天画戟，趾高气扬地围着众英雄边跑着圈儿，边喊道。

"还有哪位英雄上场，与本王一决高低！"

"南汉王陈友谅来也。"

随着话音，陈友谅骑着一匹枣红马，身背飞锤，手提龙骨偃月刀，飞入圈内。

两人在江州群英会上就认识，无须通报姓名，相互抱拳行礼后，一白一红两匹宝驹就在梅花圈内扬起了阵阵灰尘，方天画戟和龙骨偃月刀时而绞杀一起，时而分开劈刺，使台上的皇帝和朝廷重臣看得眼花缭乱，不得不暗中佩服，中原有能人。

大战了四五十个回合，难分胜负。

这时，只听得陈友谅大吼一声："看刀！"刀随音落劈向对手。

张士诚一惊，连忙用双手握住方天画戟，举过头顶，"哐"的一声，他虽然挡住了从天而降的大刀，但整个身体随着两只虎口的发麻，瞬间传遍全身。要不是陈友谅眼疾手快，策马上前将他扶住，他险些跌落马下。

张士诚认输地跳出圈外，陈友谅抱拳道："张英雄，承让了。"

紧接着，有几位不知深浅的无名英雄，只领教了陈友谅的几个回合，就败下阵来。

该轮到台阳王方国珍上场了，他也是个厉害的角儿，早就暗暗思定，誓要蟾宫折桂。

方国珍骑的也是一匹枣红马，他囊藏飞抓，手提月形钢铲，策马跳入圈内。两人礼毕，两匹枣红马如两只火球，在浓烟中不停地翻滚。

战至十余回合，方国珍一抖手中钢铲，直冲陈友谅下身铲来。陈友谅见势，不慌不忙地双手合刀，来了一个"怀中抱月"，顺势往外一推，将铲隔开。

紧接着，陈友谅横扫大刀，向方国珍的头上劈去。方国珍见一股寒气迎面而来，立即勒住缰绳，掉头策马，收铲即刺。顿时校场空中刀铲并举，寒光闪闪。

"好！"各路英雄，无不喝彩。

顺帝和左脱脱在台上看得真切。两人交头接耳，这两个反王果然名不虚传，留着他们在世上，就是朝廷的大患，幸好他们是自投罗网，乃天意也。

方国珍和陈友谅双双战至九九八十一个回合，未分胜负。方国珍心里急了，暗暗从囊中取出飞抓，随着"叭"的一声，用力向陈友谅的右手飞抓而去。

陈友谅始终保持着高度警惕，说迟时那时快，他迅速从背上取出飞锤，迎着飞抓抛去。

无巧不成书，飞抓与飞锤像是天生的一对儿，只听得"咔嚓"一声，那飞抓就把飞锤牢牢地抓住，两件冷兵器严紧无缝，而各自的两条手链绷成了一条直线，两匹枣红马像驴子推磨，转起了圈儿，有如拔河一般。

台下各路英雄见状，无不惊讶称奇，台上的朝廷命官们无不目瞪口呆。

这时，陈友谅口喊："红宝丹效应！"用力一拉，就将方国珍连人带马，侧翻倒地。

陈友谅飞身下马，连忙将方国珍扶起，连连道歉说："对不起，对不起。"

方国珍倒有大将风度，拍了拍身上的灰尘后，拱手向各路英雄道："各位英雄好汉，本科武状元非南汉王陈友谅莫属。"

场内一阵哄闹，纷纷竖起了大拇指，赞扬陈友谅的勇猛。

突然，"轰"的一声，像是发生了八级地震，台上台下的人们大吃一惊，纷纷举目向发生声响的南墙望去，只见一片浮尘中，窜出了一匹火龙驹。

骑在火龙驹上的人高喊："本科武状元乃常遇春也！"

常遇春也不上台登记，也不相互招呼，策马飞入圈内，双手握着大锤，朝着陈友谅杀将而来。

顺帝被突如其来的变故搞蒙了，连问身边的左脱脱道："这是怎么回事？"

左脱脱心怵地说："启禀圣上，臣也不知，我迅速派人查清原因。"

这时，一个朝廷卫官慌慌张张地跑来报告说："皇上，皇上！校场南墙被刚才来的武士，撞倒了一大片。"

左脱脱急问："一大片是多少？"

"一丈六尺余宽！"

原来，常遇春得到消息较晚，但摘冠心切，他从金陵，马不停蹄，日夜兼程地赶往京都，但还是晚了一步，比武场的大门紧闭，怎么解释叫唤，把守的卫兵就是不搭理。

比武场内热火朝天，场外的常遇春心急火燎，情急之下，他策马沿着围墙想法儿。南墙外是一山坡地，他提起缰绳，顺势往墙面冲去，马到锤落，"轰"的一声震耳欲聋，院墙倒塌所扬起的灰尘直飞云霄。

左脱脱听说有一丈六尺余宽，连连摇着头说："不可能，不可能，常人哪有这么大的力气。"

顺帝没好气地说："有什么大惊小怪的，豆腐渣工程呗。"转而他向国子监的大臣下旨道，"速查此工程是谁承修的！"

左脱脱见顺帝脸色晴天转多云，等会儿场内不知还会闹出什么乱子来。

为了圣上的安全，他忙命令卫士道："快秘密护送陛下回宫。"

顺帝一行从密道里悄然离去，台下的英雄们全然不知，正在兴致勃勃地看着陈友谅和常遇春较量呢。

“哐”的一声，陈友谅挥刀挡住了迎面而来的铁锤，不觉双手虎口有发麻的感觉，他暗自一惊，心想，这是一员虎将，力大无穷，能为我所用该有多好。

“且慢！”陈友谅见常遇春欲使第二锤，忙制止说：“请问何路英雄，报上姓名来，使本王输得心服口服。”

“陈友谅！你听好啦，我乃是吴王朱元璋手下大将，安徽怀远人常遇春是也。”

第十三章

患难见真情两王喜结连理枝　滴水润大泽恩师悲随仙鹤去

患难之交见士诚，枝头凰凤喜连盟。
军师遗愿铭心记，激励南王又远征。

——题记

1

可惜、可惜了，这么好的一员大将，却投奔在朱元璋的帐下，看来朱元璋非等闲之辈。

陈友谅正思忖着，突然听见常遇春一声吼道：“陈友谅，还磨叽什么，看锤！”

陈友谅见常遇春的双锤又迎面而来，不敢怠慢，策马躲开了双锤，随即借助龙骨偃月刀柄长的优势，横刀向对方的中路一扫。又是“哐嚓”声响，常遇春的双锤浅交叉形状，从而将陈友谅的大刀挡住。

两人大战了一百多个回合，只所得兵器的撞击声和众英雄的喝彩声交融在一起，传遍校场。

由于陈友谅力战群雄，时间过长，体力渐渐不支，他本想使出点穴绝技取胜，但突然想起白鹿洞陈皓的忠告：“成大事者，切忌逞一时之勇，要有弥勒佛祖的肚量。”

何况这次比武，谁是武状元还是一个未知数，是真是假还说不准呢。

想到这儿，陈友谅故失一招，败阵跳出圈外。

常遇春见陈友谅败走，兴奋地在梅花圈内狂妄地叫起阵来。

“武状元非我莫属，还有谁敢上来比试！”

陈友谅则牵着心爱的枣红马，在缓缓地走着，想着心事，他总感觉到这场比武有点不对劲儿。

他往观武台一望，是了，怎么不见朝廷的裁判呢？

突然，陈友谅感觉左手被人拉动了一下，他转眼一望，不禁脱口而出："是你！"原来拉他手的人，是原被俘虏而又放回蒙古的襄阳总兵乌日更达赖。陈友谅见他不说话，直向他递眼神儿，他顿时明白，他是有话要对他说。于是，他紧跟着他，来到角落一偏僻处。

"你不是回蒙古老家了吗？"陈友谅迫不及待地问。

乌日更达赖"唉"的一声叹了口气说："一言难尽，这不，又被朝廷征来做卫士了。陈王，感谢您的不杀之恩，有一个天大的秘密要跟您说，否则，我于心不安。"

陈友谅警觉了起来，忙问："什么秘密？"

乌日更达赖神色慌张地四处望了望，见没有人注意他俩，这才压低声音说："大王，快逃，朝廷已在四周埋伏了炮手和弓箭手，一旦宣布比赛结果后，就将你们全部炸死和射杀死。"

陈友谅暗自一惊，果然不出所料，这次比武是朝廷的阴谋诡计，要尽快通知各路英雄豪杰，悄悄而又迅速地消灭除掉埋伏的火炮和弓箭手。否则，后果不堪设想。

陈友谅说："乌日更达赖，大恩不言谢，我们汉人和你们蒙古人民的友情，历史会铭记的。我马上组织大家撤退，你也要注意安全。"

"好！"乌日更达赖说完后，匆匆离开。

一切都在按计划进行，左脱脱正在台上悠闲地做黄粱美梦。忽然，墙外四周发出了激烈的厮杀声。

"不好！"左脱脱的第一反应是，秘密已经泄露，他连忙从密道里逃走，去布置对二道绝杀计划。

陈友谅与十八反王们，从南门倒塌的院墙杀将出去，很快消灭了埋伏在四周的炮手和弓箭手，使众路英雄转危为安。

陈友谅担心好再来客栈二叔、胡大海和众兄弟们的安全，对正杀得起劲的反王们说："各位大王，不可恋战，我们返回客栈，带上弟兄们，迅速杀出京城。"

张士诚说："南汉王说得对，我们赶快脱离这个是非之地。"

方国珍正在兴头上，不耐烦地说："怕死就莫来啊，逃什么逃。"

陈友壁断后，他见方国珍还在与元军拼杀，策马上前说："方大王，一虎难敌多匹狼，快走吧！"

方国珍见他们的马蹄生风，跑在前面去了，这才极不情愿地掉转马头，尾随他们直奔客栈。

他们一行刚到客栈街口，就听见好再来客栈传来了厮杀声。

原来，左脱脱打探到十八反王的住处，早已派了一支伏兵将好再来客栈围得水泄不通，只等校场传出搏斗声，就立即发动进攻，将反贼的余党一网打尽。

左脱脱的如意算盘打错了，留守在客栈的随行人员也不是吃素的，个个身怀绝技，就连年龄较大的陈普文也提着宝剑，准备上阵。

胡大海见状，忙按住陈普文的肩头说："二叔，杀鸡何必用牛刀，大帅说了，你老可是咱们红巾军的宝贝，您观战就可以了。"说完，他提着大刀，脱掉上衣，赤膊上阵。

陈普文只见胡大海堵住大门，大刀耍出一片银光，敌人上来一个杀一个，上来两个杀一双，大刀上、肌肤上都被鲜血染红了。

可怜元军的尸骨成堆，就是没有越雷池半步。这时，又赶上十八反王杀回，里应外合，元军伏兵被杀得一个不剩。

陈友谅看似血人的胡大海，哭笑不得，命令道："快去洗一洗，换上衣服，清理行李，尽快出城。"

胡大海憨厚一笑，叽咕了一句："这么快就出城，还没杀过瘾呢。"

陈普文见几个反王向胡大海投来羡慕的眼神，像是怕人抢走了似的，拉着他就进了他们的房间。

陈友谅"嘿嘿"一笑，对反王们介绍说："我的侍卫官，像个张飞似的，是个杀猪的出身。"

方国珍开玩笑地说："南汉王！将此杀猪的让给我如何？"

陈友谅忙说："要不得，要不得。本王就此别过各路大王，后会有期。"

陈友谅见二叔和胡大海从房间里出来，忙领着他们往马廊而去。

"哈……"张士诚见状，大笑了起来。

方国珍对诸位反王说："原来以为南汉王是个豪爽之人，没想到为了一个护卫，竟怕人抢了，小气，小气。"

陈友壁忙解释说：“南汉王这不是小气，而是讲义气，爱惜人才。”

幽州王秦大勇跟陈友壁关系很好，他大大咧咧地说：“大伙儿听听，一笔难写两个陈字，就是他们老陈家讲义气，看来这元朝天下，非他老陈家莫属了。”

“哈哈哈……”

陈友壁不管他们笑啥，邀上张士诚一行，就去追陈友谅他们。

陈友谅三人策马正欲往大前门而出城，刚出街口，就听见后面传来张士诚急促的叫声。

“南汉王，请掉转马头，大前门有朝廷重兵把守，西直门已被常遇春攻破，从那里出城很安全。”

“谢谢苏州王！知道了。”陈友谅三人掉转马头，与他们会合了。

陈友壁说：“南汉王，我们三支队伍是同路，一起出城，路上也能相互照应，拉拉家常。”

陈友谅说：“要得！”

三路人马从西直门出城，果然没有遇到朝廷的追兵。

刚出城门，又传来了一阵阵马蹄声，疾风中的乌龙驹上的壮士高呼：“南汉王，请等等我！”

陈友谅勒住缰绳一望，只见一匹乌黑的骏马上，一位身高七尺，手握长枪，肩背箭镞的壮士，威风凛凛地策马而来。

陈友谅不认识他，拱手问道：“哪路英雄？请报上尊姓大名。”

乌龙驹上的壮士回礼道：“在下邹普胜，麻城人，铁匠出生，本想参加武状元考试，不料中了朝廷奸计，途中观汉南王智勇双全，挫败了朝廷的阴谋，为了安全起见，末将愿随大王一路返回天完。”

陈普文听后，忙问：“想必将军是天完国徐寿辉手下的常胜将军，邹将军？”

邹普胜道：“正是在下。”

英雄惜英雄，陈友谅笑着说：“欢迎邹将军一路同行。”

2

一路上，张士诚一行领先，邹普胜、陈普文、胡大海断后，中间的陈友壁、陈友谅两王肩并肩，在马背上，有说有笑地、缓缓地向石家庄方向而去。

陈友谅问："兄弟，你是九江人，我们义门老家是怎样来的？居住在什么地方？"

陈友璧答："一世祖著作郎伯宣公的孙子旺公，科考入进士第，授江州牧，后任德安知事。于唐太和六年，受仙人指点，置产庐山脚下的德安邑太平乡常乐里村。唐中和四年，祖先数代同居五十余年，僖宗皇帝感我族义聚一堂，御笔亲赐'义门陈氏'匾额。自此，我家族历受朝廷旌表，闻名遐迩。"

"啊！这么一个大家族，一定有很多传奇的故事。"

陈友璧说："有！多着呢，比如说：碎玉鸟共享的故事、十三岁孩童当家的故事、含苞草的故事、百犬同槽的故事、悬锅砸铁的故事等等。"

"啃嘀，百犬还能同槽，快讲讲，什么来历？"陈友谅迫不及待地问。

"好！"陈友璧清了清嗓子，有板有眼地讲了起来。

话说在宋仁宗当皇帝时，江州义门陈有神童当家，并有先知先觉之灵。加之义门陈团结一致，耕读传家，有四十八名入进士第，以陈直中、陈继铭为代表的先祖，官拜当朝丞相和左仆射等，朝野过盛。

仁宗皇帝心存疑虑，唯恐陈氏造反夺天下，心存杀机。

包拯见义门陈氏将大难临头，冒死建议仁宗，先调查研究，再做定夺。

于是，宋仁宗带着包拯、文彦博等人沿运河入长江，经鄱阳湖到德安义门陈村微服私访。

他们一行刚到江州义门陈地界，只有十三岁当族长的陈泰，他早已率领家人在接官亭迎候圣上。

仁宗帝大惊："尔等怎么知道孤家要来视察？包拯，快查一查，是谁走漏了消息？"

陈泰跪拜曰："启禀圣上：小民昨晚观天象，群星散漫，预知我陈家必有变数；今晨再观日出，霞蔚云蒸，方知圣上驾到，我陈氏乃忠孝义门，哪有不迎君之理。"

仁宗皇帝又是一惊，如此孩童小小年纪，上知天文，下知地理，心中不勉更加疑惑惶恐。

陈泰恭请圣上一行来到东佳别墅休息后，为了解开仁宗皇帝心中的疙瘩，他令家人抬来一口像喂猪的大槽来，并在槽内放有 100 个肉包子。

随着陈泰一声"哟"的长嘶，一群黄、黑、白、黑白相间的家犬呼啸而至。奇怪的是，家犬们并没有在槽内争食，纷纷掉头后望，见一黄色跛犬跛到槽边，它口咬第一个肉包子离开后，其他犬类才先后咬着肉包子有序离去。

仁宗帝见状，高兴地赞誉："真良家也，兽类也受感化。"包拯、文彦博深知仁宗多疑本性，上疏曰：义门陈氏忠义有加，将这支族人分析，在全国各地传播义门家德、家范、家风。仁宗皇帝求之不得呢，连忙下旨曰："准奏！"自此，在朝廷命官的监督下，我们家族进行了第一次大分家。

陈友壁一路上，讲了很多义门陈氏忠、义、节、孝的故事，深深地打动了陈友谅。他像一个求知的学生，大有打破砂锅纹（问）到底意思，直逼得陈友壁腹中无货，方可罢休。

陈友谅恳求地说："好兄弟，路程还远着呢，再讲讲，再讲一个嘛。"

陈友壁早已认为陈友谅是他的兄长了，亲密无间。在他被逼无奈的追问下，他想起陈氏三十三条家法家规，而陈友谅的婚姻，无意中违背后祖制，他跟他，开了一个善意的玩笑。

于是，陈友壁假装严肃，欲与他下个套子。

"我再不能往下讲了，再讲了你会不高兴的。"

"不会的，不会的！听了先祖的故事，我激动得很，怎么会不高兴呢？"陈友谅不知是计，连忙分辩说。

陈友壁欲擒故纵。"我们义门陈家三千余口，之所以能在一个锅里搅勺子，你知道是什么原因吗？"

"我们老陈家讲义气呗。"

"义字固然重要，关键是祖先制定了严格的三十三条家法。"

"哪三十三条家法？"陈友谅异想天开，要是能将我祖治家的经验，用于治军该有多好啊！

"老兄，你违犯了家法，要用家法惩治你！"

陈友谅一头雾水，茫然地问："我怎么啦？"

"家法第十一条明文规定，实行一夫一妻制，就连我祖执中公身居宋朝宰相、继铭公身居左仆射，也遵命家法，他们只有一个祖母。"

陈友壁如数家珍地说："可你倒好，一个小小的南汉王，就有一妻二妾。"

陈友谅涨红了脸，忙辩解说："老弟，你冤枉我了，我只有一妻一妾啊。"

"你还想狡辩，襄阳还有一猎户靓妹，在四处寻找你这个花心大萝卜呢。"

陈友谅愧疚地低下了头颅。

"哈哈哈……"陈友壁终于忍不住，大笑了起来。

“你这坏家伙！”陈友谅这才明白是被他捉弄了，不禁策马上前，迎面轻轻地给了他一拳。

“哎哟！”陈友璧假装疼痛的样儿嚷着。

3

“哎哟！不好了，快掉转马头往后跑！”

突然，走在前面的张士诚急切地大声呼叫。

陈友谅、陈友璧两兄弟何等精明，随即掉转马头，边跑边向后面的人喊道：“快掉头，前面出事了。”

原来，他们不知不觉中走进了草山地界。在两座山头的深壑间，张士诚警觉，他发现两悬崖间股股白烟直往上蹿，他第一时间就做出反应。

“不好！是谁点燃了导火索，一定是炸药，快往后撤！”

话音刚落，随着阵阵“轰”之声，地动山摇，可怜走在顶前面张士诚的部下，被滚滚巨石埋没。

突然，一颗飞石直接砸向陈友谅的乌龙驹的后腿上，猝不及防，人仰马翻，陈友谅从马上摔了下来，被跌得人事不省。

天上的飞石如流星雨般地往下直泄，后面的张士诚见状，忙舞剑如金刚罩罩住了陈友谅，飞向他的石块很快成为碎石。

胡大海跑到了安全地带，掉头一望，只见陈友璧一人而来，忙问：“鄱阳王，我家主公呢？”

陈友璧回答道：“友谅兄不是和我一起跑出来了吗？”

“不好！”胡大海想都没想，策马奔入飞石阵中。

不一会儿，飞石雨停了下来，张士诚连忙下马，他抱着陈友谅的上半身，疾呼：“南汉王，南汉王！”

赶来的胡大海见状，连忙从身上取出装水的皮囊，往陈友谅的头上淋去。

陈友谅一惊，缓过气，醒转过来，朦朦胧胧地问：“下雨了？”

胡大海长长地吁了一口气，笑着说：“是的，下的是飞石雨，要不是苏州王拼命击碎飞石，后果就不堪设想。”

陈友谅完全清醒了，一跃而起，拱手道：“张王救命之恩，友谅铭记在心，日后有用得着小弟的地方，我一定效犬马之劳。”

张士诚还礼道："南汉王言重了，一路同行本来就是缘分，互帮互助，理所当然。"

后面的队伍全部回来了，邹普胜插话说："狗日的左脱脱好歹毒，竟布下地雷阵在我们返回的路上。要不是苏州王发现得早，恐怕……"

邹普胜正说到这儿，却看见张士诚望着被滚石埋没的方向，泪如雨下，连忙刹住了话题。

陈普文上前劝说道："张王，请保重身体，人死不能复生，活着的人还要继续战斗下去，你爱兵如子，九泉下的英雄们会保佑我们的。"

陈友谅见张士诚如此义气，崇敬的心情油然而生，他提议道："苏州王，我俩有生死之交，结拜兄弟如何。"

张士诚刚刚从悲痛中清醒，还没来得及做出反应。

邹普胜却抢先说道："此地不可久留，旁边有条小道，翻过这道山梁，草山脚下有一较清静的酒馆。我们到那里去小酌几杯，想必还会有比结拜金兰更大的喜事等着我们呢。"

大家你望着我，我望着你，不知邹普胜葫芦里卖的什么药。邹普胜见大家不理解他的意思，都不肯挪步，忙附着陈友壁的耳边，故弄玄虚地如此这般一番。

陈友壁听后，连连点头说："好，好，好！这是千百年的好事。大家快跟邹将军一起走啊，翻过这座山就有喜酒喝了。"

喝喜酒？一听说有酒喝，大家兴致就来了。

陈友谅令胡大海牵着马匹，他搀扶着还在悲痛中的张士诚，在蜿蜒的山道缓缓地前行。

不知他们搞的什么鬼，人随潮流草随风，其他人等各自骑着马，紧跟在邹普胜、陈友壁他们身后。

果不其然，一下到半山腰，远远望去，山脚下茂林修竹间，只见一块写着颇大的"酒"字幡旆，在微风中悠然晃荡，从林间袅袅升起的炊烟中，他们闻到了醉人的酒香。

终于，他们摆脱了朝廷的追兵，大家兴高采烈地来山脚下的酒馆。陈友壁走进酒馆门前，抬头一望，"山珍野趣"四个大字苍劲有力，这样的笔锋他仿佛在哪里见过。

再看一看落款，他骇然大惊地嚷道："'山珍野趣'是宋代苏东坡的墨宝，看来我们不虚此行，来到了两百余年的老店品味佳肴了。”

陈友谅面觑一笑，不得不佩服儒门之第出才俊。

店小二见有客人来，忙笑脸相迎道：“各位客官，楼上请。”

他们被领到“聚贤楼”的雅间，邹普胜待大家落座一数，不多不少，正好一桌，十全十美。

店小二递上菜单问：“请问客官，哪位点菜？”

陈友壁自告奋勇道：“我来！”

首选是板炭火锅：都市涮羊肉，还点了香菇炖野鸡、红烧狍子肉、冬笋烩野猪肉、烤全野山羊、孔雀开屏汤、清蒸黄河鲤鱼……

陈友谅见陈友壁还在继续翻着菜谱，忙制止道：“兄弟，好了，好了，点多了吃不完。”

陈友壁向张士诚挤了挤眼，笑着说：“不多，不多！别担心没人埋单，待会儿有人抢着埋单呢。”

张士诚似乎感觉到了，这几个湖北佬和江西老表，感情是合伙儿，要将筷子伸到我碗里来，原来是想让我掏腰包。平时还好说，但我带来的弟兄与我阴阳两隔，本王没有兴趣做冤大头啊，要心甘情愿才行。

他不明白地问：“为什么呀？”

邹普胜双手抱拳，道出了他们的想法：“恭喜苏州王，贺喜南汉王，我和鄱阳王想讨杯你们两家的喜酒喝。”

陈友谅、张士诚对视了一眼，不明就里，相互摇了摇头。

看来不得不亮出底牌了，邹普胜问：“你们俩不是要结拜金兰吗？”

陈友谅点了点头。

“苏州王家有王储公子，尚未订婚，南汉王家有金枝玉叶，尚未许配，两人结为儿女亲家，岂不更好。”

张士诚望了望陈友谅，陈友谅也望了望张士诚，两人愿意地点了点头后，不禁同时发出“哈哈”大笑。

陈普文欢喜地对胡大海说：“还傻坐着干吗，快去找店家讨得文房四宝，他们好交换儿女庚帖呀。”

“啊，啊，啊！”胡大海连忙起身下楼。

张士诚之子张仁，十三岁，属鼠；陈友谅之女陈伯琳，十一岁，属虎。在邹普胜、陈友壁、陈普文三位媒人，其他六证人的见证下，两人交换了儿女的庚帖。

“噼噼啪啪”，店家很会办事，点燃了万响炮仗以示庆贺。

酒菜很快上来了，待张、陈二人互敬了礼仪之酒后，陈友壁抢个酒壶，说：“今天是两王孩子的定亲大喜之日，我们来行酒令，庆贺如何？”

“好啊！”“好！”邹普胜、胡大海举双手赞同。

陈普文虽然是打铁出身，但见到北方六十度的二锅头，也不得不望而生畏，他忙问：“怎么个行令法？”

陈友壁说：“我们今天喝喜酒，当然要用酒字为题。很简单，按年龄顺序，每人吟两句赞美家乡的美酒的诗，吟完后喝下自己盅里的酒，否则，另奖励三杯。”

乖乖！连喝四怀，胃里不烧着才怪哩。别看陈普文年龄最大，可他脑子灵活，带头吟咏道。

“且就洞庭赊月色，将船买酒白云边。”

吟完，他将自己盅里的酒，一饮而尽。

“好！荆州名酒白云边。”

“唐代诗人李白的赞美诗。”

轮到陈友谅了，他脑子一转，脱口而出。

“当年不得尽一醉，别梦有时还重游。”

“亲家，这是什么酒？”张士诚没有喝这种酒，不免问道。

陈友谅笑答道：“这是著名的汉汾，此诗出自唐代文学家罗隐所题。亲家该你了。”

张士诚想都没想，脱口而出：

“洋河美人泉，佳酿醉神州。”

大家都知道，洋河大曲是用美人泉的水酿制的。

该到邹普胜了，他正在冥思苦想，荆楚的两大名酒都被你爷俩吟完了，可该吟什么呢？虽然我是打铁出身，行走江湖大都是喝的湖北中度酒，可这四杯二锅头是要烧坏脑壳的。后烧不如先烧。想着，想着，啊！有了。

“忆从凡口载春酒，步上西山寻野梅。”

陈友壁毫不留情地说：“这是什么酒，蒙人的吧，奖酒，奖酒！”

邹普胜涨红着脸，分辩说：“这是武昌的载春酒，此诗是宋代文学家苏东坡所题。该你了！”

陈友壁早有准备，吟道：

“天上玉液琼浆，不如江州封缸。”

这是一首民谣，邹普胜大度地说：“算你过关。”

最后轮到胡大海了，他是杀猪的，哪懂得斯文。要是他老母亲酿的稻谷酒，奖他四杯还嫌少了呢，可这二锅头，实在是……，得想法儿过关。

对，用老娘酿的稻谷酒，来两句顺口溜过关。

“排湖水，浪打浪，浪里涌出老娘酿的稻花香。”

“哈哈哈……”大家哄堂大笑。

陈普文笑得眼泪都出来了，边擦眼泪边说：“大海！你太有才了。”

陈友谅捧腹大笑后，竟感到眼泪酸酸的、鼻孔痒痒的，不禁连打了几个喷嚏，好像突然伤风感冒似的。

4

胡大海忙扶着陈友谅问：“主公，怎么啦，是不是感冒了？”

张士诚关切地说：“亲家一定是近日劳累，偶感风寒，快扶他下去休息。”

直觉告诉陈友谅，是夫人在念叨自己，一定是家里发生了什么大事儿。

直觉这种思维就是怪，来得快，来得直接，看不到整个推导过程，人与人之间直觉思维有很大的区别，具有个性化，他对自己的结论坚信不疑。

对，上次在襄阳打猎，正在高兴的时候，突然感到心脏刺痛，结果赶回家时，是胡员外病逝。这次是眼酸，又是喷嚏，难道是……

当一想到军师已是耄耋之年，闰年闰月算起，想必是他老有近八十岁了。

陈友谅再也不敢往下想了，忙端起酒杯道：“各位英雄，这杯酒是赔礼酒，扫了大家的兴，友谅家中有事，就此别过。”

张士诚也不好挽留，叫来店小二埋单后，一行将陈友谅三人送出店门口。

张士诚拱手行礼道：“亲家，今后如有什么大事情，需要相互照应的，请知会一声。”

陈友谅说：“来日方长，一定，一定！”

陈友壁、邹普胜行完送行礼后，异口同声地说：“南汉王，今后有用得着我们的地方，只要你一声令下，我们一定会效犬马之劳。”

“好，好，好！”

南汉王辞别众路英雄后，一行三人马不停蹄地赶路，半月后就回到了沔阳。

刚一入城北门，胡廷瑞急忙来到陈友谅马前，报告说：“报告大帅！杨军师仙逝，夫人在杨府等着你料理后事。”

恩师仙逝！陈友谅闻此噩耗，突然感到一阵昏厥，胡廷瑞手疾眼快，连忙将他扶住。

陈友谅来到杨府，颤巍巍地跑向杨子元的灵柩前，“扑通”一声跪下，连连叩头，哭诉着说：“军师！恩师！父亲！孩儿大业未成，您老怎么不继续辅佐我啊，就这样先行而去……”

杨从政披麻戴孝陪跪在一旁，见他如此伤心，忙劝说：“大帅！请节哀顺变，大伯是无疾而终，他老是个福人啊。”

“是啊，是啊！请大帅节哀顺变，保重贵体。”众将劝说道。

康茂才将陈友谅扶手起来，说：“大帅，你的恩师，是我的学长，说句内心话，我也很难过。但人固有一死，这是自然规律。所以，请大帅不要难过，我们要继承他老的遗志，完成他的未竟事业。”

听是劝说词，实际是一语双关，康茂才在毛遂自荐，言下之意是，还有我这个军师呢。

杨金花身披重孝，上前进言说：“是啊，夫君！表叔说得对，大伯的后事，还等着你定夺啊。”

陈友谅问：“夫人，军师留下遗言否？”

这一问，倒是提醒了杨金花，她忙从口袋里掏出一封书札递给他。

陈友谅一看书札是用蜡烛封口，就知道这是一封秘密遗书，借故来到后房，拆开读着。

汉南王：

老夫去也。反元尚未成功，尔等必须努力，待成功之日，为师在九泉之下为你欣慰。

孟子曰：“舜发于畎亩之中，傅说举于版筑之间，胶鬲举于鱼盐之中，管夷吾举于士，孙最敖举于海，百里奚举于市。故天降大任于斯人也。必先苦其心志，劳其筋骨，饿其体肤，空乏其身，行拂乱其所为。所以动心忍性，曾益其所不能，人恒过，然后能改；困于心，衡于虑，而后作；征于色，发于声，而后喻。入则无法家拂士，出则无敌国外患者，国恒亡。然后知生于忧患而死于安乐也。”为师引圣人之典，谨记！

成大事者，虽不拘小节，但需防三种人也。

一是投机钻营之徒，投机践圣域，所戒怠且狂。像康茂才之流，应时刻提防。

二是匪气十足之徒，狗难解吃屎本性也，他们有奶就是娘，像罗显中、谢伯坚之流，要严加提防。

三是心存异己之徒，他就像人腹里寄生虫也，一旦主人阳损之日，他会落井下石，如胡廷瑞之流，不能任用。

愚师遗嘱

陈友谅看完，冷汗直冒，自知这是恩师肺腑之言，但只能天知地知，逝者知，唯我知也。这要是泄露出去，军营里就要炸开锅。他来到后厨，快速将信丢在灶膛里燃烧了，这个秘密永远烂在了他的心里。

陈友谅装着无事的样子回到前厅，落座在众将之间。他接过陈英杰递过来的香茗，品了一口后，对众将说：

“军师他老人家学富五车，德高望重，本应有儿孙满堂的生活。但他老立志，为了天下劳苦大众，将毕生精力献给反元大业，终身未娶。因此，我建议，对他老按国葬标准，降军旗致哀，竖坊立碑。同时还建议我们十弟兄，作为他的亲生儿子，为他老披麻戴孝，守孝七七四十九天，让他老含笑九泉，各位是否同意。”

“同意！”张定边第一个站起来表态。

“同意！”“同意！”……大家一致同意。

杨子元的追悼会是在沔阳广场里举行的，整个沔阳店铺关门，万人空巷，市民怀着对杨子元崇敬的心情，自发地参加他的追悼会。

沔阳周边的农民、渔民、小商小贩也都陆续赶来，还有他的数千弟子，将近十亩大小的广场被围挤得水泄不通。

追悼会由康茂才主持，陈友谅作悼词。

呜呼恩师，享年八十，无疾而终！

公乘鹤去，天崩地裂、百鸟同悲，人岂不伤？

儿心实痛，酹酒一觞；君其有灵，享我烝尝！

公不逢时，乱世之秋，苍天降星，孔孟传承，儒理学说，学富五车，弟子数千，厚德载物；救民水火，投身白莲，终身未娶，鞠躬尽瘁，死而后已；明星导航，黎乘曙光，揭竿而起，聆听教诲，孩儿受益，秉笔直书，利国利民。

吊公弘才，文武筹略，心机破敌，力挽狂澜；思公忠义，英雄豪杰，寿终正寝，名垂百世；哀公情切，愁肠千结；惟我肝胆，悲无断绝；遵公遗训，为建大业，依情鱼水，奋发图强。

呜呼恩公！生死永别！琴台弦断，何寻知音！

呜呼痛哉！哀鸣悲兮，伏惟尚飨。

陈友谅含泪念完悼词，台下哭声遍野。突然，本来就阴沉沉的天空，忽地下起了大雨，雨水夹杂着人们的泪水，很快湿透了大地，汇流成河，流向黄蓬湖。

处理完军师的后事，他带头戴孝履行孝义，囚头（不理发）、戒荤、禁欲，逢七就带领十弟兄和家人一起举行祭祀。

为了办公方更，陈友谅干脆就住在元帅府前殿的办公室。

七七四十九天过去了，杨子元的去世，使陈友谅还处在悲痛之中，再也见不到他诙谐的言谈欢笑了。

5

这天，张凤道抱着刚满月的儿子陈必通来给大娘请安，杨金花由于忙着大伯的丧事，还是第一次见到这孩子。她连忙将早已准备的红包塞在宝宝兜里后，将他抱在怀里，亲了又亲宝宝的脸蛋儿说：

“宝贝，老外公仙逝，忙得也没有跟你做九朝或满月啊，待你做周岁的时候，大娘一定隆重地补上，你别像你伯（父亲）一样，抓周的时候只抓宝剑哈。”

“咯咯……”“嘻嘻……”

杨金花转头望着刚为母亲的张凤道，见月子调理得气色很好，不禁夸赞道：“哟，没想到妹妹坐完月子丰姿绰约，更加漂亮了。”

张凤道见姐姐夸她，脸上显现出桃红般的幸福，回赞说：“姐姐还是和年轻时一样，艳压群芳。”

“唉！”杨金花重重地叹了一口气，淡笑着说，“人老珠黄啊。妹妹，说正经的，友谅还沉闷在悲痛之中，你将通儿交给我带，你陪他出去散散心。”

“姐姐，哪儿去散心啊？”

“先带他到各军垦农场去转一转，参观一下今年的丰收景象，同时也检阅检阅军队士兵的斗志和练兵情况。”

“姐姐，真有你的，这个办法好，保准友谅会化悲痛为力量的。”

“回来后，你把他带到沔阳街上听听小曲。”

“姐姐，这是为什么呀？”

“让他听听群众的呼声，欣赏欣赏我俩的大作。”

“什么大作？”

“傻妹妹，我俩发明的沔阳三蒸啊。”

“嘻嘻，要得。”

第二天，陈友谅与张凤道肩并肩地骑着马儿，陈英杰识趣地落在后面，一行沿路视察，第一站是罗显中部。

今天是陈友谅有生以来，最为高兴的一天。他参观了各路军的农垦情况，处处都是含苞待放、绿油油的稻子；鱼池里鲢跃、鲤跳、草鱼、青鱼横冲直撞；猪圈里的猪儿个个膘肥体壮。特别使他高兴的是，各农场都设有练兵场，士兵们个个生龙活虎，认真操练，真正做到了练兵生产两不误。

最后一站是视察张必先的军队，已经过了中饭时间，陈英杰早已饥肠辘辘，可大帅余兴未减，他也不便提示。

张必先和副将王敏得早已等候在场部餐厅门前，他见他们下马，立即上前拱手行礼道：

“闻知大哥带领二嫂前来军中视察，小弟和王将军恭迎多时了。”他特别将“二嫂”两字咬得特别重。

不待陈友谅开口，张凤道假装生气的样儿，嗔怒说：“三弟！细嫂不叫了，几时改口叫二嫂了，难道你大哥还有三嫂、四嫂、五嫂不成！”

张必先半认真半开玩笑地说：“大哥有两个贤淑的嫂子宠爱着他，就是缺一位火药味儿浓烈、脾气暴躁的嫂子……”

陈友谅打断他的话说：“狗嘴里吐不出个象牙来，再说，再胡说，小心我割断你的舌头。”他假装抽宝剑的样子。

张必先伸了伸舌头，忙赔不是，说：“二嫂，别在意，开玩笑的。快进屋吃中饭。”

“嗬嗬！三哥发财了，好丰盛啊。”

陈英杰第一个冲进餐厅，看见餐桌上摆放着一笼蒸排骨、草鱼块、莲藕，一笼粉蒸五花肉、全鸡、荸荠，一笼蒸鳝鱼、板鸭、红薯，一盆青菜蛋汤，外加一盘陈友谅爱吃的小葱拌皮蛋。

他嘴里馋出了口水，就用手拿起一块排骨丢进口中。

“放下！我们享受不起这富人的生活，走！到军营里去，士兵吃什么我们就吃什么。”

陈友谅没好气地对陈英杰说，转身就往军营食堂里走去。

张必先紧随其后解释道：“大帅！我们是官兵平等，没有跟你开小灶。要说特殊，就多了一个你爱吃的小葱拌皮蛋。”

王敏得紧跟其后嘀咕道：“还是张将军有先见之明，幸好没有按我的意见，跟大帅开小灶。否则，今天非挨批不可。”

陈友谅进得军营食堂，一边与下级官兵们打招呼，一边检查每桌官兵的伙食情况。

官兵们八人一桌，每桌与他一样的九道蒸菜，外加一碗青菜蛋汤，雪白的米饭管饱。士兵们狼吞虎咽，吃得津津有味。

陈友谅看到这一切，脸色多云转晴天，笑着坐在一张空桌子的板凳上，对张必先说：

“老三，看这架势你当财主了，我可要时不时来你部改善伙食唷。快将菜端上来，陈英杰这个馋猫的肚子在提意见呢。”

第十四章

从师命汉南王投奔天完国　寻亲夫巾帼女救驾鸡公山

花鼓铿锵韵律扬，追崇新月别麻桑。

天完不亮何方亮，弯月斜轮遇险障。

——题记

1

王敏得说：“随时欢迎大帅来检查工作，只有饭吃，没有酒喝。”

张必先部有严格的纪律规定，部队无论官兵，进餐不许饮酒，包括招待上司和客人。

陈友谅赞扬道：“三弟，你这条纪律定得好，要在全军推广，也包括这样的伙食标准，也应一并推广。”

张必先“哼哼”傻笑道：“是大哥制定的农垦政策深得军心，我部不但粮食能够自足自给，杨将军还时不时来打我的秋风，调运军粮给机关人员。”

陈友谅说：“这样甚好，免得杨从政总是在我面前叫穷。哎！不知军训搞得怎样？”

张必先说：“大哥放心，王将军负责安排。”

王敏得说：“大帅！饭后你和夫人在农场客房稍做休息，下午我安排了全军比武科目，请大帅提出宝贵意见，以利我们改进。”

“好，好！”下午全军射骑、刺杀、肉搏等科目的比赛有条不紊地进行，陈友谅观后连连叫好。心想，三弟训练出的是一支铁军，战无不胜，攻而不克。

在返回沔阳的途中，陈友谅与张凤道并肩而行，一路上只是滔滔不绝赞扬张必先，用人有道，各尽其才，治军有方。张凤道静静地听着，心里在暗想着，还有更高兴的事儿呢！

掌灯时分，陈友谅三人回到了沔阳城。张凤道策马在前方引路，直接将夫君带到了城隍庙边的万年台。

万年台是沔阳人民唱唱沔阳花鼓戏娱乐的地方。海报上写明，今晚演出的是沔阳花鼓戏《沔阳三蒸》。

陈友谅对张凤道说："凤道，看看，沔阳百姓多么拥护我们，连你姊妹俩发明的沔阳三蒸都搬上了舞台。"

张凤道含笑地点了点头。

负责文艺宣传的扬排风，在万年台上布置舞台，她从高处看见大帅和凤道姐、英杰在场外站着，连忙下台，在舞台下方中间，好不容易腾出了三个空位子，请他们入座。

台上唱小曲的蔡大爷调好了琴弦，才子佳人打扮的男女主角，她们敲着花鼓，分别从左右侧门而出，亮相后，用沔阳特有的小调唱了起来。

长江滚滚向东方，奔腾不息入海洋。
黄蓬湖里风云涌，渔民起义反朝纲。
沔阳渔小陈友谅，高举义旗威名扬。
一日屯兵湖岸上，不少将士闹嚷嚷。
纷纷指责炊事房，做的菜肴没名堂。
有时煮得稀巴烂，有时炒得硬邦邦。
影响食欲吃不饱，无奈干脆把碗放。
人是铁来饭是钢，一日不吃饿得慌。
全身乏力脚手软，怎能挥戈上战场？
炊事人员发牢骚，认为指责不应当。
此事传入友谅耳，静坐营中细思量：
一人智慧毕竟少，集思广益定高强。
深入军营去访问，礼贤下士求主张。
将士见了甚感动，个个出谋献策忙。
你一言来我一语，争先恐后开了腔：
要说食物并不缺，沔阳是个鱼米乡。

只要改进烹调法，巧妙安排跟得上。

友谅一听开了窍，决心按此做文章。

……

陈友谅看完沔阳花鼓戏后，陪同张凤道回府，一路上，他余兴未尽地思考着。一个决策的落实，能否得到百姓的拥护，是检验正确与否的唯一标准。实行军垦不但解决军费，更重要的是得到了民心。

不知不觉中，夫妇两人回到家中。

陈友谅进京有两月余，儿子必通出世，他不在家里，今晚第一次看见三儿虎头虎脑的样儿，他高兴得抱着襁褓中的儿子亲了又亲，长长的胡须扎得孩子生疼，竟大哭了起来。

“看你，看你，将孩子扎哭了。”张凤道嗔怪道，忙从他手中接过儿子，边哄着孩子，边指着她刚打来的热水说，“早点洗洗休息吧，今天忙碌了一天，累坏了吧。”

“是，夫人！”别看陈友谅在军中威风凛凛，一回到家里，在两位夫人面前，是唯唯诺诺。

2

陈友谅昨晚睡得特别香，一早来到办公室显得格外精神抖擞。现在兵强马壮，粮草充足，是进攻汉阳的大好时机。

原先只要自己的决策成熟，首先要争求军师的意见，再提交各位将军讨论实施。现在恩师仙逝了，找谁讨论呢？他突然想起一个人来。恩师虽然在遗书中将他贬得一文不值，但陈友谅却另有看法。

陈友谅命令陈英杰道：“快去请康茂才先生。”

“是！”

不一会儿，康茂才来到了大帅府，相互礼毕后，康茂才问：“不知大帅传唤老夫有何贵干。”

陈友谅说：“表叔，您将学堂的工作向熊幺妹移交后，请来大帅府担任军师如何？”

康茂才谦逊道：“感谢大帅如此信任老夫，我才疏学浅，不知能否胜任。”

陈友谅说：“表叔也是学富五车之人，更是继胡员外、黄将军、恩师三大元老相继去世后，仅有的一位元老。俗话说得好，‘家有老是个宝’，您一定能胜任的。”

一番客套后，陈友谅将他进攻汉阳的作战方案，向新任军师透了底，征求意见道。

“军师，不知此方案可有漏洞？”

康茂才转动他那灵活的眼珠儿，想了一会儿说：“大帅制定的作战方案非常全面，出其不意，攻其不备，是一套无懈可击的最佳方案。”

陈友谅见军师赞扬自己，虚荣心得到了极大满足。

他正准备命令传两位副帅和各路将军来大帅府议事时，陈英杰来报：“大帅，您师父来了，我领他在客厅候着呢。”

“我师父？”陈友谅一时语塞，是哪位呢？啊！肯定是我二十多年未见的王师父。

想到王师父，他三步并着两步地小跑来到客厅，一见那矮矮的身材，激动得连连呼叫：“师父，师父！”

陈友谅“扑通”一声，双膝跪下，纳头便拜：“徒儿拜见师父！”

王矮虎连忙起身，将他扶了起来，说：“友谅，使不得，使不得！你现在是统领千军万马的大元帅，要是被你的部下看见，成何体统。”

陈友谅说：“这有什么，一日为师，终身为父。皇上也要跪拜师父呢，何况我一介渔夫呢。”

陈英杰看见大哥这么虔诚地对待师父，他在一旁偷着乐哩。

“小弟，笑什么笑，还不去通知八个哥哥来拜见师父。啊，先去通知大嫂她们，说有显客来了，做些好吃的招待师父！”

“是！”陈英杰拜别王师傅，兴冲冲地跑出了客厅。

师徒一番亲热问候后，陈友谅问：“师父！您老怎么想起徒儿来了？”

王矮虎严肃地说：“为师今天受天完国皇上委托，有重大事儿同徒儿商量。”

陈友谅一惊，问：“师父，您也在从事反元活动？您和天完国徐寿辉皇帝是何关系？”

“为师教你武功的时候，看你年幼，也怕连累你全家，故而隐瞒身份，来去无踪迹。”

“啊？”陈友谅这才意识到，师父是一个不简单的人。

于是，他急不可待地恳求说：“师父，您老快说说您的秘密。”

3

原来江湖上人称的王矮虎只是他的化名，他的真名是大名鼎鼎的弥勒教首领彭莹玉，从至元四年，他在袁州领导发动了为推翻当朝统治的袁州起义。

袁州起义被朝廷镇压失败后，顺帝下旨，不惜重金、高官厚禄为奖赏条件，悬赏捉拿彭莹玉。

彭莹玉隐名埋姓，逃避在淮西一带，依靠当地穷苦百姓的掩护，秘密传播教义，组织武装力量，准备更大规模的武装起义。

他不但武艺高强，中医也有独特的医学见解。且信仰坚定，能说善辩，组织能力很强，常常深入群众之中，力所能及地解决贫穷百姓疾苦，揭露当朝的腐朽统治，动员大家起来反抗朝廷，深受群众支持和拥戴。

他坚持不懈地从事秘密活动二十四年，有成千上万的教徒，他们团结在他的周围，等待时机成熟，再度举起反元大旗。

至正十一年，他和麻城人、打铁的邹普胜，黄陂人、打鱼的倪文俊组织中路红巾军，举起了造反大旗。

天完皇帝徐寿辉，起义前是罗田的布贩子，他长期以来往返于城乡之间，由于他为人精明，生意诚信，义气为重，结交了很多朋友，是中路红巾军创始人之一。

徐寿辉身材魁梧，相貌独特，看似有君子风度。彭莹玉推介他为弥勒教首领，宣传他是弥勒佛转世，是救世主。

至正十一年八月，一切准备工作就绪，他们四人杀牲、焚香盟誓，正式起兵反朝廷。九月占领蕲春和黄州，以蕲春为都城，立徐寿辉为皇帝，国号天完，年号治平。

天完国如初出茅庐之虎，为消灭当朝势力，兵分两路：邹普胜、倪文俊率东路军，负责攻打安徽、江西、江苏、福建及两广等地，彭玉莹则率西路军，负责攻打湖北、湖南、河南、山东、河北等地。红巾军所到之处，朝廷的士兵闻风丧胆，红巾军所向披靡，打出了天完国的军威。

“啊！原来如此。”陈友谅听完了师父的传奇历史，更加对他肃然起敬，接着问道。

“请问师父，天完皇帝委托您在我这里来，有何重要事情？”

“皇上希望你能从大局出发，投奔天完国，合兵一处，组成强大的集团军优势。”

彭玉莹继续说：“蒙古帝国有百年根基，彻底推翻腐朽的朝廷，任重而又道远。现在全国群雄割据，实力分散，战争会无限期延长，且各路英雄雄踞一方，都在虎视眈眈华厦的大好河山，一旦蒙古帝国灭亡，春秋战国之乱就会重蹈覆辙。因此，为了天下生灵免遭涂炭，早日恢复大汉新秩序，吾皇决定，团结天下群雄，成立大汉国！”

陈友谅想了想说：“师父！我们正在计划攻打汉阳，待我夺取汉阳后，再投奔天完，共建大汉国。”

彭莹玉摇了摇头说：“友谅！你过于轻敌了。《孙子兵法》云：‘知己知彼百战不殆’。汉阳是中原重镇，九省通衢之战略要地，朝廷已派重兵把守，待我们合兵一处，再联合起来，有了雄厚的实力，统一指挥，定能拿下汉阳。”

“这……”陈友谅想想也是这个理儿，如是爽快地说，“师父，请转告皇上，友谅与众位兄弟商议，达成共识，再率众英雄豪杰，投奔天完国。”

4

送走了师父，陈友谅立即将张定边、张必先、康茂才、各路军的将军和众弟兄们，招集在一起，商讨投奔天完，建立大汉国的事情。

张定边第一个站出来投反对票说：“我们诸多将士流血牺牲，好不容易获得的胜利果实，他徐寿辉为什么要来摘？”

“是啊，我们是为大哥您打天下，凭什么要去跟着他人的屁股后面转，不去，不去！”张必先快言快语。

杨从政慢吞吞地说：“大帅！我们干得好好的，何必要作茧自缚呢？大伯恩师还健在的话，也会反对的，望大帅三思。”

熊天瑞接着发言说：“大帅！我们这不是干得好好的吗？要人有人，要粮有粮，我们的战船已经超过了东瀛和朝廷，还怕谁啊。宁做鸡头，不做凤尾。我们都服从大帅你指挥，不受制于人。”

“我聚义造反就是为了弟兄们过上好日子，结果是今朝有酒今朝醉，反倒落得个‘土匪’的坏名声。投奔大哥后，血雨腥风我们从不畏惧，为的是辅佐大哥，终成霸业，再过上舒坦的日子。不知大哥是怎么想的，老五说得对！宁做鸡头，不做凤尾，大哥可好，非要去捡人家的凤毛。”

罗显中的性格就是这样，扛着竹竿进巷子，直来直去。

实际上陈友谅非常赏识弟兄们的这种性格，敢于说出自己的观点，勇于承担责任，忠于自己。

谢伯坚见大哥是一脸笑相，并未生气，忙附和着说：“我们同意几位哥哥的意见，拥护大哥，自立为王。”

陈友德这是第一次发现，众兄弟群起而攻之，虽然是善意，但某种意义上讲，这是挑战大哥的绝对权威，此风不能蔓延。

于是，他站起来，斩钉截铁地说：“我们追随大哥，就要按大哥的意图办，大哥指向哪里，我们就战斗到哪里！”

“是啊，我赞成老八的观点。”王奉国附和着说。

陈英杰年轻气盛，他不赞同亲哥哥的意见，非常生气地说：“大哥叫你去撵狗，你不去撵鸡，就你听话？什么天完国，什么徐皇帝、狗皇帝，我只认大哥……”

“啪”的一声，一掌重重地拍在案板上。

未等陈英杰将话讲完，陈友谅拍着桌子，怒吼道：“放肆！”

陈英杰从来没有见大哥发这么大的脾气，伸了伸舌头，将下半截子话，咽了回去。

陈普文怕弟兄三个杠起来了，让众人笑话，忙站起来说：“大帅是个重情义的人，一日为师终身为父，他是师命难违呀，希望众位英雄能够理解大帅的心情。再说，合兵一处，何尝不可，从某种意义上讲，这是壮大了自己。”

陈友谅调整了语气，对一直一言未发的康茂才问：“康军师，请您老谈谈您的看法。”

康茂才一直是转动他那灵活的眼珠儿，在观察、揣摩大帅的真实意图，当他从他那“放肆”的语气中，心里明白，大帅决心已定，这只不过是走走过场而已。

“兵法云：‘工欲善其事，必先利其器。”大帅投奔天完，建立大汉国，是深谋远虑、高屋建瓴的雄才大略。”

康茂才继续慢条斯理地说：“大家想必知道，大帅的初心是，起兵造反，为的是穷苦人过上好日子，天下生灵免遭涂炭。而现在的形势是群雄各据一方，一旦朝廷灭亡，相互争夺江山的战争一触即发，那将是天下大乱，血流成河，尸横遍野，四面萧条鬼横行哉！大王怎忍心这种悲凉情景出现，大家齐心协力，推翻异族统治，拥戴一位明君执政天下，万民岂不是安居乐业乎。”

通过军师的这一点破，大家茅塞顿开。

胡廷瑞、李明道、陈荣、任亮、王敏得、康泰、易华、姜钰、孙琼、郭泰、胡大海、陈友直等大将先后表态，愿追随大帅投靠徐寿辉。

十弟兄也转变观点，一致赞同。

5

陈友谅见目的已经达到，高兴地宣布散会，只留下康茂才、陈普文二人，商量怎样送徐寿辉皇上一个见面礼。

三人围着《华夏义军态势图》仔细、认真地琢磨了起来。

他们很快发现，天完国的东西路大军，只是在长江以北向纵深发展，而与黄州一江之隔的古城武昌，还在朝廷的掌控之下。这样，就存在着对天完国的都城蕲春，造成重大威胁。

陈友谅指着武昌城说：“我们从岳阳发兵，经赤壁、咸宁、大冶、占领武昌，这就是一份厚礼啊。”

康茂才说：“大帅英明，此方案很好，既避开了汉阳的锋芒，也送出了厚礼。”

荆楚号称千湖之地，武昌是百湖之邑。陈友谅的战船从长江赤壁绕道，入娘子湖直逼武昌城。

武昌尹从打娘胎出来，哪里见过这么大的战船，还以为是天兵天将下凡，还未等陈友谅放上一炮，他早已吓得屁滚尿流，带领亲信，往汉阳方向逃去。

战船停靠在寒溪口，陈友谅站在指挥舱里，远远地望去，武昌城楼挂起了白旗。

陈友谅将望远镜递给一旁的康茂才说：“军师！这是怎么回事，我们尚未开火，武昌守军就举起了白旗？”

康茂才说：“大帅！您在船上候着，我带人去受降。”

“好！”

康茂才一行乘小船从北门上岸，北门大开，守将解观已经列队在城门两旁，夹道欢迎他们。

武昌守将解观是江西吉水人，是一位正直善良的武将，他获知沔阳狱吏陈友谅起兵造反，心里非常敬佩。他见朝廷腐败透顶，是“人在曹营心在汉”，早存心思，如遇好时机，就去投奔南汉王。

今天，南汉王的大兵压境，邑官逃之夭夭，此时不投，还待何时。

武昌城就这样，没费一枪一弹，就顺利地收复。陈友谅派陈英杰赴蕲春，将他已占领武昌城的消息上报给天完国朝廷。

徐寿辉见陈友谅真心投奔，收到了这么丰厚的礼物，他坐在皇帝的宝座上，心中异常高兴，忙下旨道。

“传南汉王陈友谅见朕！”

“臣拜见皇上。”陈友谅应召来到皇宫，见皇位上坐着威风凛凛的徐寿辉，忙跪下行着君臣之礼。

徐寿辉认真打量了一眼陈友谅，见其英姿飒爽，忙从宝座上起身，来到他身边，亲自扶他起来。

“爱卿平身。”

“谢皇上！”

“早闻邹丞相说，南汉王乃英雄豪杰，今日一见，果然名不虚传，赐座！”

“谢皇上！”

陈友谅大大方方地坐在太监搬来的圆板凳子上。徐寿辉回到他的宝座，下圣旨道。

“传令下去，封陈友谅为武昌尹，镇守武昌。”

“谢主隆恩！”陈友谅接旨后辞别而出。

他回到武昌，兄弟们早已聚集在行辕，等候升官发财的佳音。

张定边迫不及待地问：“大哥！皇上封了你什么官？”

“我们呢，我们是何官职？”张必先代表众兄弟们问。

陈友谅也不答话，将圣旨打开，高声唱喏：

“圣旨到！”

康茂才见多识广，忙带头跪下，九弟兄不知道朝廷礼仪，个个面面相觑，不知所措。

陈友谅怒说：“诸位还不跪下接旨！”

众兄弟见大哥一脸严肃的面孔，这是玩真的了，纷纷跪下。

“臣接旨！”康茂才带头说着，其他人则像没有吃饭似的，有气无力地鹦鹉学舌。

奉天承运

皇帝诏曰

南汉王友谅率部报效朝廷，乃万民之幸，也封武昌尹镇守武昌，其一干人等由尹府自行安排，尝言境遇者天也，自处者人也，天降驱虏大任于斯也，唯望尔等身自悦纳，旷达心怀，以掀元朝为要务，则深慰朕心，特制此诏着其闻所谨忠朕心。

钦此

大天完国治平宝印

“这是什么狗屁圣旨，我们一路过关斩将，浴血奋战，来投奔天完国，大哥你不升官也就罢了，倒降得与胡大少爷一样的官职，一个沔阳尹，一个武昌尹，真是眨巴眼养瞎子，一代不如一代。”

张定边越说越气，欲上前夺过圣旨，将它撕扯个稀巴烂。

“大胆！”陈友谅大声道，“撕坏圣旨，是要灭九族的。”

康茂才连忙出来劝说：“大帅……啊，陈府尹！不知者不为罪，下不为例，下不为例。”

张必先说：“大哥！别生气了，其实二哥说出了我们的心里话，是为大哥您鸣不平。这天完国皇帝明摆着把我们当着新巴子，欺生呗，我说算了，我们还是回沔阳，大哥继续当大帅，我去经营那一亩三分地，免得荒废了。”

“是啊，我们还是回去吧。”

“回去吧！大哥。”众弟兄像是统一了口径，都吵着要回沔阳。

陈友谅说“众位弟兄的心情我可以理解，但你们要明白，开弓没有回头箭，既然我们投靠了天完国，就要按朝廷的三纲五常来监督每个人的行为规范。否则，就会大祸临头。”

他担心冷了弟兄们的心，转移话题说：“再说皇上是重用我们，你们知道武昌是个什么地方吗？”

杨从政说：“我看跟我们家乡差不多，依山傍水，鱼米之乡！”

陈友谅说："你只知其一，不知其二，这是个虎踞龙盘之宝地。"

"哈哈哈"谢伯坚大笑道："大哥是逗我们开心吧！泛湖野鸭和菱藕，还虎踞龙盘呢。"

康茂才又转动着灵活的眼珠儿说："府尹说的没错，武昌古称鄂国，国王熊孚曾在西山降伏了猛虎。三国吴王孙权曾建都此地，因武而昌，改名武昌，五十年前，武昌尹铁山，在长江蟠龙矶上建阁，名观音阁，号称万里长江第一阁。建阁的是为了长期盘踞在蟠龙矶上的一条蟠龙，有一个舒适的居住环境，在观音菩萨的护佑下，确保武昌民众风调雨顺，安居乐业。"

陈友谅补充说："这还是一块富饶之地，是古铜镜之乡，蕴藏着丰富的铜、铁等矿藏，我们组织人力开采，制造各种兵器，发展武装。你们试想一下，我们是不是捡到金元宝了。"

"嘿嘿"熊天瑞笑着说："经大哥和军师这一点拨，武昌真是一块风水宝地啊。众位兄弟，我们听大哥的，没错！"

众兄弟都随着点头同意，唯独只有张定边没有表态，他嘀咕着：走着瞧，怕不是天上掉馅饼的事儿。

6

西路红巾军、中路红巾军和彭莹玉刚刚建立的东路红巾军合并一起，使天完国的军事力量，成为全国之最。

皇上徐寿辉沾沾自喜，喜不自禁，他立即召开由军师彭莹玉、丞相邹普胜、大帅倪文俊、武昌尹陈友谅参加的高级别的军事会议。

徐寿辉头戴皇冠、身着龙袍，威严十足地道：

"各位爱卿，现在我们天完国兵强马壮，占有天地人和的绝对优势。因此，孤家决定，发动全面的反元鞑子战争，力争在三年之内，将元鞑子赶回蒙古，成立大汉国，诸位意下如何？"

倪文俊在皇上面前点头哈腰，积极地表现自己，抢先说："皇上英明，吾皇洪福齐天，定能在三年内夺取天下！"

彭莹玉提醒道："请皇上不要过于乐观，现在朝廷的军事实力还是比较强大的，我们要找出敌人的薄弱环节，以教促战，扩大队伍，作长远打算。采取各个击破的战略，消灭敌人的有生力量，最后夺取京都。"

“军师所言极是，一切听从军师的。”

徐寿辉立马放下皇帝的架子，态度来了一个一百八十度的大转弯。因为他深知，他这个皇位是军师让给他的，论实权他只是一个空架子皇帝。

彭莹玉说：“我提议，我率一部战九江、夺豫章、入福建和两广之地，沿途夺城掠地，传播教义，扩大武装。倪文俊率一部，战芜湖、夺舒州、直逼江、浙。邹普胜率一部北上，入河南，夺河北、山东。陈友谅率一部，扫清汉阳周边的阳逻、黄安、孝感、信阳、云梦之敌，与你的根据地沔阳连成一片，彻底孤立汉阳，再夺汉阳，由皇上筹备大汉国事宜，建都汉阳。”

“好！要得，要得！”

徐寿辉连忙表态说：“在作战期间，我这个皇帝也不能空闲着，我决定随陈将军率部亲征，早日夺取汉阳，建立大汉国新生政权。”

其实，徐寿辉是有他的小九九，你彭莹玉夺城掠地，发展武装，其功高盖主，今后更难驾驭了。邹普胜过于义气，他是你彭莹玉一手培养起来的干将，决不会铁心忠于孤家的。倪文俊虽然胸无大志，是根墙头草，倒是可以利用的角色。陈友谅能征善战，智勇双全，孤家亲自挂帅，一可以监督陈友谅，不能与你走得太近：二是陈友谅的战功，不就是孤家的战功，一箭双雕，何乐而不为呢？”

邹普胜表态说：“坚决按军师的战略部署执行。”

“欢迎皇上来我部督军。”陈友谅表态完后，建议道，“吾皇、军师在上，我提两条建议，鄱阳王陈友壁是我的兄弟，我修书一封，他一定会归顺天完国的，军师可将九江为根据地，再长期直入。二是我们占领汉阳府后，将汉阳改为武昌，将现武昌恢复为鄂州，因为我们大汉国是以武为昌而建立的。”

徐寿辉欣喜若狂，连连说：“此两条建议甚好，甚好！”

彭莹玉笑着点了点头，心想，友谅成熟了，我毕生反元大业，后继有人。

皇帝亲自挂帅，极大鼓舞了陈友谅部的士气，他们集中优势兵力，战阳逻、夺黄安、取孝感，一路顺风顺水。

徐寿辉有点儿飘飘然了，原来打江山这么容易啊。为了加快扫除汉阳周边元军的进程，皇上又异想天开。

徐寿辉令太监传陈友谅来到中军帐，君臣之礼毕。

徐寿辉说：“陈将军！你部将士个个能征善战，待回朝廷，孤家再论功行赏。

只是孤家觉得，这种集中优势兵力的打法，有点儿是拿湖铳打蚊子，大材小用，猴年马月才能统一天下啊。”

陈友谅不解地问：“恕末将愚拙，皇上的旨意是？”

徐寿辉下旨道：“陈将军听令，为了加快夺取汉阳的步伐，我俩兵分两路，你率一路扫清云梦一路的障碍，与沔阳连成一线。孤家率一部直逼信阳，彻底切断汉阳与元朝廷的退路，使汉阳成为一座孤城，我们再合兵一处，夺取之！”

“末将遵旨！”

陈友谅回到偏帐，立即调整了部署：令张必先、罗显中、解观三部共五万余人，受命皇上，攻打信阳。他和张定边部、王奉国部和警卫营胡大海部三万余人，攻打云梦。

徐寿辉对陈友谅这样的部署十分满意，他率领精兵强将从孝感起程，雄赳赳气昂昂地向信阳进发。

八百里的大别山余脉鸡公山，是豫鄂两地的分界线。其山巍峨陡峭，道路崎岖，是进入中原的天然屏障，有一夫当关万夫莫开的险峻。

张必先作为先头部队，首先来到鸡公山下，望着这崇山峻岭，不寒而栗。他没有山地作战的经验，惧怕有元朝廷伏兵，立即下令停止前进，等待皇上来了，再行定夺。

徐寿辉坐在八抬大轿中，不多时也来到山脚下，他拨开轿帘见前面停止了行军，忙伸出头问：“张先锋，怎么停止了前进！”

张必先策马来到轿前，飞身下马，单腿跪下，拱着双拳说：“启禀皇上，前面就是鸡公山，两边山势陡峭，只有壑间一条窄窄驿道，弯弯曲曲。末将恐有敌人伏兵，故而不敢冒进。”

徐寿辉满不在乎地说：“怕什么怕，元鞑子是强弩之末，他们哪还有伏兵。孤家洪福齐天，前进！”

“是，末将遵命！”

张必先毕竟是久经沙场的战将，为了以防万一，他命令：“现在兵分三路，我率部在前面开路；解观率部为中路，负责保护皇上的安全；罗显中部则断后，以防敌人从后偷袭。如果前面发现有伏兵，则掉转方向，罗显中为前，我断后撤退，一定要保证皇上的安全。”

"是！末将遵命。"罗显中，解观领令回到军中。

五万多人的兵马，像似一条巨龙，蜿蜒地盘旋在古驿道上，首尾难见。

7

"轰……"突然，鸡公山发生天翻地覆的巨响，随着巨响后的尘埃散去，徐寿辉的部队被山石堵住，分成了三截，被炸死而埋在乱石下的士兵不计其数。

徐寿辉部被堵在中间，四处无路，就如瓮坛中的乌龟，伸手可擒。

"快保护皇上！"

解观从昏蒙中清醒过来，看到这情形，就知道遇到了敌人的伏兵，他下令后，就策马来护卫皇帝的大轿。

"杀！杀死徐寿辉这个狗贼！"

果然不出解观所料，从两边的半山腰中杀出一路人马，为首的大将是元军大将脱脱木。解观立马上前迎敌，两军在鸡公山壑间窄长的地段，厮杀了起来。

半山腰的喊杀声，惊动了山上的一位打猎的姑娘，她好奇地望着这突如其来的战场。

这位姑娘不是别人，她就是襄阳潘猎户的独生女儿潘绍华。她是个如花似玉而又胆大包天，性格豪爽，敢作敢为的女子。

陈友谅和张定边、张必先、陈英杰在襄阳上山打猎那日，陈友谅无意中射落了金凤凰，这是潘绍华射凤招亲的心愿，她就将自己的终身暗自许配给了他，陈友谅还蒙在鼓里呢。

潘绍华深信，这就是缘分，她每天都在期盼郎君抬着花轿来迎娶她，可每次都落空。

她想：郎君真是个大傻瓜，那天她与他第一次见面，她就暗送秋波，难道郎君不理解她的意思？

她经多方打听，她未来的郎君是大名鼎鼎的南汉王陈友谅，美女爱英雄，更加坚定了她的决心，非他不嫁！

潘绍华继承了山里猎人英勇、刚毅、倔强的秉性，曾试图来沔阳百里寻夫，苦于多病的老父亲无人照顾，就先把这事儿搁下来了。今年开春，父亲仙逝，她安葬了父亲后，就背着箭囊，手握箭弓，走上了寻夫之路。

从襄阳到沔阳，从沔阳到武昌，从武昌到黄安，从黄安到孝感，她总是追着陈友谅的屁股后赶。

在孝感，她打听到夫君正带兵攻打信阳的路上（军事情报，不够准确），她心想，我是丛林之花，从鸡公山抄近道，赶在夫君的前面，这回看你还往哪儿跑。

潘绍华开辟荆棘小道，紧追慢赶，来到了鸡公山的腹地，已经饥肠辘辘。她在一块巨石下打开包裹，准备吃些干粮再赶路。

她正吃着，“嗷呜……”正前方突然传来山林之王虎的呼啸声，虽然其声音夹杂着痛苦的呻吟，但其吼声震彻山林。

猎女一惊，但很快就镇定下来，她有百步穿杨的本领，任何凶猛的野兽，都难逃她的箭头。只见她迅速从背后抽出一箭，熟练地挂箭开弓，直视前方。

前方果然是一只吊睛白额大虫，只见它伏在地上，张着血盆大口哀鸣，而两只眼睛在不停地流着泪珠儿。

凭经验，潘绍华判断出这是一只病虎，它不会对她发起攻击。人性善良的本性涌上心头，它一定是有难求她。医圣李时珍尚有虎口拔牙之胆量，我一个堂堂猎女有什么不敢的。

她突发奇想，来到它身旁，对它说：“我救活了你，你当我的坐骑如何？你要是同意，就点三下头。”

怪了，这只白额大虫听得懂人话，连点了三个头后，就将口张得更大。啊，原来是这畜生吃野猪时，也许是好久没有进食，狼吞虎咽，不小心将其獠牙，死死地卡在了它的牙缝里，动弹不得。

只有猎人的女儿，才天不怕地不怕。

“你忍着点儿！”她说完后，伸出秀手伸向老虎嘴里，握住獠牙，使劲一扳，就将野猪的獠牙扳了出来。

老虎用舌头舔了舔尚在流血的牙齿后，就摇头摆尾，围着她转了一圈。

这时，山下的厮杀声已经接近尾声，解观的人马已死伤大半，解观在马上拼尽全力保护皇上，而徐寿辉在轿中吓得瑟瑟发抖，轿子也像发地震似的抖动了起来。

忽地，解观的战马被一块大石头绊了一下，解观不防从马背上栽了下来，脱脱木见状，手疾刀快，可怜英雄解观，投靠陈友谅不到一年的工夫，为护驾而身首异处。

潘绍华在山上看得直切，不好！是夫君的“陈”字军旗，那轿里坐着的一定是夫君。

“夫君！妾来救你也！”

潘绍华飞身骑在老虎背上，从天而降。她手中的箭镞飞向脱脱木的右手，脱脱木欲砍向轿中的大刀，“当”的一声，脱落在地上。

“不好！有援兵。”

脱脱木忍痛护住自己受伤的右手，惊恐地四处张望。

“嘶”的一声，脱脱木的宝马，发现一只猛虎下山，顿时吓得撒腿就跑，差一点儿将主人甩下马背。

脱脱木又是一惊，回首一望，一只老虎的背上，端坐着一个漂亮的仙女。

“啊！原来我们设伏消灭天完国皇帝，触怒了天庭，玉皇大帝派仙女救驾来了。”脱脱木想着，无暇顾及部下的安危，独自逃走。

潘绍华见敌将逃走，她也不追赶，只身飞进轿中，如老鹰抓小鸡似的，提着徐寿辉，策虎而去。

第十五章

潘绍华攻汉阳首建奇功　陈元帅惜英雄留下祸根

飞虎张弓射炮堂，先锋袖剑领头伤。
谁人能比英雄俊，皇帝迁都他觅芳。
——题记

1

潘绍华将徐寿辉救出到安全地带后，从虎背上放下他。她再仔细一看，啊！不是郎君，救错人了。

她没好气地问：“你是谁？为何坐在陈将军的轿中？”

徐寿辉回过神来，见是一位美人儿，感激地答道：“感谢女英雄救命之恩，孤家乃天完国皇帝也。”

“那我夫君呢？”

“哪位是你夫君？”徐寿辉反问道。

“南汉王陈友谅！”

“陈友谅啊！他是我的爱将，现在率兵攻打云梦去了。”

“云梦？”

潘绍华心想，信息不准害苦人，云梦与襄阳相邻，早知这样，本姑娘就不会跑这么多的冤枉路啊。眼前的人是夫君的顶头上司，我得帮他返回皇宫。否则，夫君怪罪下来，不认我这个老婆，岂不遗恨终生。

“皇上，你家住哪儿，我送你回去后，再去云梦会郎君。”

“谢谢，你将我送到山口，张将军他们就会迎接我的。”

徐寿辉突然想到，陈友谅是有两房妻妾的人。

“女英雄，恕孤家直言，陈友谅只有两位夫人，大房杨金花，二房张凤道，他们恩爱有加，从来没有听说有你这位三房夫人啊。”

“这个负心郎！”潘绍华听后，银牙咬得“格格”作响。

“孤家问你，姑娘姓甚名谁，从何而来，曾与友谅有过婚约，快说给我听听，孤家为你做主。”

“小女子姓潘，名绍华，襄阳人氏，虽与友谅没有婚约，但有射凤许亲之缘。”

如是，潘绍华如何将终身托付在金凤凰上，陈友谅又如何射得金凤凰，她满竹箩筛数豆子，一五一十地讲了出来。

徐寿辉问：“事后你们曾相互交流过。”

潘绍华脸上显露出红晕，含羞地说：“我曾对他脉脉含情，他脸儿一红，就跑开了，这样算是交流了吧。”

“这就难办了，陈友谅不会，也不敢承认你这门婚姻啊。”

“您不是皇上吗，是负心郎的顶头上司，您一定有办法，替本姑娘主持公道，帮我成全这段姻缘。”

徐寿辉沉思了一会儿，眉头一皱，计上心来。

“也罢！只有这样：我俩结拜为兄妹，你就是金枝玉叶，绍华公主了。我当着百官的面前，将你许配给他。”

潘绍华听后大喜，纳头便拜：“皇帝哥哥在上，请受小妹一拜。”

“且慢！待孤家将话讲完，再拜不迟。”

“请讲。”

“孤家要你嫁给他后，监视他，是否对孤家忠心，如有异常举动，要随时密报孤家。”

徐寿辉在彭莹玉、邹普胜、倪文俊身边都安排有钉子，苦于在没有找出合适人选，只有自己亲自出马，监视陈友谅，这下可好了，瞌睡遇到了枕头。

潘绍华心想，这不是要我当特务吗，这怎么可能呢。不管他，先应承下来，达到目的再说。

“看皇上哥哥说的，这还要您教吗？哪有女儿不护着娘家之理。”潘绍华言不由衷。

“哈哈哈！”

徐寿辉大笑后说：“看来我俩的兄妹之缘是上天安排的。”

一奇女子，骑白虎从天而降，勇救皇帝；皇上龙颜大阅，与女英雄结拜为兄妹；而这位公主毫不掩饰地扬言，陈友谅是他的夫君，武昌府尹变成了驸马爷的重大消息，已经在红巾军中传得沸沸扬扬，远在云梦作战的陈友谅还蒙在鼓里。

陈友谅得胜返回武昌，张凤道早已做了一大桌子菜，还有一坛樊口春稻香酒等着他。

席间，张凤道的脸儿，笑得怪怪的，有一种令人捉摸不透的感觉。陈友谅心想，爱妾今天怎么啦，与原来判若两人，一定有什么事儿发生，小心应对便是了。

张凤道端起酒杯，敬他的酒说："妾今天置办花心大萝卜宴，与得胜回来的将军接风洗尘。来，我代表大姐，敬您一杯。"

"这哪跟哪啊。"

陈友谅一头雾水，再一看桌上，哈哈，全是萝卜：什么烧萝卜、蒸萝卜、炖萝卜、萝卜汤，还别出心裁地酥了一碗萝卜丸子。管她呢，尝尝再说。

"哎哟，好酸！"

陈友谅说："夫人！你想必是打破醋坛子了。"

张凤道翘着嘴儿说："打破醋坛子怎么啦，难怪大姐说你是个花心大萝卜，吃在碗里，看在锅里。"

"你今天怎么啦，吃铳药了，话语这么冲。"

"我问你，你和潘绍华是怎么回事？还射凤招亲，老不正经的花心萝卜。"

她不容丈夫争辩，抱怨说："还想狡辩？怎个红巾军都在传播，你的这条花边新闻呢。"

"越说越离谱了，本尹为人不做亏心事，半夜敲门心不慌，没有的事。"

"明天你就要当驸马爷了，还不承认。"

"我对天发誓，如有此事，将毒箭穿心！"陈友谅恼怒地发誓。

"呸、呸、呸！"

张凤道连忙制止了他的毒誓，凄凉地说："大姐说你是土星转世，是个情种，我还不信。看来夫君这一生，桃花运不断啊。也罢，我今个儿侍候你一晚，明天就回沔阳，伴随大姐过清贫的日子。"

"别呀，我不娶她便是了。"陈友谅紧紧地抱着她，像怕她飞走了似的。

张凤道无可奈何地说："夫君！你不能抗旨，那是要治罪杀头的，明天你就娶亲吧。

她发出一声苦笑："有了皇亲国戚，我们也跟你沾光，享受荣华富贵啊。"

2

在陈友谅和潘绍华的婚礼上，徐寿辉是强装笑脸，心事重重。

邹普胜、倪文俊部的密探分别来报，他们都出师不利，战绩不佳。而彭莹玉部的密探回报，则令他大惊失色。

原来，彭莹玉率兵直取豫章，杭州，然后分兵夺取渐西、渐东各州县。由于兵力分散，没有巩固的根据地，而遭到元军集中优势兵力的突然袭击。

这只元军主力在与彭莹玉进行拉锯战，他们乘彭莹玉在杭州没有站稳脚跟，而军力对比悬殊时，出其不意，攻其不备，红巾军大败，彭莹玉终因寡不敌众，战死沙场。

徐寿辉问密探："军师战死的消息，还有谁知道？"

密探说："只有皇上您一人知道。"

徐寿辉心想，要严密封锁消息，以免军心大乱，特别是不能使陈友谅知道他师父已经阵亡。否则，他是无心攻打汉阳的。

"嘿嘿"徐寿辉一声冷笑，对主管太监眨了眨眼，下旨说："密探你辛苦了，赐御酒！"

"谢皇上恩典。"

密探感激涕零地一口喝下，主管太监端来的御酒。瞬间，他肝肠断裂，口吐白沫倒地而亡。

彭莹玉阵亡的消息，被天完国皇帝捂得严严实实。

陈友谅与潘绍华新婚宴尔的第三天，徐寿辉就开始拨弄他的如意算盘，令主管太监下传圣旨到达武昌。

陈友谅陪同公主与军师、众位弟兄，正在府尹商讨夺取汉阳之策，忽闻门卫报告，主管太监来了。

陈友谅一干人等，连忙走出中门迎接。

主管太监见到陈友谅，高声唱喏："圣旨到！请驸马爷接旨。"

"臣接旨！"陈友谅等人立即跪地接旨。

奉天承运

皇帝诏曰

着驸马武昌府尹陈友谅为主帅绍华公主为副帅张必先将军为先锋率部攻打汉阳竭智尽忠凯旋回朝

钦此

大天完国治平宝印

“臣领旨！”

陈友谅接到圣旨后，立马组织人力、物力，待一切准备工作就绪后，率部很快包围了汉阳城。

3

汉阳守军紧闭城门，实行宵禁，城内出现交战前的紧张气氛。

张定边是主攻东门，他见敌人紧闭城门，先是试探性地佯攻。守军毫不示弱，炮火连天，压得红巾军抬不起头来。

潘绍华随陈友谅在前沿指挥所里看得真切，她请战道：“夫帅！请在军中挑选出二十名神箭手，妾发明有炮箭。”

她指了护城河堤上的一排排杨柳说：“妾带领他们爬在树上，用箭炮射向敌人的炮堂，将其炸毁，再来叫阵厮杀。”

“要得！”陈友谅毫不犹豫地同意了，并关心地说，“夫人！请务必注意安全。”

潘绍华莞尔一笑，甜甜地说：“请夫君放心，小菜一碟。”

潘绍华跃出指挥所，率领二十名神箭手，飞快地来到杨柳树下，她只“嚓嚓”几下子，比猴子上树还快，就爬上十余米高的树丫上站定，其他神箭手纷纷仿效。

“放！”潘绍华一声令下。

“嗖嗖”之声飞向城楼上的敌炮兵阵地，还没有等到敌守将明白是怎么回事儿，就传来“轰轰”之声，敌炮堂爆炸引发了旁边堆放炸药的箱子，千余米长的城墙爆炸声接二连三地传出，一长串儿的硝烟从城墙上腾空而起。

“哈哈！大哥又娶了一个会打仗的老婆。”

笑毕，张定边一马当先，策马跃出战壕，在城楼下高声地叫起阵来。

“郭英！你这个朝廷的走狗，快打开城门，出来投降，我大哥饶你不死。”汉阳府尹兼中原统兵大元帅郭英，在城楼上听得真切，气得“嗷嗷”大叫：

“你们这些小小蟊贼，目无朝纲，藐视朝廷，以卵击石，不自量力，快速来受死。”

郭英发泄完后，问身边大将道：“谁愿出城迎敌？”

“末将愿往！”脱脱木抢先应道。

“好！你在鸡公山伏击徐贼尚未取胜，本帅念你立功补过心切，首功由你来夺。”

“谢大帅！”

脱脱木领命后，骑着高头大马，手提偃月大刀，率四千士兵打开城门，浩浩荡荡地出城，很快组成队列，一看就是一支训练有素的军队。

“没想到出来的是一个小小的送死鬼。”张定边正准备挥刀上阵时，只听到一声洪亮的女声。

“张将军，来者乃我手下败将，我来打头阵，取他首级。”

“是！请嫂夫人小心应战。”

“晓得！”

“唷……”潘绍华一声长长的口哨声后，一只白虎从草丛中飞快地窜出，潘绍华飞身骑虎，手里举着两尺长，砍灌木用的弯弯砍刀，冲向敌阵。

“哈哈！”这是什么坐骑，这又是什么兵器，张定边是大姑娘坐轿，头一回看到，看蒙了。

白虎冲到敌阵前，倒把脱脱木的战马吓得“嘶嘶”乱叫，前蹄扬起，不停地刨着地面，要不是脱脱木勒紧缰绳，怕是早已吓跑了。

“又是你！女贼，速速报上姓名，本将手中的偃月刀不斩无名之鬼！”

“手下败将听好了，姑奶奶姓潘，名绍华，是大元帅陈友谅的老婆，也是天完国副元帅。”

潘绍华看到脱脱木的战马，瑟瑟发抖的熊样子，笑着说：

“嘻嘻，还未开战，你的坐骑就吓傻了。姑奶奶从不以强欺弱，我俩都下坐骑，平地比个高低如何？”

“好！”脱脱木假装同意。

潘绍华拍了拍白虎的屁股说："宝贝，去！原地藏起来，有你的虎威在，就体现不出姑奶奶的真本事了。"

脱脱木见白虎离去，"嘿嘿"一声冷笑，策马挥刀就向潘绍华迎头劈来。

张定边在阵前看得胆战心惊，嘴里嘀咕着："完了，完了！"

他距她们有好几仗远，根本无法解救，他惊得冷汗直冒：这怎样向大哥交代啊！

说迟时那时快，潘绍华见状，忙举起砍刀拦住了偃月刀，"哐"的一声响起，张必先长长地吁了一口气。

狗日的元鞑子，这么不讲信义，还算个男人吗？姑奶奶本想与你大战几十个回合，再来收拾你，你不讲信义，别怪姑奶奶我在战场上使诈啊。

潘绍华假装败阵的样子，拔腿就跑，脱脱木得意，策马紧追不舍，他见她步履如风，却与快马拉开了距离，他急中生智，欲取出套马索套住她。

出色的猎人不但有敏锐的双眼，还练就了一双顺风耳，潘绍华听到后面有轻微的异动，乘其不备，抽箭放矢。

"呀！"脱脱木惨叫一声，栽落马下，一命呜呼。

4

"女贼！不要逃了！待本将与你决一雌雄！"元军统兵闷豹在城楼上穷凶极恶地高喊。

脱脱木是他表哥，想起三个亲哥哥都惨死在反贼之手，新仇旧恨涌上心头，他不等郭英命令，就飞马冲出城来。

潘绍华正想唤虎迎敌，张定边策马上前说："三嫂，杀猪何需用牛刀，你下去休息一会儿，小弟去会会他。"

敌我双方都是两员猛将，也不客套，策马提刀便战。

张定边生来人高马大，通过十余年的战争洗礼，变得更加智慧、勇猛、富有临危不乱的战场应对经验。

闷豹是一只真正的草原猎豹，他拜郭英为师，十八般武艺样样精通，骑术号称草原鹰，是郭英培养出的得力干将。他凶残、彪悍、善于暗箭伤人。

半斤对八两，两人从巳时战至午时，大战了五百余回合，难分胜负。

陈友谅在指挥所里，郭英在城楼上，两方主帅都看得两眼发直。随着时间的推移，尘土笼罩着整个战场，只听得两人的厮杀声和兵器的撞击声交织在一起，使战场越来越模糊。

郭英暗喜，这是徒儿使用暗箭杀敌的大好时机。果然，闷豹卖出一个破绽，提枪便逃，张定边紧追不舍。

突然，闷豹瞬间勒马、抽箭、拉弓、射箭，四个动作几乎是同一时间完成，其速度之快，令人咋舌。

张定边粗中有细，他见前面逃将的战马忽然传“嘶嘶”声叫，他一下子就警醒了，暗骂：娘的，跟你爷爷玩起了暗箭伤人的小儿科游戏。他侧身藏入战马的右腹边，“嗖……”箭矢从战马的头上飞过。

闷豹又策马而逃，逃着，逃着，他见前面有一棵大树，一计不成又生一计。他收缰耸立，将长长的绊马索的一头绕缠在树根，他立马来了一个九十度的转弯，顺势勒紧了绳索。

张定边的战马在直线飞驰中，冷不防被绊马索绊了一下，惯性力的作用，战马一头兀然栽倒在地，张定边猝不及防，被抛向空中。

“不好！”副将王敏一直在最前沿观战，他策马上前，急中生智地高喊道：

“元鞑子，拿狗命来！”他开弓射向闷海。

闷豹本想提刀斩将，他正在纳闷，怎么地上只有敌将的战马，而不见敌将？突然听见后面的喊声和“嗖……”的箭矢声，他回首仰天举刀挡箭。

就在闷豹刹那间露出喉部，一枚袖箭比箭矢还快，深深地扎进了他的喉咙，他连哼一声的机会都没有，就倒地而亡，而两眼却睁得大大的。

张定边如紫燕般地从树上飞了下来，走到闷豹的尸体边，弯下身子帮他合上双眼。

原来，张定边被抛向空中，敏捷地抓住一个树枝，施展轻功，站立在树丫上。他见闷豹回首挡箭的破绽，伸手甩出袖箭，稳、准、狠地杀死了他。

敌兵来抢夺闷豹的尸体时，王敏正欲大开杀戒，张定边对他说：“王将军，敌将是位难得的英雄，就让他们收尸吧。”

“哈哈哈……英雄惜英雄。”王敏策马跑出了圈外。

郭英见一日之内连折两员大将，大惊失色，预感到末日即将来临，急令紧闭城门，乃着困兽犹斗之势。

5

汉阳城墙高宽厚实，而汉阳既是鱼米之乡，又是冶金铸造重镇。官仓里的粮食堆积如山。郭英不像其他的朝廷官吏，不顾民众死活，以致内乱。他很会收买人心，关闭城门后，实行保土人人有责，粮食户户供给的政策，城内秩序井然，士气仍然高涨，加之四道城门是用厚厚的铸铁浇灌而成，固守待援一年半载是无任何问题。

陈友谅发挥群策群力，想尽了各种办法：叫阵无应答，云梯断成山，炸药快用尽，就是攻破不了城池，无可奈何。

正当他在中军帐中发愁时，他二叔、情报官陈普文从武昌赶来。不必寒暄，他是来献计的。

“大帅！汉阳城内有一富商姓蔡单字哲，是我的至交好友，也是反元的积极分子。待我潜入汉阳城，与他合谋，看是否有机会里应外合，夺取汉阳。”

陈友谅仍然皱着眉头说：“二叔！办法好是好，可敌军终日紧闭城门，您怎么进去啊？”

“事先我已侦探清楚了，汉阳城有几处通往长江的下水道，城南的一处高大宽阔，人能从里行走。这个时候正是枯水季节，行动方便。”

“天助我也！”陈友谅高兴地说，“带上英杰，一路上保护您，爷俩相互也有个照应。”

“谢大帅！”陈普文对一旁站着的小儿子说，“英杰，快去找两双硬底的皮靴和一盏马灯。”

“嗳！”

爷儿俩一切准备工作就绪后，提着马灯进了下水道。他们在下水道中摸索前行，约有两个时辰的工夫，发现有一处发出微微的丝亮，陈英杰上去悄悄地打开一条缝，看后立马还原。

陈普文在下面低声问：“怎么啦，不是出口？”

陈英杰用手指做了一个“嘘”的手势，轻轻地下来，对着他父亲的耳朵说：“像是敌人的兵营，好多敌兵。”

“再找找。”

往前走了约一里地的工夫，又见到了一处光亮，陈英杰如法炮制，往上一望，这里像是富人家的后花园，他见四处无人，将水道盖挪开，敏捷地跃了上来，警惕地四处一望：花园绿树成荫，假山林立，百花争艳，燕喃亭榭，蛙鸣荷池，好一处休闲安逸之处。

“苕里苕气的，又不晓得叫老子上来，快把我憋死了。”

陈普文等了一会儿，见没有儿子的动静，只好爬了上来，抱怨地对儿子说。

“啊，好玲珑美丽的花园。”陈英杰被花园迷住了。

陈普文摇了摇头，认真地观察着地形，啊！好熟悉的花园。

“快来人啦！”“有贼！”

突然，在通往荷池的亭廊里传出小姐和丫鬟的尖叫声。

不多一会儿，蔡管家带领众家丁将他们父子团团围住。

“哟！来得蛮快的嘛，倒像是训练有素。”陈英杰没有将这些家丁放在眼里，正欲挥拳便打。

陈普文见状，忙制止说：“不可造次！巧了，这就是蔡府，刚才喊叫的是蔡小姐。”

“拿……”蔡管家正想命令拿下，可拿字刚出口，他连忙上前拱手赔礼道，“陈老板！对不起，怎么是你们，你俩是从什么地方冒出来的？”

陈普文说：“啊！是蔡管家，这不是说话的地方，我有急事，要见蔡老板。”

“都退下！”蔡管家向家丁们挥了挥手，对他们说：“陈老板，请跟我来，老板在书房里。”

远处观望的小姐蔡玥，见是一老一少，那少年长得多么英俊，她望着他离去的背影，心想，我曾在哪里见过他，在梦里！她顿时激动得脸色桃红。

“哟！小姐的脸儿红的赛过水中的芙蓉，莫非刚才的后生，是小姐的意中人。”丫鬟调侃小姐道。

“看我不撕碎你这小妮子的嘴！”蔡小姐假装生气地骂道。

丫鬟假装害怕的样子，向荷花池边跑去。

蔡小姐若有所思地说：“我不跟你玩了，我要招待客人去。”

陈普文父子进入书房，宾主一阵寒暄后，他对儿子说：“快喊蔡叔叔！”

“蔡叔叔好！”陈英杰很有礼貌地喊道。

蔡哲见面前的后生，浓眉大眼，天庭饱满，脸面团圆，一看就令人喜欢，他不禁问道：“陈老板，这位公子是……”

“啊，是老夫的小儿子，名英杰。”

“多么英俊的后生。”蔡哲赞罢问，“现在城门都关了，四处戒严，你们父子是怎么进来的？有什么急事儿。”

陈普文直截了当地说：“蔡老板，我爷俩是从下水道进城的，是受我家大帅之令，前来与你商讨破城之策。”

“元军四个城门防守严密，虽然我家家丁们训练有素，早已做好了内应准备，但光靠他们，是难以打开城门的，只能是白白送死。”

“蔡老板，是的。我一路在想，想出了个办法，不知可行否？”

“陈兄，请讲。”

“从下水道里潜入一部分将士进来，配合家丁，夺取城门。”

“好是好。”蔡哲想了一会儿说，“只是下水道窄小，一次也潜入不了多少人进来，时间久了，人多嘴杂，一旦元军将小院团团围住，岂不是瓮中捉鳖。”

“是的，蔡老板所言极是，得想个两全其美的办法。”

6

这时，蔡玥用托盘端着茶水姗姗而入。她首先将茶水放到陈普文跟前的茶几上，甜甜地叫着。

“陈叔，请喝茶。”

“谢谢蔡小姐。”

陈普文接过茶杯后，她低头来到对面而坐的陈英杰面前，偷窥了他一眼，羞红着脸对他说：

“茶，喝茶，请喝茶。”

陈英杰心想：唷嗬，蔡小姐想做先生考本将。好在我在白鹿书院听了大哥和儒士的对话，学得了一点斯文，小菜一碟。

“貌，礼貌，讲礼貌。”陈英杰脱口而出。

陈英杰答完后，正眼目视着她。啊！原来是仙女下凡了，他眼直瞪瞪地打量着她。

姑娘身穿淡绿色的长裙，袖口上绣着淡红色的莲花，胸前是宽片锦缎束身，凸显少女曲线之神韵。随意扎着流苏髻，发际斜插芙蓉碧玉发簪，淡描蛾眉格外灵秀，灵活的眼眸慧黠地转动。皮肤细润如温玉柔光若腻，樱桃小嘴不点而赤，娇艳若滴，腮边两缕发丝，随风轻柔拂面，平添几分诱人的风情，嫩嫩的脸蛋儿如出水芙蓉。纤纤玉手指甲上涂有粉红甲油，一双三寸金莲下的绣花鞋儿，小巧玲珑，步履姗姗。

蔡玥也在暗暗地打量着他，心中暗喜，眼前的这位公子看来是文武全才了，这正是我心中的……

她为了进一步试探他的才华，就用她与他泡的碧螺春茶，即兴轻吟道："碧螺壶中香扑面。"

陈英杰敏捷过人，脱口而出："绿茶盏内味如春。"

蔡玥快吟道："山径摘花春酿酒。"

陈英杰快答："竹窗留月夜品茶。"

蔡玥脸蛋儿更加红润，轻轻道："谢谢陈公子和韵。"说完，就移动着三寸金莲，退出书房。

蔡哲见爱女如此热情，亲自倒茶给客人，真是太阳从西边出来了。知女莫过父，爱女已到谈婚论嫁的年龄，媒婆踏破了门槛，她心气高，就是不应许。他就这么一个独生女儿，从小娇惯了，他任由她。

今天从女儿的行为举止上看，她一定是看上了面前的英俊小后生。他想到女儿的终身大事，突然一拍大腿说："有了！"

"什么有了？"陈普文正在品茗，突然听到蔡哲说有了，莫名其妙他问。

"破敌之策！"

7

这是个吉利的日子，蔡府张灯结彩，喜气洋洋。蔡老板嫁姑娘的消息不胫而走，家喻户晓，街谈巷议。来到蔡府贺喜的人们络绎不绝，平添了很多陌生的面孔，将偌大的蔡府堵得水泄不通。

张定边化装成接亲的队伍，早早地来到北门城外，又是鞭炮之声，又是唢呐之声，好不热闹。

吉时已到，鞭炮、烟花齐鸣，响彻云霄。一乘八抬花轿从蔡府出来，随后是送亲的队伍，他们穿着节日的盛装，排着成一条长龙，紧跟在轿子的后面，往北门而来。

郭英被突如其来的鞭炮声惊醒，他还以为是敌军陈友谅使用炮火攻城，正准备披甲上阵。

这时，防守北门的千总派传令兵来报告。

“报告知府大人！是蔡府嫁女儿，迎亲的队伍在北门城外高喊开门，城内送亲的队伍在城内呼应，总兵大人令我来向大人请示，可开城门否？”

郭英想：北门？那是通往京都的必经之路，汉口外围尚没有敌情通报。民间结婚是千百年来的大好事，我若不同意，势必会影响军民团结，现在是战争时期，要以安抚民心为重。

想到这儿，他命令道：“回去通知你家总兵，打开城门让花轿出去，不许迎亲的队伍入城！”

“是！”

正当守城士兵打开北门，总兵警惕地注视出城花轿时，突然从花轿中飞出一人，手持宝剑向总兵刺来。

总兵顿时醒悟，高喊：“快关城门！我们中了敌人的迎亲之计！”

可是已经迟了。城内以张必先为首的二十员大将和蔡府家丁，分别从嫁妆里抽出兵器，杀死了城门的士兵，控制了北城门。

总兵被从轿中飞出的猛将陈英杰缠住，两人战得脱不了身，他不能有效地组织反扑，眼睁睁地看着，张定边带领埋伏在北门边的红巾军，如群蜂般地涌进城来，杀声震天。

“完了，完了！”总兵心无二用，一分神，就露出破绽。陈英杰猛地一个白鹤亮翅，剑锋已经刺入了他的心窝。

陈友谅和潘绍华的指挥所设在东门，当他们望见北门方向喊杀震天，就知道张定边他们已经得手。不多时，东门洞开，早已等候在此门的红巾军如潮水般地涌入城内。

潘绍华正欲唤虎杀入城中，陈友谅制止道。

“别唤了，你将一只白虎骑入城内，百姓们见了，不像是躲避女妖怪才怪哩，还是放虎归山吧。”

潘邵华翘着小嘴说：“那我呢，没有坐骑，我怎样去杀死狗官郭英！”

陈友谅真挚说：“说得轻巧，你不是郭英的对手，我不愿看到我结婚三个月还没到的新娘子，香消玉殒。再说了，汉阳知府是当朝唯一的好官，罪不至死。”

潘邵华撒娇地说：“不嘛，人家又不会骑马，您总不会让我跟着您的马屁股后面颠吧。要不，我俩合骑一匹马，我坐在前面，您抱着我，嘻嘻。”

“成何体统！”陈友谅从口袋里掏出一封书信，将信递给她说，“你回沔阳老家，将二位姐姐和孩子们都接到汉阳团聚。”

潘绍华狡黠一笑，问：“您这个情种，到底有多少孩子？”

“不多不多，金花两男一女，凤道两个儿子，五个孩子。”

“不对！六个孩子嘛。”潘绍华指着自己的肚子，羞涩地说。

“对！六个孩子，哈哈哈！”陈友谅大笑后，疾马向汉阳城而去。

正如陈友谅说的那样，郭英是一员悍将，他见大势已去，决定来一个鱼死网破，以死向朝廷谢罪。

他连杀死了包括王敏在内的四员副将，张定边见状，只好打起了狗婆阵，张定边、张必先、陈英杰、王奉国、罗显中五人一齐上阵，将他团团围住，消耗他的体力。

“停！”陈友谅跳进圈内，急令手下停止搏斗。

郭英见一员头戴羽冠钢盔，身着大红战袍，肩披黑皮披肩，骑着一匹枣红战马，手握龙骨偃月刀的战将，如火球般地跳进圈内，拱手大声问道：

“来人可是贼首陈友谅乎？”

“正是在下！”陈友谅拱手还礼后，振振有词地说：“我们红巾军是正义之师，当朝腐败无能、实行戾治、民不聊身，这样的朝廷不将他推翻，还待何时。本帅念你是当朝唯一为民着想的好官，饶你不死，快快投降吧，何必作无谓的抵抗。”

郭英大怒说：“我身为朝廷命官，岂是贪生怕死之辈，临死我也要拉几个垫背的。”他策马上前，举刀就向陈友谅砍来。

陈友谅见状，举起龙骨偃月刀一隔，两人大战了起来，战至百余回合，郭英因从早战至晌午，渐渐感觉体力不支。陈友谅看在眼里，本能乘势可将他斩落马下。

但他爱才心切，收刀抱拳说：“郭将军！我陈友谅决不乘人之危，请你休息片刻，饮水充饥后，我们再进行陆战试剑定输赢如何。”

郭英已经精疲力竭，心想，陈贼还算位英雄，说道：“好！”

两袋烟的工夫，郭英恢复了体力，他拍了拍心爱的战马，对它说：“走吧，你自由了。”说完，手握宝剑，就开始叫阵了。

陈友谅下马，接过陈英杰递过来的宝剑，两人也不客套，就地拼杀了起来。

一个白鹤亮翅，一个独立横劈，一个左弓步刺，一个进步平刺，你来我往，看得张定边他们眼花缭乱。

两人战至一百余回合，陈友亮看准了郭英的破绽，忽地一个虚步点剑，正中他的中愈穴，郭英立刻间就像一尊雕像，握剑立定在原地，只有两只眼睛在转动，动弹不得。

陈英杰像个顽童似的，上前拍着郭亮的脸蛋儿说：“小样的，还想跟我大哥较量，不知死活的东西！”

说完，他就从皮靴子抽出匕首，正要斩他时，“当”的一声，陈友谅用剑挑脱了陈英杰手中的匕首。

“大哥！您……”陈英杰不解。

陈友谅解释说：“他是一位难得的英雄，罪不至死。”

说完，他伸出右手指，轻轻地解开了郭英的穴首，对他说：“郭英雄，是否能跟随本帅一同造反，夺取天下，建立大汉国。是去是从，你可自行定夺。”

郭英说：“谢谢陈将军不杀之恩，忠臣不侍二主，我还是回朝廷复命谢罪，以求一死。”

说者无心，听者有意。他俩的对话，被赶来探视军情的倪文俊听得真切，他暗暗地记在心里。

“唉”陈友谅叹了叹口气说：“可惜了，可惜了！郭英雄愚忠啊，你走吧。”

郭英再次感谢陈友谅，灰溜溜地往北而去。

张定边看到郭英远去的背影，提醒道：“大哥！您这是放虎归山啊！”

陈友谅说：“不会吧，鸟儿也有反乳之恩，难道我不杀他，他倒要杀我不成。”

张定边说：“大哥！害人之心不可有，防人之心不可无啊，您太讲义气了，有一天就吃亏在义字上。”

陈友谅笑了笑说：“谢谢二弟提醒。好了，不说这些了，我们都下去准备准备，军师负责去接吾皇来汉阳。啊！对了，从今日起将汉阳府改为武昌府，这里将是我们大汉国的首都了。”

张必先问：“大哥！我们准备什么呀？”

陈友谅说：“张灯结彩，敲锣打鼓，发动市民夹道欢迎皇上。”

徐寿辉闻倪文俊回报，陈友谅用了九牛二虎之力，终于夺取了汉阳城，高兴得手舞足蹈，他竖起大拇指，连连称赞道：

“友谅英雄也，孤家有谅，何愁我大汉国不能统一天下。”

倪文俊进言说：“皇上，您可要提防着他一点。”

“为什么？”

“他居功自傲，私下里放跑了汉阳首敌郭英。”

“是啊，这是他的不对，应该将敌首关押，由孤家发落！”

接着，徐寿辉发出一声令人毛骨悚然的冷笑，说：“他敢居功自傲，我一样会借敌人之手，铲除异己，他会与他师父一样的下场。”

倪文俊奉承道：“吾皇英明，洪福齐天，万寿无疆！”

“哈哈哈……”

这时，丞相邹普胜进殿，边大笑边参见皇上，上奏说：“皇上！看把大伙儿乐的，龙辇已在殿外候着，皇后和众妃子都吵闹着早点儿起程，好去逛大都市呢。”

“好！起驾！”

天完国的皇帝起程迁都武昌，乘御船逆江而上，一路威风凛凛，很快到达武昌码头，一上岸就遇到热情洋溢的市民在码头、马路两侧敲锣打鼓，载歌载舞地迎接天完国皇帝。

徐寿辉在众多朝廷侍卫的保护下，很快就下船钻进了龙辇，他不敢大势将头伸出轿外，生怕有刺客索他性命。如是撩起轿帘一角，看见沿路都是红巾军有条不紊地站岗，而兴高采烈的市民被挡在警戒线外，这才敢将头伸出来，挥手向大家致意。

众妃子可不顾什么朝廷礼仪，一个个将头伸出轿外，看见沿路都是沸腾的人群和一栋栋楼台亭阁，不时发出惊讶的呼声。

经过充分酝酿，大汉国的筹备工作基本完成。徐寿辉稳稳地坐在勤政殿的龙椅上，会见文武百官，宣布将天完国改为大汉国。

封邹普胜为左丞相，封倪文俊为都督相，封陈友谅为统兵大元帅，三路军中将领均有封赐。

陈友谅谢主隆恩毕，默默地退回他第四把交椅的位置，心里却在犯嘀咕：我师父呢？怎么没有军师彭莹玉的一席之地，他心里隐约不安起来。

第十六章

桃园馨香吴王出摘兵　鸱鸟露头奸臣放黑枪

舒州诡计出奸臣，刮起邪风果木呻。
偏有不劳而耻者，园丁最恨窃桃人。

——题记

1

退朝后，陈友谅一路上闷闷不乐，一句话都没说，默默地骑着马儿往家中而去。

跟在后面的陈英杰，觉得非常纳闷：大哥今天怎么啦，他一跃成为大汉国的最高军事指挥官，本应该是高兴的事儿，怎么却是心事重重的样儿呢？

回到府中，杨金花带着善儿、理儿、琳儿、通儿、达儿，张凤道和潘绍华两个则挺着大肚子，在门外迎接他，他见到孩子们争先恐后地呼唤着父亲，心情方有好转。

陈友谅来到书房，修书一封，令陈英杰道：“快请邹丞相，本帅设家宴，共同庆贺大汉国的成立。”

“是！”

邹普胜接到陈友谅的请柬，看了又看，心想：一向节俭的大元帅今天怎么大方了起来，一定是有什么事儿，他回想起他在朝中闷闷不乐的情形，他似乎明白了几分。

邹普胜是个豪爽仗义之人，他曾建议皇上追封彭军师为开国侯。徐寿辉却淡淡地说：“一个死人有什么好追封的，我大汉国刚建立，别跟我添晦气啊！”

纸是包不住火的，陈友谅是个重情重义之人，他一直在前线指挥打仗，无法知道师父战死的消息，我作为朋友应该告诉他实情。

忠义本来就是两个孪生兄弟，我相信皇上是会理解的。想到这儿，邹普胜胸怀坦荡，前去赴宴。

酒过三巡，陈友谅切入了正题，问：“请问丞相，您是否知道我师父的情况？”

邹普胜将皇上隐瞒消息，而又不追封军师的情况，避而不谈，而语气沉重地说：“我也是刚刚听说，他老人家战死钱塘了。”

陈友谅得知师父已经去世的噩耗，顿时捶胸顿足，号啕大哭：“师父！孩儿不孝，孩儿不孝啊！”

邹普胜看在眼里，喜在心里，多么有情有义之人啊。他打心里敬佩这位叱咤风云的大将。

他忙上前劝说：“元帅！请节哀顺变吧，人死不能复生，我们要化悲痛为力量，继承军师的遗志，完成他老未竟的事业。”

陈友谅接过夫人杨金花递过来的毛巾，擦干了眼泪，坚定地点了点头。

“明日我向皇上请战，攻打钱塘，为师报仇！”

邹普胜摇了摇头说：“晚矣！大帅去不了了。”

“丞相！此话怎讲？”陈友谅不解地问。

邹普胜愤然地说：“长江以东元军的残渣余孽，早已被彭军师消灭得差不多了。然而，朱元璋盘踞在金陵，招贤纳士，养精蓄锐，对中原大地虎视眈眈。”

陈友谅说：“是的！从他‘高筑墙，广积粮，缓称霸’的战略方针，就能窥豹一斑。”

邹普胜继续说：“这个重八，他见各路英雄豪杰浴血奋战，终于将元军赶回了黄河以北，就开始蠢蠢欲动，伸手摘桃子了，窃取他人的胜利果实。强行占领彭军师一路夺下的豫章、钱塘、舒州等城池，还在步步蚕食，欲全部占领我城池。”

陈友谅愤慨地说：“岂有此理，公理何在！看来我们作战的重心，要开始转移了，朱元璋则是我们当前的头号之敌。”

邹普胜道：“是的，元帅说的极是！”

陈友谅放下酒杯，态度坚决地说：“丞相！明日上朝，我将奏请皇上，出兵功打朱重八！烦请丞相支持。”

邹普胜说：“这个自然，请元帅放心，我们同仇敌忾，坚决战胜朱元璋。”

送走邹普胜，陈友谅立即命令卫兵。

“快去情报营调来朱元璋的资料，我要认真研读，做到知己知彼、百战不殆。”

“是！”卫兵去了不一会儿，就抱回了一大堆资料。

陈友谅拿着一本厚厚的朱元璋的详细资料，心中暗喜，你还别说，二叔领导的情报营工作的确认真、细致、负责，他们将朱元璋的个人资料，收集整理得非常完整。

2

陈友谅翻着、看着，他被《朱元璋谋害小明王》的一段章节，深深地吸引住了。

朱元璋，字国瑞，幼名重八，天历元年十月二十一日出身；濠州东离人；幼小放牛，曾从农民、僧侣等职业。

至元十一年，西吴王韩重山反元战死，其子韩林儿嗣袭王位，此时，朱重八还是一个游方和尚，四处化缘。

至元十二年，朱重八投奔韩林儿的部将、他的姨表叔郭子兴，在其帐下为士兵。

郭子兴见其聪明能干，改名元璋，字国瑞。由于其作战有勇有谋，屡立战功，才干卓越，逐渐被提升为大宋义军首领。

至元十五年，韩林儿在颍州立国称帝，以恢复宋室江山为口号，立国号为“大宋”，年号“龙凤”，人称小明王。

至元十六年七月，韩林儿赐封朱元璋为吴国公兼兵马大元帅。同年八月，朱元璋率兵占领金陵后，功高盖主，大权在握，谋权篡位的野心日渐膨胀。

为了名正言顺地夺取皇位，他冥思苦想，与心腹卫将廖永忠密谋，策划出了一个谋害小明王，而取而代之的歹毒计划。

朱元璋上奏章给小明王，称其金陵是虎踞龙盘之宝地，山清水秀，物宝天华，比颍州的自然条件好多了，是理想的建都之地。并令廖永忠领五百精兵，一路护卫皇上来金陵考察定都。

韩林儿不知是计，欣然应诺。

大宋龙凤十二年（至元十六年）腊月二十六日，韩林儿乘坐装饰华丽的御船顺江而下，到达瓜州。

这天傍晚，天空下起了鹅毛大雪，江面寒风怒吼，惊涛骇浪，御船颠簸晃动，险象环生。御船上的金色宋字旗，在寒风中发出凄凉的哀鸣。

御船艰难地行驶在江心，正在小心翼翼驾驶着御船的舵手，忽然听到廖永忠的命令：

“立即落帆抛锚！”

侍候在韩林儿身边的侍卫长王琳见御船在江面抛锚停航，急忙跑到驾驶舱，见廖永忠在坐镇指挥，心里明白了几分。

他质问廖永忠：“廖将军，怎么在此停船？”

廖永忠暗自一声冷笑，答道：“天色已晚，回金陵还有一段陆路，夜色行动不便，在江中过夜，明日早起再上岸启程不迟。”

王琳是小明王的心腹爱臣，虽然心生疑虑，但他的话中有理，又看不出任何破绽，只好听之任之。

当晚，小明王设宴招待两位护驾大臣，酒过三巡，廖永忠壮着酒胆，两眼直勾勾地盯着上菜的宫女。

马上就要到达金陵了，韩林儿心里非常高兴。他看到廖永忠那一双贪色的眼神，不但没有生气，反而大度地含笑问道：“廖将军今年多大了？”

廖永忠连忙收回目光，颤抖地回答：“启禀皇上，末将今年虚岁二十二岁。”

韩林儿笑说：“正是青春年华，这宫女姓祝，才貌双全，赐给廖将军为妾，以褒奖将军对孤家的一片忠心。”

“谢主隆恩！”廖永忠连忙下位跪在皇上面前，叩头谢恩。

陪皇上饮完酒后，廖永忠带着美人祝氏回到下舱，副将赵长胜已在舱内等候他多时。他向他耳语交代一番，赵长胜连连点头，斜瞟了宫女一眼，馋得吞了吞口水，极不情愿地走了出去。

廖永忠紧闭舱门，像饿虎扑食般地扑向宫女。他在宫女身上折腾了一阵子，筋疲力尽地躺在了宫女身边。

深夜，廖永忠听见有人轻轻地敲了三下门声，这是他和副将的暗号。他见宫女已经熟睡，蹑手蹑脚地起身穿衣，打开舱门，果然是赵长胜。

廖永忠小声问：“事情办妥了没？”

赵长胜得意地说：“遵照将军的命令，已将御船底舱板，撬开了三块，江水往舱内直涌呢。”

“快走！”二人迅速地跳到事先准备好的救生小船上。

“将军！怎么不将祝夫人带走？”赵长胜突然想起宫女问道。

廖永忠说：“不带为好，以免人多嘴杂，泄露秘密。”

赵长胜说：“多么漂亮的女人啊，死了多可惜，如果将军玩腻了，请赏赐在下如何？”

“好！”廖永忠冷笑着同意。

赵长胜转向船头，欲去接来祝美人。廖永忠趁其不备，抽出宝剑，将赵长胜杀死灭口，一脚将尸体踢入江中，并恶狠狠地说：“你这浑蛋，在阴曹地府里去与她快活吧！”

廖永忠划着小船，用宝剑将御船上的抛锚缆索砍断。

他望着御船似一片断线的风筝，无际地漂荡着，渐渐沉入江底，也没有见到一位活着的人。这才划着小船，回金陵复命而去。

此时，卫士长王琳被严重倾斜的御船，从床上滚落甲板上，他清醒后的第一反应是御船出事了，跑出舱门一看，一片呼天唤地的惨叫声。

王琳跑到御船的上等舱，救出皇上和皇妃，往备用救生小船跑去。

“救救我！”这时，赤身裸体的宫女祝氏跑出呼救。

王琳问：“廖大人呢？”

祝氏哭着说：“早就不见了踪影。”

“跟上！”王琳随手捡了一个被单丢给她，四人径直往停放救生船的地方奔去。

王琳两眼在漆黑的夜晚四处搜寻，哪里还有救生船的影儿，只看见被砍断的缆绳在空中摇摆。

王琳顿时明白，大骂道：“朱重八这个死麻子，良心被狗吃了，竟然仿效当年项羽弑义帝的方法，谋害皇上。”

人之将死其言也善，韩林儿望着漫天大雪、滔滔江水，对王琳和船上的卫士、宫女们凄凉地说：“朱重八羽翼已丰，天要灭我，各自逃命去吧！”

突然，御船急速下沉，江浪涌起的漩涡将王琳卷入江心，出于求生的本能，他胡乱伸手乱抓，抓住了一块御船厨房用的砧板，随江漂流，逐渐被刺骨的江水冻得失去了知觉。

也许是王琳命不该绝，他被一渔民救起，思前想后，此地不能久留。他乔装成云游和尚，一路奔波，来到河南少林寺出家。后来，少林方丈对他如亲生儿子一样，他才向方丈道出了秘密，使朱元璋谋害小明王的事件在民间流传。

再说，廖永忠一人回到金陵，将早已准备好的谎言，当着众文武百官之面，向朱元璋禀报说："末将奉吴王之命，护驾吾皇来金陵，岂料长江风高浪激，将圣上乘坐的御船卷入了江底，圣上和皇后等五百卫士，百余名贵妃，一行全部遇难。呜呜……"

他汇报完后，还强挤出了几滴眼泪。

朱元璋听后心中窃喜，自认为天衣无缝。为掩人耳目，治了廖永忠渎职之罪，草草了事。

3

"唉！"看完朱元璋用卑鄙的手段害死了小明王，陈友谅不禁为韩林儿的惨死而感到叹息。心想：原来朱元璋是如此歹毒，狡诈之人，用如此卑劣的计谋，害死了主子，而达到谋权篡位的目的，不是光明磊落之人干的事，更不是大丈夫所为。

由此，朱元璋的为人在他心中刻下了深深的烙印。他继续翻看资料下面的内容。

朱元璋篡位后，为平定大宋国众路大将之心，通过刘伯温等谋臣的大力渲染，利用各种途径，宣扬当今皇上朱元璋是神龙下凡，是龙的传人，是东海龙王爱女的儿子，是老龙王的外甥，他受玉帝之派遣，前来拯救华夏苍生。

一派胡言，陈友谅心想：东海龙王之女小孽龙，不是被我打死在黄蓬湖里了吗？他望了望兵器架上的龙骨偃月刀，她哪来的儿子！

陈友谅继续往下看，这是一份朱元璋的招贤纳士表，当看到刘伯温简介一栏时，他有点茫然了。

刘基，字伯温，处州青田县南田乡人。至顺元年中进士，博通经史，尤精象纬之学，是江湖著名的神扇子，只要看见他手中的鹅毛扇子轻轻舞动，就有一条计谋在他脑子里形成。

刘伯温的身世有很多传闻，一曰是黑鱼精转世，二曰是诸葛亮转世，等等。

看到这儿，陈友谅的两条剑眉紧锁在了一起，神情凝重。

一个是龙女的儿子，一个是黑鱼精的后人，而这两个孽障都是被我打死在黄蓬湖里。这不，它们的两个后人，终于来报杀父之仇、弑母之恨来了，难道这是天意？

他这时忽地想起，陈友壁的父亲陈皓，他在白鹿书院对他讲的《五行学说》的理论。

五行学说认为世界上的一切事物，都是由金、木、水、火、土五种基本条件之间的运动变化而生成的。同时，还以五行之间的生、克关系来阐释事物之间的相互联系，认为任何事物都不是孤立的、静止的，而是在不断地相生、相克的运动之中维持着协调平衡。

陈友谅记得是木克土，土克水，水克火，火克金，金克木相生相克的理论，难道朱元璋是我的克星？

克星也好，灾星也罢，公理自在人心。反正你朱元璋抢夺我师父的胜利果实，就是你的不是，我陈友谅必须夺回！

4

第二天上朝，陈友谅将“关于收复舒州失地”的奏章，呈上了皇上。

徐寿辉看完奏折，高兴地说：“准奏！都督倪文俊，孤家命你领兵协助大元帅攻打舒州。”

“臣领旨！”倪文俊口头领旨，心里很不服气。凭什么是我协助他，而不是他协助我，咱俩都是打鱼的，谁也不比谁强。

这真是印证了，一山容不得二虎，一水藏不住双龙的谚语。

至元十八年正月，陈友谅率兵十万，倪文俊领兵五万，浩浩荡荡的同时夹击舒州。

舒州吴军守将余英，是一位英勇善战的将军，当闻之陈友谅在攻城，立马当先，与陈友谅的先锋熊天瑞大战了八十余回合至傍晚，难分胜负。因天色渐渐暗淡下来，双方都恐惧中了对方的埋伏，各自鸣金收兵。

陈友谅当晚召开军事会议，总结了他们每次攻城夺地，大部分是都是采取智取而获胜的经验，循循善诱，扩充广大将领的思路。

大家考虑了一会儿，熊天瑞站起来说：“大帅！末将想出了四面开花之计，可以破城。”

陈友谅兴奋地说：“啊！说出来大家琢磨琢磨。”

熊天瑞说：“二更攻城，我攻东门，都督攻南门，王奉国攻北门，均为辅攻；西门是要地，由主帅您主攻西门，四面开花，使敌人首尾难顾，迫使敌将吴英与您拼命。这时，我们三路人马乘虚而入，方可破城。”

陈友谅高深莫测，含笑不语，只是用眼睛望着倪文俊。

倪文俊心想：这条计甚好，攻下城池，功劳见者有份，如有风险，只有你陈友谅一人扛着。

他连忙表态说：“熊将军此计很好，很好！”

陈友谅说：“督军大人说好就好，那就依计而行。”

余英二更时分就被攻城的大炮震醒，他上城楼一看，西门是陈友谅的主力，攻势凶猛，势态紧急，危在旦夕。他亲自带领三千精兵冲出城外，欲与陈友谅单独决一雌雄。

陈友谅求之不得呢。他与余英战到八十余回合后，就看出了他的短板，这是个有勇无谋之人。

如是，陈友谅就来了一个“引狼出窝”之计。

陈友谅假装败走，余英紧追不舍，这一追就追出了二十多里地。两人又策马再战，你来我往，正在酣战时，余英猛然发现舒州城火光冲天，映红了二十多里地的主战场。

“不好！”余英知道城门已破，他放下陈友谅，策马回援。

“吴贼！别走！”陈友谅反追上来，与他死死地纠缠厮杀，余英脱身不得，只好在西门城郊又大战了起来。

这时，汉军从三路分别都攻入了城内，吴军将士抵挡不住，死的死，降的降，逃的逃，舒州城又被汉军夺了回来。

余英见大势已去，而且身上已被陈友谅的龙骨偃月刀砍中十余刀，他忍痛而逃，逃至城郊一口清水塘边，跌下马来。他见陈友谅紧追不舍，不愿做他的刀下之鬼，于是拔剑自刎。

夺下舒州后，陈友谅令熊天瑞负责镇守，班师回朝。

5

徐寿辉获悉舒州城又回到他的手中，不禁龙颜大悦，将陈友谅、倪文俊等大将召入功德殿，论功行赏。

徐寿辉稳坐在龙椅上，主管太监高声喊道：
“统兵大元帅陈友谅接旨！”
“臣接旨。”

奉天承运
皇帝诏曰
悉闻统兵大元帅友谅将军勇夺舒州城，收复军师失地首功，赐封尔为镇国侯……

“且慢！”不等主管太监将圣旨读完，倪文俊就跪在龙椅下面，禀奏说：“圣上，是微臣首破舒州城，与陈友谅何干？他不能领头功，请皇上明察。”
徐寿辉惊讶地问：“倪督军，此话怎讲？你可要知道，按我大汉律法，欺君之罪是要杀头、灭族的啊！”
倪文俊继续奏说：“微臣不敢欺君。陈友谅负责攻打西门，而敌将余英率三千精兵，就将他打败了，逼其败走二十余里。是末将首先攻破南城门，入城拼杀，在殿上的各位将军可以为我做证。”
徐寿辉问：“王将军，可有此事？”
“这……”王奉国是个老实人，的确是倪文俊率先入城，至于大哥的连环计是临场发挥的，他并不知情，因此他只能支支吾吾。
徐寿辉听后大怒，呵斥道：“陈友谅！你身为元帅，不能英勇杀敌，却败走西门，并且想冒领军功，欲学晋代王浑乎！”
陈友谅辩解说：“皇上！微臣岂是怕死之徒？容臣详细说明。”
徐寿辉不耐烦地挥了挥手说：“别婆婆妈妈的，捡重点说！”
“是，皇上！初时四面攻打，敌人固守城池，久攻不下，谁也攻不进去。见此情况，我在西门强攻，敌主将余英见西门危在旦夕，他乘匹夫之勇，领三千精兵杀出城来。我使用连环计，引狼出窝，把敌人的主力调出城外。微臣诈败，骗敌来追。这样，城内空虚，督军方能破城，临场指挥得当，皆臣之功也。”
倪文俊嘶鸣道：“狡辩，明明是你战败，却要涂脂抹粉，冒领军功。”
陈友谅大度地说：“倪督军不要激动嘛，舒州城已经收复，我完成了师父的遗愿，至于功劳嘛，恳请皇上收回圣旨，将头功记在督军头上。”

徐寿辉当听明白陈友谅是完成他师父、军师彭莹玉的遗愿，他暗自一惊，难道陈友谅知道彭莹玉战死的消息，故意拿他师父压我。

回想起他的干妹潘绍华，原期望她能提供陈友谅的情况，哪曾知是嫁出去的女儿泼出去的水，连点迹儿都没有。倒是将眼前的驸马，提升为了统兵大元帅，真是赔了夫人又折兵。

徐寿辉越想越气，脸儿变成了猪肝色，火儿直往头顶上蹿。

倪文俊见状，暗自奸笑，来了一个火上浇油，说："皇上请提高警惕，陈友谅投奔圣上是假，其实是想仿效吴王朱元璋，谋权篡夺。"

徐寿辉恶狠狠地问："此话怎讲？"

倪文俊添油加醋地说："那日攻克汉阳，陈友谅不但放走敌主将郭英，临走时还说'郭英雄，是否能跟随本帅一同造反，夺取天下，建立大汉国'。言下之意，大汉国是他建立起来的，不把皇上您放在眼里，目中无主。"

"你……"陈友谅是以君子之度量小人之腹，没有想到这个奸臣变本加厉地诬陷他，欲置他于死地，气得他连话都噎住了。

徐寿辉气急败坏地怒斥道："陈友谅，你休得狡辩，念你作战有功，暂不追究你欺君之罪，回家闭门思过，以观后效！"

其实徐寿辉是恨不得立马将陈友谅推出斩首，只是顾及潘绍华曾经救过他的命，她要是大闹皇宫，岂不是落下卸磨杀驴的笑柄。

不行，闭门思过的处罚太轻了，他立马补充命令侍卫道："来人，没收陈友谅帅印，脱下帅服，再以观后效。"

一场论功行赏大会，变为了罢免陈友谅的事件，是丞相邹普胜始料未及的，为了大汉国的社稷，必须留住陈友谅这样的人才。

邹普胜跪下求情说："皇上，陈友谅虽有欺君之罪，请念在他为大汉国打下了半壁江山的分上，留着他继续任用，戴罪立功，杀向金陵，荡平吴军。"

谋士詹同保奏说："陈友谅自归顺我天完国，屡立战功，这次收复舒州，他为主帅，哪有主帅战败，副帅获胜之理，望皇上明察。"

"请皇上法外开恩，留下陈元帅吧！"

众大臣早就看不惯倪文俊的平时所作所为，纷纷随丞相一起跪下求情。

徐寿辉心想，我不杀陈友谅就对得住大伙儿了，现在都集体为他求情，官复原职。等将来他的羽翼丰满了，你们结党营私，岂不是将我这个皇帝架空了，不如早做决断。

"君子一言驷马难追，退朝！"

6

陈友谅被解除了一切官职，使王奉国如热锅上的蚂蚁，惶恐不安。我要是在会上做个偏证，大哥也不至于落得如此下场。不行，哪怕是挨二哥、三哥他们一顿臭骂，也得硬着头皮迅速将这一事件报告他们，三个臭皮匠，顶个诸葛亮，让大伙儿想一想，看有没有挽回被动局面的法儿。

张定边和张必先他们受皇命，是在扫清赣南元军残余势力的战场上作战，对皇上的表彰会是一概不知，更别说解除大哥兵权的事儿。

话要说回来，徐寿辉是个欺软怕硬的角儿，要是事发当时，十兄弟都在现场，皇帝他也不敢造次。

张定边他们分别接到王奉国的飞鸽传报，皇上解除了大哥的兵权，哪里还有心思打仗，什么狗屁皇命，先班兵回朝再说。

张定边多了一个心眼，他知道皇上心眼儿小，被免大军压境，使皇上认为是兵谏，造成误会。他令各路人马，马放南山，秘密各自回到沔阳的根据地。

陈友谅现在是无官一生轻，每天不是陪军师康茂才下下围棋，就是带着陈英杰他们上木兰山打打猎，或是陪夫人们到汉口剧社，看看花鼓戏。表面看是一闲士，实际他这是做给皇上和倪文俊他们看的，给他们造成一个错觉，我陈友谅倒也老实安分。

实际康茂才最懂主人的心思，成大事者，要承受得起胯下之辱、卧薪尝胆之苦，所以他也不做任何安慰。

陈友谅获知二弟他们都秘密回到了沔阳，就决定返回沔阳。一是与弟兄们商讨当前的形势，二是看看兵博士的造船厂。因为他暗中在运筹帷幄，将来与朱元璋有大仗硬仗要打，中原地区，湖泊众多，没有大而先进实用的战船是不能取胜的。

这天，陈友谅对三夫人潘绍华说："夫人，请到皇上那儿帮我请个假好吗？"

潘绍华感觉奇怪，问："夫君，请什么假啊，你不是一直在休息吗？"

"这是我的请假条。"

陈友谅递给她一封书信说："我想带着你们回沔阳省亲。"

潘绍华听说是回老家，高兴地来到皇宫。

她来到徐寿辉办公的正和殿，见只有皇帝哥哥一人，也不行宫廷之礼，大大咧咧地埋怨。

“皇帝哥哥，你真是个狠心之人，他哪儿得罪了你，将我夫君的官儿一撸到底。不看僧面看佛面，就看在我们兄妹一场的分上，你也不能这么做啊。”

徐寿辉自从登上皇帝的宝座，还没有谁敢在他头上放肆过，但他也知道，眼前的这位干妹妹是敢摸老虎屁股的人。

如是，他顿下脸色说。

“不提你这个公主则可，一提起孤家气就来了，我叫你随时随地汇报你夫君的情况，你倒好，只知道与丈夫卿卿我我，却忘了孤家的重托，真是嫁出去的女子，泼出去的水！”

潘绍华也没好气地说：“我夫君对你忠心耿耿，我没什么向你汇报，就说明他没有异心。”

“没有什么事儿来找我干吗？”

徐寿辉本想发怒，叫她滚回去，但话到嘴边又咽了回来，他调整了口气说：“回去吧，孤家还有很多军国大事要办。”

“嘞！”潘绍华将请假书信递给他。

“皇帝哥哥真的生气了？我说的是大实话，夫君对你忠贞不贰。这不，他现在想带我们回老家省亲，也令我来向你请假。”

“真的？”

徐寿辉接过书信，拆开，只见上面写道：

罪臣叩首，吾皇万岁！万岁！万万岁！

罪臣痛定思过，颇感激皇恩浩荡。思想携家眷一干人等回老家沔阳省亲，清明祭祀九泉之下高堂；并时刻听从吾皇召唤，效命圣上。请吾皇恩准。

罪臣陈友谅敬叩

大汉二年四月一日

看完这封拍马屁的请假条，徐寿辉兴高采烈，连连说：“准奏，准奏！”

7

陈友谅与军师康茂才、十弟陈英杰、三位夫人、七个孩子乘坐的是一条官船，他们从武昌长江码头出发，逆江而上。

当官船行至嘉鱼地界时，张凤道细心，发现有一条小渔船，一直从武昌保持一定距离地跟着他们。

张凤道提醒说："大姐，有一条小渔船一直跟着我们。"

杨金花顺着她手指的方向一看，可不是吗？小船上的渔夫模样的人，正在奋力划动着双桨，在追赶着他们。

潘绍华心中暗骂道：狗日的，竟敢跟踪姑奶奶。骂完，她持弓在手，欲放箭射之。

陈友谅制止道："算了，射死了渔夫，就有人到你皇帝哥哥那儿告黑状了。"

三位夫人见夫君胸有成竹，就没有将这个事儿放在心上。

官船刚到沔阳城水域，沔阳府尹胡廷瑞就亲自到码头迎接。

胡廷瑞拱手行礼道："下官在此恭迎大帅和嫂夫人们。"

陈友谅还礼道："多谢胡知府。"

胡廷瑞说："大帅与下官分别有三年余，大帅精神还是那么神武，不减当年。"

"哈哈哈……"陈友谅大笑毕，摆了摆手说，"无官一身轻，我现在是一介草民。"

胡廷瑞笑着说："看您说的，您在下官的心目中，永远是一位领袖！"

他指着路旁停放的一排轿子说："请大帅一行坐轿，张副帅他们还在贵府等着您呢。中午我为你们一家接风洗尘，叫副帅他们作陪。"

大公子陈善见这么多漂亮的轿子，连跑带跳地钻进了一顶轿中。

陈友谅喊道："善儿，下来！还不到你享福的时候，走回去，锻炼锻炼。"

陈善做了一个怪相，乖巧地下来了。

陈友谅对杨金花说："夫人，去与轿夫每人打赏几钱碎银，叫他们空轿回去，我们走着回家，顺便看看沔阳城的新变化。"

"好的。"杨金花正欲掏银子，胡廷瑞忙制止道。

"嫂子，我已令下人付过了。"

"那怎么行，你也不是不知道大帅的脾气，一共多少？我一并跟你结算。"

“这……”

杨金花强行将银子塞到胡廷瑞的手中，就去追赶前行的丈夫和孩子们。

正当胡廷瑞捧着银子发愣时，管家提醒他说：“人都走了，请大人坐轿。”

“坐什么坐，找贱！”说完，就徒步追赶他们去了。

张定边、张必先、杨从政、罗显中，谢伯坚、王奉国、陈友德、李明道、胡大海、陈荣、陈普文、陈友财、陈友直、陈友仁、陈有贵等大将，正在陈友谅家中等候陈友谅。

陈友谅刚进屋，张必先就领先骂骂咧咧。

“徐寿辉这个忘恩负义的东西！大哥率领我们出生入死打天下，他却这样对待大哥。”

张定边气鼓鼓地说：“我当年反对投奔什么天完国，这下应验了吧！江山还未彻底夺取，他就削了大哥的兵权。我看有倪文俊这个小人当道，徐寿辉这个昏君执政，天完国也好，大汉国也罢，都不会长久，我们还是重起炉另开张的好。”

“对！我赞成大哥的意见，娘的！山中无老虎，猴子充大王的日子才好呢？”谢伯坚匪里匪气地说。

罗显中纠正道：“老七，是沔阳多老虎，大哥为大王。”

“哈哈哈……”罗显中的一席话，逗得大家哄堂大笑。

杨从政待大家笑完后说：“我看哪，我们拥立大哥就在沔阳称帝，杀他一片光明来。”

“同意！”“同意！”“同意！”……大家一致同意，陈友谅最小的弟弟陈友贵还举起了双手。

陈善见小叔举着双手，连忙拉着弟弟陈理举起了四只小手，高兴地大呼说：“我们也同意爸爸做皇帝啊！”

“小孩子家家的，大人谈话你起什么哄。”杨金花说完，忙领着家眷回内屋去了。

陈友谅见众兄弟还是一如既往地拥戴他，心中非常高兴，脸上露出了灿烂的笑容。

“大家静一静！”康茂才窥到陈友谅的表情，忙挥动着双手说，“请众位听听大帅的意见如何？”

陈友谅见大家安定了下来，这才发表了自己的观点：“感谢大家对我的信任，大伙儿都知道，我不是贪生怕死之徒，是被倪文俊这个奸臣诬陷的。大伙儿推举我做皇帝，我可没有这个野心，好马不吃回头草，我决不会再回沔阳自立为王！”

张定边见大哥态度坚决，忙问：“大哥！您说怎么办？”

陈友谅说：“走一步，看一步。不过，我们推翻元朝的初心不能变，否则就对不住师父、恩师、老胡知府等这些先辈，他们将毕生都献给了反元事业，我们要义无反顾地继承他们的遗志，将反元斗争进行到底。”

堂内响起赞同的掌声。

陈友谅接着说：“我们当务之急是要抓紧练兵，扩充队伍，储备粮草，我们不但要消灭朝廷势力，还要保护好来之不易的胜利果实，坚决打击偷桃子贼寇！任重而道远。”

“大哥说得对！朱元璋就是个窃贼！”陈英杰高喊道。

“对！”“对！”大伙儿都表示赞同。

提到朱元璋，陈友谅想起来，回家乡的第二个任务，就是发展壮大造船厂。

于是，他对大家说：“走！我们一起去造船厂看看。”

他边说边吩咐胡廷瑞道：“胡知府不是要为我接风洗尘吗，你快到街上买些酒菜，打前站去造船厂，我们在那里一起打秋风去！”

“好的，要得，下官这就去办。”胡廷瑞受命而去。

陈友谅说：“今天谈话的内容哪里说哪里了，决不能再提称王称霸的事了，以防隔墙有耳，坏了我们的大业。”

康茂才吃惊地问：“难道胡知府是……”

陈友谅打断他的问话，说：“那倒不是，倪文俊这个小人沿途派探子跟踪我，我们不得不防。”

“啊！”

陈荣怒冲冲地说：“怕什么怕，大不了我们杀他个回马枪，将鸟皇帝赶下来，让大哥去坐那宝座。”

罗显中瞪了他一眼，陈荣极不情愿他闭上了嘴巴。

陈英杰气呼呼地说：“看我查出来，不斩了他。”

陈友谅说：“我们在明处，探子在暗处，如何查得。不管他，走！我们去造船厂。”

第十七章

徐寿辉信谗言招来杀身祸　陈友谅讲义气易辙天完国

巨舰掀翻万丈波，天完激浪作奸科。

迎头却遇惊涛汐，埋葬昏君唱楚歌。

——题记

1

陈友谅一行来到造船厂，他们被眼前的情景惊呆了，三年没有来这里，原来一个占地不足千余丈的造船厂，现在发展为五六里地的规模，内河外河停满了各种型号的战船。

陈英杰数来数去，这才说：“哥们！不多不少，六六三十六艘，巨型战船竟有三艘之多。”

康茂才对陈普文说：“老表，听清楚没？我俩都成你儿子的哥们了。”

陈普文怒道：“不知轻重的东西！表叔和老子还站在这儿里呢，成了家，养了儿子还这么不晓得事。”

陈英杰扮了个鬼脸，笑了笑说：“孩儿这不是兴奋吗？表叔、军师大人，对不起哈。”

陈普文还想数落几句，见兵博士和副将陈友贵一群人从远处而来，这才打住了话题。

“活该。”陈友谅亲昵地望了陈英杰一眼，就朝兵博士迎去。

“兵博士，您老好，辛苦了。”陈友谅上前握住兵博士的手，久久不放。

兵博士说：“老夫刚刚听胡知府说，大帅一行要来视察，这不，我和徒儿放下手里的活儿，就来迎接你们。”

接着，众将领像接见贵人似的，争先恐后地与兵博士抱拳行礼、问好、问安。

陈友贵见众将军在与师父热情地寒暄，乘机将陈友谅拉到一边低声问：“大哥！听说熊皇帝解除了你的一切职务，你可要想开点，他那是狗眼看人低。”

陈友谅弟兄五人中，虽说他排行老三，以大哥陈友富为首的，都把他当着主心骨，而他最偏爱的，是眼前这位聪明伶俐、年龄最小的老五。

陈友谅慈祥地抚摸着小弟的头，微笑地说：“长大了，长高了，懂事了。我的事儿你不用担心，天理自在人心。”

说到这，他反问弟弟道：“你跟师父学到技术没有？不知武功练习得怎样？”

陈友贵拍了拍胸脯说：“大哥放心，学技练武两不误，拿起斧头能劈木，上了战场能杀敌，只是，只是……”

陈友谅见他直挠后脑勺，鼓励说：“只是什么，男子汉大丈夫，别吞吞吐吐。”

陈友贵鼓起勇气说：“我想跟随大哥去前线杀敌，杀得元鞑子屁滚尿流，建功立业！”

“呵呵，人不大，口气可不小啊，看来这么大的造船厂，还容不下你啦。”

陈友贵涨红了脸说：“大哥……人家不是这个意思嘛，只是觉得这里是后方，没有与敌人面对面地厮杀过瘾嘛。”

陈友谅心疼地望着他，安慰地说：“再过两三年，待你个子长高了，身体结实了，大哥再调你到前线去。你现在的工作也很重要，协助师父整理好造船技术的宝贵资料，将来这些资料可是中华民族造船技术的瑰宝啊。”

“哎！我听大哥的。”

“走，我们也去凑凑热闹。”

老大牵着老幺的手，亲密地回到队伍中来。

“兵博士，您老造这么多战船，那要多少资金啊，钱是从何而来？”

杨从政三句不离本行，上前不解地问。

“哈哈”兵博士捋着他长长的胡须，笑着说：

“不瞒各位将军，我老夫现在红火得很，既是大地主，又是大老板。”

陈友谅问：“哦！此话怎讲？”

兵博士说：“大帅！你们出征后，我将你们荒弃的军垦农场全部接收了过来，低价租给逃荒要饭的佃农。杨军需，你拿算盘算算！一年下来多少收成，再乘以三年。”

“乖乖，几百万两。”杨从政接过兵博士的爱徒陈友贵，他递过来的账簿，看完总录后，不禁伸了伸舌头。

陈友贵夸赞说：“师父将这些钱，购进了大量木材和造船材料，才有了今天这么大的规模。”

“谢谢！谢谢！”陈友谅再一次握着兵博士的手说：

“谢谢您老，您老为新生的大汉国，作出了特殊贡献。”

张定边听了陈友谅的话后，不禁摇了摇头，心里嘀咕着：真拿大哥没有办法，大汉国皇帝徐寿辉将他踢开了，他还是这么乐观向上，仍然初心不改，心系大汉国。

距开饭时间还有一段时间，他们一行在兵博士、陈友贵的带领下，兴致勃勃地参观了造船厂后，来到了兵博士的办公木楼，只见木板墙上挂满了各种船型的图纸，不管看不看得懂，大家都在认真仔细地、饶有兴趣地看着。

张定边紧随着兵博士和陈友谅的身边，俨然像一个小学生，边看边问，兵博士耐心地作以解答。

忽然，张定边好奇地问：“兵博士！上次见到您老人家的时候，因初次见面，不便发问，您老这么大的船，是怎样合拢的呢？”

“这……”这个问题涉及手艺人的核心机密，兵博士不想做出回答。

陈友谅见兵博士为难，心里明白了几分。如是，他鼓励道：“兵博士！您老但说无妨。您老的精湛技术和这些宝贵图纸，不是雕虫小技，而是伟大的创举！我们要发扬光大，代代相传，使我们华夏子孙，世世代代都有一个强大的水军。”

胳膊拧不过大腿，兵博士见他最崇拜的人都发话了，还有什么可隐瞒的，他对陈友贵说：“友贵，你跟大家讲一讲，造船的工艺和全部流程。”

张定边是代表大家的好奇心而提出的要求，他见兵博士欣然同意了，忙招呼大家说：“各位，快围着会议桌坐下，认真听取兵博士的爱徒陈友贵讲解造船的工艺流程。”

2

陈友贵是初生牛犊不怕虎，他也不谦让，坐在会议桌中间，倒了一杯开水润了润嗓子，开始讲解了起来。

工欲善其事，必先利其器。首先我要介绍的是我们木匠的工具，提到工具，我们要感谢我们的祖师爷。

木匠的祖师爷是鲁班，鲁班师父发明了很多木工工具，加之后人不断完善，现在的大致工具有伍尺、角尺、墨斗、画笔、斧头、钉锤、抬锯、大中小拉锯、各种型号的锛子、刨子、锉子、凿子、錾子、绑子、卡子、手拉钻子、水平仪等。工具不同，其作用也不相同，但都缺一不可。

第一道工序是由师父设计出图纸，再交由各班掌墨师父融会贯通，认为确实弄懂了后，方可实施。

第二道工序非常关键，那就是选择材料。一个质量上乘的帆船，工艺固然重要，但材质还是首位，特别是像我们这样的大型战船，它可是目前世界第一流的，比东瀛的战船长一丈六，高六尺，宽三尺；比元鞑子的长两丈二，高一丈，宽六尺。因此，我们选用的木材是用上等的云杉。

大家听到自己的战船，比国外和朝廷的战船还高大先进，个个像刚喝了高浓度烧酒似的，兴奋得纷纷赞扬。

“了不起，真是了不起呀！”

陈友贵见会场活跃了起来，只好打住了话题。张定边见状，忙挥着手儿说：“安静，请大家安静！”

陈友贵乘机喝了一口水，见会场安静了下来，这才接着介绍。

大家知道，云杉，别名茂县云杉、茂县杉等。为乔木，高达十三丈五尺，胸径达三尺；树皮淡灰褐色或淡褐灰色，裂成不规则鳞片或稍厚的块片脱落。云杉为中国特有树种，产于陕西西南部、甘肃东部及白龙江流域等地，此木喜荫，能耐干燥及寒冷的环境条件生存，它生长在高原地带；云杉树干高大通直，节少，材质略轻柔，纹理直、均匀，疏松细腻，易加工，具有良好的轻浮、耐腐蚀的特性，是建造大型船舶的首选材料。

再就是穿钉、圆钉、绑钉等优秀钢钉和锻钉。它们都是汉阳铸造厂生产出来的，采用的是大冶铜绿山的铁矿石熔炼而成，其质地坚刃、耐腐蚀。

还有本地产的黄麻丝，选择最好的青粗麻杆，放在水中浸泡月余，再来剥丝，质量上乘。

另一种大戟科植物，就是蓖麻，它原产于马岛，先人们将它带到了中原种植，不但蓖麻是一味中药，而且蓖麻油是制作黏合膏剂必不可少的材料。

再就是桐油，它是我们黄蓬山上独有的桐籽榨出，还有一项……

讲到这里，陈友贵望着兵博士“嘿嘿”一笑，见师父脸带春风，厚爱地望着他微笑，他这才充满着信心，接着往下讲去。

还有一项材料，也是最关键、最神奇的材料，那就是师父发明的、是严格保密的，而且是他老亲自熬制的树脂漆。

一般的木船嵌缝，用的是常规黏合膏，主要成分是蓖麻油、桐油、菜油、石膏、石灰。

再将蓖麻丝、黄麻丝上涂上石油膏，用大斧锤打錾子，强行将石油膏和乱麻丝嵌入、两块木板用穿钉连接的木板缝隙中，所以造船也称打船。

这种传统打造出来的木船，下水两至三年后，就要拉上岸检修。

而用师父调制出来的石油膏和树脂漆，就像一种强力黏合剂，将众多船板牢牢地粘在一起，水不浸，钉不锈。船下水长久后，船板烂了，而结合部位还是完好无损，这就是神奇。

“啊！”大家不约而同地发出惊叹声。

下面的造船工艺是按师父事先画好的图纸尺寸下木料，整体刨平，是平接头的用平刨，是斜面接头用斜刨。按三角形的稳定性将舱梁将两边固定，再用绑子收紧，慢慢地一条战船就初建雏形。

日复一日，随着工地的拉锯声、斧头声、刨子声、錾子声，声声就像汉阳剧院的和谐有节奏的音符，只需年把的工夫，一条大船就诞生了。

木船完工后，还有最后的一道工序，就是漆船。先用桐油整体刷一遍底漆，晾干后再刷师父的树脂漆，如此这般，反复五遍，待油漆干了后，再砍断牵引绳，战船就顺着事先设计好的滑行道板，就顺利下水了。

陈友贵最后说：“由于本人学艺不精，水平有限，只能介绍个囫角，不到之处，敬请师父校正补充。”

“讲得好，青出于蓝而胜于蓝。”兵博士带头鼓掌。

“小兄弟太有才了！”在兵博士的带动下，掌声和夸赞声响成一片。

3

就在造船厂众将士，饶有兴致地听取陈友贵讲解，制造战船的经过时，徐寿辉、倪文俊君臣二人像似热锅上的蚂蚁，围着义和殿转来转去，思考着如何对付陈友谅。

起因是今天一大早，倪文俊匆匆地来到皇宫。他不待太监传呼，就直入徐寿辉的办公室。

“皇上！反了，反了！”

徐寿辉一惊，问：“倪督军，为何慌里慌张的，谁反了？”

倪文俊说：“回皇上，是陈友谅反了！”

怕什么来什么，徐寿辉心中对陈友谅有愧，做梦也怕他造反。

当听到是陈友谅后，他惶恐地问：“怎么回事儿，你将情况说清楚啊，别跟个拔萝卜似的，拔一截留一截。”

倪文俊气急败坏地说：“陈友谅回家省亲，我派密探跟踪，您知道密探看见什么……”

“看到什么？快说呀！”徐寿辉迫不及待地问。

“陈友谅将他的人马全部调回了他的老巢，沔阳周边集结了起来，随时准备造反。”

“这，这……这如何是好？”徐寿辉被吓得六神无主。

倪文俊继续挑拨说：“探子还探出了一个重大秘密。”

徐寿辉问：“什么秘密？”

“他在沔阳附近，还有一个秘密造船基地，已经建造出三十多艘巨型战船。”

“什么巨型战船，到底有多大？”徐寿辉问。

“探子回报说，每条船像似一座山。”

徐寿辉像一个什么都不懂的儿童，继续问：“他造这么多巨船干什么？”

倪文俊说：“这不明摆着，他要造反，篡夺您的皇位后，再向全国进军。”

徐寿辉思索了一会儿，命令主管太监道：“快传丞相来殿议事。”

“且慢！”

倪文俊制止道：“皇上！万万不可。您没有发现，自您封锁了彭军师战死的消息，邹普胜获知真相后，就对您离心离德，整个人倒向了陈友谅一边。要是让他知道，我们收拾陈友谅的办法，那等于是向陈友谅报信了。”

经他这么一提醒，徐寿辉想起庆功会议上，丞相带领百官跪地向他求情，挽留陈友谅的情景，越想越觉得是那么回事。

徐寿辉被搅得心神不定，无计可施，只好问道：“爱卿有什么好办法，挽救当前的局势。”

倪文俊见火候到了，恶狠狠地说："皇上！无毒不丈夫，趁陈友谅还没有翻脸之前，将陈友谅和他的铁杆哥们张定边、张必先、陈英杰诱骗到宫里来，擒贼先擒王，将其一网打尽，以绝后患。"

"好！"君臣臭味相投，徐寿辉想了想，忽然来了灵感，急中生智，兴奋地向倪文俊招了招手，待他靠近，他对着他的耳朵如此这般了一番。

倪文俊听候大喜，竖起大拇指赞道："皇上英明，此计甚妙！"

两人狼狈为奸，一拍即合，一条密杀陈友谅四兄弟的毒计形成后，立即布置实施。

陈友谅也没有闲着，他以一闲士的身份巡视完了他的一亩三分地，感觉良好，大家都在积极备战，为了大汉国的强大，随时都准备建功立业。

正当陈友谅在家中与军师商量，派谁领兵攻打元军盘踞的信州时，忽然听见主管太监在门外高喊：

"圣旨到，请统兵大元帅陈友谅接旨！"

这么快就官复原职了，陈友谅忙走出大门，跪道："罪臣接旨！"

奉天承运

皇帝诏曰

朕明察秋毫，拨云逐雾，有证统兵大元帅友谅舒州一役实则首功，固收回成命，官复原职，进宫授奖，另着尔部定边、必先、英杰三将一同进宫，孤家另有重任。

敕命

大汉二年五月十五日之宝印

送走主管太监，陈友谅吩咐陈善说："善儿，快去通知你二叔、三叔、十叔来我家商量事儿。"

"哎！"陈善应着，跑出门外。

康茂才陪同陈友谅走进书房，像是自言自语，也像是对陈友谅说："皇上的态度这么快就来了一个一百八十度的大转弯，不符合他的性格逻辑呀？"

陈友谅说："我也觉得蹊跷。"

不一会儿，陈英杰、张定边、张必先先后来了。

一进书房的门，张定边就急不可待地问："大哥！有什么急事儿？"

张必先玩笑地说：“是啊！是不是大嫂中午做了好吃的，叫上我们哥们几个打牙祭哦。”

“就你嘴馋。”陈友谅笑着，将圣旨给他们看。

张定边看后反应强烈，直言不讳：“这是个阴谋，是设的鸿门宴，不去，不上他的当！”

张必先满不在乎地说：“有我们哥们四个在一起，他徐寿辉敢把我们吃了不成。不去，怎么知道是阴谋还是阳谋。”

陈英杰蛮有把握地说：“怕什么，去就去，他徐寿辉敢在殿内动粗，”他摇了摇随身佩带的宝剑说，“还要看看这支宝剑答不答应！”

二比一，实际上陈友谅也想回宫面圣，为的是顾全大局，不搞内耗，团结一致，共同对敌。

4

四人腰系防身佩剑，一早乘船顺水，不多时就到达武昌，他们又马不停蹄地赶到皇宫，正好是早朝时分。

走到皇宫大门口，见两旁站立着一排宫廷侍卫，戒备森严。

“陈元帅，皇上有令，任何文官武将进宫早朝，都不允许佩带武器入宫。请将您随身携带的武器交到我们保管，待退朝后再来领取。”值班的侍卫长和颜悦色地解释说。

跟在陈友谅身后的张定边问：“请问侍卫长，原来我们进宫可没有这一规定啊，这是几时的新规定？”

侍卫长说：“报告张将军，你有一段时间没有入宫了，这个规定已经执行了半个多月了。”

侍卫长是个老江湖，骗起人来脸不红心不跳。实际他是受圣上的旨意，故意撒谎的。

陈友谅见宫门边堆放着很多各种宝剑时，向后面紧握宝剑的张定边、张必先、陈英杰三人使了使眼色，带头交出了宝剑。

在行往勤政殿的途中，陈友谅见周边增加了很多侍卫，他们紧跟着一起，陈友谅悄悄地对陈英杰说：“向后传，情况不妙，见机行事！”

“向后传，见机行事！”“见机行事！”

他们一行四人来到勤政殿，陈友谅扫视了一下，见文武百官个个耷拉着脑袋、低着头儿，静立着互不搭理。

徐寿辉威严地坐在宝座上，脸色铁青，身边放着一把寒气逼人的天罡剑，而大门两侧的侍卫，个个如临大敌，其场景怪吓人的。怎个大殿里，静得落下一根针的声音都所得见。

陈友谅小心翼翼地跪下行君臣之礼。

“臣陈友谅叩见皇上，吾皇万岁！万岁！万万岁！”

不对，徐寿辉坐在龙椅上，两眼怒视着跪地的陈友谅，也不叫“平身”。

陈友谅心里完全明白了，徐寿辉将他们骗进皇宫，是起了杀心，但他胸有成竹，并无畏惧之色。

张定边见这阵势，也觉不对劲儿，再斜眼一望，见张必先、陈英杰已在悄悄他向大门左右运动，贴近门边两个拿大刀的侍卫。倪文俊则身佩宝剑，在右前方幸灾乐祸地奸笑着。他悄悄地移动脚步，在向倪文俊身边靠近。

“陈友谅！逆贼，你知罪否？！”徐寿辉发出雷鸣般的怒吼。

陈友谅仍跪着，不卑不亢地回答：“回皇上！臣不知。”

回答完后，他在紧张地思索着，看样子今天是难逃一劫。

死，并不可怕，但要死得其所，就这样含冤被这个昏君杀死，会落得后人耻笑。回想起胡员外和两位恩师毕生，为彻底推翻腐朽朝廷统治的事业尚未完成。再看看眼前这个布贩子专横跋扈、胸无大志、心如针小的样子，不是能担任大任的角儿，更别说救百姓于水火之中。

我不能死，那只有你徐寿辉死了，想到这儿，他像一个预备赛跑的健将，悄然做好了预备姿势，伺机待发。

徐寿辉哪里知道他死到临头了，仍趾高气扬地吼道：“你私造战船，集结重兵，图谋不轨，罪恶当诛，不杀不足以平民愤，不杀不足以固朝廷！来人，将陈友谅等四贼拿下，推出斩……”

徐寿辉的意图很明确了，陈友谅心想，君不仁休怪臣不义，他不待徐寿辉的“首”字出口，先下手为强。

陈友谅眼疾手快，飞身扑向徐寿辉身边的天罡宝剑，握剑就向他的颈脖子劈去。

“啊！”文武百官大惊失色，只见皇上坐在龙椅上，颈脖子如喷泉，血柱冲天，一颗血淋淋的头颅，顺着铺着猩红地毯的石阶，连蹦带跳地滚向倪文俊的脚下。

倪文俊本能地做出反应，顺手拔剑。“哎哟！”随着他的一声惨叫，张定边用河里的水煮河里鱼，瞬间抽出他的宝剑，从后背直刺他的心窝。

与此同时，张必先、陈英杰做出反应，猝不及防地打昏了门边的两个侍卫，夺下他们的大刀。

张必先跳出大门，与带头冲入的侍卫长撞了个正着，说时迟，那时快，他手起刀落，侍卫长还没明白是怎么回事儿，就身首异处。

张必先跃出门外高喊：“站住！统统跟我站住！我劝你们不要作无谓的抵抗，狗皇帝早已到阎王爷哪里报到去了！”

他那高大的身躯、铿锵有力的声音和手举锃亮亮的大刀，一副似秦琼门神的样子，完全镇住了蜂拥而至的侍卫。

陈英杰见三哥控制住了门外的局面，他跳上徐寿辉的宝座上方，左手拥着陈友谅，右手高举大刀，高喊着。

“徐寿辉不仁不义，自食其果，陈元帅才是吾等之主！”

文武百官顿时明白过来，陈友谅发动了宫廷政变，大家惶恐地你望着我，我望着你，毫无主张。

这时，只见丞相邹普胜和谋士詹同“扑通”一声，跪倒在地，纳头便拜：

“臣邹普胜愿意追随新君陈友谅，肝脑涂地。”

“臣詹同愿意辅佐友谅公治理大汉国，肝胆相照。”

识时务者为俊杰，其他文武大臣见他俩带头俯首称臣，纷纷跪在地下，纳头叩拜。

群呼：“臣等愿意为新君效命，吾皇万岁！万岁！万万岁！”

5

陈友谅临时起意，政变成功，心中窃喜。他忙从皇帝的位置上下来，用双手扶起邹普胜和詹同，向跪着的文武百官说。

“各位同僚请起，感谢各位抬爱，友谅何德何能，怎敢入主为君，此事需从长计议。当务之急是新生政权尚未稳固，我们再也不能发生内耗，要团结一致，不忘初心，乘胜前进！”

邹普胜代表文武百官表态说：“谢皇上，我们坚决拥护服从您的领导，紧跟您的步伐，奋勇杀敌，再立新功。”

其他文武大臣也都三三两两应诺，但步调不是那么一致。

陈友谅见状，真诚地说：“殿中的各位文武官员们！我陈友谅举兵造反闹革命，驱鞑废戾，从不强求哪一位参加。愿意与我一起参加革命的，你在大汉国所担任的职务不变，以后再论功行赏，加官晋爵。不愿意跟随我的，悉听尊便，我将发给一定的路费和安置费让你们回家，其中包括红巾军的弟兄。”接着他大声宣布：“不愿意留下的，请站在左边。”

徐寿辉的儿子徐桴、弟弟徐寿昌、表弟樊哙和倪文俊的四个铁杆哥们，他们怀着忐忑不安的心情，站在了左边。陈友谅一数，不多，七个人而已。

这时，站在左边的樊哙嚷叫着：“赵将军，还磨叽什么，快过来呀！”

樊哙呼唤的是倪文俊的先锋官赴普生。

其实，赵普生是个正直坦荡之人，他早已看不惯倪文俊阳奉阴违，吹牛拍马的作风。他想：督军的死，是自作自受，我追随他是为了为穷苦百姓打下一片天地，陈友谅才是我心目中的英雄。

于是，赵普生拜倒在陈友谅面前说：“臣愿意追随皇上，为天下穷苦百姓打天下！”

陈友谅大喜，忙将他扶起说：“赵将军，难得你深明大义，为了对你的行为进行嘉奖，本帅委任你为王奉国部副将，不日将率兵攻打元军固守的信州，建功立业。”

赵普生又下跪叩拜说：“谢主隆恩，末将遵旨。”

“赵将军请起。”陈友谅扶起他，转身命令陈英杰道，“陈将军！你迅速返回沔阳，令杨从政军需官备足银两，速来武昌，与这七位大臣结算安置费。”

七位靠边站的大臣听后，一块悬着的心终于落地了，一齐跪下叩拜：“谢主隆恩！”

一场宫廷突发政变，从血腥开始，到欢笑收场，竟然在短短一上午间胜利谢幕。

陈友谅不急于登基，是有他的考量：刚经过一场血雨腥风的政变，大汉国一部分人是人心惶惶，一部分是冷眼旁观，军心不稳。需要指挥打几场硬仗、胜仗，体现一下我的指挥才能，稳定军心后，再议登基之大事。

6

这天，邹普胜、詹同、蔡哲、康茂才、陈普文、张定边、张必先、杨从政、王奉国、罗显中、胡大海、陈友仁十二人应邀来到陈友谅家中的办公室，商量出兵攻打元军的残余势力，敲响了向全国进军的战鼓。

邹普胜领兵攻打芜湖，张定边领兵攻打信阳，张必先领兵攻打豫章，王奉国领兵攻打信州，罗显中领兵攻打颍川。

陈友谅最后强调说："各位将军！我们要吸取我师父彭军师的教训，每夺取一座城池，必须留一位能肩负重任的大将镇守，要保住我们的胜利果实。"

康茂才乘机补充说："特别是要提防日益强大的朱元璋之流。"

"是！遵命。请皇上放心，不获全胜，决不收兵。"

五虎上将因陈友谅还没有登基，只好行军礼退去。

胡大海、陈友仁见武将们都走了，顿时慌了神，异口同声地问："皇上，我们怎么办！"

陈友谅开玩笑地说："凉拌。"

胡大海不服气地说："凭什么？我们也没有犯什么错误，再说指挥打仗，我们也不差于其他将军。"

说完，他的一张嘴唇翘得比八丈还高。

陈友仁也附和着说："是呀，皇帝大哥处事不公，总是将头功叫他们抢去了。"

陈友谅含笑不语，詹同在一旁暗自思量：胡、陈两位将军太放肆了，没有君臣礼数，看来要找机会，与这些土包子上一堂孔孟礼仪之道的课程。

康茂才转动着眼珠儿，戏谑他说："胡大将军吹牛皮算是一个，还说自己指挥高，领会不出主帅用兵的策略，那算什么高。"

胡大海大大咧咧地说："我只知道在国忠于皇上，在家孝敬老母，不像你们文人一样，成天琢磨皇帝意图，说起话来，就像我家的菜坛里的菜，酸溜溜的。"

他的一句话，把康茂才呛得脸色发白，詹同也受到了感染，脸儿也随之白了起来。

陈友谅见状，将脸色顿了下来，说："好了，好了，越说越不像话了，你俩都下去准备准备，作为预备队，将随时增援其他部队。"

“是！这还差不多。”胡大海、陈友仁满意地退了下去。

陈友谅见胡大海说的话，不从心中想一想，既打了丫鬟又羞了小姐，忙向詹同赔礼道歉：“詹大人，您老是进士出身，宰相肚里能撑船，不要怪罪胡将军，他是个杀猪的出身，不懂得孔孟之道。”

詹同回过神来，忙行君臣之礼道：“谢皇上，没什么，没什么。”

陈友谅微微一笑说：“文人的修养、气质、谋略就是与众不同。我最后把大家留下来，就是要仰仗诸位，出谋划策，重新组阁大汉国的行政机构，可好？”

蔡哲说：“吾皇圣明！臣愚拙，请明示。”

陈友谅说：“我计划成立大汉国组委会，由我任组长，詹同为秘书长，康茂才、陈普文、蔡哲、杨从政、陈英杰为副组长，成员由各部正负主帅和夫人杨金花组成，日常工作由詹大人主持，不知大家意下如何？”

“皇上圣明，洪福齐天！”康茂才首先表态。

大家按照皇上的分工，各自忙去了，办公室里只剩下陈友谅和康茂才两人。

7

陈友谅对康茂才说：“军师，我总觉得武昌不适合建都，历史上也没有哪位皇帝，在武昌或汉阳建都。只有孙权在武昌建都，那时的武昌是现在的鄂州，但建都时间也不长，后移都金陵。”

康茂才又开始转动着眼珠儿，说：“皇上圣明！武昌虽然说是中原腹地，也有龟蛇两山烘托，那只是仙鹤之地。此地湖泊众多，人口甚少，且不繁华，不适合建都。”

“军师所言极是，我昨夜为此事苦恼，睡觉不曾安神，三更时分做了一个怪梦，不知梦意如何？”

“请皇上说来听听。”

“梦里，鸡叫头遍时分，您急匆匆地捶打我的大门，高呼：‘皇上！起床了，该去买肉了！’我翻身起床，就来到了胡大海的肉案板前，你猜他怎么着？”

“臣愚笨，怎么啦！”

“胡大海用手抓了一把猪血，糊了我一口，一下子就把我惊醒了。”

康茂才听后心中大骇，按周公解梦之学说，这是一个凶梦。为什么梦中人偏偏是我和胡大海，而不是别人。此梦不能直言道破，否则会带来杀身之祸，他的眼珠儿像两只玻璃球，飞快地转动着。

他稳了稳神，假装喃喃私语："糊口，湖口。"

"有了！"突然，康茂才一拍脑门。

陈友谅莫名其妙地问："什么事有了？"

康茂才老谋深算地说："皇上！糊口乃湖口也。湖口就是鄱阳湖的入江之口，古人过去称江州为湖口，这是上天的旨意。恭喜皇上！贺喜皇上，这是玉皇大帝暗示您，要建都江州。"

"哦？"陈友谅兴奋地问，"何以见得，江州是一块什么宝地？"

"皇上明鉴！浩瀚鄱阳湖，匡庐一峰独秀，乃蟠龙游江入海之地，乃宝地也。"康茂才故弄玄虚。

康茂才对天文地理也是一知半解，反正陈友谅对此一窍不通。实际江州也称九江，虽有九江汇水之丰阜，但却是行云流水之地，根本不适合帝王建都。

陈友谅更加兴奋，忙对康茂才说："军师！走，我们立马赶往江州，去实地考察，征求家门兄弟友壁和他父亲陈皓老学贤的意见。"

雷厉风行是陈友谅的一贯作风。

陈友谅带领康茂才、陈普文、詹同、蔡哲及陈英杰的警卫营数十人，乘战船沿长江直下，顺风顺水，很快就来到江州。

陈友壁早已获报，大汉国皇帝、家门兄长陈友谅要来江州考察，他率领一干人等，在义门陈氏修建的迎官亭恭候。

他们远远地看见一艘战船从武穴直下，很快停靠在江州码头。陈友谅下船一看，码头车水马龙，熙熙攘攘，却不见陈友壁的人。他正在纳闷，难道友壁兄弟不欢迎我的到来，怎么不见他来码头迎接啊。

正当胡乱猜疑着，陈友壁的管家迎了上来，纳头便拜。

"启禀圣上，为了隆重起见，我家主公在陈氏迎官亭举行隆重的欢迎仪式，恭迎皇上。"

他们一行，骑上管家备好的马匹，很快来到迎官亭。只见迎官亭上张灯结彩，步入迎官亭前的石阶前，铺着长长的猩红地毯，地毯两旁站立着鄱阳王府的文武百官。

陈友谅刚下马，四十八响礼炮响彻云霄，文武百官跪着，齐声唱道："恭迎皇上，吾皇万岁！万岁！万万岁！"

陈友谅忙上前，扶起前面的陈友壁说：“兄弟，使不得，使不得，本帅尚未登基，不必行君臣之礼。”

陈友壁起来拱手说：“谢皇上！”

随后他挥了挥手说：“诸位爱将，快起来吧，吾皇下旨免礼了。”

他们在迎官亭一落座，陈友谅就迫不及待地问：“伯父安好？”

陈友壁鼻子酸酸地说：“回圣上，家父自您去白鹿洞造访后，没多日就无疾仙逝了。”

陈友谅闻后，“扑通”跪在地下，朝着白鹿洞方向纳头叩拜后，仰首高呼：“伯父圣贤！您赐名友谅，喻义深邃，愚侄没有辜负您的愿望。不日，一个崭新、强大的大汉国，就要像庐山一样，屹立在鄱阳湖畔！”

按照传统，皇帝登基前必须敬拜祖祠。

陈友壁将陈友谅带到德安艾草坪义门陈氏祖祠，叩拜了一世祖伯宣公、开山祖旺公等众祖先的灵位。

紧接着，鄱阳王在江州城内举行了丰盛而又隆重的欢迎宴会，宴请大汉国皇帝一行。

就这样，在一片欢呼声中，陈友谅下定决心，移都江州，重新建立大汉国。

第十八章

新汉王匡庐情系红颜　八兄弟信州魂断沙场

匡庐雾锁遇阁娇，棣萼饶州竞折腰。
自有英雄戈乱世，夺城驱虏出新招。

——题记

1

陈友谅南征北战，无暇顾及华夏大好河山的旖旎风光。今日在江州终于有点空闲，他就想到早已名闻遐迩的庐山，去观日出，再沿着一世祖著作郎伯宣公，隐匡庐，居茅舍，释史记的名山胜迹走一走。

谁说皇帝好，陈友谅慢慢感觉到，其实就是一个苦差事，是用特别的智慧，特殊的权力，平衡社会各种矛盾，哪有时间游玩。

“英杰，想不想游庐山？”

“早就想去识一识庐山真面目了。”

陈友谅说：“还等什么，快去找一套书生和一套书童的衣服来。”

陈英杰请示说：“大哥，要不，跟友壁哥和父亲、军师他们打声招呼，再去玩吧。”

陈友谅说：“你傻呀，打招呼，两位老夫子还让我们出门吗？我这不，还不是皇帝吗？先玩他个痛快再说。”

“遵命！还是皇帝大哥想得周全。”陈英杰高兴地去准备了。

陈友谅打扮成书生，陈英杰扮书童，有模有样地从好汉坡拾级而上。在一片云雾中，两人隐隐约约地看见白云生处的猎户，陈友谅情不自禁地吟起了唐代诗圣杜甫的诗来。

远上寒山石径斜，白云生处有人家。
停车坐爱枫林晚，霜叶红于二月花。

游着，赏着，吟着，两人不知不觉地来到飞云峰。

他们的前面，有一个翩翩少年，像一只欢快的小鸟，连跳带蹦地飞行在窄狭的山路上，山道下面则是万丈深渊，陈友谅着实为他捏了一把汗。

深秋，雨过天晴的庐山，云海翻飞，白絮缠绵。少年一边追着云儿，一边娇声吟咏：

谁将白絮洒山中，我戏飘云在碧空。
云与诗情同激荡，一齐飞溅大江东。

陈友谅听到前面少年吟出的诗句，不禁暗暗赞叹：“真是少年才俊啊。”

他也诗兴大发，和唱了一首：

云上高峰峰上云，云移峰动意如神。
笑予不是仙家客，却作仙人天上行。

“好一首庐山云行！”少年循声一望，见是一个仪表堂堂的书生，不禁脸上泛起了红晕。

少年偷偷地看着他，见书生嘴唇下的黑黝黝的胡须，好长好长。他坏坏地一笑，问道：“敢问眼前相公，可是关老爷下凡。”他用左手掌掩住了自己坏笑的眼神儿。

“回相公的话，在下这厢有礼了。吾乃沔阳陈友谅是也。”陈友谅抱拳行礼自我介绍说。

少年微微一愣，忙问：“你是那个敢作敢为、大名鼎鼎的大汉国元帅陈友谅？”

“正是在下！”

“啊！”少年心想，怎么这么巧，我昨夜在梦里见到的心中英雄陈友谅，今天在云蒸霞蔚的庐山就遇上了，难道这是天公作……

陈友谅见面前的公子面目清秀，也刻意地问道：“公子样貌过人，敢问公子尊姓大名？”

少年的脸色羞得如桃红，机灵地转动着眼珠儿，微微一笑后，轻轻地说：“我姓阁，名黎清。”

其实，这是他哥哥的名字，她是女扮男装的阁赛清。

陈友谅忽然想起，名震江南的江州才女也姓阁，这是百家姓中较小的姓氏。莫非眼前的这位公子与他有什么渊源，他好奇地问：“阁公子！你可认识江州才女阁赛清？”

阁赛清低着头儿，遮掩她那彤红的小脸蛋，轻轻地说：“她是我家小妹。”

“友谅冒昧地问一问，书生小小年纪，怎么一个人上山游玩？”

阁赛清翘着嘴唇儿说：“你怎么跟我哥哥一样的口气，总是说我小，本小……少爷不小了，今年十六了。”

陈友谅故意逗他：“呀，看不出来，我还以为是哪路神仙的小童子呢。”

“我才不当什么小童子呢！我是和妹妹一起上山来的，参加匡庐书院聚会，我见是一群老夫子在那里咬文嚼字，没兴趣，这不，趁着妹妹不注意，我就溜出来了。”

“啊！”陈友谅喜欢上了这位风度翩翩的少年，他邀请道：“阁公子！诗是文人骚客的桥梁。你年轻文祺，我们同道而行，共览庐山胜景，吟诗作赋如何？”

终于有陈英杰插话的机会了，他哪能失去，忙说：“是啊，阁公子，我和皇……”

他伸了伸舌头，改口说：“我和我家公子第一次来庐山，人地生疏，烦请公子一路游玩，当导游如何？”

眼前的阁公子绝顶聪明，无须陈英杰吞吞吐吐，江州昨晚就传得沸沸扬扬，大汉国皇帝陈友谅来到了江州视察，不日要在江州登基。

阁赛清假装不知，顺水推舟地说：“好哇，能和陈大元帅一起游玩，小生三生有幸了。”

山道只有一人宽大，忽上忽下的，阁赛清走在前面，陈友谅居中，陈英杰断后。三人沿着窄小而又陡峭的石板路慢慢向前行走，峭壁上，迎客松的片片针叶，在山风的吹拂下，像一只只玉手，不停地向他们挥手致意。

“前面就是仙人洞了。”阁赛清手里拿着一根枝条，侧转着身子，用枝条指了指前面的一个山洞向陈友谅介绍说。

她接着问道："大帅！你可知道这仙人洞的来历吗？"

陈友谅答道："是太上老君在此修炼而得名。"

阇赛清夸赞说："陈元帅不愧为名震江湖中人，上知天文，下知地理，难得，难得。"

陈友谅笑着摆了摆手，谦逊地说："哪里，哪里，只不过是昨晚临时抱佛脚，看到书中介绍而已。"

他们走近洞内一看，洞内不深也不宽，只有十来丈见方，右侧有一个像是石凳的巨石。

"有道是，洞不在深有仙则名呀！"陈友谅感慨道。

陈英杰说："这有什么好看的，几块顽石啊，我们到别处看看。"

"哈哈哈……"

三人说说笑笑，不知不觉来到了庐山峰下的一线天。

阇赛清见他俩昂着头，仰视一线天的瀑布，她却不敢抬头，惧怕仰视时，将头上的秀才帽子脱落，露出庐山真面目。

日照香炉生紫烟，遥看瀑布挂前川。
飞流直下三千尺，疑是银河落九天。

她望着瀑布下山的细小水帘，背诵着李白的诗，不禁感慨道："诗仙太白真不愧为浪漫诗人，一涧细小的瀑布，他却形容得气势磅礴。"

陈友谅却发出自己独特的见解："诗人虽然怀才不遇，但他是多么热爱大自然，字里行间中都流露出宽广而又真挚的情怀。"

真有帝王风度，评论得如此精辟，阇赛清心中暗暗地敬佩他。

这时，山风卷着霏霏细雨，飘洒在地上枯黄的梧桐叶上，沙沙作响。

阇赛清想进一步试探眼前这位圣上文彩，于是提议道："陈元帅，我们以'梧桐落叶雨凄凄'为词，转它一个轮回如何？"

所谓转它一个轮回，实际是轱辘体的另一种说法，是古代诗人作诗用的一种体裁。

陈友谅当然明白她的意思，礼貌地说："阇公子先请。"

梧桐落叶雨凄凄，沥沥哀音像病罹。

琨玉秋霜悲叶倦，且观崖壁劲松奇。

陈友谅思索了一会儿，吟咏着。

缱绻和风绣锦绨，梧桐落叶雨凄凄。
鸣蝉不在枯枝叫，鸿雁翩翩戏小溪。

第三首应该是仄声韵，难度较大，但这难不倒才女，只见她轻盈一笑，樱桃小嘴唱出：

逶迤蓝天观俊雁，邀翔不惧秋风现。
梧桐落叶雨凄凄，雁去南方山水恋。

正在此时，雨过天晴，一轮红日高高地挂在天空，陈友谅受到美丽景色感染，张口吟哦：

匡庐日挂彩霞迷，一片彤云似紫霓。
霓尽寒风吹栎颤，梧桐落叶雨凄凄。

半斤对八两，两人相觑一笑，继续漫步在山间曲径中。不知不觉，三人来到了鄱阳湖边的含鄱口。

陈英杰不懂诗文，借故口渴，闪避进了林间板屋中的茶肆。他俩被庐山的美景深深地吸引住了，浑然不知陈英杰的离别。

含鄱口是观庐山日出的最佳地点，此时已经错过，但他们还是兴致勃勃地沿着林荫的山道拾级而上。

临近含鄱口有一个陡坡，陈友谅身手敏捷，一下爬了上去。他回头一望，发现阇赛清上坡非常吃力的样子，他报之一笑，她不好意思地莞尔一笑。

“小弟，把手伸出来。”陈友谅伸出手，亲切地说。

阇赛清喘着香气，犹豫了一会儿，但还是伸出了玉手。当陈友谅的大手握住她的小手时，她心里一热，有点想入非非。

男人就是粗心，没有感受到阇赛清细微的心理变化。

陈友谅见到日照鄱阳湖渐渐腾起的紫烟时，不禁脱口而出：

庐峰日照紫烟翩，只见青山不见天。
一阵阴风寒噤颤，飘来霾雾遮云间。

阇赛清见陈友谅诗中充满着忧国忧民的情怀，立即唱和诗一首。

鄱水印奇峰，深藏巨浪中。
寻常难觅见，日出露峥嵘。

“好诗！好诗！阇门出才子。”陈友谅发自肺腑地赞道。

阇赛清得到了陈友谅的赞赏，更加得意。她踱着小步，手衬着下唇儿，认真地思索着，酝酿着下一首。

2

“哎哟！”忽然，陈友谅听见一声惊叫，发现阇赛清一脚踏空，柳枝儿般的身体一下子失去了平衡，歪斜中就要倒下去，而山坡下面是万丈深渊。

她一惊，心想，这下子完了，恐惧地闭上了双眼。

这时，阇赛清忽然感到，有一只熟悉的大手向她伸了过来，求生的本能使她快速抓住了他。

陈友谅伸出大手本想拉住她，哪想到脚底下是溜滑溜滑的青草，脚底一滑，也失去了重心，他抱着她一起往山坡下滚去。

他们在陡峭的山坡里翻滚了几丈远，有几次陈友谅试图拉住身旁的小树，终因两人的身体过重，惯性力而使小树连根拔起，又继续往山坡下滚动。

虽然小树连根拔起，起不到很大作用，但还是使他们滚动的速度减慢了，所幸身体没有受到伤害。菩萨保佑，他们被一棵大树挡住。

“好险啦！幸亏有一棵大树挡着。”陈友谅感叹地说，长长地松了一口气。

他再睁眼一看，下面的悬崖深不见底，一阵阵雾气往上直涌，不觉惊出了一身冷汗。

随后，他收回目光，看了一眼躺在他怀里的阇赛清，一束散乱的秀发直触他的鼻孔，使他闻到了少女特有的体香。他不敢相信自己的眼睛，难道我抱着的是一位仙女？

原来，两人滚动时，阇赛清的秀才帽子早在半山坡下滚掉了，现出了女儿身的原型。

阇赛清见自己露馅儿了，顿时脸蛋儿像涂了一层厚厚的胭脂。

陈友谅眼珠里，定格的是一幅贵妃撒娇图，不禁脱口而出："贵妃……"

"谢主隆恩！"阇赛清何等机灵，羞答答地应诺。

这一幕，正巧被从茶肆出来的陈英杰瞧见，忙转过身去，大声说："大哥！我可什么也没有看见哈。"

陈友谅听到陈英杰的声音，这才清醒过来，刚才仿佛是琼瑶春梦。他睁大双眼一瞧，怀里躺着的确是一位倾国倾城的仙女，他顿时明白，她就是名噪江南的才女阇赛清。

天色渐渐暗淡了下来，他亲热地扶起她，并亲切地对她说："赛清！天色不早了，我送你回家，待我将大事忙完后，再来迎娶你。"

阇赛清点了点头，小鸟依人地偎依在他身边。

3

陈友谅、陈英杰两人将阇赛清送回庐山脚下的阇宅，天色完全暗淡了下来，已是掌灯时刻。

陈友谅催促陈英杰说："快回客栈，二叔，军师两位老人肯定在焦急地等待我们。"

陈英杰玩笑着说："大哥是既爱江山又爱美人，这才记起了两位老将哟。"

陈友谅说："你嘴门跟我关严实一点，今天的事儿，暂时保密。"

陈英杰说："知道啃！大哥。"

他用手指了指客栈门口说："您看，友壁大哥、父亲和军师仨人，在客栈门前东张西望呢。"

陈友壁、陈普文、康茂才见他们回来，就一起迎了上去。

陈普文埋怨说："两个也老大不小了，出去办事儿也不打声招呼，我们为找你们，差点儿将江州城翻了过底朝天，害得大家为你们干着急。

显然，他们并不知道他们是去庐山上游玩的。

康茂才急不可待地禀报："皇上，快进屋，有紧急军情！"

陈友谅任凭二叔唠叨，进屋后再问军师："哪儿的紧急军情？"

康茂才将插有三根羽毛的公文递给陈友谅说："这是饶州前线，快马报来的。"

陈友谅明白，他曾规定，远方征战的将军传递军情，在信封右上角都用羽毛做记号。一般军情在笺封上沾上一根羽毛，重大军情二根羽毛，笺封上如有三根羽毛的，则是紧急军情。

陈友谅急忙打开一看，顿时觉得天旋地转，站立不稳，身子就要倒下去。

陈英杰见状，连忙上前扶着他问："大哥！您怎么啦？"

"你八哥……他……他……"

陈友谅由于悲痛过度，连话语都说不出来了。

陈英杰接过公文一看，顿时号啕大哭了起来。

"八哥！八哥！你怎么忍心丢下我们弟兄，一个人走了呢！"

哭后，他对陈友谅说："大哥！请拨一千人马与我，我要去信州，杀死海鲁丁这个元鞑子，为八哥报仇！"

陈友谅从悲痛中清醒过来，自责地说："是我轻敌了，是我害死了八弟呀。"

康茂才上前劝说："请皇上保重龙体，不要过度悲伤，胜败乃兵家常事，王将军殒命于反元战场，死得其所。"

陈普文提示说："皇上，我们当务之急，是要想出办法，怎样救援赵普生，拔掉海鲁丁这颗硬钉子。"

陈友壁请战道："皇上！许我带领五万人马，赶往信州，配合赵将军，拿下信州城，活提海鲁丁。"

陈友谅思索了一会儿说："友壁，不行，你的心意是好的，我理解，但朱元璋的吴军占领了豫章，对江州虎视眈眈，你镇守江州的责任重大啊。"

接着，他咬牙切齿地命令："陈英杰听令：你火速赶往武昌，令陈友仁率十万人马，来江州与我会合，一起驰援赵普生。令胡大海率兵镇守武昌，不得有误！"

"是！"陈英杰快马加鞭赶回武昌。

4

原来，王奉国奉命率领十二万大军，攻打元军盘踞在信州最大的一股势力。

信州守将海鲁丁，是一位能征善战的骁骑将军，他率兵五万，固守在信州，曾与彭莹玉领导的红巾军，朱元璋的吴军都交过手，他们都以失败而告终。

王奉国是陈友谅的爱将，不但骁勇善战，而且熟练排兵布阵，他的十二万大军一到信州城外，他和赵普生各领六万人马，将信州城的两座城门围得如铁桶一般。

接着，王奉国开始叫阵："信州守将何类鼠辈，速出来与本将军决一雌雄。"

信州，也称饶州。信州位于江西的东北部，东连浙江、南挺福建、北接安徽，又依托长江，西毗邻鄱阳湖。自古就有"上乘富饶，八方通衢"之称，是豫章的第一门户。历朝历代，是兵家力争之地。

海鲁丁凭借十余年来，修建的高大城墙和仓库里充足的粮食，傲慢地坐在城楼上。不论敌人叫阵也好，辱骂也罢，他就像一个局外之人，拿着鹅毛扇子像观风景一般。

城墙太高，云梯根本够不着；城门不知是什么材料做的，坚硬无比，况且海鲁丁令人将沙袋在城内严严地堵死了。

王奉国所带的炸药用完，就是奈何不了，他已无计可施，只好每天骑着高头大马，来回在城楼下奔驰骂阵。

这时，探子来报，元军江南统兵伯颜不和副统兵花的斤，两路人马，共计兵力八万来援，将汉军进行了反包围。

副将赵普生一见，惊慌地说："主帅，敌人这是要里外夹击我们，来的是瓮中捉鳖呀！快下令撤退吧，否则就来不及了。"

"嘿嘿"王奉国一声冷笑，说："想得倒美。赵将军，你亲领八万将士，趁伯颜不立足未稳，给我撕开一个口子，使我军跳出敌人的包围圈，进入鄱阳湖，乘上我们的战船，敌人就奈何我们不得，等待皇上派来援军，再来攻城。"

"是！末将遵命！"赵普生领大军从鄱阳湖方向冲杀而去。

海鲁丁在城楼上看得真切，正在寻思，汉军为什么撤军。

伯颜不派来密探来报说："海将军，我主帅已将敌人团团地包围在信州城周边，令你部积极配合，杀出城外，里应外合，将来犯之敌全歼在信州城外。"

"哈哈哈！"

海鲁丁发出猛兽般的大吼：“将士们！朝廷派兵来驰援咱们，我们出城来他一个反冲锋，全歼敌人，大家有没有信心！”

“有！”

“杀！”

“全歼汉军！”

雷鸣般的吼声从两个城门涌出，黑压压的一片，扑向汉军。

王奉国镇定自若，边迎敌边有序地组织撤退。

此刻，近在豫章视察防务的朱元璋，闻悉元军与汉军正在信州决一死战的消息，他来到作战地图前，看了看两军目前的态势，一个联合作战的构想已在心里形成。

元军在江南的兵力都集中在信州，我何不助汉军一臂之力，派重兵将元军又来一个反包围，全歼元军于江南。

想到这儿，朱元璋命令豫章守将朱文正说：“文正，你率十万大军去驰援汉军，将江南元军一举歼灭。”

“是！末将遵命！”

“朱将军！且慢。”朱文正正准备走时，即被军师刘伯温喊停。

刘伯温说：“皇上，出兵驰援汉军万万不可。”

朱元璋问：“为何？”

刘伯温边扇着鹅毛扇子边说：“皇上！一是我们还不了解元军的真正实力，不能打无准备之战。二是陈友谅领情则可，他要是不领情，乘豫章兵力空虚，进攻豫章怎么办？”

他提示说：“皇上！要知道，豫章原先可是人家的地盘，他乘虚而入，名正言顺，我们倒成了瓮中之鳖。”

朱元璋佩服地点了点头说：“言之有理，军师！那我们只有按兵不动了。”

“哼哼……”刘伯温发出一声冷笑。

“坐山观虎斗，待元、汉两败俱伤后，我们再来收拾残局。”

此时，王奉国与海鲁丁正杀得难解难分。他们大战了百余回合后，海鲁丁心想，再也不跟你这个整天在城楼下，叫喳喳的麻雀玩了。他虚晃了一招，假装败走。

王奉国也不追赶，正欲掉转马头带领部队后撤时，冷不防，海鲁丁抽出毒箭，朝着王奉国的脑门直射而去。

也许是王奉国大意了，也许是他在劫难逃。海鲁丁是蒙古草原比赛挑选出来的雄鹰，能百步穿杨，箭无虚发。

“哎哟！”王奉国双手抱着脑门，跌落马下。

汉军见主帅落马，忙将他抢回军营，沿着赵普生杀开的血路逃去。

汉军在赵普生的指挥下，迅速登上了停靠在鄱阳湖边的战船，急速撤退。

在主帅战船的急救舱里，随军医官急忙来到王奉国的病床前，小心翼翼地拔出脑门的箭镞。看了看王奉国渐渐发黑的身体，他摇了摇头，对站在一旁的赵普生说：

“赵将军，王将军中了涂有鹤顶红的毒箭，已经无药可治了，准备后事吧。”

赵普生悲凉地说：“主帅，你一走百了，我如何向皇上交代啊。”

5

正在赵普生垂头丧气时，船上的观察哨兴冲冲地来报说：“副帅，皇上派兵来救援我们了。”

赵普生急忙跑入驾驶舱，举起望远镜一望，可不是吗，鄱阳湖都昌方向，黑压压一片，飘着汉字和陈字的军旗的战船，正乘风破浪地向信州方向驶来。

两军在鄱阳湖中会合，赵普生胆战心惊地来到陈友谅的指挥船上，立马跪在陈友谅面前，低着头儿说：“皇上！败将赵普生觐见圣上，请求治罪。”

陈友谅上前将他扶起，安慰他说：“爱卿平身，赵将军能将十二万将士安全撤退，何罪之有。倒是我真正有罪，由于过于轻敌，害死了王将军。”

陈友谅说到伤心处，泪水直在眼珠里打转。他对康茂才说：“军师，你运送王将军的遗体回沔阳老家厚葬。”

“皇上！遵命。”

他转而对赵普生、陈友仁、陈英杰等将军说：“我们杀他个回马枪，夺取信州城，取下海鲁丁的人头，祭奠王将军！”

“为王将军报仇！”“势夺信州！”的呐喊声响彻鄱阳湖。

海鲁丁见陈友谅率领的二十二万大军，从鄱阳湖边登陆，声势浩大地直逼信州。他故技重演，建议伯颜不、花的斤收兵回城，一起固守信州。

赵普生策马率先来到城门，叫骂道：“海鲁丁你这个狗日的听着，吾皇率大军亲征，快打开城门投降，否则，我军将荡平信州城！”

元军守将海鲁丁在城楼上，趾高气扬大呼："老子稳坐城楼，汉贼奈我何乎！"

"好狂妄的元鞑子！"陈友谅轻蔑一笑，命令道，"令各路军竖起军帐，原地休息，埋锅造饭，饭后通知众将，速来中军帐参加诸葛亮会议，商讨破敌之策。"

6

下午，三十四位将军迅速来到中军帐，一一向皇上行礼毕，纷纷自找地方而坐，将本不宽敞的大帅帐篷挤得水泄不通。

陈友谅坐在正中，挥了挥手，开始作战前动员："各位将军，大家辛苦了。首先我提议：全体起立，脱帽，为解放信州而就义的王奉国将军致哀，默哀三分钟……礼毕！"

默哀仪式完后，陈友谅说："大家坐下！我告诉诸位将军，被我们围困在信州的元军，是元鞑子盘踞在江南的最后一支有生力量。也就是说，我们消灭了这股敌人，就取得了反元斗争的阶段性胜利，大家有没有信心？"

"有！"与会者异口同声地回答。

"好！"陈友谅见士气调动起来了，非常高兴地问大家："各位将军，现在敌人就像洞里的刺猬，任凭你叫阵，他就是龟缩在城里不出来。根据可靠情报，信州是个富饶之地，城内的诸备粮食供养二十万军民一年，还绰绰有余，可我们消耗不起呀！因此，请大家来出谋划策，有什么好的办法，既能在短时间内攻破城门，又要减少伤亡，用最短的时间、最小的代价夺取胜利。"

众将士各抒己见，有的主张用云梯攻城，有的主张用大炮将城墙轰塌。

赵普生摇了摇头说："这些办法我们试过，由于城墙高大结实，都达不到预期的效果。"

陈英杰说："我们像攻打汉阳城一样，派一部分人潜入城内，再来他一个里应外合，一举就能破城。"

陈普文反对说："这个办法太危险了，因为我们城内无内应，潜入城内的人，一旦被敌人发现，那将是肉包子打狗，有去无回。"

陈友仁献计说："我们何不仿效武圣关羽，他水淹七军，我们来他个水淹三军。”

陈友谅心想，别看友仁四弟年龄不大，看来是熟读《三国志》和《孙子兵法》的角色呢，是一块璞石，精心雕琢，将来是一位大有作为的将才。

他为了检验他《三国志》是否熟记于心中，假装不知这是何典故，故意问：“请友仁将军讲讲水淹七军的故事好吗？”

“好哇，好哇！”陈英杰带头鼓掌，其他将军大部分是农民出身，什么三国、孙子兵法知识甚少，也一起起哄。

陈友仁见状，心里很清楚，这是三哥有意考我。他谦逊地一笑说：“大家都喜欢听水淹七军的故事，我简单地跟大家讲一讲。”

7

话说刘备令关羽进攻樊诚，樊城的魏军守将曹仁向曹操求救。于是曹操派有于禁、庞德两员大将率领七支人马前去增援。曹仁大喜过望，但他不懂天文地理常识，却令援军在樊城北面的平地屯兵，与城内遥相呼应，使关羽没法攻城。

正当蜀、魏两军相持不下的时候，天不作美，樊城一带突然下起了倾盆大雨，汉水猛涨，平地水高一丈余。

于禁的军营扎在平原上，四面八方的洪水涌来，把七军的军营全部淹没了。于禁、庞德慌乱中，泅水各寻一高处避水。

关羽熟知天文，早已观察出于禁的七军，扎营时暴露出的弱点，他抓住有利战机，筹备了很多船，率水军向魏军进攻。他先将于禁团团围住，于禁被围在一个小土包上，无路可退，只好乖乖投降。

庞德负隅顽抗，抢得蜀军一条小船，杀出重围，向樊城逃去。不料，小船在途中被洪水掀翻，庞德落入水中挣扎，被赶来的蜀军活捉。

陈英杰从这则故事里听出了端倪，试探地问：“友仁弟的意思是，趁现在鄱阳湖涨水的季节，引水灌城，水淹三军。”

陈友仁笑着说：“还是英杰哥聪明。”

“好！这个办法好！”众位将军大部分投了赞成票。

陈友仁的副将祝宗，是信州本地人，站起来反对说：“主帅的这个办法是可以破城，逼敌人就犯。可是，不知大家想过没有，信州城内还有十万多无辜百姓，而我们不应该为了一城一地的得失，而使百姓受到灭顶之灾啊。”

“说得好！”陈友谅立马表态。

“我提醒大家，不要忘了我们起义造反的宗旨，那就是一切为了黎民百姓！我军有祝宗这样的将军，乃汉军之幸也。”

陈普文也向祝宗投来赞誉的眼光，试探地问：“祝将军！想必是你有了破城之策？！”

吴宗不好意思地说：“末将倒有一个办法，不知可行否？”

“哦！请说出来，大家议论，议论？”陈友谅鼓励说。

“实际我这个办法，也是受了主帅引水入城的点拨，刚想出来的。我们这一带都是黑沃土层，便于挖掘，我们何不挖一地道于城墙门底，再埋上超出当量的炸药，让敌人坐着土炮飞天，城门就不攻自破。”

“好！这个办法好！”陈友谅听后，异常激动。

他大声命令道：“祝宗听令！”

“末将在！”

“令你为攻城总指挥，二十二万将士统一归你指挥，务必在五日之内，夺取信州城！”

“是！末将遵令！”

“赵普生、陈友仁听令！”

“末将在！”两人站了起来，异口同声。

“令你二位为祝将军副将，服从、配合他指挥攻城，不得有误！”

“是！末将遵令！”“是！末将遵旨！”

“陈英杰听令！”

“末将在！”

“令你立即赶往大冶铜绿山，调运开矿用的百担上好炸药，两日之内赶回信州，不得有误！”

“是！”陈英杰匆匆而去。

“陈普文听令，令你迅速组织医疗救护队，待城门炸开，立即救援被震塌的民房和受伤百姓。”

“是！臣遵旨。”陈普文佩服皇上考虑问题周全。

一场大规模的破袭战的准备工作，在有条不紊地进行。

这天天刚麻麻亮，“轰！”的一声巨响，地动山摇，差一点儿，将正在熟睡的朱元璋从床上震落。

朱元璋一骨碌地从床上跳下来，惊恐地问："怎么回事儿，哪里地震了？"

朱文正急匆匆地跑进房里报告说："皇上！不必惊慌，是陈友谅用炸药炸开了信州城门，侄儿已经差人前去打探消息，晌午就有准确的信息了。"

"啊，是这么回事。"朱元璋在行宫里踱着方步，边走边想：难道正于军师所料，待元、汉两军打得两败俱伤后，我们再去收拾残局？不对！这次是陈友谅亲自挂帅，兵多将广，他会以绝对优势于敌的兵力夺取信州。

想到这儿，朱元璋丧气地说："完了，完了，军师这回失算了，这么大的一块肥肉被陈友谅独吞了。"

果然，据探子回报，朱元璋分析得没有错，陈友谅大胆起用人才祝宗，他以绝对优势的兵力，炸开城门，蜂拥而至。

元军江南总兵和副总兵伯颜不、花的斤被剧烈的爆炸声震昏了，尚未待他们清醒过来，就成了汉军的俘虏。

陈友谅的侍卫长陈英杰，为八哥王奉园报仇心切，他一马当先，直接冲入汝州府衙，这时守将海鲁丁，刚刚从爆炸声中清醒过来，正要出门到城楼看个究竟，冷不防被门外的一把闪闪发亮的宝剑刺中心脏。

"咔嚓"一声，陈英杰割下了他的头颅，提在手上，向沔阳方向高喊："八哥！小弟为你报仇了。"

陈友谅旗开得胜，命令王奉国的副将赵普生，领五万人马镇守信州，自己带着其余的将士，班师回朝。

朱元璋听着探子绘声绘色的描述，恼羞成怒，抽出宝剑就将探子刺死，狠狠地说："灭自己志气，长他人威风，吃里爬外的东西！"

可怜密探本想在皇上面前邀功请赏，至死还不知道自己是怎样死的。

发泄完了私愤，朱元璋对朱文正说："正儿，我和军师今日返回金陵，与大臣们商量夺取信州之策。豫章是一颗钉子，要死死地钉在陈友谅的心脏，镇守豫章的重任就落在你肩上了。"

朱文正坚定地说："请皇上放心，有朱文正在，豫章就在，侄儿誓与豫章共存亡！"

朱元璋信任地点了点头，打道回金陵去了。

第十九章

大汉王国建都江州更换年号　文臣武将尽职九江初显繁华

深宫储秀生愁怨，淑德贤良诚悦劝。
只为夫君爱恨藏，换来大汉蓝天逊。

——题记

1

信州大捷后，其他五路人马也先后取得了重大胜利，大汉国的兵马发展到了六十四万之众。

人逢喜事精神爽，陈友谅乘大喜之日，决定迁都江州。

皇上带领文武百官和后宫家眷，一起乘坐十艘战船，从武昌出发，浩浩荡荡地驶向江州。

明天就要举行登基大典了，詹同趁战船在长江前行的空闲之机，将按皇上旨意起草的文书，呈递给大汉皇帝最终审阅。

陈友谅接过文书，认真地审阅了起来。他看完文书，满意地点了点头，笑着递给康茂才。

“请军师再审一审，这样的人事安排如何？”

康茂才转动着他那灵活的眼珠儿，很快浏览了一遍，建议说：“皇上英明，各方势力均已平衡，微臣佩服，只是……”

他笑着望了望詹同，说了半截子话就停顿了下来。

陈友谅说：“你是军师嘛，但说无妨。”

康茂才说：“微臣才疏学浅，没有……没有教育好太子。太子是我大汉国诸君，还需全面掌握治国方略。我建议，詹大人学富五车，可担太子太傅重任。”

陈友谅心领神会，这时军师间接指出，太子过于懦弱，还需进一步教育，才能掌握国家政权，这个建议很好。

陈友谅笑着征求意见道：“不知詹大人同意否？”

詹同忙伏地叩拜：“臣遵旨。”

陈友谅高兴地提起朱笔，在詹同一栏里，添上“封太子太傅”五个楷字。

大汉国一行顺风顺水，只一晚上的工夫，就到达了江州码头。

陈友壁早已带领江州民众，敲锣打鼓、载歌载舞，夹道欢迎大汉皇帝一行。猩红的地毯，从码头一直铺向新建的皇宫，有近十里地的距离。

陈友谅和杨金花是同乘一顶八抬大轿往皇宫而去，他时不时将头伸出轿外，挥手向欢迎的人群致意。

突然，他看见一个熟悉的身影，忧愁地望着他们的轿子发愣。

“是她！”陈友谅激动地说，正欲叫轿夫停下来，外面却是人头攒动，瞬间不见了那熟悉身影。

“圣上！您是不是看见，您的梦中情人阇赛清了？”杨金花笑着问。

“皇后！你是怎么知道的？”

“不告诉您。”

杨金花答非所问地指了指前方，惊叹道：“皇上快看，多么漂亮而又有气势的宫殿。”

“哦！”陈友谅向前一看，惊喜一声，令轿夫停轿，他步行前住宫殿，仔细地打量了起来。

皇宫建造在风景秀丽的庐山脚下，江洲古城的中心，依碧蕊天味的景阳湖岸边而建，依山傍水，景色宜人。

建筑群是按盛唐时的建筑风格而建造，是依照风水理论的九梁十八柱七十二脊而成。宫门分正北门，东门、西门、正南门四道门组成，预示繁荣昌盛，四通发达；四围宫墙有二丈八尺高。高大的正北门和正南门两侧，分别是一对獬豸、一对石狮把守。

城墙的四角，各有一座古朴典雅的角楼，龙脊风檐、四角响铃。从北正门而入，穿过侍卫居住的两边厢房，就是一座气势宏伟的勤政殿，这既是文武百官上朝的地方，同时也是皇帝办公的地方。勤政殿的后面，是傍水而建的两层木制小阁楼，名曰逸碧楼。楼下是侍卫们值勤的地方，楼上则是皇帝临时休息和会客的场所。在松柏、翠竹林荫间，隐隐约约可见一栋栋风格各异、雕龙画凤的亭榭楼阁，这就是后宫。虽然没有三宫六院那么气派，但也显得小巧玲珑。后面则是御花园，其假山都是鄱阳湖的奇石堆垒而成，楼台水榭则是按陈友谅故居沔阳城的古建筑群、排湖的清莲碧艳、黄蓬山的鸟语花香的缩影而建造，别有一番风味。

江州别具一格的皇宫建筑群，给陈友谅的总体印象是：规模宏大，气势雄伟，格调高雅，整齐而不呆板，华美而不俗套。

他心里暗自夸赞道，鄱阳王真是别出心裁，忠义有加，精明能干，是能够挑起大梁的能臣。

2

至正二十年五月五日早八点五十八分，随着四十三响礼炮声，大汉皇帝登基大典正式开始。

陈友谅身穿红色龙袍，头戴皇冠，威武地坐在龙椅上，文武百官整齐地排列在龙椅下方。

首先，由邹普胜宣读登基文告，接着是文武百官有序地、一批又一批地跪拜新皇帝。

礼毕，由新皇帝陈友谅发表讲话。

“大汉国的臣民们！请你们记住今天这个光辉的日子，大汉大义元年一月一日，新的大汉国诞生了！普天同庆！”

这时，勤政殿内、皇宫广场上、江州城里的百万军民激动得高呼：“大汉皇帝万岁！”“大汉皇帝洪福齐天！”呼喊声震天动地。

陈友谅接着说：“大汉国是在全体红巾军的浴血奋战下，在天完国的基础上，推翻了元鞑子的残酷腐朽统治而建立起来的，是像彭莹玉、杨子元、胡家富、黄志坚、解观、王奉国等成千上万的烈士鲜血换来的，我们要继承他们的遗志，长江后浪推前浪，为将元鞑子彻底驱逐回他们的老家蒙古草原，建立崭新而又强盛的大汉国，而继续战斗！”

“吾皇万岁！吾皇洪福齐天，不获全胜，决不收兵。”邹普胜带领文武百官，异口同声高呼着。

接着，由张定边宣读关于大汉国中央集团人事安排的圣旨，这也是大家最关心的事情，宽广的勤政殿里鸦雀无声。

奉天承运，皇帝诏曰：

自天完国建国十年余，先帝徐寿辉无才无德，忘恩负义，谋害忠良。朕顺民意，仗义行诛。众卿扶吾为主，建立大汉新政，朕不负众望，竭力尽国。特旨：

一、从至正二十年五月五日起，正式废除天完国年号，改国号为大汉，年号为大义；既今日为大义元年一月一日；大汉国皇都定于江州。

二、大汉国皇室政权人物：

大汉国皇帝：陈友谅；皇后：杨金花；贵妃：张凤道、潘绍华；大汉国太子：陈善；储君：陈理；公主：陈伯琳。

封陈普文为长江王，情报营统帅；封陈有富为湘王，湘军统帅；封陈友财为攀王，后勤处统帅；封陈友仁为盖世王，第五路军统帅；封陈友贵为显王，鲁班营统帅。

三、大汉国中央政权核心人物：

大汉国太尉：邹普胜，封镇国公；大汉国太尉：张定边，封江国公；大汉国统兵大元帅：张必先，封荆国公；大汉国丞相：杨从政，封文林郎。

四、大汉国政权开国将军人物（六名）：

陈友壁，大汉国开国将军，封江西行政丞相；罗显中，大汉国开国将军，封第二路军统帅；谢伯坚，大汉国开国将军，封第三路军统帅；陈友德，大汉国开国将军，封第一路军统帅；胡大海，大汉国开国将军，封第六路军统帅；陈英杰，大汉国开国将军，封第四路军统帅。

五、大汉国政权大将人物（二十二名）：

王敏得，大汉国将军，封第一路军副帅；辜文才，大汉国将军，封第三路军副帅；赵琮，大汉国将军，封第四路军副帅；杨兴，大汉国将军，封第五路军副帅；李道明，大汉国将军，封大元帅副将；祝宗，大汉国大将，封卫兵营总领；欧普祥，大汉国大将，封第一路军副帅；赵普生，大汉国大将，封信州守将；吴宏，大汉国大将，黄州守将；康泰，大汉国大将，鄂州守将；邓克明，大汉国大将，信阳守将；杨以德，大汉国大将，夷陵守将；任亮，大汉国大将，襄樊守将；易华，大汉国大将，封长沙守将；陈普胜，大汉国大将，封岳阳守将；龚增京，大汉国大将，封皇宫卫将；孙琼，大汉国大将，封皇宫卫将；熊天瑞，大汉国大将，舒州守将；于光，大汉国大将，武昌守将；陈荣，大汉国大将，荆州守将；胡廷瑞，大汉国大将，沔阳守将；郭恒，大汉国大将，广水守将。

六、大汉国政权副将人物（二十八名）：

姚正飞、房胜、丁普郎、张志雄、郑仁杰、赵德胜、廖得金、王鸿、王汉、喻国兴、梁正中、刘世街、傅友德、刘荪、祝英、胡美、金岐贤、吕志运、陈少烈、姚同明、李四雄、姜胜文、史德亮、吴国、吴洲、郭厚田、汤永胜、杨全德。

七、大汉国政权文官人物（四十八名）：

康茂才，封大汉国军师；詹同，封大汉国承旨学士、御史、太子太傅；兵博士，封大汉国鲁班营博士、太尉；蔡哲，封大汉国监察御史；周文贵，封大汉国右丞相；解开，封大汉国参知政事；郭泰，封大汉国参知政事；李行简，封大汉国参知政事；李仁，封大汉国参知政事；陈荣，封大汉国平章；姚天祥，封大汉国平章；姜钰，封大汉国枢密院事；张秉黎，封大汉国枢密院事；李才，封大汉国枢密院事；定住，封大汉国刑部郎中；徐祥，封大汉国刑部郎中；傅箕，封大汉国刑部郎中；饶韩臣，封大汉国知院；熊佰颖，封大汉国太常卿；罗复仁，封大汉国总编修；吴彻，封大汉国宾师……

八、追赠陈思玉为大汉国国父；追赠蔡氏孺人为太皇太后；追封杨莹玉为大汉国开国公；追封杨子元为“为人师表”道义侯；追封胡家富为“白莲教反元”圣王；追封黄志坚为常胜将军；追封王奉国为骁骑将军；追封解观为忠勇将军。

张定边念完圣旨，文武百官一齐跪下叩拜：“谢主隆恩！吾皇万岁！万岁！万万岁！”礼毕，陈友谅宣布退朝。

大臣们退朝后各就各位，各自组建自己所辖的一亩三分地的行政机构，国家机器在有条不紊地运转。

3

皇后杨金花一刻都没有闲着，一天的忙碌好不容易停歇了下来，后宫两位贵妃和六位嫔妃的住处都安顿好了，不知道皇帝满意不满意。

今晚是大汉国建国的第一晚，她心想，皇上今晚应该来主宫就寝才是，等等吧，她顺手从书架拿出一本唐诗来看着。

泪湿罗巾梦不成，夜深前殿按歌声。
红颜未老恩先断，斜倚薰笼坐到明。

当读完白居易的《深宫怨》，杨金花情不自禁地抽出罗帕，擦拭从眼里流出的泪水。

今天我是怎么啦，已经徐娘半老，反而多愁善感。本宫现在是大汉国的皇后，不应该有儿女情长的怨气。唉！都是白天陈英杰这个小子闹的。

今天白天，陈英杰带着祝宗、龚增京、孙琼等几位卫将，交代完保卫皇宫的任务和皇帝生活起居的习惯作息时间后，一同陪同皇后检查后宫的安全防务大事。他们一一查看完九个皇后和皇妃住的小楼的安保情况后，陈英杰指着一栋已经装饰一新，却没有安排居住而空着的积翠宫问道。

“启禀皇后！这栋积翠宫安排哪位妃子居住？”

杨金花沉着脸儿，试探地反问：“你是皇上身边的爱将，难道你还不知道？”

陈英杰心想，皇后大嫂、恩师，您这是唱的哪一曲啊，这不是为难小弟吗！他忙摇头说：“臣不知。”

杨金花狡黠地笑着问：“阇赛清这个美人儿，你敢说不知道？”

“阇赛清？”陈英杰一听说这个名字，心中暗惊：大嫂老师是怎么知道的？想起皇帝大哥交代过，这事儿要保密。

于是，他口是心非地说：“这……皇后、大嫂、老师，我的确无从知晓。”

陈英杰、陈友仁、陈友贵他们都是杨金花幼年的启蒙学生，她本想试探一下，眼前的这位堂弟加学生是否对她忠心，却见他还是矢口否认。

“唉……”杨金花叹了叹口气说：“难为兄弟你了，在亲情和忠诚发生碰撞时，亲情固然重要，但有时忠诚占主导地位。”

陈英杰忙拱手行礼说：“谢谢大嫂老师的理解，你的话语富有哲理，让学生受益匪浅。”

杨金花无可奈何地说：“少拍马屁了，你应该知道这是留给贵妃阇赛清住的。”

说着，她郑重其事地对他说：“明天是个良辰吉日，皇上公务繁忙，你和弟媳一起去将她迎进宫来。”

“是！”陈英杰发自肺腑地赞道，“皇后是个贤淑厚德的圣母。”

“圣母？”杨金花想起学生的恭维词语，不禁苦笑地想着：历朝历代，哪一位皇帝没有三宫六院，随心所欲；哪一位皇后不是苦水自咽，无人知晓啊。唉！这就是女人的命，也是贵为皇后的命。

杨金花提示自己：不论怎样，我是皇后，掌管着后宫，不能吁长叹短的。而后宫是皇帝日理万机疲倦后休息的地方，实际意义上来讲，我身上也肩负着大汉国繁荣昌盛的重任。

想到这儿，她如释重负，对！还要去做做两位贵妃的工作，以免明儿迎娶阁赛清时，她俩闹得不愉快，特别是要稳住潘绍华，她可是天不怕、地不怕的角儿。

“翠儿！掌灯，我们到张贵妃和潘贵妃那儿去一下！”杨金花吩咐贴身宫女道。

小翠跟随她多年，她把小翠没有当奴仆，而是与自己的女儿琳儿一样对待，教她识字练武。

小翠不情愿地说：“这么晚了，凭什么要到她那儿去，应该是她们来向皇后您请安才是。”

杨金花啐骂说：“死丫头，小小年纪就学会摆谱了。”

“人家说的是实话嘛。”小翠虽然话是这么说，但还是按照皇后的吩咐，提着宫灯，陪着主人，往张凤道的住处而去。

张凤道的小楼里亮着灯儿，当皇后她们来到楼前时，就听见潘绍华她那大嗓门儿。

“二姐！皇上处事不公，凭什么大姐的三个伢都册封了，一为太子，二为储君，三为公主，你的必通、必达、必道、必远和我的泰儿、晋儿、达儿和其他妃子的伢们，也是皇上的儿呀，怎么就不册封呢！”

张凤道也为这事窝着火儿，但她毕竟是读了“四经五书”的大家闺秀，矜持地说：“是啊！我也不知是怎么一回事儿。”

潘绍华快言快语：“一定是皇后捣的鬼！”

张凤道忙摇了摇头说：“不会，绝对不会！我了解大姐，她不是那种人。”

“是啊！还是二妹了解我。”

杨金花不待宫女通报，推门进来解释说：“为了这几个孩子和其他妃子孩儿的事，我也向皇上禀请过，皇上说：‘这是大臣们集体研究的，待她们的孩子成人后，再来册封。’”

潘绍华不依不饶地说：“这不符合朝廷礼制，明儿我找皇上理论理论去。”

杨金花和颜悦色地劝道：“三妹，你现在身为贵妃，再也不是山里的野丫头了，你的一言一行代表着朝廷的体面。再说了，大汉国刚刚建立，百废待兴，皇上日理万机，我们做妃子的，只有为圣上营造安乐窝的责任，要尽义务，使皇上每天都心情愉快地上朝，处理军国大事。”

张凤道请皇后入座后，附和着说：“是啊，大姐……啊！皇后说得对，我们不再斤斤计较了。”

潘绍华虽然再没有反对，但心里嘀咕着：我早就知道你们是一个鼻孔里出气的，算我今晚白来了。

她站起来，告辞道：“皇后这么晚来，想必是与二姐有事儿商量，我先告辞了。”

“哎！别走哇！”杨金花挽留说，“正好三妹你在这，我有个事儿要和你们商量。”

张凤道说：“什么事儿？这么晚了，烦劳皇后亲自来，叫小翠传个话儿，我们到你宫中去不就行了。”

潘绍华说：“是啊，皇后，有什么吩咐，我们照办就是了。”

杨金花委婉地问她们：“你们听说过阇赛清这个人吗？”

“阇赛清？”潘绍华想起来了，不满地说，“晚上睡觉，皇上梦里说过，我还埋怨皇上是吃在碗里，看在锅里呢。”

张凤道苦笑道：“谁叫我们嫁了个土星呢？”

潘绍华不解地问：“土星怎么啦？”

张凤道说：“你请教皇后，她知道怎么解释。”

杨金花笑着说：“你过门时，我是这样劝二姐的，土星是供万物生长的温床，是个情种。”

她接着步入正题说：“明天是个大喜的日子，我们要喜笑颜开地迎娶阇贵妃娘娘。”

“慢点，慢点。”潘绍华不理解地问，“阇赛清还没过门就封为贵妃，应该是惠妃才是，凭什么啊！”

杨金花还是笑着说：“你还蒙在鼓里吧，她的资格可比我们还老，在我们还没有册封之前，皇上在庐山上就口旨她为贵妃。”

张凤道又是苦笑道：“这么说来，她的资格真比我们还老啊。”

潘绍华不管她资格老不老，她问出她最关心的问题：“皇后大姐！夫君有十个老婆了，说不定后来还要纳妃，这……这……”

张凤道心知她要问什么，调侃她道：“这什么呀，猎女的劲儿哪里去了。”

潘绍华本想说睡觉的事情，但又觉得不好意思，改口说：“这值班的事儿怎么安排？”

杨金花说：“按大宋朝的惯例，翻牌子。”

潘绍华说：“不行，不行！都是皇帝的老婆，一人一晚上。”

张凤道说：“三妹说得对，要形成后宫制度，没有规矩，就不成方圆，皇上也要参照执行。”

杨金花见目的达到，表态说：“就按你们说的办。时间不早了，各人回到自己宫中休息，明儿一起欢迎阇贵妃。”

相互礼仪后，方自散去。

4

陈英杰与夫人蔡玥奉皇后之命，来到庐山脚下的阇家大院，迎娶阇赛清，一路上吹吹打打，鸣锣开道好不热闹。皇上还在朝中忙于公务，后宫里的皇后杨金花，贵妃张凤道、潘绍华，贤妃周氏、何氏、张氏、德妃达定氏（蒙古族）、薛氏、殷氏九位早早地来到积翠宫迎候新贵妃的到来。

近晌午吉时，八抬花轿进入了张灯结彩的皇宫，在一大群皇子的拥簇下，花轿就进入了积翠宫。

陈英杰夫妇的任务已顺利完成，上前拜见皇后和众皇妃。

蔡玥告辞说：“皇后！我和夫君已经奉命接回阇贵妃，我们先告退了。”

陈英杰也附和着说：“是啊，内人说得对，我们先行退下。”

“赏！”接到皇后的命令，小翠抱出一匹早已准备好的杭州丝绸，递给她。

蔡玥忙跪接道：“谢皇后赏赐！”

礼毕，二人退出了积翠宫。当行至无人处，蔡玥上前揪着丈夫的耳朵说：“你的胆子够大的哈，刚才当着皇后的面，你叫我啥？”

陈英杰这才知道事态的严重性，忙接过夫人手中的布匹，赔不是说：“是夫人、夫人，不是内人，是我口误，我错了、错了。”

“这还差不多！”

蔡玥见皇上后宫佳丽成群，担心他这个大臣也仿效，就将他的耳朵又揪了揪问：“你学不学皇上，也纳妾？”

“哎唷！轻点、轻点，我可不敢。夫人，求你快放下，要是让侍卫们看见，我这个禁军头领多没面子。”

虽然陈英杰是个气管炎（妻管严），但蔡玥毕竟是大家闺秀，在外人面前，她唯唯诺诺，给足了男人面子。

蔡玥松开手佯嗔地说：“回家再收拾你！”

5

这时，打扮一新的喜娘和两位伴娘，挽着戴着红头帕的阇贵妃从他们面前经过。她那轻盈的猫步，如同仙女踩着莲花，姗姗迈向宫门，将一旁的蔡玥看呆了：难怪皇上喜爱，原来是七仙女下凡。

在喜娘的引荐下，阇赛清一一向皇后和众姐姐们行完礼仪后，潘绍华大手大脚地揭下她的头帕说：“夫君不在，我代表他揭开头帕，看看美人儿。”

“啊！”皇后和众妃们，看到美若天仙的阇贵妃，不约而同地发出尖叫。

她那头挽飞星逐月髻下的一双秀眉，眉蹙春山，眼颦秋水；饱含春水般的脸蛋儿，如刚出水的芙蓉，白里透红，娇艳欲滴；她的一颦一笑，如闭月羞花，动人心魂。她肩披白色牡丹烟罗软纱，身着粉红烟笼凤凰百褶裙，腰束素色缎带；她轻移莲步，衬出婀娜身段，面薄腰纤，袅袅婷婷，娇媚无骨，入艳三分，有沉鱼落雁之美。

杨金花见新迎娶的贵妃无比美艳绝伦，亲热地拉着她的手，不禁赞叹说：“阇贵妃倾国倾城，乃吾君之福也。”

“皇上驾到！”这时，侍卫在门外高呼。

皇后带领众妃忙行宫廷之礼道：“臣妾等恭迎圣上！”

陈友谅挥了挥手说：“皇后、爱妃们平身。”

杨金花她们向皇上道了一个万福，识趣地离开了积翠宫。

自是一夜尽情缠绵。天刚蒙蒙亮，躺在皇上怀里睡觉的阇贵妃，被皇上起床的细微动作惊醒。

她揉了揉因睡眠不足而有点发涩的眼睛，轻柔地说：“圣上！怎么不多睡一会儿，天还早着呢。”

陈友谅麻利地穿好衣服，伸了伸懒腰说：“你多睡一会儿吧！鸡已经叫三遍了，晨时的早朝，我得准备准备。”

“圣上为了普天百姓的福祉，真是辛苦。”

阁贵妃说着也起来了，她贤淑地料理着皇上洗漱完后，挽着皇上的手，将他送出大门才松开，目送着皇上的身影消失在晨曦中，方才回到屋里。

阁赛清未出阁之前，认真研读了唐、宋两个朝代的宫廷礼仪。民间新婚的第二天一早，新娘子要送糖茶拜见公爹公婆。皇宫除此外还要到皇后娘娘那里去请安。

她正在梳洗准备出发时，忽听宫女进屋通报说：“贵妃娘娘！皇后带领众娘娘来看你来了。”

阁贵妃一惊，忙出房门跪地迎接，说：“臣妾恭迎皇后和诸位娘娘！”

杨金花将她扶起，亲热地说：“阁贵妃平身！朝廷礼仪固然重要，但也不要过于拘谨。”她接着说明了来意，“皇上一般不陪我们吃饭的，我领众姐妹陪新人共吃早茶来了。”

阁贵妃听后，矜持地说：“谢皇后，谢诸贵妃娘娘。”

宫女们很快将早点端放在桌面，潘绍华见状，像小孩一样，伸出秀手就将一切甜点往嘴里送。

杨金花娇嗔地拍打着她的秀手说：“我还有话要说呢。我们都是老陈家的媳妇，亲如姊妹，在伺候好皇上的同时，要团结友爱，不能争风吃醋，钩心斗角，以免分散吾皇的精力，让君王更好地为大汉江山，砥砺前行。”

“好哇，好哇！”潘绍华拍着秀手说，“我赞同大姐的意见，大伙儿有事儿，找大姐解决。”

众嫔妃频频点头。

6

杨金花高兴地提议：“我们来自华夏各地，相互并不熟悉，今吟诗自我介绍一番，聊以助兴如何？”

众嫔妃大部分举手赞同，只有张凤道望着潘绍华窃笑。潘绍华见众姐妹都是大家闺秀，就她是个猎家女，不会断文识字。

“哼”的一声冷笑：别从门缝里看人，幸好我跟皇上学了一点，猎女的犟性子上来了。

潘绍华满不在乎地说：“来就来，谁怕谁！”

杨金花为大，自然从她开始，她吟咏道：

玉本书香第，为求百姓安。
助君驱雾去，劳燕筑家宽。

张凤道淡然一笑，轻灵道：

沔水雾朦朦，家声屈指中。
只因崇武圣，误入汉王宫。

“不对、不对！张贵妃是自觉自愿嫁给君王的，怎么能说是误入呢？”

别看潘绍华大字不识几个，却会抠字眼儿。只有杨金花明白，这是张贵妃发自肺腑的后宫怨。

为了不使张贵妃过于尴尬，皇后打着圆场说：“各抒己见，聊以助兴，潘贵妃，该你了。”

潘绍华真诚地说：“我是个大老粗，作出来请大家不要见笑就行。”

猎女终身许，明知山有虎。
缘由凤爱凰，哪管风和雨。

张凤道首先拍起了巴掌，阇赛清边拍巴掌边想：谁说潘贵妃是个文盲，她的这首仄韵五言挺有特色，韵律工整，看来，后宫里人才济济啊。

第四位是贤妃周氏吟哦：

丹阳百雨金，倾蕊吐胸襟。
酿出甜甜蜜，甘滋万众心。

第五位是贤妃何氏，她莞尔一笑说：“臣妾步潘贵妃的‘雨’字韵，和唱一曲。”

木兰山上雨，爱国从军驻。
北战又南征，陪君何处苦。

第六位是贤妃张氏吟咏。

天完国里花，技术众人夸。
木马诸公亮，飞舟出汉家。

第七位是蒙古女德妃达定氏，她是元亲王的女儿，也是一个叛逆者，她看不惯朝廷腐败，毅然投入了汉王的怀抱。

茫原有百灵，偏爱汉山馨。
飞出琼楼锢，沙场闪凤翎。

第八位是德妃薛氏吟诵。

汾阳一朵梅，傲雪候春回。
不识春风面，羞红小萼腮。

第九位是德妃殷氏吟出。

殷实似昙花，不如地里瓜。
出头沉字沈，藤蔓是吾家。

德妃殷氏的这首五言诗看似平庸，但其意义深远，就连才女阎贵妃一时也难以解答，她正想请教，却见九双秀眉都集中到她这儿，连忙轻吟道。

雾隐刺梅瑰，寻常典雅诙。

山呼鄱水啸，此处响惊雷。

“好！”杨金花赞道：“阇贵妃不愧为江州才女，其诗却有大丈夫叱咤风云之魄力。”

“谢谢皇后大姐夸赞，臣妾不才，今后还要多向众姐姐学习。”阇贵妃谦恭地说。

杨金花有意使众嫔妃友爱和谐，又出了一些诗文题目，大家争先恐后吟咏，她们从早闹到近晌午方才散去。

7

陈友谅虽然有这些美丽、淑娴而又有才华的嫔妃，但他没有缠绵于儿女情长之中。

大汉国建立，百废待兴，必须制定出利国利民的政策法规，才能国富民强，才能使百姓过上安居乐业的好日子。

文武百官，陆陆续续地按时来上早朝，行完君臣之礼后，陈友谅说：“众位爱卿，今天早朝，希望大家各抒己见，上奏治国的方略来。”

皇上的话音刚落，御史詹同上奏说：“启禀皇上，臣认为，我新生的大汉国政权，必须有自己的政策法规，彻底废除元朝旧的东西。”

说着，他呈上了《关于废除旧制，建立新制的若干规定》的折子。

陈友谅接过折子，认真仔细地看完了全部内容，心想，詹大人不愧为大学士，引经据典地剖析了旧制的弊端和建立新制的重要性和可行性方案。

皇上看完奏折后，表态说：“准奏！请詹大人牵头，就新制的法规制定，组织一套专门班子，制定、讨论、落实、实施。”

詹同行礼道：“臣遵旨！”

太尉邹普胜上奏了《关于强化大汉国礼仪，教化民众文明进步的建议》的折子。

太尉张定边上奏了《关于加强大汉国军队纪律的补充意见》的折子。

统兵大元帅张必先上奏了《大汉国军队管理及军衔等级的实施办法》的折子。

丞相杨从政上奏了《关于大汉国币制改革的试行办法》的折子。

监察御史蔡哲上奏了《关于减免农、工、商的税赋，全面发展农、林、牧、副、渔生产的试行办法》的折子。

主管农业的右丞相周文贵上奏了《发扬传统、自力更生，继续军垦的可行性意见》的折子。

军师康茂才上奏了《关于恢复白鹿书院，实施国立教育的试行办法》的折子。

这些奏折，陈友谅不厌其烦，认真仔细地一一看完。他高兴地想着：三个臭皮匠，顶个诸葛亮，大臣们各尽其职，提出的建议、法规、办法，新颖独特，很接地气，他们才是真正的英雄。

“准奏！”陈友谅一一批复完后，余兴未尽，正准备再接奏折时，忽见康茂才向他传动着眼神儿，望了望天，意思是时间已过晌午了。

陈友谅笑着说：“时间已过午饭时间了，想必是众爱卿早已饿了，不要紧，再坚持坚持，为庆祝大汉国的第一次早朝，皇后已经准备了‘沔阳三蒸’招待大家。”

他接着说：“已经批复的奏折，各位大臣抓紧向全国的民众和军队公布，并不断完善实施。还有的大臣们来不及奏的折子，请统一交给军师那里，分类整理，本皇一一批复后，再付予实施。”

“退朝！”

“吾皇万岁！万岁！万万岁！”

8

三呼毕，早已在外面等候的皇后杨金花，笑盈盈地进来。

大臣们连忙跪下行礼，唱喏道：“臣等叩见皇后，皇后千岁，千岁，千千岁！”

杨金花忙说：“免礼，免礼！各位大臣，各就各位，一会儿酒菜就上来了。”

话音刚落，皇宫的侍卫和宫女们鱼贯而入，很快每个大臣的面前就放着一张条桌和一条板凳。

陈友谅挥动着手说：“各位爱卿，请坐，请坐！”

大臣们坐下不一会儿，宽敞的勤政殿里就闻到了蒸菜的独特香味，空气中还弥漫着白酒的香气。

每张桌子上，摆放着一个竹蒸笼，笼里是红薯、大块鱼、大块肉一起调料蒸熟的，每人还有一壶江州封缸酒。

陈友壁打开酒壶闻了闻，高兴地说："这是我们家乡著名的封缸酒，'天上玉液琼浆，不如江州封缸'，感谢皇上的盛情款待。"

张必先一听说是封缸酒，酒虫儿往喉咙边直涌，不待皇上命令，先自尝了一口，一个劲儿地咂着嘴儿说："好酒、好酒！"

张定边等一些老臣，他们在沔阳经常吃皇后做的三蒸，倒不觉得稀奇。邹普胜、詹同、蔡哲他们是第一次尝鲜，当宫女们打开蒸笼盖，情不自禁地叹赞道："啊！好香啊。"

陈友谅与杨金花一起举杯，皇上说："各位爱卿！来！我和皇后敬大家一杯，为了大汉国的美好将来，干杯！"

"为吾皇江山稳固，干杯！""祝皇后洪福齐天，干杯！"

酒过三巡，陈友谅语重心长地对大臣们说："这次庆功宴，早就应该在开国大典那天举行，但本皇考虑到，我们作为大汉国的中流砥柱，时时处处要在民众面前树立良好的形象，使他们由衷地拥戴我们。从今日起，我们要厉行节约，所有招待标准，不能超过今天这个标准。这个标准，是皇后她们根据我军行军打仗的特点，总结出来的。它既补充了士兵身体各方面的营养，又香软可口，最重要的一点是选用食材适当，没有浪费。"

"是！臣等遵旨。"于细微处见精神，邹普胜等大臣们由衷地佩服。

酒好催人兴，风清吹地声。

不多时日，各个大臣在自己的工作岗位上，忠于职守，各司其职，很快一套完整的利国利民的政策法规就出笼了，并公布实施。

法规条文中，废除旧制，释放被关押的反元人犯，降低赋税，免除劳役，用"大义通宝"新货币兑换旧币，大力发展农、牧、渔、林产业，兴修水利，活跃市场，重民俗、遵宗教，恢复发展民族文化，深得民心。大汉国出现了政通人和、百废俱兴的大好局面。

第二十章

龙门出飞谷传奇称邑　汉王听谗言误杀忠良

龙门飞谷养忠奸，负罪披荆泪水潸。
历代需防秦桧出，误株良将隐瘤疝。

——题记

1

今天，早朝过后，皇上留下了周文贵、张必先、陈英杰三人，陪同他去军垦农场微服私访。

一路上，周文贵滔滔不绝地向皇上汇报筹建军垦农场的始末。

他兴高采烈地说："皇上！您知道吗？有了鄱阳湖和黄蓬湖周边的两个大粮仓，我国六十四万军队，不但粮草充足，而且国库座座堆积如山，时不时还开仓放粮，救济灾民呢。"

陈友谅说："军队边生产边练兵，既不增加民众负担，又解决了军费开支问题，这个办法很好！"

他转而问张必先："张大帅，军队士兵不知对屯兵军垦的政策，他们有何反响。"

张必先如实汇报说："刚开始，有些士兵意见很大，特别是原来天完国的士兵。他们认为，当兵的职责，应该是拿军饷，吃军粮，打胜仗，这才是天经地义。搞什么军垦自足自给，非农非军，名不正言不顺。"

陈友谅风趣地说："哦！意见还不小嘛！"

张必先说："是的！但我们有沔阳军垦的经验，大会小会宣传我们是为谁打仗的道理，特别是军官们率先垂范，吃苦带头，很快提高了士兵的觉悟。

并且我们将觉悟较高老兵们，组建了一个疏导营，每个营里安排一名疏导员，其职责是了解士兵诉求，做通思想工作，使军队步调一致。”

陈友谅说：“士兵是真正的英雄，这个办法好，值得总结推广。”

不知不觉中，他们一行四人，来到了庐山莲花洞的龙门沟。

周文贵指了指一块有三张八仙桌大小，凸立的大石头说：“皇上！您知道这个地最近流行着一句民谣吗？”

“什么民谣？说来听听。”皇上说。

周文贵说：“江州有个金銮殿，下辖九府五十县，这里还有一个龙门县。”

陈友谅不解地说：“周丞相，我们大汉国的版图上，可没有龙门县啊，这一定是你胡编乱造的。”

周文贵笑着解释说：“臣说的句句是实。每年两季丰收的稻子，要从这里运送回国库，由于我们军队的保密工作做得非常到位，当地民众不明就里，谣传是庐山的神仙变了一个法术，让这个石头像长流水一样，流出了很多稻谷，专门为皇上供应粮草。”

“哈哈哈！”

陈友谅龙颜大悦，飞身贴在这块石头上，抽出宝剑，在巨石上雕刻着洋洋洒洒的四个大字：“龙门县府。”

刻完，陈友谅站在巨石上，仰天大笑说：“让历史记住，大汉国政通人和，感动了神仙，这里是龙门县府，这一名山胜迹，将流芳百世。”

2

大汉国建立，政通人和，风生水起，使盘踞在金陵，野心勃勃的朱元璋如坐针毡。论实力他只有二三十万人马，不足陈友谅六十四万人马的一半，况且陈友谅还有强大的水军。

高筑墙、广积粮的战略构想已经完成，那么缓称霸的思路要它成为过去，也就是说：泱泱中华，得由我朱元璋主宰沉浮。

一个人的野心膨胀后，什么道义就会被他丢到九霄云外去。朱元璋此刻想到要以少胜多，创造军事奇迹，打响中原争夺战。

在他黔驴技穷时，就会想到文才武略、满腹经纶、悉知天文地理的军师。

“速传军师刘伯温前来宫里见朕！”朱元璋命令主管太监道。

刘伯温乘轿来到皇宫，行完君臣之礼后，朱元璋迫不及待地说："军师！大汉陈友谅在江州建都，我们要趁他立足未稳、羽毛未丰之时向他宣战，以绝后患。"

刘伯温满不在乎地说："皇上英明！虽然陈友谅搞得风声水响，但不足为虑，所谓大汉国就如秋后的蚂蚱，蹦跶不了几天。"

"哦？"朱元璋闻听此言，不免有些惊讶地问，"军师为何狂出此言。"

刘伯温扇动着手中的鹅毛扇子说："昨夜臣观天象，土星忽明忽暗，江汉平原一片迷雾。而皇上的老家安徽凤阳，群星灿烂，整个大地如同白昼。更令人惊奇的是，上空的一簇白云，犹如一条巨龙，在上空中盘旋，似乎是众星在护佑它。"

朱元璋最是信仰阴阳学说，高兴地问："真有此事？"

刘伯温说："观此天象，臣也纳闷，回屋后细一思量，一个霸业的成功，不仅仅是依靠战争的胜利来完成，它必须顺应时代潮流，独具天时、地利、人和三大要素。而陈友谅盘踞在江州建都，大错特错了。"

"何以见得！"

"臣认为，三大要素中，陈友谅只占有'人和'一种，首先是天时，陈友谅五行属土，只具备繁养万物之力，而无江山之位，他的最大克星是火，而火龙是龙的象征，中华民族是龙的传人，而皇上您正是火星转世，是土星的克星，是华夏至高无上的领袖。再说地利，江州是九江汇流入长江归大海之处，此地虽然商贾物阜，但不适合建都。"

朱元璋越来越感兴趣，鼓励说："军师所言极是，继续剖析。"

"皇上试想一下，九江汇流，水势凶猛，其土还能焉于地乎？而江州虽有北临长江之天险，但那是滚滚洪流，向东而去，自古谁人依托此天险而成霸业者？东面虽有庐山险峻，但其脉弹丸，何称天险，鄱阳湖虽然浩瀚，但它不是天然屏障，而如南、西方向一样，军队直入，如履平地。所以说，江州并非虎踞龙盘之地。"

朱元璋说："人和也很重要啊！人是推动历史前进的动力。陈友谅的政策深入民心，大家同仇敌忾，而能抗御入侵之敌。"

刘伯温说："皇上英明！微臣也在日思夜想，怎样以少胜多，以弱克强，来消灭汉军。由于汉军目前是华夏最有实力的一支军队，如果我军硬碰，无异如以卵投石。那么，我军只有采取蚕食鲸吞的办法，各个击破，步步为营的战略战术，消灭汉军的有生力量，最后夺取全面胜利，完成吾皇的霸业。”朱元璋赞成这一战略思路，于是问道：“我们现在第一步棋怎么走？”

刘伯温说：“信州是汉室的东大门，同时也是我们的西大门，战略位置非常重要，我们第一步就要夺取信州，洞开陈友谅的东大门，再寻战机，蚕食所谓的大汉国。”

朱元璋提醒说：“信州城墙高大结实，四周又重新挖掘了护城河，而且是大将赵普生率八万大军镇守，要夺取城池，谈何容易。”

刘伯温胸有成竹地说：“孙子云：‘知己知彼，百战不殆’，皇上可知道赵普生原来的身份。”

“当然知道，他原来是倪文俊的副将。”

刘伯温继续引导朱元璋，沿着他的思路思考：“吾皇手下的大将樊哙原来是何身份？”

朱元璋说：“这谁都知道，他原先是徐寿辉的副将，陈友谅杀了徐寿辉后，他来投奔在我的帐下。”他这时似乎明白刘基是想用樊哙去劝降赵普生，忙说：“去劝降，不可能，他俩是道不合，不相为谋。”

“不，不，是诈降而不是劝降。”

“怎么个诈降法？”

“利用他俩怀旧的情谊，令樊哙向赵诉苦说：他在吴军是后娘养的，受了很多窝囊气，不想在吴军干了，前来投靠他。”

朱元璋兴高采烈地说：“妙，妙，此计甚妙！樊将军原来在天完国的地位比赵普生略胜一筹，这样就利用了赵普生虚荣心极强的弱点，获得他的同情心，取得他的信任后，再伺机里应外合，夺取信州。”

刘伯温微笑地摇着他的鹅毛扇子说：“吾皇英明神武，不日信州就会收入皇上囊中。”

3

正如刘伯温预料的那样，樊哙来到信州，赵普生恋旧，热情地接待他。席间，赵普生关切地问：

“樊将军！不知在吴营可好？”

樊哙天生是一个演员的料，他见他这么一问，眼睛里立即挤出了几滴猫尿，一把眼泪一把鼻涕地诉说：

“赵将军，大悔当初没有听从你的规劝，投奔陈皇帝，你现在是一方诸侯，多么威风。我们投奔朱元璋这个小人后，他亲嫡系，排除异己，根本不把我们这些外来户当人看，非打即骂，这样的日子，我一天也过不下去了。”说完，樊哙竟当着一大桌子陪客的面，“呜呜……”号啕大哭了起来。

男儿有泪不轻弹，赵普生深表同情，而副镇守陈荣却感到樊哙在闪烁其词，似乎像是在演戏。

陈荣问：“不知樊将军今后有何打算？”

樊哙见火候到了，哽咽道：“末将想投奔在赵镇守的帐下，混口饭口，不知两位将军意下如何？”

赵普生连连表态说：“这有什么不可，早就应该这样。”他拱手向江州方向行礼说：“吾皇宅心仁厚，广络四方人才。这样吧，我军正缺一名千总，你委屈就任，待我奏请皇上，再另行高就如何？”

樊哙听后，急忙下位，单膝下跪行拱手礼，俯首说：“谢谢赵镇守！末将将恪尽职守，回报知遇之恩。”

“且慢！”陈荣忙提示道，“主帅！我们留樊将军暂住几日，待奏明皇上后再定夺可好？”

赵普生满不在乎地说：“陈将军！将在外军令有所不受，在信州本将军说了算数。”

就这样，樊哙顺利地打入了汉军的内部。不多日，他很快摸清了信州的军事部署情况，并绘成草图用信鸽传书的方法，将情报传入金陵朱元璋手中。

刘伯温根据情报，制订出了谷雨这天深夜，令樊哙里应外合，夺取信州的作战计划。

南方的谷雨前后历年来都没有好天气。今年谷雨时分的夜晚，信州城上空大雨倾盆，四周一片漆黑，只有那城墙上的宫灯，像萤火虫发出光亮。吴军大将常遇春率领十万大军悄悄地包围了信州城，他透过沥沥雨帘，两眼一动不动地盯住城墙上晃动的哨兵。

午夜时分，樊哙来到城楼，令哨兵下去休息后，他用宫灯一眨一眨地闪动了三下。

城楼下的常遇春，见这是内应他们发出一切正常、按原计划执行的信号，他内心窃喜。

常遇春压低声儿地命令说："传令下去，各路人马立即做好入城的战斗准备。"

不一会儿，城门大开，吴军像洪水猛兽般地涌进信州城。守将赵普生、副将陈荣被一片喊杀声惊醒，仓促组织人马应战。

这时，赵普生、陈荣在战马上，听得城楼上一个熟悉的声音高喊："赵普生！陈荣！快下马投降吧，吴军优待俘虏！"

赵普生听出来了，是樊哙的声音，方才明白中了朱元璋的诈降之计。他气得嗷叫了起来：

"陈将军！你甘愿受降吗？"

"末将誓死追随主帅，决不投降！"

"好兄弟！我们杀开一条血路，带弟兄们杀出城去，在江州搬得救兵，再来收复信州。"

"好！""杀……"

信州城内，到处都是吴军屠杀军民的场面，惊慌中，而被斩杀军民的血水夹杂着雨水，汇流成一条汹涌澎湃的红河，滚滚向鄱阳湖冲去，很快将鄱阳湖染成了鲜红色。

赵普生和陈荣左冲右突，好不容易突出城外，又遇常遇春的伏兵袭击，伤亡惨重。待他们沿着江州方向败退，到达都昌时，见后面没有吴军追击，这才惊魂未定地清点人马，八万之众只剩下不足万人。

赵普生垂头丧气，无精打采地坐在马背上一言不发，直往江州而去。

一行快至湖口时，陈荣策马来到赵普生面前，低声对他说："主帅，我们就这样败退回去，怕是凶多吉少，吾皇不会饶恕我们丢失信州之罪啊！"

"那依你之见呢？"

"我们就此过江，隐藏在大别山中，图谋再起！"

"住口！"赵普生大怒说，"堂堂七尺男儿，怎能当逃兵，不怕天下人耻笑！死有何惧，光明正大！"

陈荣被呛得脸色发白，暗自思量，狗咬吕洞宾不识好人心，你是想找死吗，待我回朝奏明皇上，成全你，或许我还能将功补过，顶替你主帅之职。

4

赴普生带着残兵败将逃回江州，早有探子报明皇上。

“哦！”陈友谅闻报，着实吃了一惊，他已料到朱元璋会向他宣战，没有想到来得这么快，而第一刀是砍向信州，他算计的是舒州，特地传话给熊天瑞，要他提高警惕，严防死守。

军师康茂才在一旁也听明探报，眼珠儿一转，说道：“倪文俊手下尽是一群酒囊饭袋，我们好不容易从元军手中夺得的信州，就这么损兵折将地拱手让给了吴军，一定要按军法，从严从重处理。”

陈友谅说：“胜败乃兵家常事，一城一地的得失固然重要，但更重要的是要学会总结，找出失败的原因，正所谓：失败是成功之母，以利再战。”

皇上正要令侍卫传赵普生、陈荣入宫汇报时，赵普生已经令陈荣将自己捆绑了起来，直接来到了勤政殿。

赵普生见到陈友谅阴沉脸坐在宝座上，忙跪下说：“罪臣赵普生叩见皇上，信州丢失，乃罪臣一人罪过，请吾皇治罪。”

陈友谅没好气地说：“你还算有自知之明，知道负荆请罪。”转而问道，“吴军夺取信州主帅是谁？”

“启禀皇上，是常遇春。”

“常遇春？”好熟悉的名字，陈友谅想起来了，是那年在京城比武时击败自己的对手，夺得武状元的常遇春。也难怪，我都不是他的对手，何况赴普生呢。

皇上正欲下旨“平身”时，跪在一旁的陈荣上奏说：“皇上！我有重要军情禀报。”

陈友谅说：“信州丢失，你作为副将也脱不了干系，只要你的军情属实，可将功折罪。”

陈荣听后暗喜，将路上盘算好的诬陷之词，向皇上和盘托出：“皇上明察，赵普生是朱元璋的卧底，他为报旧主徐寿辉、倪文俊之仇，勾结投吴军的旧将樊哙，深夜将城门打开，使常遇春长驱直入，可怜我那信州军民，十万之众被吴军残忍屠杀。赵普生不管百姓死活，假意带我突围，实则是想继续潜伏在吾皇身边，另有更大阴谋。”

“你……”赵普生见他一向器重的副将，在关键时刻落井下石，后悔自己傻到还全部承担责任，气得连话都说不出来。

陈友谅顿时脸色铁青，寒气逼人地问："大胆罪臣，可有此事！"

赵普生早已做好了死的准备，但不能做冤枉鬼呀，他辩解说："皇上，是樊哙打开城门不假，但我是中了他的诈降之计呀！"

陈荣已经将绞索套在了赵普生的脖子上，为了避免他挣脱，他勒紧了绳索。

"皇上！他说的诈降是掩耳盗铃之词，当时为收留樊哙，我曾提示过他，要由皇上您定夺，他不把您放在眼里，狂妄地说什么'将在外军令有所不受'。末将说的句句是实，请皇上明察。"

赵普生听罢，只是一双愤怒的眼睛盯着陈荣，陈荣连忙转着脖子，不敢正视他。

康茂才早就看着赵普生不顺眼，他也乘机在他身上捅上一刀。

"俗话说：'跟好人学好人，跟着个叫花子进庙门'，倪文俊身边没有一个好东西。皇上！此贼不除，军纪难容，后患无穷。"

一语击中要害，陈友谅恼怒地命令道："来人，将此贼推出斩首示众，军师您亲自监斩，并将他的罪状公布于众，以儆效尤。"

"是！"两名侍卫闻声而入，架着赵普生的双膀往殿外推去，康茂才在后面跟着。

"皇上！罪臣死不足惜，康、陈两位是奸臣，您可要……"康茂才从口袋里掏出一块脏兮兮的手巾，不容他狂叫，凶狠地塞进了他的嘴里。

5

张定边在太尉府里闻报，赵普生丢了信州，败回了江州，按军法当斩。但他想到一个问题，而这个问题是关系到军内团结、破除山头宗派的大问题。

自从大汉国在江州建国，军中就有这样的议论，西路红巾军是皇上的嫡系，一人得道鸡犬升天。而从天完国归顺过来的东路红巾军赵普生、郭恒、傅友德、丁普朗等大将，他们是后娘养的，除赵普生得到重用外，而其他的都在军中担任副职，此时杀掉赵普生，会使原东路红巾军的将士，更加寒心。

一个战无不胜的军队需要铁的纪律，而军队也是为政治服务的；在特殊情况下，政治需要大于纪律。

张定边正在想办法，怎样处理好政治与纪律的矛盾，卫兵又进来报告说：“太尉！皇上下令立即将赵将军斩首，并令军师监斩。”

“完了！”张定边知道军师与赵将军一向不和，自言自语道。

他立即忙命令卫兵说：“快！备马，去刑场救人。”

张太尉快马加鞭赶到刑场，还是晚到了一步，康茂才迫不及待地下令斩了赵普生的首级，刽子手们正在将其首级装在一竹篓子里，准备挂在城楼上示众。

“且慢！”张定边大声命令军师道：“快请仵作来，将赵将军的首级缝在他的尸体上，买一口上好的棺木厚葬。”

康茂才说：“张太尉！我是在执行皇上的旨意，请您不要阻拦。”

张定边没好气地说：“你作为皇上身边的军师，好糊涂啊！赵将军是一位忠臣良将，你将他杀了，就不怕寒了众将士的心？”

说着，他用不容商量的口气说：“军师！就按我说的办，一切后果我来负责。”

吩咐完，张定边转身上马，朝皇宫方向而去。

康茂才知道张定边是一个正直刚强之人，连皇上都让他三分，他不敢得罪他。

他将气发在刽子们身上，气冲冲地说：“还愣着干吗，快去买棺材呀！”

张定边急匆匆地来到皇宫，与皇上行完君臣之礼后，不待陈友谅发问，就直言不讳地说：“皇上！军师糊涂，怎么您也糊涂啦！”

在皇上面前，也只有他敢这样直来直去。陈友谅明知故问：“孤家怎么了？”

“您错杀了赵将军！”

“他丢掉信州，按军法当斩，我错在哪里？难道我杀一个罪臣还要向你请示！”陈友谅沉着脸说。

“臣不敢！但您从长远的利益考虑过没有，赵普生在东路军中，是第一个站在您这边的人，才使天完国没有大乱。他在东路军中是个特殊人物，就应该特殊对待，令他戴罪立功，领兵再去夺回信州。这本来是天赐良机，您可好，头脑一发热就将他杀了，这样不就更寒了东路军众将士的心，得民心者得天下啊。”

“这……”陈友谅经他这么一点破，冷静下来一想，才知道自己犯了一个不可饶恕的错误，他很快想到，只有安抚东路军有影响的将领，才能弥补改正这次错误。

“太尉，这样如何？厚葬赵将军，加重抚恤其家属；将郭恒、陈荣、傅友德、丁普朗四位将军重新安排工作，委以重任。”

“唉！”张定边叹了叹口气说，“现在只能这样了，但愿是亡羊补牢，为时不晚。”

“唉！”陈友谅受到张定边的感染，也叹了叹口气，真诚地说，“当时要是太尉在场该多好啊。”

张定边说：“说到这，康军师作为皇上的参谋、谏臣是有很大责任的。”

他本想说他不是一个正直的人，不能重用的建议，但考虑到他与皇上的特殊关系，话到嘴边又咽了回去。

于是，他委婉地说：“他老年事已高，不适合在皇上身边工作，我建议调整一下，不知意下如何？”

陈友谅说：“这样不好吧，恩师生前常说：‘有个老是个宝’，人无完人，偶尔的失误是有的。”

张定边见皇上话说到这个份儿上，就没有再往下说了。

皇上见太尉再没有坚持自己的观点，就转移话题说：“朱元璋如此小人，抢夺我们的胜利果实，公然向我大汉国挑战，是可忍，孰不可忍，派谁去夺回信州呢，信州可不能丢啊。”

张定边进言道：“皇上，信州的地理位置很重要，朱贼占领后，派大将常遇春镇守，其锋芒毕露。我们此时派兵争夺，势必是会造成消敌五百自损一千的局面，这笔账您算算，划不着啊。所以，我们要从长计议，另辟蹊径，以达到教训朱贼的目的。”

“那……就这么忍着，这口气我可咽不下去。”

陈友谅斩钉截铁说：“他人侵我一寸，我要索回一丈！否则，会遭到天下人耻笑。”

张定边说：“皇上！要不这样，明日早朝，我将此事奏明，让大臣们出谋献策可好？”

陈友谅表态说：“就按太尉的意图办。”

第二天早朝，张定边按事先商量好的事情，递上了《关于对朱元璋实行全面反击》的奏折。

陈友谅看完奏折后说：“打仗不是主管行政文官的事情，你们有事奏明，无事退朝。统领军队的大臣们留下，商讨张太尉的奏折。

“是！吾皇万岁！万岁！万万岁！”主管行政的文职大臣们三呼万岁，退出勤政殿。

陈友谅见掌握军权的大臣们都站着，忙下令赐座，待大家各就各位座定后，这才严肃地说道。

“想必是各位大臣都知道，我昨天挥泪斩马谡，因赵普生将军玩忽职守，中了朱贼的诈降之计，按军法当斩。”

说到此时，陈友谅哽咽地说：“可赵将军是我的爱将啊，各位大臣可作个见证，从今日起，赵普生的母亲就是我干娘，赐封为蕲母太皇太后，其家人就是我的家人，另行赐封。”

“皇上圣明！”众大臣拱手赞扬说。

坐在旮旯里边的傅友德悄悄地对身旁的丁普朗说：“皇上这是猫哭耗子，假慈悲，我们这些天完国旧臣，可要提防着点儿。”

丁普朗说：“这个我知道，我们要以不变应万变，静观其发展。”

康茂才眼珠儿四处乱转，见他们在暗中嘀咕，一针见血地说：“傅、丁二位将军，有什么话请拿到桌面上说嘛。”

丁普朗见傅友德胆战心惊的样子，忙站起来说：“回军师，我和傅将军听完皇上的英明决策，内心非常激动，两人暗自庆幸我们当时的决策没有错，有皇上这样的明君领导我们打江山，是微臣们的幸福啊。”

陈友谅听了这一通马屁精的话，心里像喝了蜜似的，忙对军师使了使眼色。

康茂才会意，大声喊道：“陈荣、赵恒、傅友德、丁普朗接旨！”

“臣等接旨！”四人忙起身跪地俯首叩头。

奉天承运

皇帝诏曰：

着陈荣、赵恒、傅友德、丁普朗四将军屡立战功，大汉国军中楷模。现在收复豫州之重任委以诸位，令陈荣为先锋主帅、傅友德为副帅，率兵十万，负责从北路主攻；令郭恒为预备队主帅、丁普朗为副帅，率兵十万秘密驻扎在吉安藏兵洞里，司机出其不意地从西路袭击豫州，配合陈荣夺回豫州。

钦此！

“谢主隆恩！”四人谢恩毕，回到了各自的岗位。

张定边心想，昨日不是商量好的吗，待今天议论后，再定作战方案吗？皇上脑子灵光，一夜间就想起夺取豫章了。

他正想着，又听军师宣布说：“请邹太尉、张太尉、张统帅、罗显中、陈友德、陈荣、赵恒、傅友德、丁普朗九位留下，其他将军退朝。”

待将军们退出后，张定边迫不及待地问：“皇上！你这是唱的哪一曲啊，怎么能朝令夕改呢？”

陈友谅笑了笑说：“你问邹太尉吧！是他定的围城打援之计。”

张定边茫然地望着邹普胜，意思是问：到底怎么回事？

6

原来，昨天张定边走后，陈友谅在殿里反复在思考张太尉忠言逆耳的劝告，这才觉得怒杀赵普生是一个极大的错误，不但使大汉国损失了一位良将，也使东路红巾军的将领们寒心，更使太尉邹普胜难堪。因为，赵普生也是他的旧部，杀赵也没同他商量，这不当面打了他的耳光吗，快去赔个不是，才是君子所为。

“康军师、陈将军，走，我们到邹太尉府上去！”陈友谅对在殿内还没退去的康茂才、陈英杰说。

陈英杰不解地说：“皇上！这么晚了，去他家干吗？您和我们还没吃晚饭呢。”

陈友谅诙谐地说：“我们在他家里去蹭饭吃呀！”

陈英杰嘀咕道：“还好意思说，人家又没有请您，您这哪儿像皇帝啊。”

康茂才知道皇上是为杀赵普生的事耿耿于怀，是去跟邹太尉解释的。他激将陈英杰说：“陈将军，你敢抗旨不成！”

陈英杰忙说：“小臣不敢，走啊。”

邹普胜还在书房中生闷气，侍卫请了他几次去饭堂吃晚饭，他理都不理。是我看错了陈友谅，作为皇上，心胸怎么这么窄狭，一点儿政治远见都没有，这样的忠臣都被你杀了，往后谁还真心实意地为你卖命啊。

邹太尉正想着，侍卫慌忙进屋报告说：“大人！皇上驾到。”

皇上这么晚来，使他大吃一惊，忙说：“走！快去迎驾。”

邹普胜见陈友谅在客厅里欣赏着墙壁上挂的字画，忙上前叩拜说：“臣不知皇上深夜来小宅造访，有失远迎，望皇上恕罪！”

陈友谅忙将他扶起说：“爱卿，请起，孤家是来负荆请罪的。”

“皇上！言重了。”

“孤家一怒之下，将赵将军杀了，酿成大错，实则是罪过也。”

“赵将军虽然忠勇善战，但过于轻敌，丢失信州，理应当诛。”

“不管怎样，孤家草帅行事，应该跟爱卿商量才行啊。”

陈英杰总算是明白了：这哪跟哪啊，世上哪有皇上跟臣子道歉的道理。

邹普胜心里敞亮多了：他没有跟错人，皇上是个明君。

康茂才见势，忙向太尉道歉说：“太尉！对不起，是我的错，是我的错。”

“杀赵将军，你作为军师是有责任的。算了，不说这些了，人死不能复生，今后吸取教训就是了。”

陈友谅说：“邹太尉批评得很正确。为了弥补过失，让赵将军九泉之下安心，孤家想认其母为干娘，封为蕲母太皇太后，养老送终，不知这个补救办法可否？”邹普胜说：“圣上英明，我代赵普生谢主隆恩。”说完，跪地纳头便拜。

陈友谅双手将他扶起来说：“爱卿平身。我还有一事要与邹太尉商量。”

“皇上请讲。”

“朱元璋向我宣战，我不得不应战。信州暂且放一放，孤家想任命陈荣、赵恒为大将，各领十万大军夺取豫章，拔掉我大汉国家门口这颗钉子。”

邹普胜听后，心中想道：皇上真够精明的，他这是一石三鸟之计。既安抚了天完国旧臣，又夺回了豫章，也递给了我一个梯子。豫章是大汉国家门口的钉子，这颗钉子迟早总是要拔掉的，迟拔不如早拔。

想到这儿，他献上一计说：“皇上英明，早些拔掉豫章这颗钉子是当务之急，免生后患。朱贼不仁休怪我不义，我们何不来一个先围城打援，再夺取豫章，给敌人重重的一击，这叫打蛇打七寸，叫他永世不得翻身。”

陈友谅思索了一会儿，连连夸赞道：“邹太尉这一石二鸟之计很好！很高！你指挥陈、傅两路人马佯装攻城，声势浩大，但只打雷，不下雨。我亲自指挥张必先、罗显中、陈友德三路人马，埋伏在都昌周边，待朱元璋的救援船队一到该水域，我们来个出其不意，一举消灭他们，再挥师南下，协助你们夺取豫章。”

邹普胜忙说："皇上英明，乃军事奇才也。"话刚落，他就看见陈英杰指着自己的肚子打手势，他这才恍然大悟。

"快去后厨弄些酒菜，皇上和我们还没有吃晚饭呢。"邹普胜忙吩咐侍卫道。

"哈哈哈……"陈友谅开心地大笑说，"邹太尉这该有心情吃饭了吧！"

"有！有！臣今晚陪皇上喝个痛快。"

就这样，一个围城打援的妙计一夜之间形成，根据皇上安排，各路将军受命各自退朝准备去了。

7

赵恒、丁普朗受命率领十万大军，连夜秘密地向吉安进发，天刚发白就到达了藏兵洞。

这个藏兵洞在茫茫大山之中，有茂盛的山林作掩护，一般是很难发现这里能藏十万大军。藏兵洞里，各种炮位、射击孔密密麻麻；供士兵休息、生活的设施应有尽有。

高山顶上建有一座烽火台，如点火报警，远在江州的城墙瞭望，也会一目了然。深壑间有一块很宽大的平地，可供兵士们操练。

特别是洞内造饭的锅灶，设计得非常巧妙，从烟道冒出去的浓浓烟雾，恰好与壑间升起的薄雾交融在一起，像一朵朵白云飘向空中。

赵恒、丁普郎花了一上午的时间，方才视察完阵地，他们由衷地佩服皇上的高瞻远瞩。

平时，他们抓紧操练兵士，只要一接到命令，他们如猛虎下山，能给敌人致命一击。

邹普胜亲自挂帅，带领着陈英、傅友德的十万大军，很快将豫章形成了包围之势，并立马于城头叫起阵来。

吴军守将朱文正，他见汉军来势凶猛，并不出城应战，一面组织防御，一面放飞鸽传书金陵，告知豫章危在旦夕。

第二十一章

鄱湖首战朱元璋险丧湖底　军师密建老爷庙以报龟恩

鄱湖骇浪卷吴王，为谢龟精建庙堂。
巧布拖延之计策，朱家帷幄摆沙场。

——题记

1

朱元璋在金陵金銮殿里闻报，豫章告急。

这可是他放在中原棋盘中的一匹卧槽马，而这匹马的骑马人是他的亲侄儿、爱将朱文正。他相信这个侄儿的能力，暂时还是保得住豫章，这枚钉子不能让陈友谅拔掉。否则，他欲力挽狂澜，扭转乾坤的霸业构想，将前功尽弃。

看来，一场逐鹿中原的大战，提前拉开了序幕。

朱元璋向朱文正下达了死命令，要他务必坚守一个月，他积极组织人马，驰援豫章。

在进军路线中，朱元璋与军师刘伯温有重大分歧。

刘伯温献计说："皇上！我建议令信州的常遇春出兵，解豫章之围，理由是信州距豫章最近，水陆交通都可以行军驰援，近水救近火。"

"不行！不行！"朱元璋连连摆手说，"如果我们派常将军去驰援豫章，正中了陈友谅的调虎离山之计。信州是我的连环炮，如果被吃掉，我的卧槽马就失去了作用。"

"那您是想亲自挂帅出征啊？"

"是的，我率徐达将军的十万大军，从扬子逆江而上，入湖口进鄱阳湖，直达豫章。"

坐在一旁的徐达早就憋不住了，拱手行礼说："末将愿意跟随皇上，去驰援朱文正将军。"

实际徐达在打他的小九九算盘，吴军的功劳不能被常遇春一人独占，有朝一日，大明朝正式建立，梁山泊还有我的座次吗?

刘伯温见皇上和徐达统一了意见，冷静了下来，用他所学的易经，掐指一算，不好！是凶兆。

"皇上，此次您不能亲自出兵，更不能从长江逆上。龙行逆水，有灾有难。"

刘伯温扇着他的鹅毛扇子，不无担忧地说。

朱元璋心想：孤家这也不能，那也不能，还要我这个皇上干什么，不如让你当吧。何况孤家还垂涎世间绝色才女阇赛清呢，天下美人，不能让陈友谅一人独占享用。

朱元璋越想越生气，没好气地说："闭上你的乌鸦嘴，孤家主意已定，你不要再装神弄鬼了。"

刘伯温哪里遭受过如此羞辱，脸色红一阵白一阵，但为了皇上的安危，还必须忍辱负重。

他已经猜透了皇上，此时的欲火美色占有之心，但他只是婉转地进谏，避免再次被羞辱。

"皇上！在江山和美人的矛盾面前，江山和美人都不重要，最重要的是龙体安全。"

朱元璋听了军师进谏后，像是刺痛他心坎，顿时脸色血红。你这个胆大妄为的鹅毛扇子，扇阴风点鬼火，竟敢当着我儿女亲家徐达的面，羞辱朕。朕爱惜人才，暂且不杀你。

他气咻咻地说："你……你，你这个儒腐子，留你在朕身边，迟早会被你气死，滚！滚回你那丽水青田，放鸭子去！"

刘伯温见皇上气急败坏的凶相，他并不胆怯，还想解释几句，只见徐达一个劲儿地向他使眼色，这才悻悻而退。

军师这也不是第一次被朱元璋开除的，他们俩像小孩玩过家家游戏，多则半年少则一月，皇上又用八抬大轿请他回来。

刘伯温本来就清贫，他打点简单行旅，告别金陵，优哉游哉地回到他清田那间小小的茅舍，边看书边撩着荷塘里的鸭儿，像似世外桃源之人。

实际刘伯温早就算出来了，皇上今年有一灾难，并无大碍。让您这个独断专横的朱元璋，受受罪也好，今后能长点记性，再也不要藐视我们这些文人骚客。

2

朱元璋率领大军从长江逆上，直奔陈友谅的大门，鄱阳湖入江处的湖口而来，这使陈友谅始料未及。

“不好！舒州丢矣！”

陈友谅两眼紧盯着汉吴两军态势图，从朱元璋的进军路线，他敏锐地知道，五弟熊天瑞镇守的舒州，已经被朱元璋顺水楼台先得月，而抢夺去了。

为什么我们一点消息没有得到呢？陈友谅带着疑问，命令侍卫道：“快请张太尉、陈丞相见朕！”

张定边、陈友壁两人应召很快来到勤政殿，君臣也不客套，陈友谅直入主题。

“张太尉！你率领十万人马，立即过江，从宿州的陆路进发，夺回舒州，那是我大汉国的东大门，不能丢失！”

张定边惊愕地问：“皇上！这怎么可能？我怎么没有得到五弟、舅子熊天瑞的报告，难道他……”

“唉”，陈友谅叹了一口气说：“朱元璋的大兵压境，舒州是必经之路，五弟哪有不抵抗之理，想必是凶多吉少。”

张定边仔细一想，皇上分析得有道理，他请战道:“皇上！待我率兵将朱贼，消灭在湖口后，再夺向舒州。”

陈友谅说：“我就是担心你走水路，与朱元璋发生正面冲突，耽误了舒州。现在乘吴军在舒州立足未稳，杀他个回马枪，定能取胜。”

他安慰他说：“二弟，你放心，朱元璋、徐达有我和三弟对付，定叫他有来无回。”

“是！臣遵旨。”张定边认为皇上考虑周全，放心地领兵，再一次去攻打舒州。

陈友谅待张定边走后，就对一直站在一旁的陈友壁，如此这般地授计一番。

陈友谅亲自出征，张必先为主帅，陈友德为先锋，浩浩荡荡地乘坐着大型战船，在庐山脚下，严阵以待。

朱元璋顺手牵羊夺取了舒州，一路顺风逆水，见没有汉军阻挡，趾高气扬地直入湖口，进入鄱阳湖。

这时，前面的探子回报：“皇上！庐山方向，发现有多艘汉军巨型战船，挡住了他们去豫章的去路。”

朱元璋用望远镜一望，啨嘖！陈友谅哪来的这么多似一座座大山的战船。我们的战船在金陵一带，出尽了风头，可比起汉军的战船，可是小巫见大巫了。

他内心不免有些惊慌，忙命令说：“徐将军，你速带领部分人马，抢占东面山头，占据有利地形，我来迎战陈友谅的水军。”

“是！臣遵令。”

徐达率兵弃船登陆，兵士刚踏上漫漫沙尘的山地，只听得轰的一声巨响，顿时整个天空沙尘迷雾，天昏地暗，吴军哪里见过这阵势，还以为是天神发怒呢，慌忙退回船上。

“杀！”还没有来得及退回船上的吴军，又听见一阵喊杀声，原来是陈友壁带领伏兵杀将下来。

徐达哪里知道，这一座座看似积翠如茵的大山，实际是一座座沙山，它就是江南内陆沙漠构造，是世界上唯一一处奇特的地质地貌。

陈友壁的伏兵虽然不多，但他是土生土长的都昌人，熟知其地理环境，他命士兵在沙中埋有炸药，随着爆炸声，顿时天昏地暗，吴军大骇，自乱阵脚。

徐达毕竟是久经沙场的老将，他很快稳住了阵脚，组织部队反扑，陈友壁见好就收，带兵撤走。

吴军很快占领了一座座山峰，控制住了制高点，正欲修筑工事，可个个士兵如云里雾里，他们挖下去的全部是金黄的沙粒，根本无法修筑工事。

徐达望着一望无垠的沙丘，难道我们打进了塞外沙漠，攻进了元顺帝的老巢……正当他奇思妙想时，鄱阳湖面正发出激烈的战斗，这才使他回到现实中来。

朱元璋不明岸上情况，先见飞沙弥漫，大惊失色。随后看见，一座座山峰飘着“吴”字军旗，悬下的心刚刚落地，却又见陈友谅的巨型战船向他的小山舨撞来。

“快！快！快向右转……”朱元璋的话音未落，“哐”的一声巨响，很快他的战船就四分五裂。

徐达在岸边看得真切，皇上和船上的士兵纷纷落水。他急令：“快救皇上。”

这时，陈友谅从巨船下到小船，手握龙骨偃月刀高喊："朱贼！你往哪里逃！"

朱元璋在水里拼命挣扎时，只见龙骨偃月刀如一阵冷风向他袭来，出于求生的本能，身子向水中潜去。

不好！朱元璋在水里突然感到，他的两条腿像似有人往下拉似的，怎个身子不听使唤地往下沉去，心里惊恐地想到，孤家误入了漩涡，此生完矣！朱元璋哪里知道，他沉船的位置正是鄱阳湖著名的"百慕大"水域。此地湖面无风三尺浪，水底暗礁溶洞犬牙交错，水系复杂。从古至今，这里无故翻船无数，沉入湖底毫无踪迹。有时在八百里外的信州，岸边时而出现死尸和破损船板，是行船者谈虎色变的地方。

每当货船或官船行至该水域，船老大都会亲自在船头摆上香案供品，叩拜后的船只，就能平安地离开了这里。

徐达和吴军将士在岸上，见朱元璋久久没有浮出水面，纷纷跪在沙丘上，号啕大哭："皇上……"

皇上溺亡，这怎么向马皇后、怎么向大臣们交代啊，倒不如冲向湖中，与陈友谅拼个鱼死网破，也不毁一世英名。

徐达想到这里，高喊道："将士们！为皇帝报仇，冲啊！"

正当徐达一马当先冲下山来，刚刚来到湖边，准备上船与陈友谅拼命时，奇迹出现了。

只见一只大乌龟驮着朱元璋浮出水面，徐达快速将奄奄一息的皇上拖上岸来，随军大夫马上对朱元璋，进行压腹挤压和人工呼吸，由于救治及时，朱元璋身体并无大碍，只是暂时昏迷。

陈友谅在望远镜里，看见一只熟悉的大乌龟救起了朱元璋，心中大骇。难道朱贼真是真龙天子，命不该绝，不能放虎归山！我就不信了，我二十万大军，还消灭不了十万孤军冒进的吴军。

陈友谅命令道："全速前进，迅速登陆，活捉朱元璋！"

徐达见陈友谅人多势众，来势凶猛，急令道："保护皇上，弃船从陆地撤退，向信州方向撤退！"他下达命令后，急忙放出信鸽，向驻守信州的常遇春求救。

常遇春接到紧急飞鸽传书，见皇上有难，急忙组织水军向都昌快速杀将而来。

张必先、陈友德登陆后，迅速向吴军发起了猛烈的攻击，因吴军踞守的山峰都是沙丘，无险可守，节节败退。退至都昌城附近，又遭到了陈友壁的反扑，眼见吴军残兵败将无路可逃，朱元璋再一次命悬一线时，只见得吴军一匹枣红战马，独自闯入汉军。

马上骁将高喊："皇上！常遇春救驾来也！"

吴军见常遇春的援军来了，顿时军心大振，徐达瞄准反扑而来的陈友壁厮杀而来。

"唉！"陈友谅见常遇春驰援，他拍了拍马腿，叹了叹口气，然后命令道："快鸣金收兵。"

陈友德正杀得兴起，见皇上鸣金收兵，气冲冲地策马来到皇上面前说："皇上！何不乘胜追击！"

陈友谅本想说：你不是常遇春的对手，话到嘴边改口说："穷寇莫追，收兵后从长计议。"

3

朱元璋被常遇春救回信州，刚刚苏醒，他精神恍惚，迷迷糊糊地问："孤家这是在哪里？"

常遇春说："皇上！您是在末将镇守的信州。"

朱元璋望了望满身血迹的徐达，忽然想起来问："军师呢？"

徐达说："军师不是被皇上开除，回老家放鸭子去了。"

朱元璋可不管这些，气喘吁吁地说："快请军师，朕要见他。"

常遇春说："皇上请保重龙体，末将这就派人去请军师。"

徐达将常遇春拉到一边说："你派人去请，请得动？这可是皇上第三次开除他，他不摆摆架子？"

常遇春闻听此言，用手抓了抓后脑勺说："那可怎么办，我可应许了皇上呀。"

徐达笑了笑说："常将军，看在你刚救老夫的分上，只有老夫亲自出马了。我可丑话说在前面，我将军师请回了，是老夫帮你的一个人情，我俩就互不相欠。"

常遇春苦笑地点了点头，这是个一点亏都不能吃的人，谁叫他跟军师的感情比我好呢。

刘伯温回家快有一个月了，隔三岔五青田县令就会差人，送些柴米油盐酱醋茶，来到他隐居的茅舍，放在篱栅门口就悄悄地走了。他知道这是皇上的安排，日子倒也过得清闲自在。

这天清晨，刘伯温一早来到茅舍边的池塘，他使用小瓢，一瓢一瓢地将秕谷撒向池塘中，只见一群鸭儿，扇动着翅膀，欢快地觅食。

忽然，他看见几只鸭子兴奋地叫着，追杀着一群黑鱼仔，水中的黑鱼母亲，时不时跃出水面，与鸭儿搏斗，保护着它的仔儿。

刘伯温见状，忙用身边的放鸭铲，铲起一把土，准确地砸中带头追逐黑鱼仔的领头鸭儿，一场战斗方才平息。

他见此时此境，不禁吟咏了起来。

鸭鸭欢腾满水啾，老夫喂鸭秕菽酬。

小鱼不识天沉水，却被飞禽送入喉。

“好诗！”徐达此时已经来到刘伯温的背后，见军师触景生情而吟出的诗句，不禁赞道。

“来啦！请徐将军席地而坐。”刘伯温头也不回地招呼道，继续喂他的鸭儿。

徐达见怪不怪，但他并不知道他与黑鱼的关系。

“军师护着黑鱼，一点养鱼的常识都没有，要知道黑鱼是吃鱼的祸害。”

“你才是祸害哩！”

刘伯温没好气地说：“这叫黑鱼吃小鱼，小鱼吃虾米，虾米吃渣子，这是自然界的生物链。”

“那军师在生物链中是什么角色？”

刘伯温答所非问道：“是不是皇上在鄱阳湖成为落汤鸡，被石龟精救起，又记起老夫来了？”

徐达一惊，由衷地赞道：“军师乃鬼谷子转世也，神机妙算。”

“唉，”刘伯温叹着气说，“鬼谷子倒也不是。罢了，我同你回金陵，谁叫我们是虾兵蟹将的后人呢。”

徐达不解地问：“军师！此话怎讲？”

“皇上是东海龙王的外甥，龙子龙孙。我是黑鱼精的后人，你是螃蟹精的后人，常遇春是鲨鱼精的后人，石龟精的后人是郭英。石龟精还要复仇，它要收回它的宝贝。”

徐达一听宝贝，两眼就发直了。

“什么宝贝？”

“红宝丹呗。它被陈友谅吞入腹中了。”

刘伯温回答后，特别叮嘱说：“这是天机，徐将军万万不可泄露。否则，你背上将生脓疮，食鹅肝而死。”

“不会，不会。”徐达嘴里应承着，而心中在窃喜：皇上果然是龙子，那我外甥是龙孙了，我要加倍努力，将来……

“哈哈哈！”谈笑间两人不知不觉回到了金陵，叩见皇上。

朱元璋躺在宝座上，见到爱将亲自将刘伯温请了回来，心里高兴，嘴里却说：“军师！你这个酸秀才，你怎么这么小气呢？朕只是在气头上，批评了你两句，你却甩了袖子走人。”

他像忽地想起来，关切地问：“青田县令的物质你收到没有？”

“谢皇上，收到了，收到了。”

刘伯温惶恐地说：“臣该死，不应负气而走，害得皇上您受此大难。”

朱元璋得意地说：“多亏朕小时放牛，练得一身好水性。你们说怪不怪，我被漩涡卷进水底，拜见了东海龙王，它自我介绍它是我外公，它要我招贤纳士，尊重你们这些儒家的意见，不久的将来就会成就中华霸业。说完后，它老人家就令石龟精，将我送了回来。”

文武百官听皇上像讲故事一样讲完他的遇险经历后，一齐跪拜，徐达带头贺道。

“恭喜皇上，贺喜皇上，皇上乃真龙天子，洪福齐天！”

朱元璋见自编自导的故事，实际目的已经达到，就问：“军师！你说说，该怎么感谢石龟精这个大恩人呢？”

刘伯温摇动着鹅毛扇子，胸有成竹地说：“皇上圣明！我们要在百慕大处的沙山脚下建一座庙，贡奉石龟精，以感谢它的救命之恩，其中……”

刘伯温望了望满朝文武大臣，故弄玄虚，将话说到一半儿就停了下来。

4

天机就是秘密，不能让不应该知道的人知道。否则，天外有天，山外有山，要是被高人破解，那就不灵验。

朱元璋见此，心领神会，忙下旨说：“退朝！”

文武百官三呼万岁后，就退朝而去。徐达好奇，认为自己不是外人，也想听听里边的玄机。所以，他站在原地，用期待的眼神望着刘伯温。

刘伯温见徐达投来的目光，并不买他的账，只是闭着眼儿，右手轻轻地摇动着鹅毛扇子。

朱元璋生气地对徐达说：“徐将军！还傻站在这儿干吗，快回家抱孙子去。”

“是！”徐达极不情愿地退朝而去，临走时狠狠地瞪了刘伯温一眼。

朱元璋见大臣们都走了，大殿里只有他俩，忙从龙椅上下来，来到刘伯温面前，亲切地说：“爱卿这下可以说了。”

刘伯温这才收起了鹅毛扇子，高深莫测地说：“此地是阴阳八卦之地，是您扭转乾坤之地。”

朱元璋心有余悸地说：“照此说来，我和陈友谅的决战也在此地，你算没算准啊！”

刘伯温见皇上似乎不相信似的，不得不跟他上一节周易阴阳八卦学说的课程。

“天人合一”思想是在心性论的基础上出现并发展起来的，但它作为一种哲学思想所产生的实际影响，一个很重要的方面，就是它消弭了主体与客观之间的界限，主张物我之间亲密无间。

阴阳则是天人合一的重要理念，以阴为本，阳为阴之动；反之，以阳为本，阴为阳之静。一切阴阳都是由阴之动产生的，动之极，则为静，动静之间，以静为本，以动为末。用阴阳及其相互转化的规律，来研究两个对立物的统一，那就抓住了事物变化的根本。

朱元璋越听越糊涂，不耐烦地说：“说简单点，朕只想听结果。”

“皇上是龙，属阳，陈友谅是土星转世，属阴，阴带阳动，阳动阴静，就是这个道理。”

朱元璋听出了一点眉目，不禁问道：“这与在沙山建庙有什么关系？”

刘伯温耐心地解释说："我已说过，这是块八卦之地，有着'天人合一'的奥秘，是占卜龟兆、阳盛阴衰的吉祥之地。"

"啊！我明白了，之所以要建庙，有虾兵龟将在此，谁敢在此兴风作浪，这里就是土星的葬身之地！"

朱元璋大彻大悟后，不无担心地说："可那是陈友壁的地盘，我们怎么能够在那里大兴土木呢？"

刘伯温胸有成竹地说："皇上放心，我化装成云游道士，游至湖口后，大肆宣传，在百慕大的沙山脚下，建一座老爷庙，行往船只，只要停靠上岸拜龟精，就能逢凶化吉。"

朱元璋高兴地说："就此办理，军师在国库多带些银两，将老爷庙建得有模有样。"说完，朱元璋又关怀道，"朕令徐将军多带些官兵，化装成农夫，一路暗中保护你的安全。"

刘伯温忙说："谢皇上，那倒不必，人多反而误事。"

朱元璋真诚地提醒他道："军师孤身一人，一定要注意安全，朕夺取天下，还要依赖你呢。"

刘伯温说："谢主隆恩，臣这就去办理了。"说完，转身欲退。

"且慢！"朱元璋突然想起说，"爱卿！这座庙叫什么庙啊？"

刘伯温拍了拍脑门，说："看，只顾谈周易，却把这个大事儿给忘了。"

他反问皇上道："皇上，你们老家凤阳称呼外公叫什么？"

朱元璋不假思索地说："叫姥爷。"

刘伯温兴奋地说："姥爷与老爷意思差不多，就叫老爷庙！"

"为什么呢？"朱元璋不解地问。

"皇上！您是龙王的外甥，有龙王在此，还愁降伏不了陈友谅。"

朱元璋兴奋地说："快去，快去，爱卿将老爷庙建好后，回来我封你为诚意伯。"

"谢主隆恩！"刘基领旨建庙而去。

5

就在朱元璋与刘伯温合谋，以建老爷庙为名，实则破坏江州地脉之实际，陈友谅决定乘胜追击，一鼓作气出兵收回豫章，打开江洲的南大门。

陈友谅领军赶到豫章前线，看到大军还在护城河以北，并未越雷池半步，蹙紧了眉头，不禁问身边的军师：“这就是佯攻呀？”

康茂才转动着眼珠说：“邹太尉一向用兵按部就班，皇上令他佯攻，他大概只做做样子。”

陈友谅说：“作战方案是死的，但人是活的呀！邹太尉已知我们在鄱阳湖伏击朱元璋大获全胜，也应该是借此鼓舞鼓舞士气，一举越过护城河，逼近豫章城墙才是。”

康茂才点头哈腰地煽风点火。“皇上圣明，邹太尉是不是出工不出力哟。”

陈友谅摇了摇头说：“邹太尉不是那种人，一定是有难言之隐。走，我们去会会他，问个清楚，不就明白了。”

邹普胜闻报，他在中军帐中接待皇上，一番君臣之礼后，武将们按次序而坐。

邹普胜首先汇报了半月来佯攻豫章的情况。

“皇上！我们这次碰到个软钉子了。朱文正像是知道我们佯攻似的，不论我们佯攻也好，实攻也罢，就是关闭城门不理会我们。”

陈友谅问：“邹太尉怎么不动用吉安藏兵，两军力量更大，不是更好吗？”

邹普胜说：“回皇上！就陈荣这十万人马也无用武之地，再调赵恒的军队又有何用。”

“哦！”陈友谅说：“爱卿！我观护城河外是一片开阔地，豫章城墙依稀可辨，你为何不逼近城墙。”

皇上不问还好，一问邹普胜气从一处来，竟破口大骂。

“朱家没有一个好东西，朱文正更不是他娘养的，是个怪种，比朱重八还毒！”

“哦？”康茂才问，“邹太尉，怎么个毒法？”

陈荣见邹普胜传递眼神，他一下子就心领神会，气吁吁地代主帅回答。

“我率兵抢渡护城河，令士兵小心翼翼地过河，堤防对岸敌军有埋伏。果不其然，我军刚到达岸边，吴军不知从何处冒出，箭镞如蝗虫般地向我军飞来，我军英勇顽强，好不容易登上对岸，却连个鬼毛影子都不见。”

陈普文走南闯北，久经沙汤，还是第一次听说，如此奇怪之事，他疑惑地说：“难道吴军中有妖人，布下了鬼魂飞箭之术。”

邹普胜一惊，问道：“王爷，什么是鬼魂飞箭之阵？”

陈普文说："古代苗人会使用鬼魂飞箭和蛊毒。"

陈友谅肯定地说："不可能，中原没有此妖术。看来，朱文正要比朱重八更为狡猾，一定要查明真相。"

邹普胜说："皇上英明，朱文正的确比他八爷狡猾，护城河对岸的开阔地，处处是陷阱，实际是朱文正苦心设计的沼泽地，不知情的人，只要一进去，就会陷入泥潭。我军起初不知，进攻时造成了一定的伤亡。因此，情况不明，我们没有冒失进攻，请皇上恕罪。"

陈友谅说："胜败乃兵家常事，何况你部还是小小挫折，邹太尉不必自责。孙子兵法云：'兵者诡道也！'看来我们对朱文正不能小觑，须从长计议，找到破敌之策。"

一阵沉默，大家都在开动脑子，思考破敌之策。

康茂才转动着灵活的眼珠，想了好一会儿，他打破沉默，献上一计。

"皇上在鄱阳湖大败朱元璋，现在又将豫章围得如铁桶一般，朱文正此时如热锅上的蚂蚁，我们何不趁他惊魂不定之时，派人去劝降他，也许会有意想不到的收获。"

众将听后，赞同道："军师此计甚妙！"

陈友谅也点了点头，如果能劝降朱文正是一件天大的好事，豫章和平收复，就避免了一场生灵涂炭。但派谁去劝降合适呢？

6

这时，王爷陈普文主动请缨说："皇上！军师劝降之计甚好，不妨我亲自去一趟，可好？"

陈友谅不假思索地说："不行，不行！您老这一大把年纪了，朕不忍心让您去冒风险。"

陈普文说："不入虎穴，焉得虎子。请圣上放心，两军交战不斩来使，这个道理想他朱家还是懂得的。再说，搜集情报，充当使节，本来就是我们分内的工作，换了别人去，那等于是逼我退休了。"

陈友德见父亲这么执着，也劝说："父亲！您老年纪大了，总要培养接班人吧，还是派陈友直将军去吧。"

陈普文一听这话有点儿火了，说："你别嫌老子老了，为了大汉国、为了我老陈家的江山，老夫赴汤蹈火，在所不辞。”

康茂才见他父子俩杠起来了，调和道：“友德，就让你父亲去吧，你伯是老江湖了，叫新手去，他还不放心呢。”

话已经到了这个份上，陈友谅不再坚持，勉强同意说。

“二叔，带着警卫，注意安全，见机行事。”

陈普文说：“今个儿怎么啦，我也不是第一次深入龙潭虎穴，请圣上放心，我会安全回来。”

朱文正得到皇上密旨，他带领的援军，在鄱阳湖口受挫，令他不要与汉军发生正面冲突，固守豫章。以豫章为核心区，皇上正在运筹帷幄，调兵遣将，将豫章进行反包围，与陈友谅进行决战。待时机成熟，他来一个中心开花，全歼汉军。

朱元璋在密旨中，令侄儿最低做好坚守半年的准备，吴军才能完成对汉军的包围圈。

半年？面对虎视眈眈的汉军，谈何容易，正当朱文正在办公室里冥思苦想，如何坚守半年，配合完成皇上的战略部署时，副将来报：“主帅！陈友谅派来使在城楼下。”

朱文正问：“来使何意？”

副将说：“来使奉陈友谅之命，来劝主帅投降，和平交出豫章。”

“劝降！陈友谅真在白日做梦，将来使轰走！”

朱文正下令后，嘴里一个劲儿地唠叨“劝降”二字。忽然，他眉头一皱计上心来。

副将刚出大门，却听见朱文正高喊道：“回来！”

“主帅，您还有何吩咐？”

“快请来使！”朱文正改变了命令。

副将一惊，竟脱口而出：“主帅！您要背叛皇上？”

“你傻呀，哪有侄儿将自家的江山让给外人之理，过来！”

朱文正向副将招了招手，待副将靠近他身边，他在他耳边，如此这般一番。

陈普文和陈友直，举着白旗，越过护城河，沿着一条只有马车儿宽的陆路向豫章城而来。他用两眼扫视着两边大面积全是污泥的陷阱，这种防务，根本不能实行大兵团作战，暗自佩服朱文正的用兵之道。

他们在城下站了一会儿，城门旁的小门打开了，只见一身戎装的副将，走到陈普文面前，曲腰恭迎地说：“朱大帅有请二位。”

朱文正早已在衙门口等待，见陈普文二人来到，忙假惺惺地上前拱手说：“欢迎二位，末将是豫章守将朱文正。”

“早闻朱将军智勇双全，今日一见，果然名不虚传，我是大汉国王爷陈普文。”陈普文不失礼节地自我介绍。

“幸会，幸会！今日有缘结识陈王爷，末将三生有幸。”

“彼此，彼此！”

“请！”“请！”

一番礼节后，陈普文在前，朱文正在后，在侍卫的领路下，他们来到了宴会大厅。这时早已在大厅等候的吴军将领们都一致起身，巴掌声和“欢迎”声响彻大厅。

陈普文见这阵势，误以为朱文正的手下都愿意投诚大汉国，微笑地向大家挥手致意。

他亲切地说：“欢迎大家融入大汉国的大家庭。”

“愿意，愿意！”朱文正点头哈腰地应着。

宾主入席后，朱文正站起来作了欢迎词：

“各位将军，我们今天欢聚一堂，再次以热烈的掌声，欢迎大汉国来使陈王爷！”

朱文正接着说：“大汉国在陈皇帝的带领下，过五关斩六将，所向无敌，终于将元军赶到了黄河以北，又在江州建立了大汉国，其国运昌盛，民心所向。因此，本帅决定，从即日起，我们有条件地投奔在大汉国的旗下，具体投诚细节，待后我跟陈王爷再另行磋商，大家愿不愿意！

“愿意！愿意！”

“既然众位愿意，还不下位敬王爷的酒！”

好一曲诈降缓兵之计，一开始就导演得惟妙惟肖，一番轮番敬酒，就像迷魂汤，将老王爷灌得迷迷糊糊。

第二天，陈普文将一封书信递给陈友直，令他出城交给皇上。陈友谅、陈友德、陈友仁弟兄三人一夜未眠，他们在中军帐中等待着王爷的信息。

临近晌午，终于等到了陈普文的书信，陈友谅急不可待地拆开阅读了起来。

启禀皇上：

吾皇万岁！

豫章守将朱文正愿意投诚我大汉国，为了安抚军心，有一些具体投诚细节，需征求官兵意见后，形成协议，待双方签字后，朱将军率部打开城门，举行迎接皇上入城仪式。”

臣普文即日叩首

陈友谅看罢来信，虽然欣喜，但还是心有余悸地问陈友直：“朱文正是怎么欢迎王爷的？”

陈友直添油加醋地将朱文正如何列队欢迎他们，又如何设宴款待他们，众将军如何热情敬王爷的酒的经过，一五一十地向皇上作了汇报。

现在该是康茂才表功的时候了，他谄媚地说：“皇上，请放心，姜是老的辣，您相信王爷和我们这些老臣的办事能力。”

陈友谅听出了军师的弦外之音，笑了笑说：“朕相信、相信。”

当晚，皇上令陈友德部继续驻扎在护城河以北，注意观察豫章动向，他和邹太尉一行连夜回到了江州。

第二十二章

陈王爷中计命丧古豫章　刘伯温下野策反汉老臣

保义狂诗醒故人，豫章烽火起烟频。
黄山脚下鹅毛扇，一股阴风引汝身。

——题记

1

朱文正每天好吃好喝地招待陈普文，还令副将陪他游山玩水和名胜古迹，只是只字不提投诚协议的事儿。

头几天，陈普文还在乐观地想，一定是朱文正在军中征求意见，可能还需要一段时间。他乐于其成，享受大自然的馈赠。

一来一往两个多月过去了，朱文正还是没有正式答复，而派出送信的陈友直也不见人影，陈普文有点儿沉不住气了，心中忐忑不安。

这天，朱文正的副将一进招待室，就高兴地对陈普文说："王爷，我们今天游滕王阁如何？"

陈普文淡淡地说："不啦，老夫没有见到贵军的投诚协议初稿，有负使命，没有心情去游玩。"

副将听罢，一拍脑门说："您看我这记性，一高兴就把大事儿给忘了。"

说完，他变戏法似的从袖口里，掏出一沓纸递给他说："这是投诚协议样稿，请王爷过目。"

陈普文的脸色由阴转晴，他接过协议稿，认真地审阅着，还时不时拿起案台上的毛笔，在纸上填画着。

副将见状，不禁暗自发笑：你这个老苕（傻子），还挺认真哟。

约一个时辰的工夫，陈普文看完了草稿的全部内容后，他对副将说：“请带我去见朱将军。”

副将抱歉地说：“大帅近日为这个协议东奔西走，过于劳累，偶感风寒，不便见客。”

陈普文抖了抖手中的纸笺说：“这如何是好？”

副将说：“王爷！心急吃不了热豆腐。临来前，我家主帅交代了，请王爷再仔细斟酌协议内容，不要性急，待王爷病好后，再一锤定音。”

陈普文心想：也是的，不在乎这几天。他将草稿小心翼翼地放在案台的抽屉里，对副将说：

“走！去逛一逛江南三大名楼之一的滕王阁。”

副将笑盈盈地说：“王爷真是个爽快之人，走！”

一路上，副将饶有兴趣地向陈普文介绍，滕王阁的来历。

“王爷！滕王阁是因唐太宗李世民之弟——滕王李元婴而得名。贞观年间，唐太宗李世民的弟弟李元婴被封滕州，故为滕王。李元婴在滕州建了一座名楼，起名‘滕王阁’。李元婴又调任我们豫章为王，因他对滕州的滕王阁恋恋不舍，又在豫章筑豪阁仍冠名‘滕王阁’。这座江南名楼建于唐朝繁盛时期，又因王勃的一篇《滕王阁序》而很快出名。唐高宗上元三年，诗人王勃远道去交趾（越南）探父，途经豫章，参与阎都督宴会，即席作《滕王阁序》，序末附这首凝练、含蓄的诗篇，概括了序的内容。”

陈普文看到滕王阁气势雄伟、飞檐雕壁、全木制而成的外貌，感叹地说：“这要耗费多少劳动人民的血汗啊。”

副将迎合说：“是的，王爷！李元婴骄奢淫逸，品行不端，毫无政绩可言。但他精通歌舞，善画蝴蝶，很有艺术才情。他修建滕王阁，也是为了歌舞享乐的需要。据说他后来又调到四川阆中为王，重新建了一座滕王阁，自此，华夏大地有三处滕王阁，而我们这座是最有名的。”

正在他们兴致勃勃地游览时，忽然一个满头杂草、污秽满面、疯疯癫癫的道人，无故撞了陈普文一下，嘴里念念有词地吟哦着：

心在山东身在吴，飘蓬江海谩嗟吁。
他时若遂凌云志，敢笑黄巢不丈夫！

陈普文一惊，多么熟悉的诗句。啊！这不是梁山泊的宋江在我们江州寻阳楼上题的反诗吗？他望了望疯道人远去的背影，隐隐约约地觉得，他在向他暗示着什么……

难道是暗示我，朱文正是身在豫章心在吴。朱文正是用的哪门心思呀，搞的什么名堂？啊！他一定用的是缓兵之计，等待援军。

陈王爷想到这儿，身上冒出了阵阵冷汗，脸色雪白。

副将见状，忙问："王爷！您哪儿不舒服？"

"啊"陈普文打了一个激灵，故作镇定地叹说："唉！人老了，不中用了，老毛病又犯了。不游了，我得回去拿药。"

这时，朱文正的卫兵骑着快马来到副将跟前，他望了望陈普文，拉着副将在一偏僻处，两人叽里咕噜了好一会儿。

陈普文见卫兵猛地向下劈手的手势，心里一惊。卫兵说完，策马而去。

副将上前，假惺惺地说："王爷，我在阁内还为您老准备了百鱼宴呢。要不，您先到阁中休息一会儿，我令人去讲个郎中为您看看。"

陈普文淡淡一笑说："不啦，我是老毛病，是心病，一般郎中是治不好的，需回江州取来藏医特制的'麝香保心丸'，方能缓解。"

他喘着粗气说："要不这样，你差一条快船，待我返江洲取来宝药，再返回面见朱大帅不迟。"

听到此话，副将的脸色如六月三伏的天气，说变就变，他一声冷笑："嘿嘿，想溜，没那么容易！"

"此话怎讲！"陈普文骇然大惊。

"嘿嘿"副将又是一阵冷笑，恶狠狠地说："你这个老不死的，你以为我们主帅真的会投降陈贼，真是老鼠爬秤钩，不知自己几斤几两！"

"你……"陈普文方知中计，气得连话都说不出来。

"嚓"的一声，副将抽出宝剑，剑尖直逼陈普文的胸口，寒气逼人。

"老东西，本想再陪你玩一玩，可主帅令我今天送你到鄱阳湖喂王八。我是个心慈之人，让你死个明白。你来劝降，我家大帅智勇双全，利用陈友谅骄狂心理，名应归顺，实为诈降。为的是配合朝廷大军，将尔等进行反包围，而腾出时间，现在我们的计划已经成功，你也没有什么用处了，去死吧！"

说完，副将猛一用力，冰冷的剑头直入陈普文的心脏。陈普文临死时，望着江州方向，痛苦地高呼："皇上……"

2

此时的陈友谅在勤政殿里批改奏折，由于实在是太过于劳累，不知不觉中，就斜倚在宝座上眯了一会儿。

康茂才、胡大海正入朝禀见皇上，看到皇上睡着了，胡大海见状，忙脱个自己的披衣，盖在皇上身上，边盖边叹道："当皇帝也辛苦啊。"

睡梦中，陈友谅突然看见一个獠牙狰狞的鬼怪，手持寒气逼人的冷剑，刺入王爷的心脏，只听得二叔惨叫："皇上救我！"

"二叔！"陈友谅心里一阵刺痛，猛地从睡梦中醒转过来，痛呼着。

康茂才忙上前问道："皇上，怎么啦？"

陈友谅说："我做了一个噩梦，梦见王爷已经被朱文正杀害。"

康茂才安慰说："皇上！不必担忧，梦是反的，王爷机智谨慎，应该没有事。"

陈友谅还是不放心，忙令胡大海道："你速去豫章，找陈友德探明王爷情况，速去速回。"

"是！"

胡大海带着两名卫兵，骑着快马向豫章方向疾驰。当他赶到陈友德的驻地时，只见汉军军旗飞舞，战马奔腾，一场大战在即。

胡大海远远看见陈友仁一马当先，正要横渡护城河时，他疾呼："陈将军！停下，停下！皇上有旨。"

陈友仁勒住缰绳一看，见是胡大海，忙策马来到他面前问："胡将军，你怎么来啦！"

胡大海说："奉皇上之命，来打探王爷的消息，陈友德将军呢？"

陈友仁见问及他俩，泪如雨下，哭诉着说："二叔被朱文正这个裸日的杀害了，将人头悬在城门上。友德哥为了抢回父亲的遗体，在城楼下，也被乱箭射死，我正要带兵冲进豫章城，为二叔和友德哥报仇。"

胡大海忙说："友仁将军，万万使不得，朱贼敢杀王爷，说明他早有防备，你率兵前往，恰恰中了他的奸计。"

"你什么意思呀，难道二叔、友德哥的仇就不报了！我如何向皇上交代。"陈友仁愤懑地说。

胡大海说："仇肯定是要报的，朱文正是瓮坛里的王八，跑不了的。你暂且按兵不动，侦察摸清敌人的部署，待我奏明皇上，搬来援军，我们一起破城如何？”

陈友仁头脑渐渐冷静了下来，说：“一切听从胡大将军的，我这就安排侦察兵去摸清，护城河对岸为何飞出箭矢的情况，你快去快回。”

“好！一言为定。”胡大海连夜赶回江州，向皇上汇报了陈普文、陈友德父子遇害的情况。

陈友谅忽闻胡大海报来的噩耗，不禁大哭了起来：“二叔！八弟！是朕轻敌，害死了你们啦。”

康茂才转动着双眼，忙上前劝说：“皇上，人死不能复生，请节哀顺变，保重龙体啊。”

陈友谅接连失去两位亲人，这在他二十余年来的征战史上，还是从来没有过的惨事，他心里憋着一肚子火，正没有地方发呢。

陈友谅颤抖着手指，愤怒地指着康茂才的鼻子说：“你……你这个狗头军师，上次听了你的妄言，误杀了赵普生将军，使右路军，军心大寒，这次又是听了你什么狗屁劝降计，误了二叔和堂弟的性命，你罪该当死。”

越说越来气，陈友谅此时已经失去理智，他抽出宝剑，就要当场将军师刺死。

康茂才被这突如其来的横祸，吓得胆战心惊，忙跪下求饶。

“皇上……皇上！不看僧面看佛面，看在老朽这么多年追随你的分上，你就饶了我吧。”

胡大海见状，忙抱住陈友谅说：“皇上！请您冷静冷静，消消火，他可是您表叔啊。”

对！他是表叔，我若杀了他，对不住九泉之下的父亲。

“唉！”罢了。陈友谅有气无力地指着跪在地上瑟瑟发抖的军师说，“出去，出去，我再也不想见到你了。”

康茂才闻言，连滚带爬地跑出了勤政殿。

陈友谅对站在一旁发愣的侍卫，命令道：“速传两位太尉和张大帅进殿议事。”

“是！”

胡大海见皇上召见朝廷核心人物议事，识趣地告退。

3

三位大臣很快来到勤政殿，当大家听说王爷父子都被朱文正害死，个个义愤填膺。为了报仇雪恨，不一会儿，四人很快就形成了，集中优势兵力，强行拔掉豫章这颗钉子的决议。

张必先哭吼道:“看老子的,马上攻进豫章,将朱文正这个狗日的碎尸万段,为九弟父子报仇！”

张定边没有老三那么莽撞，他为了调整皇上低落的情绪，向他报喜说：“皇上，报告您个好消息，舒州城再次被收复。”

“好哇！”一直感到沉痛的陈友谅此刻心情才有所好转，忙问，“五弟呢？”

张定边没好气地说：“我这个大舅子啊，他夜郎自大，信誓旦旦地要将朱元璋拦着，不许他驰援豫章。动机是好的，可他哪里是徐达的对手，丢了舒州后，他自知无颜见皇上大哥，自找了一个台阶而下，投奔皇上您的亲家，苏州王张士诚去了。”

张必先说：“五弟总算没有丢我们十弟兄的脸啊。”

陈友谅对熊天瑞败走，虽然有些气恼，但听说投奔了亲家，这才叹了叹口气说：“如此甚好！”

张定边说：“皇上，舒州暂无镇守，派谁去好？”

陈友谅说:“派康茂才去,他在朕身边尽出馊主意,叫他在哪儿去养养老,闭门思过。”

他见邹普胜一言未发，征求意见地问：“邹太尉，你看这样安排如何？”

邹普胜自军师谗言，使皇上杀死了赵普生，对他一直都没有好感，他见皇上将其贬到舒州，求之不得，忙回答说：“皇上圣明！”

陈友谅说：“那就麻烦邹太尉去做做他的工作，令他立刻赴任。”

邹普胜说：“臣遵旨！”

张定边见皇上大公无私，降级使用自家亲表叔，本无意见。但他考虑到康茂才一定会有很大意见，而出工不出力。

如是，他上奏说：“皇上，臣建议将祝宗将军，派为康大人的副将，一同镇守舒州，相互也有个照应。”

“准奏！”陈友谅心知是二弟不放心这个表叔，祝宗责任心很强，所以他们也放心。

议完事情，陈友谅说：“三位各自回去准备，立即出发！”

他们各自回去领兵，向豫章进发。

这时，陈英杰跌跌撞撞地跑了进来，跪在朝中，泣涕如雨地说：“皇上！请恩准我为先锋，我要冲进豫章城，将朱文正这个狗日的碎尸万段，为父王和大哥报仇雪恨。”

陈友谅连忙从龙椅上下来，将陈英杰扶了起来，哽咽着说：“小弟！你的心情大哥理解，谁不想第一个杀入豫章，才解心头之恨呢！但你想过没有，你的职责是保卫江州都城安全，大军全部投入了豫章，都城空虚，你的责任更大。”

其实，陈友谅不许陈英杰打先锋，是有他的考虑：陈英杰现在是二叔的唯一血脉。友德已完婚，连续生下两个女娃；英杰的蔡夫人虽有孕在身，但还不知是男是女。打先锋是有危险的，特别是遇上劲敌。为了避免陈英杰有个闪失，这个先锋，只有由友仁担任才最为合适。

陈英杰倔强地说：“皇帝大哥，我从小都听你的，你叫我干什么我就干什么，从来没有违抗您的旨意。求求您，这次就让我打头阵吧。”

陈友谅说：“朕已命令陈友仁为先锋，军中无戏言！”

陈英杰生气地说：“皇上偏心，我不是您的胞弟，您想让友仁弟抢头功，这次我非要当先锋不可！”

“你……”陈友谅一时语塞。他是看着陈英杰长大的，也一直呵护地将他留在自己身边，他也乖巧，从来没顶撞过他。此刻他牛的犟性子上来了，看来不说明道理，他是不会罢休的。

陈友谅想到这里，严肃地说：“傻弟弟，你的孝心天地可鉴，但你想过没有，你现在是二叔唯一的血脉，不孝有三，无后为大呀！”

“那……原来皇帝大哥是这个意思呀，是我错怪了。”他不好意思地垂下了头。

4

汉军四十万大军，很快抵达豫章护城河边，正在做强渡护城河的准备工作，陈友谅召开了战前军事会议。

陈友仁在会上说："皇上！朱文正的部署情况全部摸清楚了，他依仗护城河堤高大，挖掘了多个地道，设置暗道口，暗箭伤人；过了护城河后，是两三里地的沼泽陷阱，城墙高五丈余，吴军兵力五万余，全部龟缩在城内，外围没有设防。"

陈友谅见友仁逐渐成熟，心中暗喜。他脑海里很快形成了一个破敌之策。

皇上命令道："张必先听令！"

张必先站立起来道："臣在！"

"你领兵五万，立即赶往赣江与护城河的交汇处，将赣江拦腰截断，做一向护城河的闸门，听令开闸。"

"是！保证完成。"张必先心里明白，皇上这是要水淹三军。

皇上下位，向张必先耳语了一番，张必先点了点头退出。

"罗显中、胡大海听令！"

"末将在！"罗显中和胡大海急忙站了起来，回答道。

"你俩分别各领五万大军，去庐山和吉安大山中，多多采集木料和楠竹运回德安。"

"是！"

"陈友贵听令！"

陈友贵立即站起来说："末将在！"

"你组织造船营的博士，赶往德安，建设木工基地，专做长一丈二、宽六尺、厚五寸的木板，和长超过五丈的云梯，越多越好。"

"末将遵命！"

陈友谅最后对在座的各位将领说："其他将军各就各位，回到军中，做好攻城准备。"

"是！"一片整齐的军威声。

陈友谅布置完军事部署，就将先锋官陈友仁叫住，他在他的耳边悄悄地交代了一番。

陈友仁集合自己的队伍，在护城河北岸集结，开始佯攻。他高喊道："弟兄们，为王爷，为主帅报仇，冲啊！"

"为大帅报仇！""为王爷报仇！""冲啊！""杀！"

陈友德部的士兵，个个为主帅报仇心切，每十人乘坐一条小船，冲入护城河。他们心中早已憋着一肚子火，此刻如海啸般地冲向对岸。

护城河的岸堤边，顿时出现了一个又一个洞口，从洞口中飞出的箭矢又像蝗虫般地飞向汉军。

陈友仁在岸上看得真切，急令："潜水，潜水！"

就这样陈友仁与吴军玩起了拉锯战，半月来虽然汉军小有伤亡，但达到了预期效果。

这天，双方又在玩渡河、放箭攻防的游戏，陈友仁见时机成熟，忙令士兵点燃了三堆火炬。张必先看见火炬信号，忙令开闸放水。

储蓄了五天的赣江水，水位高达丈余，闸门一开，赣水似脱缰的野马，汹涌澎湃地向护城河涌来。

陈友仁所见西边传来山呼海啸般的洪水声，忙鸣金收兵。可怜吴军躲藏在地道里，还没明白是怎么一回事儿，就一个一个地溺毙在地道之中。

此时不进攻，还等待何时。

"冲啊！"陈友仁骑着高头大马，一声令下，汉军每四人扛着一块大大的木板子，每八人抬着长长的云梯，架起了木板路，如潮水般地向豫章城涌来。

朱文正每天都要来到城楼观战况，每天见汉军无功而返，扬扬自得他的地道战的神威，逼使汉军不能越雷池半步。

突然，他也听见护城河传来洪水声。

"不好！"朱文正大声命令说，"按预案，快速堵实地道！"

一旁的副将提示说："主帅！地道里的士兵还没有撤出来呢。"

朱文正气急败坏地说："管不了那么多了，你难道没有看出来，这是陈友谅'水淹三军'之计！"

"是！"副官忙令士兵闭严了地道入口。朱文正毕竟是智勇双全的大将，幸亏他早已防着敌人这一手。不然，怎个豫章城将成为一片汪洋大海。

汉军大军将豫章城围得严实，就是一只蚂蚱也飞不出去，任凭汉军如何谩骂叫阵，朱文正堵死四方城门，不答不理。因城墙太高，云梯一架上去，就被城墙上的吴军推翻，用炸药炸城墙，而城墙闻丝不动。只气得陈友谅的尺余长的胡须翘得老高老高的。

这天，陈友谅召开军事会议，专门讨论破城之策，然而与会的将军们个个都说碰到了硬钉子，一筹莫展，会场一片宁静。

这时陈荣站起来说："皇上，我们何不仿效夺取信州的方法，开挖地道，炸开城墙呢？"

陈友谅说：“这个办法朕也想过，可豫章的地理环境不如信州，这一片茫茫沼泽，如何开挖？”

邹普胜献计说：“皇上！朱文正是瓮坛里的王八，我们困也要困死他。趁此，我们将护城的水放干后，我们沿着敌人的地道，就能逼近城墙底了。”

“正是，正是，我和邹太尉一个意思。”陈荣连忙表态说。

张定边不无担心地说：“待水放干，清理淤泥，又要得个把月的时间，怕是给朱元璋有了喘息的机会，他要是来一个反包围，朱文正再来一个中心开花就被动了。”

张必先忙说：“二哥多虑了，鄱阳湖之战，朱元璋元气大伤，没有个三年五载，怕是难以恢复元气，就按邹太尉的计策办。”

张定边听罢，狠狠地瞪了他一眼，本想说：你个莽张飞，只知道冲啊杀的，心中一点全局观念，骄者必败。碍于情面，话到嘴边又咽了回去，但他深信皇上是哑巴吃汤圆，心中有数。

其他的各路将军，陆续表态，一致赞同邹太尉的意见。

事到如此，少数服从多数，陈友谅下令，各路军围而不攻，要将朱文正困死在豫章城内。

同时陈友谅也在考虑张太尉的意见，真理有时会掌握在少数人手里。这是一个不可忽视的问题。如是他又对祝宗下令道：

“祝将军听令！”

祝宗回应说：“末将在！”

“令你领五万大军，立刻奔赴舒州，协助康茂才镇守舒州，以防吴军从我背后偷袭。”

“末将遵旨！”祝宗受命而去

“鄱阳王听令！”

陈友壁回答说：“臣在！”

“令你领八万大军，防守在龙塆、都昌一线，与舒州形成犄角之势，以防吴军从东线偷袭江州。”

“是！臣这就去布防！”陈友壁领令退去。

“皇上圣明！”张定边见皇上采纳了自己的意见，心里松了一口气，说道，“这样一来我们就无后顾之忧，可以放心大胆地攻打豫州。”

5

正如张定边所料，吴军在军师刘伯温的建议下，逐渐形成了对汉军的合围之势。

朱元璋经历了上次鄱阳湖之险后，这次学乖了，他并不亲自带兵，而是在金陵坐镇指挥。令大将常遇春领十五万大军从正面进攻，夺取龙塆、都昌后，乘舟直逼江州。令大将郭英领兵十二万，从右翼直逼豫章，配合朱文正从中心开花，打汉军一个措手不及。令大将徐达率兵十五万，再夺舒州，趁陈友谅与常遇春决战之机，以迅雷不及掩耳势，跨越江州，直逼陈友谅的老巢——武昌，切断陈友谅的退路，以鄱阳湖为中心，一举消灭陈友谅。

刘伯温待皇上的命令下达完后，建议说："皇上，舒州不能强攻，只能智取。"

朱元璋问："这是为何？"

刘伯温说："要给陈友谅造成一个错觉，使他认为他的左翼是安全的。"

朱元璋说："秘密夺取舒州固然是好，那如何劝降？"

刘伯温扇着鹅毛扇子，胸有成竹地说："劝降舒州新守将康茂才！"

朱元璋听后，提示他说："军师，你搞没搞错哦，康茂才可是陈友谅的表叔，是汉军元老啊，他怎么可能投降于我呢。"

刘伯温不紧不慢地摇着鹅毛扇子说："皇上！您大可不必担心，此事交给老夫就行了。"

朱元璋有了前车之鉴，他对刘伯温深信不疑，表态说："朕完全相信你，我在金陵静候你的佳音。"

刘伯温狡黠地笑了笑说："皇上这次还是要开除我。"

朱元璋："怎么可能呢，你这是唱的哪一曲啊？"

刘伯温认真地说："为了使康茂才知道我被开除的消息，皇上您要多网络我的罪名，并下旨公示，将布告贴满金陵城内外。"

网络罪名是朱元璋的拿手好戏，但他真诚地说："这怎么好呢，怎能让你受不白之冤。"

刘伯温说："周瑜打黄盖，一个愿打一个愿挨。要假戏真做。皇上！您从御林军中抽调出四名顶尖高手，秘密跟随我，随时听我调遣。"

"为了保障军师的安全，这个自然答应你。"

一场策反康茂才的阴谋，就这样顺理成章地形成了。

再说康茂才被陈友谅贬到舒州任知府，心灰意冷。想着自己大半生为反元而奋斗，先是追随白莲教主胡家富反元，后又辅佐陈友谅反元，取得了阶段性的胜利，建立了大汉国。本想能封妻荫子，光耀祖宗，没想到伴君如伴虎。皇上将陈普文被害的怨气全部撒在他的头上，他这是过河拆桥，借故将他这个老臣一脚踢出江州。如今皇上又将大将祝宗派下来，作为他的副将，来镇守舒州，这明显是对老夫不信任。罢了，老夫我现在游山玩水，该享享清福啊。

这天一早，康茂才躺在太师椅上，品了一口安徽上等名茶猴魁后，他微闭着他那灵活的双眼，还时不时用手指，有板有眼地敲打着太师椅的扶手，聆听着刚收的七姨太、黄梅戏名旦兰英，她演唱的黄梅戏《天仙配》。

正在康茂才如醉如仙时，贴身副官来到他身边。

副官悄悄地说："知府大人！刘伯温派人送来了一张请柬。"

康茂才听罢，一跃而起，像没听明白地问："谁！谁送的请柬？"

副官说："就是朱元璋原来的军师，刘基，刘伯温。"

"快拿来看看。"康茂才接过请柬，认真地看了起来。

舒州知府康大人台驾

闲云野鹤刘基，耳闻康大人文武全才，早心仪敬佩，但只是梦里水乡。今乃游玩至黄山，欲与大人在千年迎客松下一叙，以续仰慕之缘，恳请赏光。

刘基伯温拜上

康茂才早已耳闻刘基聪颖过人，是一位上知天文，下知地理，又会面相的文人雅士。如今他又被主子开除了，同是天涯沦落人，他的内心有一种惺惺相惜的感觉。

"仙女唷，过来，过来！"康茂才向七姨太兰英招了招手。

他那嗲里嗲气的语调，与他年龄极不相称，使站在一旁的副官，遍身都起了鸡皮疙瘩。

兰英扭动着蛇腰，来到他怀里坐下，用纤指点着他的脑门，也嗲声嗲气地说："老色鬼，昨夜没有喂饱你呀。"

康茂才煽情地说："没有，没有，老夫带你到黄山去游玩，再风流快活。"

随后，他脸色一变，命令一旁的副官说："快准备马车、行囊，老夫要带七姨太去黄山。”

副官问：“大人！要去几日？”

康茂才用指头算了算路上的行程，说道：“十天或半个月吧！”

副官提醒道：“老爷，您这一走，是不是要向祝大人交代一下。”

副官提醒得恰到好处，老夫不在任上，舒州千万别出什么乱子来。否则，皇上会六亲不认的，别玩得乐极生悲。

康茂才想到这，忙命令副官说：“快去请祝大人。”

“是！”副官退出。

不一会儿，祝宗就风风火火地来到府邸，他向主帅行礼毕，忙问：“不知大人，急于找末将何事。”

康茂才将请柬递给他说：“我想去黄山会一会老朋友。”

祝宗接过请柬一看，是刘伯温请他，顿时感觉到有点儿奇怪，大人几时和吴军的鹅毛扇子成了老朋友了。

但他耳闻刘基诡计多端，他提醒康茂才说：“大人！害人之心不可有，防人之心不可无，刘伯温这个人你可要提防着点，想必使出的是什么幺蛾子，末将奉劝大人不要去，说不定是鸿门宴。”

康茂才转动着眼珠儿，一会儿说：“不会的，他一个下野之人，能使出什么幺蛾子来。”

他转而严肃地对他说：“老夫不在期间，你要行使我的权力，保证舒州不出乱子。”

“舒州的安全，有末将在，大人大可放心。”

祝宗见他主意已定，又进言说：“为了保护大人的安全，请带警卫营跟随着。”

康茂才不假思索地说：“不必兴师动众，只带副官就可以了。”

“这……”祝宗见他这么有把握，就不好再说什么了。

6

副官驾着马车，一路颠簸了几日，终于到达了黄山脚下。康茂才看了看天色，已是日暮斜阳，明天再上黄山不迟。他吩咐副官找了一家上乘客栈，包了一个雅间休息。

晚餐，康茂才喝了几杯鹿鞭酒，一上黑，就迫不及待地与七姨太缠绵了起来。毕竟是上了年纪的人，他哪是如花似玉、二八芳龄兰英的对手，只几个回合，就败下阵来，沉睡得如死猪一般。

兰英余兴未尽，并没有睡着。深夜，她突然看见房里有影儿晃动。

“哎！你们是谁？深更半夜的，不敲门就进来了。”

四个彪形大汉进入了康茂才的房间，吓得兰英卷着被子，勾起头来问。

借着灯光，一黑衣人一看是一个如花似玉的小美人儿，不禁说道：“哟！原来是老牛吃嫩草。”

“谁呀？”康茂才被他们吵醒，他揉着还闭着的眼睛问道。

黑衣人头领说：“你是康知府吧，我家大人有请！”

“谁是你家大人？”

“我家大人不是发请柬给你了吗？”

“哦！原来是刘伯温啊。”康茂才边穿衣服边咕噜说，“这个刘基也是的，请客就早点请啊，怎么半夜三更的，吃夜宵吗，看来他是个吝啬鬼啊。”

“少废话，快点！”

刘伯温的家丁怎么这么粗鲁，康茂才提高声调：“你们出去，我七姨太要穿衣服。”

“嘿嘿”头领一声冷笑：“夫人就不必去了，以免惊吓着她。”

康茂才这才清醒过来，来者不善，忙向隔壁喊道：“副官，副官！”

“别喊了，他此刻正在老虎凳上休息呢！”头领说。

康茂才闻听此言，全身开始哆嗦了起来，兰英在床上见状，胆战心惊地问：“老爷……”康茂才后悔地说：“我没有听信祝将军的忠言，我们是羊入虎口了。”

“呜……老爷……呜……我怕……”兰英开始哭哭啼啼。

哭也没有用，康茂才刚起床，就被四个黑衣人连推带拉地来到了一处明亮的大厅。康茂才转动着灵活的眼珠一望：大厅中间罢放一张八仙桌，桌子上摆放着丰盛的美酒佳肴，四方只在大手对面放着两张太师椅。

刘伯温坐在主人的位置，摇着鹅毛扇，正望着他怪笑呢。

“是康大人吧，久仰，久仰，请坐！”

刘伯温也不起身，只是拿着鹅毛扇子，指了指太师椅说。

“刘先生，你这是唱的哪一曲呀？”康茂才在下手而坐，忐忑不安地问。

刘伯温见康茂才坐下，也不搭理他，自己边摇着鹅毛扇子边摇头晃脑地读起了屈原的《离骚》：

帝高阳之苗裔兮，朕皇考曰伯庸。
摄提贞于孟陬兮，惟庚寅吾以降。
皇览揆余初度兮，肇锡余以嘉名：
名余曰正则兮，字余曰灵均。
纷吾既有此内美兮，又重之以修能。
……

刘伯温读到此处就停顿了下来，摇动着鹅毛扇子，一双鹰一般的眼睛直视着康茂才。

康茂才眼珠而一转，心里就明白了几分，刘伯温这是在给他洗脑：他在以古喻今，暗示朱元璋才是古帝高阳氏的子孙，上天赋给他有很多良好的素质，他才是华夏的主宰。我们要认清形势，不断提高自身的修养，识时务者为俊杰。

啊！原来刘伯温是想劝我背弃陈友谅，投降朱元璋。

你刘伯温设鸿门宴来劝降，是很不地道，这是霸王硬上弓啊！至于朱元璋有能耐统一中华，也未必不是一件好事，但也不能全部使用武力呀。想到此时，他脑子里浮现出曹植的七步诗，不禁吟了出来。

煮豆持作羹，漉菽以为汁。
萁在釜下燃，豆在釜中泣。
本是同根生，相煎何太急。

刘伯温听罢，不容他有任何的空间思考和回旋的余地，随即吟道：

大浪淘沙远际流，藻随复水乏情收。
沔水虽湃随间逝，骤雨冲翻浪里舟。

第二十三章

茂才设鸿门宴祝宗遇害　叛将敞东大门汉王兵败

鄱阳战火又狼烟，大汉雄风顷刻蔫。
虽有凌云鸿鹄志，英雄起舞舞难翩。

——题记

1

康茂才见刘伯温如此盛气凌人，直气得两个眼珠翻花，假装横下一条心说：“我要是不降呢？”

刘伯温也不答话，他向左拍了拍手，只见大厅的左角灯光大亮，康茂才的副官，满身是血，昏死在老虎凳上。

“你是个明白人，这一大把年纪，就免受皮肉之苦了吧！”

康茂才颤巍巍地想，我这身板，在老虎凳上，脚下只垫一块砖，老命就呜呼了。跟随表侄皇上这么多年，是蝗虫加水灾，一年不如一年。友谅，不要怪罪表叔，老臣本无反骨，只因刘基太狡猾。罢了，好汉不吃眼前亏。

他试探地问：“我要是降了，有什么好处？”

刘伯温笑了笑，向右边拍了拍手，这时左边的灯光熄灭了，右边的灯光耀眼了起来。

原来右边是一个精美玲珑的戏台，台中央一美人儿端坐中央，怀抱琵琶，用优美的歌喉，开始演奏苏州评弹《枫桥夜泊》，其调典雅婉转，余音绕梁。

刘伯温说：“吾皇恩准，你继续做你的舒州知府，并赏黄金千两。”他指了指台上的美人说：“台上是扬州著名的美女柳丝丝，是马皇后一手调教出来的，其评弹深得皇上喜爱。皇上忍痛割爱，将柳丝丝赐给康大人为八姨太。”

康茂才见有金钱美女，心里乐开了花，我这一生，东拼西杀，图的什么啊，不就是为了荣华富贵，妻妾成群，快乐逍遥吗?

他忙伏地而跪，向金陵方向叩拜道："谢主隆恩！"

刘伯温说："来，来，来！为康大人识时务而干杯。"

康茂才干完酒后，心有余悸地说："我的副将祝宗拥兵自重，是个铁杆保皇派，他要是不答应投诚，就是舒州归顺吴王的绊脚石。"

刘伯温扇着鹅毛扇子说："老夫早就为你设计好了，将祝宗骗进你的府衙，先是好言相劝他归顺我吴，如若不从，就地处决。"

康茂才连连摆手说："不行，不行！祝宗武艺高强，我衙内的卫兵不是他的对手，别偷鸡不成蚀把米，需从长计议。"

刘伯温恶狠狠地说："当断不断，必有后患。将我带来的四位武林高手，随你一同前往，坚决除掉祝宗！"

康茂才点了点头说："军师高见，这样甚好。"

这时柳丝丝放下琵琶，从台上袅袅而来，如妖精般地投入了康茂才的怀抱，莺语道："奴家敬夫君一杯！"

"好，好！"康茂才搂抱着美人，如醉如仙，脑子里充满了淫邪，浮现出床上双飞燕的美景。

2

康茂才不虚黄山此行，在返回舒州的车轿里，他一手搂抱着一个美人而归。还有一辆满载山珍的马车，车上坐着四个彪形大汉，紧紧地跟随在他们的后面。

祝宗在军营里正在大练兵，闻听康知府平安地从黄山而回，悬在心中的石头终于落地了。他非常尊重这位朝廷老将，交代其部下继续操练，自己飞身上马，直奔府衙，向顶头上司汇报这十来天的工作。

康茂才正在后花园中，带着一群妻妾丫鬟，陪同柳丝丝赏花。

他们正在高兴时，副官急匆匆地来报。

"大人！副将祝宗求见！"

"哦！不请自到，倒省了我一番心思。"说完，他将副官拉在一边，对着他的耳旁，悄悄地如此这般地交代了一番。

“是！”副官领命布置去了。

康茂才大步流星地来到客厅，亲切地拉着祝宗的手说：“祝将军！快请坐，老夫告假几日，辛苦你了。”

祝宗受宠若惊，忙行拱手礼说：“哪里，哪里！大人不在家，我是应该的。”

康茂才吩咐下人说：“快去沏一杯上好的黄山毛尖，顺便通知厨房，将我带回的山珍，做几样好菜，今天老夫高兴，要与祝将军一醉方休。”

“是，老爷！”

祝宗品着清香四溢的黄山毛尖，真诚地说：“谢康大人！恭敬不如从命，末将将您不在的这段时间的工作，向您汇报汇报。”

康茂才摇了摇头，假惺惺地说：“不急，不急！这舒州城不是好好的吗？你主事，我放心。”

不一会儿，下人将山珍海味，全鸡全鱼摆了满满的一桌，桌上还放着一坛黄山头老窖，三副碗筷和酒杯。

祝宗不明就里地问：“大人，还有客人？”

康茂才向里屋拍了拍手，柳丝丝如仙女般地飘了出来，她向祝宗道了一个万福，就紧挨康茂才而坐。

康茂才扬扬自得地向祝宗介绍说：“祝将军，她是苏州评弹名技柳丝丝，现在是我的八姨太。”

“柳丝丝？”这个名字多么熟悉，祝宗脑子飞快地旋转了起来。啊！想起来了，吴贼朱元璋既爱江山又爱美人，她就是他宠爱有加的戏子，康大人是怎样将她弄到手的，难道他……

祝宗不敢往下想，两眼瞪得大大的，茫然地望着他。

康茂才见他两眼瞪得像铜铃，他转动着灵活的眼珠说：“祝将军，不要大惊小怪的嘛，她就是朱皇帝赏赐给我的。”

祝宗一惊，用手指着他：“你……”

康茂才厚颜无耻地说：“我怎么啦，我们都是井底之蛙，自以为陈友谅是皇帝，其实他是一代枭雄，朱元璋才是真龙天子。他手下人才济济，高手如云，不要多时，他就会打败陈友谅，独霸中原。祝将军，我劝你识时务者为俊杰，归顺大吴，有享不尽……”

尚未等康茂才的“荣华富贵”四个字说出来，只见祝宗猛然立起，两眼喷出怒火，随手拿起桌上的瓷碗，向对面的康茂才砸去。

“你这个可耻的叛徒！”

“哐”“哎哟”随着柳丝丝的尖叫声和瓷碗的破碎声，藏在厢房的四条彪形大汉，听见响声，以为是康茂才甩碗为号声，他们手持宝剑，闪电般地刺向祝宗。

“不好！”祝宗见四个武林高手，不是知府卫兵，方知中计，他赤手空拳，且战且退，欲夺门而逃。两名武林高手早有防备，双剑舞得泼水不进，封住了他的去路。

祝宗见康茂才和柳丝丝躲在八仙桌子底下，瑟瑟发抖，他计上心来，快步上前欲抓康茂才做人质，逃出知府。就在他弯腰的一瞬间，一武林高手乘机从他的背后猛刺一剑，剑尖直入祝宗的心脏。

可怜一代忠勇骁将，临死前还在疾呼：“皇上……”

3

军师回报，舒州顺利收复，朱元璋大喜过望。他望了望刘伯温摇动着鹅毛扇子，显得高深莫测的样子，他猜测地问道。

“爱卿是不是在想，怎样收拾叛将康茂才，换我们的大将去镇守舒州。”

刘伯温摇了摇头说：“不，不，不！皇上！微臣知道你最恨的是不忠于主子的小人，但杀康茂才为时过早，留着他还有妙用。”

朱元璋说：“爱卿，朕改变主意了，决定率兵亲征，誓报鄱阳湖落水之仇！”

但他又心有余悸地问：“军师，你算一算，朕这次亲征，有没有风险。”

刘伯温说：“臣昨晚观其天象，星罗棋布，一片蔚蓝，是吉相。为了安全起见，您率兵与中路常遇春兵合一处，在老爷庙中设行宫，有神仙护佑，定能凯旋！”

朱元璋高兴地说：“借军师吉言，爱卿随朕亲征吧！”

刘伯温说：“谢主隆恩，老臣愿效犬马之劳。”

君臣正商议间，值班校尉来报：“皇上！讨伐大军已在西校场集结完毕，正等候皇上视察训话！”

朱元璋和刘伯温双双骑着高头大马，来到西校场，只见徐达带领的西伐军黑压压的一片，整齐有序地排列着，威风凛凛。

朱元璋向军中挥手致意，高声说：“将士们辛苦啦！”

“吾皇万岁，万岁！万万岁！”声音如山呼海啸。

朱元璋满意地策马，来到以徐达为首骑马而立在前面的十员大将面前，一一问候。

这时，他来到一位骑着一匹格外显眼的白马的将军面前，右瞧瞧右看看，看他好是年轻，连胡须都没有长出来，不禁亲切地问：

“小将军！姓甚名谁，年龄多大，何处人也？”

小将军双手抱拳回答道：“回皇上！末将毕云龙，今年十八，安徽凤阳人氏，人称常胜将军。”

朱元璋一听是个小老乡，又是耳闻的常胜将军，心里特别高兴和喜欢他。

他关怀地又问：“啊！你就是常胜将军毕云尤。可成家否？”

毕云龙说：“启禀皇上，先国后家，待皇上统一了国家，末将再成家不迟。”

“好，好！年轻有为。”

朱元璋拍了拍他的肩膀，亲切地说：“这次征讨陈友谅，尔等再立新功，朕亲自为你为媒，再为常胜将军主婚。”

毕云龙说：“谢主隆恩！末将将誓死效命沙场，以报皇恩。”

“效命沙场，以报皇恩！”吴军士兵整齐的山呼海啸声。

吴汉大战再一次打响。

4

陈友谅和邹普胜、张定边、张必先在中军帐中，正在作最后进攻豫章城的准备，突然接到探子来报，吴将郭英已领十二万大军从鹰潭方向驰援豫章，今日已抵达豫章城南。

邹普胜在军事地图前看了看，自言自语地说：“敌人援军来得这么快哟。”

陈友谅说：“不是敌人的援军快，而是我们低估了朱文正这个对手，贻误了战机。”

此时的张定边和张必先也在地图前沉思，突然，张定边提醒说：“皇上！朱元璋有合围江州之势。”

经张太尉这么一提醒，陈友谅倒吸了一口冷气。这时，陈友壁派来信使求救。

"皇上！陈丞相镇守龙塆，遭到了吴将常遇春、毕云龙的两面夹击，因寡不敌众，龙塆失守，陈丞相退守都昌，正与敌军拼死抵抗，情况万分紧急，请皇上派兵增援。"

陈友谅问："吴军中路军总指挥是谁？"

信使说："是朱元璋亲自挂帅。"

陈友谅轻蔑一笑说："不自量力，看来朱元璋是打不死的程咬金，待朕亲自去收拾他。"

张必先请缨说："皇上！杀鸡何需用牛刀，待我去将朱贼活捉来见您。"

这时，陈英杰派的信使来报："皇上！吴将徐达的十五万水军，在攻打湖口，陈将军在殊死搏斗，请求支援。"

邹普胜提出疑问："康大人，祝将军不是在舒州镇守吗，他们如何放任吴军过来的。"

张必先说："情况还不明确。"

陈友谅当机立断，命命说："朱元璋这次有备而来，张大帅！你立即带兵回援陈英杰，以防朱贼抄了我们的后路。"

"张太尉，你领兵南下，攻打敌援军郭英。"陈友谅又命令道，"邹太尉，你领兵继续围困豫章，朱文正势必要与郭英会合北上，与朱元璋、徐达三路夹击江州，你伺机夺取豫章，再与张太尉将他们歼灭。"

"是！"邹普胜关心问，"皇上您呢？"

陈友谅说："我率陈友仁、陈友贵部抄水路近道，驰援陈丞相！"

战场瞬息万变，当陈友谅赶到都昌湖面时，只见岸上陈友壁和毕云龙在马上厮杀，吴军越涌越多，汉军所剩无几，他亲眼看见毕云龙将鄱阳王挑落于马下，再也没有起来。

陈友谅泪如雨下，在船上疾呼："好兄弟！朕来迟了。"

汉军见吴军如潮水般地涌入都昌，抢占了有利地形。

陈友谅审时度势，立即命令陈友贵："放弃登陆，立即启航去彭泽，堵住吴军去路！"

水路比陆路要近一半的时间，待朱元璋领兵来彭泽时，陈友谅已在战船上严阵以待。

5

汉军的三艘战船如一座座小山，挡住了朱元璋的进攻之路。陈友谅站在指挥船头上，盛气凌人，令水军放箭射杀吴军，吴军伤亡惨重。

常遇春一马当先，试图强行夺取汉军战船，但因他不能靠近战船，而以失败而告终。

刘伯温和朱元璋在指挥所里看得真切，朱元璋一筹莫展，急问他："军师！你有何破敌之策？"

刘伯温扇着鹅毛扇子，不紧不慢地说："鸣金收兵吧！"

常遇春、毕云龙见鸣金收兵，策马急匆匆地来到指挥所。

"皇上！鸣金收兵干吗，陈友谅是我手下败将，待我一鼓作气，擒拿陈贼。"常遇春风风火火地闯进来说。

刘伯温问："常将军游泳去捉拿他呀。"

"这……"常遇春顿时语塞。

刘伯温不理他了，转向毕云龙道："毕将军，令你领五万人马，从北悄悄过江，从陆路占领天完的老巢蕲州，切断汉军的退路。"

朱元璋不解地问："且慢！军师不是令徐达将军从水路向武昌进军吗？"

刘伯温说："回皇上！此计已被陈友谅识破，徐达还在湖口血战，脱不了身，我令毕将军穿插，这叫出其不意。"

"啊！"朱元璋恍然大悟。

刘伯温命令值日官说："去请舒州知府康大人前来面见皇上。"

"是！"

常遇春不解地问："请个叛将来干吗？"

刘伯温摇动着鹅毛扇子，微笑着说："老夫自有妙计。令你军傍晚务必全部化装成汉军装束，头簇红巾，埋伏于船上听令。"

"是！"常遇春见军师胸有成竹的样儿，受命准备而去。

深夜，陈友谅正在指挥船上召开各船正职指挥官参加的军事会议，忽然，哨位军士匆匆跑来报告说："皇上！康大人领着援军来了。"

陈友谅一愣，说："朕并没有命令他来驰援呀。"

以防有诈，陈友谅亲自来到船舷，对着黑暗的水面问："是康知府吗？"

康茂才答："皇上，是我。"

其他几艘船上的将士，听出了原来军师的声音，纷纷放下甲板上的软梯，让夜色中的吴军上来。

陈友谅见康茂才的一批船靠了上来，正准备下令放下软梯时，康茂才的良心忽然发现，这样做对不住列祖列宗。

康茂才突然站立船头，向陈友谅高喊："皇上！有……"

常遇春早已防着这一手，不待康茂才的"诈"字出口，就从他的背后抽剑猛刺，"扑通"一声，康茂才的尸体，兀然地倒入鄱阳湖之中。

陈友谅一惊，忙命令："收起软梯！快开炮，放箭！"

常遇春见偷袭已经败露，忙命令其他船只："快贴近汉军巨船，进入死角，使敌人的炮火和飞箭失去作用。"

船小好掉头，常遇春见自己的百条战船都平安地靠了过来，汉军船上的大炮发射出的炮火，在远方掀起一排排高大的水柱，箭镞如蝗虫"嗖嗖"地落入水中。

"好险啦！"常遇春发出惊叹。他抬头一看，只汉军的另外两条战船上杀声震吼，火光冲天。

常遇春知道是自己的人得手了，高兴他命令道："快转向其他的几条战船，支援我们的勇士。"

陈友谅也听见远处的喊杀声，两艘战船上的火光，映红了黑洞洞的夜空，照得湖面一片雪白。

整个湖面上是，汉军兵士"扑通"跳水逃命的身影！

"完了！"陈友谅长叹一声，急令，"快放下小船去救人！"

陈友仁、陈友贵、胡大海等大将连忙下到小船，向敌人冲杀了过去。

常遇春早有防备，迎敌交战了起来，战至二十来过回合，因寡不敌众，陈友仁、陈友贵、胡大海他们败退到指挥船上。

陈友谅借着火光，看到整个湖面黑压压的一片，都是吴军的各种战船。

好汉不吃眼前亏，走为上策，别被吴军包了饺子。陈友贵亲自驾船，向庐山方向逃去。

指挥船靠着强大的动力，很快摆脱了吴军蝗虫般的进攻。在有效射程中，陈友谅下令开炮，吴军的小船一个一个地变成了飞机，伴随着一支支水柱，飞上了天空。

朱元璋在岸上见状，急令鸣金收兵，避免了更大损失。

6

再说陈英杰受命防守江州都城，一丝儿不敢怠慢，他构筑了长江、湖口、庐山口三道防线，并封锁了江面，严阵以待。

徐达率领的十五万大军，乘坐三百余艘战船，浩浩荡荡地逆江而上。到达湖口江面时，见江面已被汉军封锁，他立即摆开了水面战场，与陈英杰对阵了起来。

陈英杰见敌人多于他近三倍的战船和兵力，但他毫不畏惧，乘着自己的指挥船，冲入敌阵，左冲右杀，专找挂着帅字旗的徐达厮杀。

徐达见是一位年轻的汉将，英勇无比，暗生敬意。他站立船头高声问道："小娃娃，报上姓名来，本帅刀下不斩无名之鬼。"

"老贼！听好了，本帅是大汉御林军主帅陈英杰也！你是何方鼠辈，竟敢来我大汉国偷果子。"

"本帅是大吴镇国公徐达也！小子，别贫嘴了，你敢过来吗？"

"老贼找死！"陈英杰用手中的长枪作撑杆，施展轻功，身子如白鹤腾空而起，飞越两丈来宽的江面，凌空举枪就向徐达刺来。

徐达感到一阵冷风袭来，忙举刀护体，挡开了陈英杰的凌空飞枪，与此同时，陈英杰稳稳地站立船头。

一老一小在九尺宽三丈余长的战船上大战了起来，从早晨战至晌午，大战了两三百余回合，难分胜负。

时间又过去了一个时辰，徐达因年纪大了，渐渐感觉到体力不支，他使劲一跃，跳出圈外。

徐达尽量放平喘气，摆了摆手说："小子，别以小欺老，待老子喘口气儿，今天到此为止，明日再战如何。"

其实陈英杰此时也是饥肠响如鼓，他擦了擦额头的汗水说："老贼！暂且将你的人头在你颈上多寄存一天，明天我来取也。"

说完，陈英杰一个蜻蜓点水，飞回到自己的船上。

徐达见陈英杰飞走，脸上露出了一丝儿冷笑：小子哎，你还是嫩了点儿，你若乘胜追击，老夫的一世英明就毁在你手上。明天老夫不陪你玩单打搏斗，看我的火烧连营之阵。

第二天，东方的太阳刚刚从地平线上升起，一缕缕霞光似红色地毯，铺洒在整个长江南北，像架起了一座金桥。

陈英杰精神抖擞，率领他的船队，以排山倒海之势向吴军进攻。他站立指挥船的船头，冲在最前面，远远望去，吴军的船队船头上都安有如巨大盾牌的木板，以梯队形地待在原地不动，船与船之间却留有很大的空间。

“停止前进！”陈英杰命令旗语兵。他见敌方这阵势，怀疑是徐达这个老贼在耍什么花样，以免上当受骗。所以急令停船，先观察一下动静，再随机应变。

虽然各条战船都在执行停船的命令，但由于急速行驶的惯性，加之长江顺水推舟的作用，汉军的船队向前冲了百十来米，才停了下来，倒是将指挥船挤向了后面。

徐达见汉军船只在弓箭的有效射程之内，急令：“放箭！”

顷刻间，一团团火球飞向汉军。陈英杰的御林军训练有素，他们在挥舞着刀剑，将一个个火球挡入江中，只有少数落入船中，燃烧了起来。

汉军将士见天上的火箭减弱了，虽然个个精疲力竭，但还是都拿起了桨，有序地向后撤退。这时，吴军的第二梯队战船奋勇向前，又一轮火龙阵开始了，可怜汉军将士手臂再也抬不起来了，落在后面的船只，一只一只地燃烧了起来，伤亡惨重。满身着火的汉军，纷纷跳入江中逃命。

汉军很快从慌乱中清醒过来，后面船上做弓箭手立即还击。只听得敌方战船上发出如爆竹般的“咚咚”声。

陈英杰用望远镜观察着，肺都快气炸了。原来他们射出的箭镞，都被吴军巨大的木盾防着，根本伤不到他们。

这时，望远镜的远处，敌战船纷纷靠岸，船上的吴军蜂拥般地登陆，向汉军的陆地前沿攻击。

“嘿！想得倒美！”陈英杰发出一声冷笑后，对身边的副将说，“敌人在江面的战船不多了，且箭镞已完，你带领水军冲入敌阵，杀他个措手不及，我上岸去指挥陆战。”

“是！坚决按主帅的命令执行！”

陈英杰换乘一叶小棹，如离弦箭镞一般，飞向陆军阵地。

“将士们！主帅支援我们来了，大家冲啊！”

随着陆军守将的高声，“冲啊！”“杀！”的声音，响彻云霄。

陈英杰在前沿阵地看得真切，我军将士倒下一批，又冲上去一批，但因力量悬殊，伤亡惨重。

陈英杰见派出去搬救兵的士兵毫无音讯，为了保存实力，保住江州，他急令撤退，退入第二道防线。

当撤退的汉军进入第二道防线时，看见杨皇后、张贵妃、鄱贵妃、两个张夫人熊幺妹、杨排风带领女兵营在阵地上严阵以待。

陈英杰见到杨金花，忙上前行单跪之礼说：“皇后！末将无能，没有阻止住敌人的进攻，湖口防线失守，请您责罚。”

杨金花连忙将他扶起说：“十弟！这不是你的错，只怪朱元璋太狡猾，他不在豫章与我军正面交锋，却来偷袭我们的后方。我们再坚持几个小时，皇上的援军马上就到。”

正当吴军攻势凶猛，眼看着第二道防线岌岌可危时，张必先率领的援军赶到，来了一个反冲锋，迫使徐达退出了阵地。

张必先安排女兵营护送皇后等一行回宫后，立即召开了阵前军事会议，决定乘胜追击，夺回湖口前沿阵地。

这时，陈友谅的贴身侍卫飞马来报：“大帅！皇上命令，请大帅速回勤政殿，商议军机大事。”

张必先一惊，问道：“皇上回到宫里，那龙垮战事？”

侍卫：“这……”

张必先从他的闪烁其词中，已经明白皇上是吃了败仗，退回了江州。

张必先令陈英杰严守阵地，他策马赶回皇宫。

勤政殿里，陈友谅在宝座上如坐针毡，邹普胜像热锅上的蚂蚁，在大殿里来回走动。

原来，邹普胜奉命从北门攻打豫章城，城内的吴军置之不理，凭借着高大的城墙，将士们悠游自在。他哪里知道，这是朱文正使的空城计。

朱文正乘夜色作掩护，悄悄打开南门，配合张英夹击张定边。张定边与张英鏖战正酣，突然腹背受敌，因寡不敌众，败走湘东。

待邹普胜明白了战局真相，可已经慢了半拍。张英和朱文正已经对他形成了包围之势。他即刻组织部下杀出重围，带领残兵败将退回江州。

7

再说张必先风风火火地来到勤政殿，拜见皇上后，抬头一望，只见皇上和邹太尉垂头丧气的样儿，却没有看见二哥。

张必先焦急地问："邹太尉！张太尉呢？"

邹普胜低声说："被张英、朱文正包了饺子，败走湘界，下落不明。"

张必先用拳头捶着自己的脑袋，连连说："怎么会这样，怎么会这样！"

陈友谅上前握住张必先的拳头说："三弟，不要难过，胜败乃兵家常事，我深信吉人自有天相，张太尉不会有事的。"

他重新回到皇帝的宝座，拍了拍雕龙的扶手说："两位爱卿，这次战役大败，是朕轻敌造成的。因为朱元璋身边有像刘基一样的大群谋士，诡计多端。现在吴军已经对江州实行了合围，为了保存实力，以利今后再战，如今只有放弃江州，横渡长江，从江北突围，移都武昌了。不知两位赞同否？"

张必先表态说："我听皇帝哥哥的，您指向哪里我就杀向哪里。"

"唉！"邹普胜叹了叹口气说，"如今只有这样了，走为上策！"

陈友谅对张必先说："你迅派一支精悍的先头部队打头阵，以防刘伯温埋下伏兵。"

"是！我这就去安排。"张必先命胡大海为先锋，渡江向武昌方向进发。

大汉国举国西迁，可不是一件容易的事儿，大部分达贵官人，都是农民出身，过怕了穷日子，刚刚过上好日子，添置了一些坛坛罐罐，都舍不得扔掉。因此，大部队出发还需要些时日。

此次战役中，虽然朱元璋取得了胜利，但也损失不小。根据军师刘伯温的建议，他们屯兵湖口、都昌一线，补充休整。这样，从态势上给陈友谅，造成了兵临城下的压力。

这天，吴军探子回报："启禀皇上，江州城上下，都在装车打包，似有逃跑的迹象。"

朱元璋说："知道了，继续打探。"

"是！"待探子退出后，朱元璋和刘伯温来到军用地图看了看。

朱元璋说："爱卿，我们来个乘胜追击，彻底消灭大汉国。"

刘伯温分析说："皇上！不行，兵法云：'穷寇莫追'，我们虽然消灭了汉军十万余人马，但他还有五十多万人马，还是超过了我们的兵力，不能硬拼。”

朱元璋不以为然地说：“此次战役，我们以四十万的兵力，不是击败了号称六十万大军的陈友谅吗，他不过是纸老虎一个，没什么可怕的。”

刘伯温边扇鹅毛扇子边说：“皇上，骄兵必败！此次战役的胜利，不是右路徐达，也不是中路常遇春，而是朱文正巧唱空城计，配合张英，集中优势兵力，消灭了敌人的两支有生力量，才是这次扭转战局，取得胜利的关键。”

说到这里，刘伯温一拍大脑说：“不好！毕云龙孤军深入，此刻必有大难，这是我下的一着臭棋。”

朱元璋摇了摇头说：“当初徐达要是能按预定的计划，长驱直入，也不至于毕云龙陷入绝境。陈友谅截断了他的去路，派兵增援来不及了，这如何是好。”

刘伯温说：“生死有命，富贵在天，毕将军年少有为，我相信他能带兵突围，进入大别山深山，我们派一支部队，从安徽境内出发，避开敌人，在天堂寨接应他们。”

8

陈友谅带着陈英杰，来到白鹿洞山脚下的坟地，临走时来祭拜陈皓、陈友壁父子。

陈友谅祭拜完家叔陈皓，来到陈友壁坟前，边烧纸钱边号啕大哭：“友璧兄弟，你为了咱们老陈家的义字，不计个人得失，不顾个人安危，赤胆忠心，竭尽全力地维护大汉国的利益，朕对不住……”

正在此时，“嗒嗒嗒”一阵急促的马蹄声，由远而尽，飞快地来到他们跟前。只见传令兵飞身下马，跪拜说：“皇上！吴军大将毕云龙抢占了蕲州城，胡大海将军正在与敌人血战，请求增援！”

“嘿嘿”陈友谅听后一声冷笑，果然不出我的所料，朱元璋派奇兵想切断朕的退路，没那么容易，幸亏我还有一支伏兵。

想到伏兵，他立即命令：“点燃烽火台，用信鸽传书，令藏兵洞的赵恒、丁普郎二将，以猛虎下山之势，围歼来犯之敌。”

“是！”

赵恒、丁普郎原有十万人马，奉命调五万给邹普胜，他们带领余下的五万人马在藏兵洞里操练已有半年余，兵强马壮，而迟迟没有朝廷的命令，他们还以为皇上将他们遗忘了呢。

这时，瞭望哨兵跑进赵恒的办公室报告说："赵将军，烽火，京城方向升起了烽火。"

"知道了。"按约定，烽火现信鸽到，果不其然，一只白色的信鸽飞进洞来，直入赵恒的办公室的窗台，停在上面"咕咕"直叫。

赵恒从信鸽的腿上解开信笺一看，随即命令："丁将军，马上集合队伍，直奔兴国斧头街渡江，支援胡大海。"

"是！"待丁普郎走后，他简单地收拾了一下办公室，拍了拍站在一旁的瞭望哨兵说："你去点燃烽火台！"

"是！"藏兵洞山头上的烽火台，很快燃起了滚滚浓烟。

陈友谅和陈英杰骑着战马正在回城的路上，陈英杰眼尖，忽然看到西边远远的群山中，突然升起的浓烟，高兴地喊道：

"皇上！快看，藏兵洞升起了烽火。"

"好！这下看孤军深入的汉军往哪儿逃。"陈友谅的脸上露出了笑容。

第二十四章

雄才大略储能人贤士　励精图治藏飞舟快马

励精图治为东山，水上蛟龙演练还。

喜看军营粮草足，挥车跃马战龙垮。

——题记

1

再说吴军大将毕云龙孤军深入，夺取蕲州有近月余。其目的是切断汉军，撤往武昌的退路。

胡大海领兵来到蕲州，看见城墙上飘舞的吴字军旗，他不得不佩服皇上料事如神。毕云龙见胡大海攻城，策马出城应战。两人交战了三百余回合，未分胜负，见天色已晚，双方鸣金收兵。

毕云龙已经筋疲力尽，躺在躺椅上边休息边想：按照军师的原定方案，徐大帅早就应该西进，与我部会合，直逼陈友谅的老巢武昌。是什么原因，迟迟还没有看见我军西进呢？眼看着汉军夺城势在必得，近期又没有接到军师的旨意，我们是一支孤军，是守还是退呢？

正当毕云龙犹豫不决时，他派出的探子慌慌张张地进来报告说：“毕将军，大事不好，汉军赵恒率领五万大军，正集结在兴国斧头街码头，连夜抢渡长江，向我们压了过来。”

“慌什么慌！”毕云龙瞪了探子一眼，但内心也是一惊：这是哪里冒出来的一支奇兵？

毕云龙年轻，脑子转得飞快：汉军以绝对优势来抢夺蕲州，势在必得。

蕲州城墙矮小简陋，靠我这点兵力防守，不日就会被攻破。

虽然军师是令我夺城和守城，从而切断汉军退路，其战略意图已被敌人识破，孤军留在此地，凶多吉少。皇上常常告诫我们，一个军事指挥官，在突发事件面前，要有沉着应变的能力。兵法云：“将在外，军令有所不受。”留有青山在，不怕没柴烧，三十六计，走为上策。

想到这里，毕云龙命令：“副官，连夜集合队伍，不许点火把，悄悄地从北门出城，直插大别山腹地。”

第二天清晨，待赵恒与胡大海会合，很快对蕲州城实行了合围。他们见城墙上没有吴军的影子，进城后方知是一座空城，吴军趁夜色掩护，溜得无影无踪。

赵恒见状，大为恼火，急令丁普郎：“丁将军，令你带领先头部队，追堵逃兵，我率大部队即刻赶到。”

胡大海阻止说：“赵将军！算了吧，我们的任务是扫清沿武昌一线的障碍，迎接皇上迁都武昌。”

赵恒不知道朝廷吃了败仗，不解地问：“为什么要迁都？”

“唉，”胡大海叹了口气说，“到时候你就知道了。”

2

大汉国有序地组织迁都，第一步是命令文官、妇女、儿童、家眷，分别从水路、陆路撤退，沿途均安排了士兵接应、护卫。

陈友谅疲倦地躺在江州的龙椅上，闭目养神。

陈英杰匆匆进来问：“皇上！您传我？”

陈友谅睁开因严重睡眠不足，两只红肿的眼睛，他望了望陈英杰，有气无力地说：“十弟，老二下落不明，熊弟妹又是妇道人家，你去安排人手，帮她搬家，你和弟媳护送她们一家吧。”

陈英杰说：“还是皇上大哥想得周到，我这就安排人手帮二嫂搬家，令我的副将领兵，护送我家和二哥家，还有三哥几家返回武昌。我的职责是保护皇上，所以我不能离开您。”

陈友谅说：“如此甚好，你去令侍卫通知邹太师、张大帅来殿，商议撤退路线和沿途防务事项。啊！你也参加。”

陈英杰安排侍卫去通知两位后，进殿说：“皇上！您召开的是军机核心大臣会议，我可不够格参加啊。”

陈友谅说：“有什么够格不够格的，特殊时期，特殊办理。”

陈英杰忙跪下行礼说：“臣谢主隆恩！”

邹普胜和张必先进入皇宫，只见侍卫和侍女们忙上忙下，一只只大型杉木箱子摆放路边，只等装箱运走。

“唉……”他们叹着气，摇着头，来到大殿。

陈友谅见他们来了，也不客套，直接问道。

“二位爱卿，你们家都收拾好了吗？”

邹普胜说：“回皇上，收拾好了，只等您下命令呢。”

张必先垂着脑袋，有气无力地说：“皇上，我家有婆娘收拾呢，臣刚从前线回来，就直接来了。”

陈友谅脸上带着苦笑说：“各位爱卿，不要垂头丧气，胜败是兵家常事。面对吴军的大兵压境，朕是通过深谋远虑，才选择了退。今天我们的退，是为了养精蓄锐，以图明日的进。”

邹普胜说：“皇上说得极是，待我们兵强马壮后，再杀他个回马枪，夺回江州。”

陈友谅说：“朕找三位来，一是通报，丞相杨从政接到朕的旨意后，已经将武昌的宫殿、文武百官的办公驻地点，都安排好了。二是江州的百姓大部分愿意随我们迁徙，按预案已分别安置在武昌周边，各邑地较安全的地方定居。三是文官们带领家眷已经撤至武昌，现在商量军队家属和朕的家属撤退的路线，武昌的布防事情。一定要有万全之策，不能让吴军追着我们的屁股打。”

“唉，”陈友谅叹了叹口气，补充道，“要吸取舒州的教训，各城池的防守应成犄角之势，相护能在较短的时间内进行驰援。”

大家一阵沉默，陈英杰心知皇上已经有了打算，无外乎是走走过场而已。他是列席人物，不便先开口讲话，只好向三哥张必先眨了眨眼睛，传递着眼神。

张必先明白了十弟的意思，开口说：“皇上，免得耽搁了时间，您说出您的计划，我们参照执行就是了。”

“是呀，是呀。”邹普胜也没有想出好办法，附和着说。

陈友谅见状，淡淡地一笑说：“你们都没有想好是吧，朕想撤退分三路：

张大帅领兵走长江南边陆路，我和英杰带着家眷走长江水路，邹太师领兵走长江以北的陆路，三路齐头并进，相护照应。行至兴国、大冶、蕲州、鄂州、黄州城池时，各留三万兵力镇守，成犄角防守之势。张大帅坐镇鄂州，统一指挥武昌东面的防务，以防吴军再度进犯。”

三人听后，一致赞同皇上的安排。

3

武昌，又称武汉，万里长江穿城由东向西流去，汉江则纵向而来，汇入长江，因此将武汉分为汉口、汉阳、武昌。一向宁静的武汉三镇，自大汉国迁都至此后，又热闹了起来，商贾云集，车水马龙。

皇宫设在黄鹤楼下的紫阳路，因此，武昌是大汉国政治活动中心，汉口是经济活动中心，汉阳则是冶炼、铸造工业中心。三足鼎立，各司其职，很快使武昌周边繁荣富强了起来。

由于大汉国提倡发展民营经济，免减各种税收政策，政通人和，民众安居乐业。

然而，军队的情况却很困难，各部求粮要军费的奏折，如雪片般地飞向皇宫。

特别是张定边部，他们从赣西突围出来，已经是弹尽粮绝，要不是得到湖南岳阳守将陈友富的接济，想必是早就断粮了。

军队是一个国家稳定的基石，无粮则乱。

陈友谅深知这个道理，在今天的早朝中，将军队断饮的大事，提交给文武大臣们讨论。

“众爱卿，请大家献计献策，怎样解决军队无粮草的问题。”

邹普胜带头奏说：“皇上！自古商者、农者、渔者上交皇粮国税，天经地义，臣认为启动征收赋税政策，从而解决军队缺粮的问题。”

主管汉口市场的大臣蔡哲首先站出来反对说：“启禀皇上，邹太尉的意见固然是好，但我朝刚发布的减税政策，吸引了很多外地商人来汉口经商。为商者最注重的是一个‘信’字，如果我们失信于民，势必会造成商家卷资而去，那我们就是竹篮子打水——一场空。不过，臣可以动员商业大户进行捐赠。”

丞相杨从政说：“这是一种办法，但全凭捐赠，也只是杯水车薪，解决不了实际困难。”

主管汉阳工业的大臣詹同说：“汉阳的冶炼、铸造业刚刚起步，业主们的启动资金不多，再说这些企业大部分是为我军打造兵器，我们的账还没有跟他们结清呢。”

言下之意很明显，汉阳工业也无税可交。

张定边问：“杨丞相，干脆拿国库的银子去农村收购呗。”

杨从政说：“这个办法我也试过，谁知江汉平原今年遭遇了百年不遇的大洪水，颗粒无收，农民四处逃荒要饭，臣正在组织赈灾呢。”

陈友谅关切地问：“城里的粮食供应充足吗？大家要知道，粮食可是一个国家的支柱之一，无粮则慌、无粮则乱。”

杨从政说：“幸亏皇上高瞻远瞩，臣执行您的命令，从江西粮仓转运回来的粮食，供应三镇的市民一年的口粮，还是绰绰有余。”

陈友谅松了一口气，笑着说：“杨丞相，拟旨，从荆州、襄阳、沔阳、岳阳四地调些军粮，分配到各部队，暂解燃眉之急。”

“臣遵旨。”杨从政草拟圣旨去了。

邹普胜坚持他的观点，继续奏说：“皇上，这也不是长远之计呀，要使军队这部机器正常运转，必须有税收作后盾，不然怎样达到，兵马未动粮草先行呢？”

陈友谅说：“军队是夺取政权和巩固政权的主要力量，保证军队粮草是当务之急。当然，待工商业发展了起来，我们再征收税赋不迟。只有我们国库充足，才能考虑伺机夺回江州，打到金陵去，统一华夏。现在关键问题是，怎样实现广积粮。”

张必先忽然想起，红巾军原来在沔阳军垦农场的舒服日子，忙奏说：“皇上，我们何不重新组建军垦农场，这样军队的粮食不就解决了吗？”

陈友谅说：“这个问题朕也考虑过，今非昔比，原先军队无所事事，是边垦荒边练兵，现在军队要镇守各地城池，因为现在我们要防御最大的敌人朱元璋，来偷袭我们的领地，其责任重大，再也不能用士兵去垦荒啊。”

张定边说：“皇上，我们何不来一个国营农垦呢？大别山、兴国等地山区的农户耕地贫瘠，加之从江州迁徙过来百姓，将他们动员起来，在江汉平原成立多个国营农场，大面积开荒种地。这样一来，既解决了军队粮草，也解决了他们吃饭的问题。”

陈友谅高兴地说：“这个办法很好！”

他望了望文官们说：“武官们要扩招练兵，是不能抽调骨干去领导农垦的，看来只有从文官里调遣了。”

几十名文官一听说要从他们中间抽调官员，去领导农垦，这可不是个好差事，是要吃苦带头的差事。而这些文官虽然满腹经纶，但他们读书是为了做官，使子孙万代彻底摆脱面朝黄土背朝天的农作。现在可好，要去搞什么农垦，他们惧怕点将点到自己头上，一个个低下了脑袋。

陈友谅见状，非常生气地说：“文者毫无担当也，退朝！”

在前殿办了一整天的公务，陈友谅感觉到非常疲倦，他顺手从办公桌上拿出皇后安排的《皇帝入后宫休息表》，看了看，今天是潘贵妃当值，他转身向后宫潘绍华的房间走去。

武昌的行宫比江州的皇宫，要简陋得多。所谓后宫，只不过是十几间徽式平房建筑而已，四周用高大的围墙将皇上办公的地方和后宫围了起来，要不是大门前，有一排全副武装的卫兵守着，过往的行人还以为是哪家富人的宅院。

“娘！父皇来了！”潘绍华的大儿子陈泰正带领两个弟弟陈晋、陈达在院内练习武功，他见父皇进来，忙向里屋的母亲喊道。

陈友谅被三个儿子拥簇着，向屋里走去，正看见潘绍华围着围裙，从厨房向客厅端菜呢。

陈友谅惊讶地问：“怎么有劳贵妃亲自下厨做饭，下人呢？”

潘绍华边脱他身上的风衣边笑着说：“皇后大姐为了减轻朝廷的负担，除张贵妃、阇贵妃各留一名丫鬟外，其余的都辞退了。”

“哈哈……”陈友谅苦笑了一声说：“朕愧为皇上，国事粮食无出去，家事要嫔妃们亲自做饭。”

潘绍华待他和孩子们都坐在饭桌上，倒了一杯他爱喝的稻花香酒，递给他说：“皇上，喝杯酒解解乏。”

陈友谅干杯后，叹了叹口气说：“当皇帝还不如当平民，平民遇到烦心的事儿，可以一醉解千愁，可朕不敢多饮，要时刻保持清醒的头脑。”

潘绍华关怀地问：“皇上！有什么烦心的事儿，让臣妾替您分担分担。”

陈友谅摇着头说：“张太师提出了组建国营农场的好建议，可没有一个人愿意去领这头。朝廷的文官们啦，论起待遇个个争先恐后，可要他们吃苦担当，你是没有看见，今天在早朝殿里，一个个垂着脑袋，像缩头乌龟似的。”

潘绍华思索了一会儿说：“皇上！保重龙体，没有人去，我去承这个头，我去！”

“你去？”陈友谅说，“不行，不行！你可是天完国的公主，是金枝玉叶之身，怎能吃得了如此之苦。”

其实，潘绍华主动请缨，不是逞匹夫之勇，讨悦皇上欢心，而是她不甘后宫寂寞，嫔妃们钩心斗角、争风吃醋的后宫之战，她早就厌烦了，想走出后宫，带领三个儿子独当一面，为圣上分忧。

潘绍华又与夫君斟了一杯酒，淡笑说：“我算哪家公主啊，妾只知道，我是猎户之女，上山能伏虎，下地能种薯。”

她真诚地说：“再说泰儿、晋儿、达儿渐渐长大成人，不能在宫里过着饭来张口、衣来伸手的骄奢日子，需要吃苦锻炼。”

陈友谅玩笑地说：“哦！贵妃要组建娘子军啊。”

“是的。”潘绍华转儿问仨儿子，“泰儿、晋儿、达儿，你们愿不愿意跟娘一起去种田？”

陈泰、陈晋乖巧地说：“娘在哪里，我们就在哪里。”

陈友谅见只有十岁的达儿没有表态，就逗他：“达儿，你跟父皇一起好吗？”

陈达童言无忌：“我才不跟您在一起呢，我要跟公主姐姐在一起练习武功。”

陈友谅早已耳闻，爱女伯琳公主不学女工，在宫里带领众弟弟妹妹们专练武功，说是练好过硬本领，帮助父皇打天下。

看来公主还是很有组织能力的，有点陈门女将的风范。

潘绍华说：“也好，达儿还小，放在伯琳公主身边，我也放心了。”

4

大汉国国营农场很快在沔阳城挂牌成立了，潘绍华显现了她“上山能伏虎、下山能种薯”的本领，且颇具经营才能，她很快在黄蓬湖、娘子湖、喻家湖、鸭儿湖等广泛湖区成立了九个分场。

农场的农工们和军队一样，实行的是供给制，不愁吃不愁穿，一心一意扑在农业生产上。采取高处种田，低处养鱼，发展牧副业，广种薄收，沃地精种的办法，连年获得大丰收。

大汉国军队士兵“沔阳三蒸”的伙食越蒸越好，士兵们又欢腾地唱起了沔阳花鼓戏。

……

皇上视察军伙房，发现只有青菜汤，
赶忙回到农场里，就和贵妃作商量。
贵妃烹调是能手，一菜能做好多样。
两人合计一番后，并肩来到炊事房。
将鱼砍成四方块，将菜切成半寸长。
将肉切成梳子形，一起放盐又调酱。
再用米粉拌均匀，然后就把蒸笼上。
灶里柴火要加足，蒸时不怕火力旺。
热气腾腾蒸好后，蒸笼揭开喷喷香。
蒸鱼蒸肉蒸青菜，将士吃得喜洋洋。
吃得好来吃得饱，身强体壮上战场。
三蒸传入民间后，人人都想尝一尝。
边吃边赞陈友谅，留下美味天下扬。

这段沔阳花鼓曲，陈友谅是听在耳里，喜在心里。看来，将不在乎多少，而是要精，要放心大胆地起用人才，将他们的聪明才智充分地发挥出来，只有这样，才能使大汉国不断发展壮大，完成霸业。

眼见为实，耳听为虚。陈友谅一时心血来潮，中午吃饭的时间到了，他带着孙琼，着便装来到了御林军中的食堂。

陈英杰见状，忙上前迎接皇上，他正要上前行君臣之礼，见皇上又是向他眨眼，又是向他摆手，他再一细瞧，皇上是微服私访。

他忙问：“皇上！您来我军微服视察，有何旨意？”

陈友谅幽默地说：“是你们食堂的菜香，将朕吸引过来的。”

陈英杰跟随皇上多年，知道他今天来是体验部队生活的，为了避免将士们看见，影响他们进餐，他将皇上带到一招待贵宾的雅间。

陈友谅二人坐定后，就对陈英杰说：“老规矩，与士兵们一样的伙食标准。

孙琼，你去打饭菜。”

“是！皇上！”

“你一日三餐在食堂用餐。”陈友谅问陈英杰。

陈英杰答道：“如实回皇上，先开始还偶尔回家改善伙食，现在好了，有了农场的供应，伙食一天比一天好，哪个还愿意回家吃啊。”

陈友谅说：“我就是喜欢你这个性格，实话实说。”

君臣正说间，大厅里传来了争吵声。

陈英杰见皇上在此，而军营发生争吵，非常恼怒地说：“个板板的，皇上来了就掉链子。皇上，我去看看怎么回事儿。”

陈友谅叮嘱说：“不要为难他们，将吵架的人带来，朕有话问他们，别跟他们说我是皇上。”

“是！”不一会儿，陈英杰就将一个伍长，一个士兵和两个渔民带了上来。

伍长、士兵不认识皇上，见大帅陪着客人在雅间吃饭，知道也是一个大人物，忙躬身行拱手礼，两个渔民可不管这些，大大咧咧地坐在一旁。

陈友谅和蔼可亲地问伍长：“你们为何争吵？”

伍长说：“这两位渔民是这位兄弟的亲戚，按我们军队的规矩，士兵的亲戚来了与士兵们一样招待，可这两个人不讲规矩。”

一个黑黝黝、身体强壮的渔民说：“我们怎样不讲规矩了？”

士兵生气地说：“哥！别丢人了，江湖一把伞，只能吃不能占的道理你不懂。”

渔民不满地说：“当了三天兵，就不认哥哥了？胳膊肘往外拐！”

“你……”

“好了，好了。”陈友谅似乎听出了端倪，就鼓励渔民说：“这位渔民兄弟，你说说你的理由。

于是，渔民喋喋不休地说了起来：“这位大人！我和这位发小都是神山乡人，从小在湖里作业。上抵金牛（湖），下抵保安（湖），只要不死，奔到娘子（湖）。今天，我们作业来到豹獬湖，老娘嘱咐我，顺道来武昌京城看看我这个忘恩负义的弟弟。”

士兵说：“我咋忘恩负义啦？”

陈友谅向士兵摆了摆手，示意他不要插话。

渔民继续说：“谁知道你们军队伙食这么好，还有蒸肉吃。我和老娘从过年到现在还没有开荤呢，我舍不得吃，本想将我一份包起来，带回家给老娘吃。没想到被这位伍长发现，不依不饶的。”

士兵一听，是他误会了大哥，大哥是为了娘亲啊。顿时，他眼圈红红的，话语哽咽了起来。

“难得这位兄弟这么有孝心。”陈友谅对站在一旁的孙琼说，“去，打两份蒸肉的包，用我的钱结账。”

“是！”孙琼打包去了。

陈友谅热情地说：“来，来来！几位兄弟，来和我们一起用餐。”

两位渔民本来饭只吃到一半，他俩也不客气，就坐在了一方。

伍长和士兵正要推辞，见陈英杰用眼神示意他们坐下，他们哪敢违抗主帅的命令，拣了一个下手坐了下来。

席间，陈友谅像是拉家常似的问两个渔民：“二位兄弟，农村的日子过得怎样？”

士兵的大哥抢着说：“去年闹水灾，饿死了好多人呢。不过现在好了，皇帝圣明，减免了苛捐杂税，日子一天比一天好转。”

陈友谅向坐在身边的陈英杰用手指搓了搓，陈英杰明白皇上身上连个铜板都没有，忙将身上仅有的四块“大汉通宝”银圆交给他。

陈友谅接过银圆说：“两位兄弟，我也没有时间去看二位的高堂，这两包蒸肉，一人一包，这四块银圆，每人两块，算我买的礼物，孝敬老人们的。”

“这……谢谢老哥！”两位渔民忙站起来感谢。

“不用谢。”陈友谅站起来说，“各位慢吃，我们还有事儿，先告辞了。”

陈英杰见状正欲起身送别，陈友谅按住他的肩膀说：“你陪这几位兄弟吃好，吃饱。”

两位兄弟用感激的眼神目送他们离开。

肉香饭饱后，陈英杰这才道出了实情：“你们知道刚才那位是谁？”

伍长不好意思地笑着说：“从你们的言谈举止上看，我想此人是比主帅还大的官。”

两位渔民大吃一惊，异口同声地说：“多大的官啊？”

陈英杰压低声调说：“是当今皇帝！”

伍长、士兵、两渔民大骇，呆站在原地，好久没有回过神来，一动不动。

5

两位渔民兄弟辞别军营，激动得脚下生风，船底抹油，很快回到他们的村庄，逢人就说，见人就讲。

“我们见到皇帝了，皇上可平易近人了，把我们当亲兄弟，又是送肉，又是送钱，军队里伙食可好了，有鱼、有肉，饭管饱。”

这一消息，一传十，十传百，百传千，越传越神，传遍了大江南北。踊跃参军的后生，踏破了各府衙的门槛，以至大汉国征兵处不得不下达命令：“独子不能参军，弟兄多的必须留一个在家里照顾老人。”

陈友谅也万万没有想到，一个小小的亲民故事，却收到意想不到的效果。真是鱼儿离不开水呀，军队离不了百姓。

经过两年多来的励精图治，现在粮草充足，万事俱备，只欠东风。而这个东风，就是陈友谅密旨陈友仁、陈友贵两兄弟训练的水师，不知现在发展如何。如果时机成熟，就要再一次领兵东征。

想到水师，陈友谅命令侍卫统领孙琼：

“通知邹太师、张太师、张大帅、陈统领、罗将军、谢将军、胡将军、祝将军、陈友仁、陈友贵和陈荣、赵恒将军，明日晨时，到长江码头乘船集合！”

“是！”孙琼立即命令其他侍卫，分别向各将驻地下传圣旨去了。

“通知太子也参加军事会议。”陈友谅想到太子陈善过于懦弱，须在战场上历练历练。

孙琼说：“是！我这就去通知。”

第二天一早，武昌长江码头人呼马嘶，武将们陆续来到江边，他们见皇上早就站立在一艘中型战船的船头，向岸上不停地张望。纷纷下马，来到船上向皇上行君臣之礼。

陈友谅拂了拂袖子说：“众位爱卿，免礼，平身。”说完，他带头来到二层会议室，坐在中心位置。

众将多在纳闷，军事会议怎么不在皇宫里召开，而是在战船上召开，皇帝葫芦里卖的什么药呢？

会议室的正中心上方，悬挂着一幅《汉吴元三军态势图》，一左一右地悬挂着“汉”字国旗和“陈”字龙旗，两边摆放着一个个条形桌几，桌几下面是青色的布绣坐垫，简洁方便。

各路将领又分别拜见了太子后，这才依次而坐。

陈友谅见大家落座后，他抖了抖战袍，精神抖擞地说："各位太尉、大帅、将军们！今天把大家召集一起，是研究出兵鄱阳湖，收回江州，攻占豫章，挥师东进的动员大会，也是各位英雄豪杰献计献策的群英会。"

此时，战船已经启动，向上游排洲塆方向疾驶。

皇上用犀利的眼光扫视了一下会场，继续说："我们现在有六十万精良的陆军，根据长江中下游的地理情况，还需要强大的水军！今天上午的议题是：首先由友仁、友贵两位将军，介绍他们训练水军的情况；再来检阅水军的实战情况；下午根据水陆配合作战的新的战法，制许可订出作战计划。"

陈友仁站起来，向众将行完拱手礼说："末将奉皇上之命，扩招、训练水师，现有水军十万二千六百名士兵。他们全部是长江一带各地的渔民青年，招收进来的。我们制订了严格而又适应于水上作战的训练计划，以造船营为基地，分别在排湖、长江等水域训练了一年之久。现在士兵们个个如水上蛟龙，人人掌握了战船驾驶，大炮使用，弓箭配合，水中搏杀，潜水搏击等技能。只要皇上一声令下，招之即来，来之能战，战之能胜！"

陈友谅望了望陈友仁，满意地点了点头。

陈友贵见四哥简明扼要地介绍完水军训练情况，忙站起来向各位行礼后说："各位将军，我和四哥奉皇上大哥之命……"

"陈友贵将军，这里只有皇上、太子、太尉、大帅、将军，没有大哥、四哥的，请注意你的言辞。"陈友谅打断他的话，严肃地提醒道。

"哈……"会场上被他哥俩逗乐了。

"啪！"陈友谅一拍桌子，严厉地说："我重声明一遍，开会不严肃者，军法处置。"

几个发笑者立马止住了笑声，陈友贵伸了伸舌头，接着说。

"各位将军，末将和陈友仁将军奉皇上之命，打造水师，友仁将军负责水军训练，末将负责战船打造。"

陈友贵喝了口茶，继续说："大家都知道，自从造船营兵博士他老人家去世后，造船营无人掌墨，船营就停止了工作。由于第二次鄱阳湖之战，战船损失殆尽，末将是临危受命，根据我在战场上观察出战船在战争中的特点，在兵博士原有的图纸上加以改进，现在的战船比原来更加高大，大炮射程更远，威力更大。为了适应水陆配合作战的需要，我将五层楼高的战船，都设置有战马跑道，如履平地。”

张必先趁机会问道：“陈友贵将军，一条战船能容纳多少士兵？”

陈友贵答：“回张大帅，每层舱内设置了十个千总指挥室，一共四层，顶层为大帅指挥室和驾驶室，也能容纳三千军士。”

张必先掰着手指算了算，高兴地说：“也就是说，一条战船可载四万三千兵马了。”

“是的。”陈友贵肯定地说。

邹普胜兴致勃勃地问：“陈将军，这样的战船造了多少艘？”

陈友贵答：“回邹太师，通过我造船营一万多手艺人的共同努力，三年来共下水有十艘战船。”

会议室响起了热烈的掌声。

陈友谅见太子一直在座位上低着头儿，也不说话，也不拍巴掌，像此会议与他不相干似的。他轻轻摇了摇头，用不容商量的口气说：“太子听令！”

陈善一惊，忙站起来说：“臣在。”

“令你跟随陈友仁将军，在水军营里锻炼学习军事指挥作战技术！”

“是！臣遵命。”

接着，转向友仁、友贵说：“二位将军的口头汇报还是蛮鼓舞人心的，是骡子是马，马上演练、演练，看一看，太子一同前往。”

“遵命！”太子、陈友仁、陈友贵三人站立起来，低头向皇上行礼后，就匆匆下船，布置军事演习去了。

各路将军、大将，这才领悟到皇上要在船上召开军事会议的良苦用心。

6

“呜……”水师基地上空骤然响起了一片号角声。

船上的皇帝、大将们纷纷拿起单筒望远镜，站在船舷，向远处眺望。

十二万多士兵，黑压压的一片，着的是清一色的水军制服戎装，纷纷从军营飞快跑出。

只有半炷香的工夫，他们就各自分别登上了停在湖边的十艘战船，来到各自的战斗岗位，陆地上只剩下厚厚的尘雾。

第一个科目是行船打靶，一会儿隆隆的炮声响过之后，只见距战船一公里处的条条拖靶，硝烟散去后不见了踪迹。

“好！”张定边看得真切，不禁赞叹了起来。

皇上和众将也在高声喝彩。

紧接着的是第二个科目：对抗演习。只见十条巨型战船分两组排开后不久，炮火齐鸣，箭镞飞舞，火力不分上下。不一会儿，各战船上放下百余艘小船，每条船上乘坐着十名士兵，他们手持刀枪剑戟等各冲兵器，边划动着小桨，边向对方冲去。顿时，整个湖面水花四溅，杀声震天。双方愈战愈烈，不多时各自的小船渐渐翻沉，士兵们全部跳入水中厮杀。这时，奇迹出现了，只见敌我双方在宽广的湖面上，摆起了如陆地一样整齐的阵列。

罗显中看得眼花，忙问身边的陈英杰道：“老十，他们是怎样在水面站着的？”

陈英杰眼尖，他用手指了指水下说：“看见没有，每个站在水上的士兵，下面有一个士兵潜水托着。”

“啊！”大家恍然大悟，发出了一阵惊叹。

“快看，快看！”正当大家看见双方鏖战正酣时，又听得一阵短促的号角声，瞬间，湖面一个士兵都没有看见，只见湖面荡着一片涟漪。

“人呢，哪里去了？”陈荣尖叫道。

还是陈英杰眼尖，他指了指每条战船上的缆绳说：“快看，快看，缆绳上。”

大家顺指一望，条条缆绳上，一个一个地如蚂蚁上树一般，乘机从缆绳上偷袭登船。

“好！”“妙！”“高！”会议船上顿时欢腾了起来。

陈友谅脸上露出了灿烂的笑容，他提示道：“别吵，快看，还有节目。”

大家顺着皇上手指的方向，只见指挥船上的旗语信号兵，两手在不停地舞动着红绿两面小旗。

一会儿，十条战船呈横向一字排开，边开炮边向湖岸靠拢。

张定边激动地说：“第三个科目开始了，快将我们的船靠岸，群舰要登陆了。”

随着他的话音刚落，只见十条巨船横向停在离湖岸还有百十来丈的水面，船上纷纷放下百十条小船，水军们有序地将小船横排着，很快在小船上铺满了厚厚的木板，一直铺向岸上。

这时，太子、陈友仁、陈友贵等将，他们分别从船中打开的大门，骑着高头大马，率领众将士，很快占领了滩头阵地。

一时间，满山遍野的“陈”字霸王旗和大汉国国旗在迎风招展。

第二十五章

陈友谅造船操戈报仇雪恨　朱元璋筑墙积粮以逸待劳

汉王雪耻再东征，巧夺南昌少将精。
自有红颜忧百姓，乌云乍起虎狼争。

——题记

1

“好！好！好！”陈友谅见自己有了强大的水军，顿时喜出望外，连续夸赞了几个好字后，又滔滔不绝地说。

“太鼓舞人心了，我大汉国发展壮大起来啦，不但有战无不胜的陆军，还有攻而不克的水军，是时候了，是逐鹿中原的时候了。”

张定边也异常兴奋地说：“皇上，是到了报一箭之仇的时候了，我们要以排山倒海之势，挥师东征，夺取金陵，团结张士诚，再打过黄河去，彻底将元鞑子赶回草原，恢复我华夏大好河山。”

“哈……”陈友谅发出开怀大笑，“张太尉，我们是英雄所见略同，心有灵犀一点通啊！”

邹普胜赞扬说：“皇上高瞻远瞩，度过了时艰，如今目的旨在，胸有成竹，挥师东征，定能无往而不胜。”

陈友谅对身后的张必先说：“张大帅，借两位太尉的吉言，快拟订出挥师东征的作战计划来。”

张必先忙说：“回皇上，臣与几路军将领商议过了，已经有了初步作战计划了。”

“哦？说来给大家听听。”陈友谅用鼓励的眼神望着他。

张必先此时却卖起了关子，只说了八个字。

“明修栈道，暗度陈仓。”

“哈……”“没有想到一向直爽的猛张飞，也卖起了关子。”张定边大笑说。

大汉国决定东征的方案，得到空前的统一，陈友谅高兴地班师回到了武昌。

2

陈友谅有个习惯，每次亲征的头天晚上，必须到皇后宫里过夜，听听皇后甜蜜的絮语。

“皇上！您这次率部东征，臣妾总感觉右眼不停地跳动，心神不定的，总让人不放心。”杨金花躺在陈友谅怀里，又开始唠叨。

陈友谅满不在乎地说：“这有什么不放心的，朕也不是第一次亲征，久经沙场，打败我的人还没有生出来呢。”

杨金花用玉指点了点他的脑门，娇嗔地说：“吹牛了不是，京都大比武，您不是输给了常遇春。”

陈友谅淡淡一笑说：“那是朕让给他的。”

啊，杨金花恍然明白了，她是担心他的劲敌常遇春。

“皇上，遇到常遇春，打得赢就打，打不赢可别硬拼，留得青山在，不怕没柴烧。”

陈友谅心里一阵温暖，他捧着心仪的女人的脸蛋，虽然她与自己度过二十多年的风风雨雨，可还是显得那么温柔、漂亮，风韵犹存。

杨金花娇柔地说：“夫君，这次亲征，带着善儿吧，让这孩子也历练历练。”

“朕正有此意，把太子下放到了友仁水师里锻炼，你该放心吧！”

“嗯。”杨金花欣慰地点了点头。

陈友谅乘机问：“皇后，这次安排哪位嫔妃与朕一起亲征啊？”

杨金花早就想好了，九个嫔妃八个有儿有女，就是阇贵妃还没有下蛋，为了咱老陈皇家的人丁兴旺，这次安排阇贵妃随军照顾皇上生活起居，但愿她也能怀上龙种。

第二天一早，陈友谅上早朝刚走，公主陈伯琳像燕子似的飞了进来，见母后正坐在梳妆台前，梳洗打扮，她蹑手蹑脚地来到她身后，猛地用一双秀手，蒙住了母后的眼睛。

“瞧你这孩子，出落为漂亮的大姑娘了，还这么淘气，几时嫁得出去啊。”其实杨金花早就从梳妆镜里，看见女儿进来，亲昵地说。

陈伯琳翘着樱桃小嘴说：“嫁不出去就不嫁了呗，女儿永远就在母后身旁。”

杨金花挑逗说：“那驸马张仁来迎亲，怎么办？”

“凉拌。”陈伯琳伸出秀手，调皮地做拌菜的动作。

杨金花轻轻地摇了摇头，笑着说：“这孩子，娘不跟你说了，快去请你十娘过来，我有事儿找她。”

“哎……”随着一声清脆而拖着甜甜的尾音，她飞了出去。

杨金花望着女儿的背影，一缕思绪涌上心头：原来计划将她培养为陈门女将，习武时吃了不少苦，为娘的看在眼里，疼在心里。现在可好了，自从阇贵妃过门后，她就像遇到了知音，她们俩成天以诗词为乐。

皇后轻轻叹了一口气。女儿虚岁十六啦，女大不中留啊，该是置办嫁妆的时候了。

“臣妾拜见皇后，向大姐请安。”阇赛清进来矮身行礼，打断了杨金花的思绪。

“啊！是阇贵妃妹妹，快请坐。”

陈伯琳亲热地拉着阇贵妃的玉手，坐在一张太师椅上，她搬过一张圆鼓形的小凳，倚靠在她的身边坐下。

杨金花看到这对年龄相差无几的漂亮身姿，如两朵刚出水的芙蓉，娇嫩嫩的、水灵灵的。

“你看你俩亲热的劲儿，不知道的还以为是一对亲姊妹呢。”

“母后，这可是您说的哈，我一直将娘娘视为好老师，好闺密。要是父皇责罚，您可要替本公主担当点儿。”

阇赛清抚摸着陈伯琳的秀发说：“怎么会呢，你是皇上的掌上明珠，疼你还来不及呢。”

“就是。”陈伯琳得意地昂了昂头。

“看你把这孩子宠的。”杨金花笑着对阇赛清说，“妹妹，传你过来，是有个事儿要跟你商量。”

“什么事儿，姐姐吩咐就是了。”

“皇上今日，要乘船率兵东征，我想让你随船一路上照顾皇上的生活起居。”“我也要去！”还没有等到阇赛清回答，公主就抢先说道。

“你去干什么？”

“老师走到哪，学生当然要跟到哪。”公主的理由还是蛮站得住脚的。

“我也要去！”潘贵妃的小儿子陈达，不知从什么时候钻进来的，他自告奋勇地说。

杨金花知道小陈达与他公主姐姐形影不离，故意说：“不行，她们是去照顾父皇的，你去干什么？”

“我去保护公主姐姐呀！”陈达突然双手抱拳，像拜菩萨似的，低头不停地作揖，“好大娘，就让我去吧。”

他这一滑稽动作，倒是将她们逗乐了。

“这俩孩子……”杨金花还是有点犹豫不决。

阇赛清劝说：“大姐，就让这俩孩子陪我去吧。听说友贵小叔子新设计的指挥船，行宫比我们这相差不了多少，大大的。皇上每日忙于打仗，妾又不懂军事，一个人在行宫里怪寂寞的，就让他俩去跟我做伴吧。”

杨金花想了想，阇贵妃说得也有道理，叮嘱说：“妹妹同意了，你们就去吧，在船上要听贵妃娘娘的话，要注意安全。”

“哎！”陈伯琳很爽快地答应。

陈达握紧小拳头说：“皇后大娘！请放心，有末将在，定能保证贵妃和公主的安全。

“嘻嘻……”她们愉快地告别皇后，准备去了。

3

根据可靠情报，朱元璋调徐达去苏州，与张士诚决战。常遇春则北上山东，驱逐元军，长江沿线吴军所占领的城池兵力空虚，是收复失地，攻占金陵的大好时机。

大汉国集结了五十余万陆军，十二余万水师，各型号战船两百余艘，由大汉皇帝陈友谅率太子亲征，兵分四路，于大义三年正月出兵东征，声势浩大，打响了长江中下游的逐鹿之战。

张必先制订的作战计划是：第四路军十八万人马，由太尉邹普胜率领，沿江北一线的陆路，配合陈友谅率领的第一路八万水师，乘四艘巨型战船和百余艘中小型战船，互成犄角，遥相呼应，沿着滚滚长江，波涛汹涌般地向东挺进。

两路军水陆并进，一路所向无敌，夺宿州、收舒州、攻芜湖，矛头直指金陵。

第二路军十八万人马，由太尉张定边率领，沿长江以南的陆路，向赣中挺进，收江州，攻信州后，与第一、第四路军形成钳型之势，南北夹击金陵。

按作战计划，张定边一路所向披靡，沿途攻战了江州，信州等城池，以迅雷不及掩耳之势，夺取了马鞍山，对金陵实行了包围的态势。

第三路军的十四万人马，水师四万人马，由张必先率领，他们乘六艘巨型战船和百余艘中小型战船，沿江南水路，顺风顺水，很快进入鄱阳湖，迅速将豫章团团包围。

4

这天一早，陈伯琳拿着一叶香笺，连跑带跳地跑进阇贵妃的卧室，她见她已经梳洗完毕，正端着香茗，望着舷窗发愣。

陈伯琳双手合十，矮身向她行礼说："公主向贵妃娘娘请安！"

"唷！我们骄傲的公主，今天太阳从西边出来啦，竟如此讲礼有节了。"

阇赛清心知肚明，公主又填有一首好词，要送给她一同分享。

"请老师娘娘教正。"

陈伯琳双手将香笺递给她。她接过一看，是一曲《月上海棠》，这首词带有少女的天真、厌恶战争的愁绪和无可奈何的情愫，怡然跃入了她的眼帘。

城头战火烧残碣。叹英魂、生命又消绝。自古江山，问东风、几番凉热。思民意，始盼中秋季节。

出征况是愁中别。愿人间、千里共明月。别冷鸳鸯，喜窥那、满池青叶。黄鹂叫，碧天阳春白雪。

阇赛清看完，由衷地佩服公主小小年纪，一介女流，颇有忧国忧民的情怀，善贾而沽的志向。

女人处在当今社会，其地位低下，又能怎样呢？女人只不过是男人室内的一瓶鲜花，以供他们观赏。

她沉默了一会儿，忽然望见侍女刚插在花瓶里的一束玖瑰，灵感陡然而生，也用《月上海棠》为词牌，和吟一曲。

船舷淡月浑如水。闻清香、漫漫小厅里。冷瓶只咫，似相伴、紫嫣无寐。深思虑，索笑而今已矣。

与君更拥灯前髻。乍斜睥、疏影却风坠。窥窗帘动，吹过牖、一丝烟气。酬伊也，几叶幽时吐蕊。

陈伯琳正全神贯注地欣赏着。突然，宫外又传来隆隆的炮声，她的心又伴随着船儿抖动了起来。

太子陈善和皇子陈达推门进来，小陈达抱着姐姐的双肩说：“公主姐姐，别怕，是父皇的炮火在轰炸芜湖城，马上就可以吃到芜湖的馄饨啊。”

大约两个时辰的工夫，炮火骤停，不一会儿，宫外传来山呼海啸的欢呼声。

她们一齐走出行宫，看见皇上在护栏旁，正高兴地拿着望远镜，观看远处的芜湖城墙上，插上了“陈”字军旗。

5

陈友谅看着看着，突然镜头里出现，张定边全副武装地骑着高头大马，领着一小队骑兵，由西向他的指挥船而来。

他正纳闷，张太尉不是由饶州方向进攻作战去了吗，怎么从江北而来。

嗨！岁月不饶人啊。待战马跑到江岸边，陈友谅方才看清，原来骑在马上的是张定边的儿子、张必先的先锋官张元星，与张定边是一个模子刻出来的。

“末将拜见吾皇，祝吾皇洪福齐天！”

张元星飞身下马，来到船上，见到陈友谅纳头跪拜。

陈友谅连忙将他扶起来，问道：“贤侄，你不是在豫章打先锋吗，怎么到这儿来了？”

张元星神气地说：“报告皇上，豫章已被我军攻克，张大帅令末将来请皇上去滕王阁喝庆功酒呢。”

陈友谅想起来了，临出发前，朕曾鼓励张必先说：“只要大帅打下了豫章城，就在滕王阁上摆庆功宴，朕在天远的地方，也要参加庆功宴。”

皇上高兴地问：“朕和你父帅打了九个月，豫章城都没有攻破，你们一个月不到就拿下来了，用的是什么方法？”

张元星夸张地说：“回皇上大伯！是三伯巧用‘明修栈道，暗度陈仓’之计，没费吹灰之力就拿下了豫章。”

想起在战前动员会上，张必先卖起了关子。此时的陈友谅兴奋之时，很想知道他们的计谋。

“贤侄，快说给朕听听，你们是怎样做到的。”

“是！”张元星如说书般地讲解了夺取豫章的经过。

6

张必先与张定边联手收回江州后，张定边率部与张必先分手，从都昌陆路去攻打信州。

张元星领兵打先锋，从德安陆路直逼豫章，很快将豫章城实行了四面包围。张必先则率领水师，从鄱阳湖直逼豫章城下。

吴军守将朱文正站在城楼上看见，四处都是“陈”字军旗和“张”字帅旗飘动，他知道这次是汉军著名的猛张飞挂帅攻城。

来者不善，善者不来。他急令副将放出信鸽，向金陵求援。

朱文正的这一招早在张必先的意料之中，他在指挥船上看见两只白色的信鸽从城中飞起，张必先放出早已准备好的两只训练有素的草原鹰，放入天空。

草原鹰是鸽子的天敌。它们在空中盘旋了一会儿，就看两只老鹰的利爪，分别抓住了两只信鸽，空中鸟战，并无悬念的游戏。

抓住了信鸽，张必先大手一挥：“开炮！”

顿时，六艘战船上的百余门大炮齐鸣，只见豫章城墙和城内火光冲天，血肉横飞。

炮火一停，张元星就指挥其部从北方的城墙缺口，架设云梯佯攻城，朱文正组织兵力拼死抵抗，就是这样一争一夺，血战了六天，因为吴军经常遭到汉军战船上炮火的袭击，伤亡惨重。

第六天的夜晚，雾气沉沉，天上黑茫茫的一片。朱文正站在城楼上，望着金陵的方向，在默默地祈祷：

皇叔！若援军还不到来，想必是侄儿要马革裹尸，与豫章共存亡了。

朱文正想着吃汤圆，就有人送来了糯米粉。正在这时，城东郊外杀声四起，火光冲天。

“援军来了，援军来了！”朱文正兴奋得飞下城来，骑马率兵打开东城门，接应援军。

朱文正刚刚打开城门，外面的战斗已经停止了，他借助城门口的灯光，看见黑压压的一片，穿着吴军军服的军队，一马当先的是一位英俊少年将领。

朱文正一惊，我怎么不认识这员少将，他立马横在城门，狐疑地问：“马上是哪位将军，本帅怎么不认识你呀。”

“回大帅的话，末将仍徐大人手下部将毕云龙，奉皇上之命，前来驰援大帅。”

朱文正耳闻徐达手下有一员年轻的猛将叫毕云龙，今日一见，果然名不虚传。

“有请！有请毕将军。”

朱文正令士兵站立两旁，夹道欢迎援军。

一个时辰的工夫，援军五六万人马从朱文正的身边进入了豫章城。他正准备下令关城门时，突然城内杀声震天，吴军哭爹喊娘地四处逃窜。

“不好，中计了！”朱文正一看，多于他们兵力两倍的敌人，已经入城。

汉军趁乱杀得吴军人仰马翻，四处躲避，吴军此时毫无战斗力可言，不论朱文正多么彪悍，却再也无回天之力。

他急令他身边的将领：“快，快！弃城，突围，冲出去！”

“你张小爷在此，朱贼！你往哪里逃！”

原来假扮毕云龙的正是张元星。

听到这儿，陈友谅迫切地问：“贤侄，朱文正抓到没有，我要用他的人头，祭奠你皇爷爷和你八伯伯。”

“唉！太可惜了。”张元星叹息地说，“狗日的朱文正徒有虚名，比兔子还快，当我杀出城外，漆黑的夜晚连个人影都没有。”

站在一旁的陈善埋怨说：“元星，你应该带兵去追啊。”

张元星眨了眨眼睛，狡黠地一笑说：“皇上大伯早就告诫臣侄：穷寇莫追！使我铭记在心。”

陈友谅是对他们是讲过孙子兵法，“穷寇勿迫，此用兵之法”的道理，没有想到张元星能巧舌如簧地利用。

他对太子说：“善儿，多向星儿学学，他小小年纪，有勇有谋，是我大汉国栋梁之材啊。”

陈善富有自知之明，羞愧地低下了头。

张元星机灵地说：“谢谢皇上大伯的鼓励。”

“善儿，传令下去，令邹太尉在芜湖休整一段时间，我们启航去豫章，多供供品，去你皇爷爷的坟头，凭吊他老人家。”

“遵命！”太子去邹太尉帐中传达圣旨去了。

“贤侄，你就留在船上，陪朕宽宽心。”

“臣侄遵命！三伯就是命令我前来，保护皇上一行去豫章一路的安全。”

“哈……”陈友谅听后，开怀大笑。

7

大汉国皇帝一行，在张元星、陈友仁、陈友贵、陈英杰率兵护卫下，四艘巨舰浩浩荡荡地逆江而上，从湖口进入鄱阳湖，平安到达豫章。

陈友谅带着全家，首先去皇叔陈普文和堂弟陈友德的坟上祭奠。他默默地站立在两位亲人的坟前，泪如雨下，浮想联翩。

为了推翻元朝统治，建立大汉国新秩序，有多少英雄豪杰为此流血牺牲，我们要继承先烈的遗志，奋勇前进。

“哇……”只见陈英杰跪在父亲和大哥的坟前，捶胸叩首，号啕大哭。

“父亲！大哥！你们死得好惨啦，我一定要为你们报仇雪恨，取下朱文正的狗头，拿来祭奠你们。”

这时，刚刚还晴朗的天空，突然响起了一声炸雷，顿时大雨倾盆，雨水夹杂着陈友谅一家人的泪水，汇流成一股股洪流，汹涌澎湃地流向鄱阳湖。

喝完张必先在滕王阁上举办的庆功酒，留下大将李明道镇守豫章，张必先率部陪同皇上回到江州的皇宫。

好戏连台，忧喜参半。陈友谅刚刚入座皇宫，就接到两份要求派兵出征的奏折。

首先是张定边的奏折，他部一路浴血奋战，夺回了十余座城池，大军直抵马鞍山，请求派兵驰援，壮大力量，一鼓作气，攻破金陵。

第二份是丞相杨从政和武昌守将罗显中联合上奏：

吾皇明鉴：

元朝廷死灰复燃，左脱脱乘我和吴对决之机，亲率二十万大军，越过黄河，进犯中原。一路攻城略地，现在已经占领了豫州，直逼信阳而来，严重危及我首都武昌安全。肯请皇上派兵驱之，以确保我后方安全。

特加急上奏，敬请吾皇定夺！

大汉国丞相：杨从政

守汉大将军：罗显中

大义三年九月二十日

陈友谅看完这两份奏折，在心里掂量着轻重缓急，权衡利弊。我们现在只有张必先率领的十八万机动人马，按照太尉张定边的作战意图，一鼓作气拿下金陵固然是好，消除了后顾之忧。但要考虑到朱元璋若奋力抵抗，两军战事势必要成为胶着状态，会造成两败俱伤。那样，左脱脱就会乘虚而入，武昌难保。势必形成了亲者痛、仇者快的局面

现在我们重创了朱元璋的有生力量，让他喘息一时吧，谁叫他是我们汉族兄弟呢，本是同根生，相煎不应急。

陈友谅没有忘记“驱逐元鞑，复我汉室”的起义宗旨，元朝才是我大汉国的头号敌人。

想到这里，陈友谅命令孙琼：“传太子、张大帅、陈英杰、陈友仁、陈友贵三位王爷进殿议事。”

“遵命！”孙琼领命而去。

不一会儿，通知的人员陆续来到勤政殿，君臣之礼毕，皇上将两份奏折递给他们阅览。

“好呀，我赞同张太尉的作战方案，一举拿下金陵，活捉朱元璋，为死去的英烈报仇。”陈英杰报仇心切，首先表态。

陈善接着说：“我赞同十王爷的意见，该是我们报仇雪恨的时候了。”

陈友谅见两人鼠目寸光，不知道君子报仇十年不晚的道理，不满地说：“你们俩，一个是太子，一个是大臣，怎么没有一点全局观念呢，你们要头脑清醒，我们当前主要的敌人是谁？”

陈英杰和陈善低头默不作声。

张必先领会了皇上的意图，主动请缨说：“皇上，令臣远征吧，我一定

要将元鞑子重新赶过黄河以北去。”

陈友谅笑着对他们四位说：“你们要向大元帅学习，他不但作战勇猛，而且战略战术发挥得恰到好处，是一个顾大局、识大体的好前辈，好榜样。”

陈友仁忙说：“是的，皇上圣言我们铭记在心，一定向张大帅学习，听从皇上指挥。”

陈友贵说：“我和四哥的观点是一致的，誓死效忠皇上。”

张必先得意地一笑后，问皇上：“请问臣儿时出发？”

陈友谅说：“兵贵神速，明天就出发。”又提醒道，“三弟，你这次率部远征，是孤军深入，一定要注意安全。”

张必先说：“皇帝大哥，请放心好了，臣弟还是那句话，打得赢我就打，打不赢我就退，歼灭战、歼灭战，吃亏的我不干。”

陈友谅又对四位说：“听听，这叫灵活的军事战术。”

张必先提醒说：“皇上，还是命令二哥撤兵回朝吧，一旦朱元璋回过神来，小心被他包了饺子。”

陈友谅说：“三弟所言极是，我马上放快马报信给太尉，令他回防江州。”

第二天，陈友谅带着在江州的官员，将张必先送到长江以北的小池，兄弟俩依依不舍，挥泪而别。令张必先没有想到的是，这是他与皇帝大哥的最后诀别。

8

再说朱元璋见陈友谅的两位太尉兵临城下，惊恐万分，没有想到只两年工夫，陈友谅就能东山再起。

朱元璋这几天火气正旺，今日早朝，闻侄儿朱文正败回金陵，使他安插在陈友谅身边的卧槽马被拔掉。他恼羞成怒，对低头站在殿上的侄儿，恶狠狠地命令道。

“来人，将这个不中用的东西，拖出去斩了！”

“皇上！八叔！饶命啊，臣不愿死在亲叔的手上，让侄儿战死沙场吧。”朱文正被两名侍卫架着往外拖，他嘶喊道。

“且慢！”刘伯温扇动着鹅毛扇子制止道。

文武百官见势，忙跪下，异口同声地说：“请皇上饶朱将军不死。”

朱元璋气急败坏地说："朕杀自家的侄儿，与你们何干？"

刘伯温说："皇上！两军尚未交锋，先斩主将，乃兵家禁忌啊。"

朱元璋不听则可，一听说他是主将，仿佛如火上浇油，越发气恼地说："他算哪门子主将，他是个败将！五岁娃儿被两岁娃儿骗了，竟然败在下巴还没有长毛的张元星手下，丢尽了咱老朱家的脸。"

刘伯温说："我认为他为朱家长脸了，仅三万兵力对汉军三十万大军，孤军能坚守九个月之久，并且把陈友谅的智多星叔叔给杀了，创造了自古战争史上的奇迹，是不可多得的人才。"

朱元璋寻思，军师看似保朕的侄儿，实际是在跟朕唱反调，不由怒从心起，气势汹汹地说："你再劝，朕连你一起斩了！"

刘伯温坦然一笑说："臣死不足惜，可谁来为你消灭陈友谅，谁来为你老朱家谋天下啊。"

朱元璋听出了弦外之音，忙缓和口气问："军师有了消灭陈贼之策。"

刘伯温并未搭理他，而是转向两名押着朱文正的侍卫说："还不放下朱将军。"

朱文正忙转身，跪在叔叔面前叩拜说："谢皇上不杀之恩。"

刘伯温说："朱将军，快回去将身上的霉气洗一洗，提升元气，朝廷还有大任如斯人也。"

"谢军师！"朱文正谢过救命恩人后，退朝而出。

朱元璋早已等得不耐烦了，见军师欲言又止，知道是要保密，他宣布退朝后，留下刘伯温。

"爱卿有何消灭陈友谅的良策？"

刘伯温斩钉截铁地说："围城歼主！"

"围城歼主？"朱元璋围绕着这四个字苦思不得其解，却见军师在一旁扇着鹅毛扇子。

他急不可待地说："爱卿，快详细说说你的围城歼主之计。"

刘伯温反问道："陈友谅夺了我们几座城池？"

"十一座。"

"这十一座城池，需要多少兵力防守？"

"平均每座城池按三万兵力计算，一共需要三十三万兵力。"

"陈友谅有多少兵力？"

“陆军五十万，水军十二万，总共六十二万。”

“张定边带走了十八万人马，去豫州与元军交战去了，江州还有多少人马？”

朱元璋一拍脑门，恍然大悟。

“啊，江州只有十二万水师在防守。”

“这叫知己知彼，方能百战不殆。”

朱元璋咬牙切齿地说：“扰外必须安内，朕迅速将徐达、常遇春从战场调回，再来一次鄱阳湖之战。”

“哈……”朱元璋大笑完后，突然意识到什么，忙说：“不对呀，我们集中兵力去打江州，哪来的兵力围城啊。”

刘伯温继续摇动着鹅毛子，又反问道：“我吴军中，有几位将军善于用兵。”

“要说用兵，就数徐达老奸巨猾，用兵常常不按套路出牌，其次就是朕那不争气……”

朱元璋又拍了拍脑门：“啊！朕明白了，为什么军师力保朱文正。”

刘伯温胸有成竹地说：“知道就好。令徐达和朱文正各带五万人马，围住芜湖、舒州、马鞍山、信州、饶州等十一座城池，声势要造得越大越好，迫使汉军首尾不能相顾，互相不能驰援。”

朱元璋似是明白了军师的作战方案，迫不及待地说：“朕率常遇春、毕云龙、张英三十五万人马，直取江州。”

“不，不，不！”刘伯温说，“集中兵力，拿下豫章！”

朱元璋不解地问：“为什么近路不走，偏走弯路呢，一举拿下江州不就得了。”

刘伯温没好气地说：“您以为陈友谅那么好束手就擒的呀，忘记了张英是怎么说的，陈友谅有九牛二虎之力，一般的搏杀，十员大将也近他身不得，只能智取获胜。”

“怎样个智取法？”

“将他调离江州入水，困死在鄱阳湖里！”

“哈……”朱元璋耻笑说：“军师真是异想天开。兵家打仗是避其锋芒，你倒好，拿着鸡蛋碰石头，难道你不知道？水上作战是陈友谅的强项。”

“‘工欲善其事，必先利其器。’用其矛克其盾也。”

朱元璋不耐烦地说：“越说越糊涂了，将你的方案一口气说完，别像个鸭子吞螺蛳似的，慢吞吞的。”

刘伯温像没听见似的，慢条斯理地扯起了野棉花。

“昨天是八月十五，是拜月节。臣无事，去了钟山山顶，观我虎踞龙盘之地，皓月当空，群星灿烂，今日一早果然日蒸云霞，一片祥瑞之气象。”

“这与打仗有何关联？”

“此天象为大吉大旺之兆，恭喜皇上，贺喜皇上，您不日将彻底消灭大汉国，劲敌一亡，将是一马平川，夺得天下。”

“借军师吉言，龙王旌旗之日，朕封你为伯意侯。”

“谢主隆恩！”

第二十六章

刘基以矛克盾困汉军于鄱阳　汉将众叛亲离陷汉王走麦城

矛盾相生为互克，蛟龙被困九江难。
墙头草伴风声动，可叹忠心刺骨寒。

——题记

1

鄱阳湖最后决战中，陈友谅不知不觉地钻进了刘伯温精心编织的渔网。

朱元璋率领三十五万大军，以迅雷不及掩耳之势迅速包围了豫章。豫章守将李明道，他见城外四周都是黑压压的吴军，紧闭城门，放出信鸽向朝廷求援。

吴军常胜将军常遇春率兵在城下叫阵，李明道置若罔闻。

第二日，刘伯温在常遇春出征前，倚其耳根如此这般了一番。

常遇春依计策马独自一人来到城下，破口便骂。

“李明道，你这个缩头乌龟，你有个卵子的用，老子一个人在城下，你都不敢下来与老子交战。”

李明道耳根虽在发烧，但还是装着没有所见。

常遇春继续骂道：“难怪你这个怂包，亏你还是沔阳牢房的大哥大，跟你一路混的胡大海他们，哪个不是大元帅了，而你还是个守城的部将。”

李明道耳根更加赤红，但他还是忍住了。

常遇春无中生有地骂道：“李明道！听说你为了讨好陈友谅，将你亲妹子送给陈友谅……”

“× 你八辈祖宗！”李明道终于忍不住了，提枪上马，打开城门向常遇春直刺而来。

常遇春见李明道中计，调戏地陪他玩了几十个回合，他见伏兵赶到了城门边，便提起大刀，以迅雷不及掩耳之势，向他扫来。

“去死吧！”李明道哪里是常遇春的对手，只见他身首异处，倒下马来。

紧随李明道出来的副将，见状，率领士兵们来抢夺他的尸首。

“冲啊！杀！”这时埋伏的吴军蜂拥而上，还不待副将他们关上城门，吴军就冲杀了进来。

陈友谅接到了李明道的飞鸽传书，急传张定边、太子、谢伯坚、胡大海、陈英杰、陈友仁，陈友贵进殿商议对策。

待张定边他们来后，陈友谅就告知了敌情。

“狗日的朱元璋，趁火打劫，乘虚而入，来势汹汹。先是各城被围告急，现在集中三十五万人马，重兵包围了豫章，大家有何破敌之策？”

张定边说：“皇上，令我领兵从德安驰援豫州。”

陈友谅分析说：“朱元璋分兵包围了东线我们的城池，而他却集中优势兵力不攻打江州，反而去攻豫章，恐怕是围城打援之计，你现有的十八万人马，怕是在半道上，就被他包了饺子。”

“这……”张定边一听，顿时语塞。

陈友仁献计说：“皇上，我们何不发扬我们水师的优势，水陆部队都乘战船，从水路快速抵达豫章，司机将张太尉的部队登陆，我们水师用炮火支援他们，一举将他们赶回金陵。”

陈英杰问：“那谁来守江州？”

谢伯志毛遂自荐：“我来守江州！”

“好！”陈友谅一锤定音。

“谢将军！朕亲率他们去救援豫章，你守城责任重大，朕已飞鸽传书给邹太尉，令他速速回援。”

谢伯坚虽然是十弟兄中的老八，从他平时的所作所为中，陈友谅一直对这个土匪出身的兄弟，不怎么看好。

江州现在是大汉国行宫，战略位置很重要。所以，陈友谅虽然同意了他守城，但还是有点儿不放心，他急命邹普胜回援守城。

实际上陈友谅在战略战术上犯了严重错误，过于重视一城一池的得失，以至分散了主要兵力。

大汉国就像一条笨重而又臃肿的大青鱼，在水里毫无目标地摸螺蛳，结果钻进了渔民巧妙布下的渔网。

大汉国的十条巨型战船，声势浩大地直入豫章。刚抵达豫章水域，陈友仁在望这镜里看见豫章的城楼上，插满了“朱”字旗。

他急促高喊道：“皇上！不好了，我们来晚了一步，豫章失守。”

陈友谅接过望远镜一看，气急败坏地命令：“陈友贵！向豫章城开炮，彻底将这座城市摧毁！”

十条巨舰，百十余门大炮一齐发怒，轰隆隆的炮声，顿时将豫章城变成了火海。

“嘿嘿……”已经在德安路上的刘伯温，看见已是火海空城的豫章，发出了一声冷笑。

“兵贵神速，我们的先头部队到达江州地界没有？”朱元璋问。

侍卫官忙说：“回皇上，先锋毕云龙部已经抵达江州城墙，正在作攻城准备。”

朱元璋说：“传我命令，攻城要猛，决不能使陈友谅有喘息的机会。”

2

守将谢伯坚见吴军大军突然兵临城下，他站在城楼一看，黑压压的一片，顿时吓得脚肚儿直打战。狗日的吴军难道长了翅膀不成，皇上前脚走，他们后面就围城了。邹太尉的援军如鄱阳湖里吹喇叭，不知哪是哪。原认为守城是个轻松的活儿，哪知马上就要战死沙场。

一想到死，谢伯坚更加胆寒。我这一死，家里的四个美娇娘可怎么办呀？我在人间享受艳福，还没有享够，我不能死。他的思想在激烈地斗争着，当想到皇上大哥不怎么待见他，主要是他跟他出生入死几十年，还是个副将，一直耿耿于怀。

谢伯坚通过一定的思想斗争，很快拿定了主意。识时务者为俊杰，投降！什么忠义，见鬼去吧！说不定我投降了朱皇帝，官儿还要当得大些。人生本来就是一场赌博，赌一把。

当毕云龙正准备攻城时，只见汉军守将谢伯坚举着白旗打开了城门。

毕云龙没费一兵一卒就得到了江州，还白捡了三万人马，得到了朱元璋的重奖。

朱元璋最恨的是，自己的将领背叛主人，他想当着吴军众将的面前，下令处死叛将谢伯坚，以达到杀鸡儆猴的目的。

“毕将军，去将降将谢伯坚就地正法。”

“遵命！”

“慢！”军师刘伯温又和皇上唱起了对台戏。

“皇上！不能杀。不但不能杀，还要将他的官提升比汉军还大。”

“为什么呀？”朱元璋心里虽然一百个不痛快，但还是忍住了，谁叫军师会打仗呢，待秋后再跟他算总账。

刘伯温摇着鹅毛扇子说：“康茂才是陈友谅的表叔，谢伯坚是陈友谅的结拜兄弟，都能背叛主人，这说明了一个问题。”

“什么问题？”朱元璋没有好脸色。

“说明陈友谅是外强中干，其部属是貌合神离，其将帅都是一些贪生怕死之辈。如将他委以重任，会达到不战而屈人之兵的效果。”

朱元璋一听，觉得有道理。

“就依你的，那封个什么官呢？”

“让他坐上火箭，封个兵部副侍郎。”

“这样一来，有乱朝纲，众将不服啊。”

刘伯温狡黠地一笑说：“战时需要，战后借故把他拉下马不就得了，还不是皇上口里一句话。”

“哈……”“哈……”

刘伯温又摇了摇鹅毛扇子说：“现在我们该开始玩‘困龙打援’的游戏。”

“什么叫困龙打援。”

“陈友谅已经钻进了我的渔网，他不是自称为真龙天子吗，我就是要把陈友谅困死在鄱阳湖。他的援军来一个打一个，来一对打一双。”

“军师此计高，实在是高。”

“军师棋高一筹啊。”吴军众将纷纷吹捧道。

“常将军听令！”刘伯温开始调兵遣将了。

“末将在！”

“令你镇守江州，陈友谅回过神来，势必要争夺江州，只有你还镇得住他。”

“遵令！”

“张将军、毕将军听令！”

“末将在！”两位异口同声地说。

“令你两部今晚连夜到湖口、彭泽、都昌一带设防。请注意，是秘密设防，不能让汉军看出任何破绽。”

“是！”“遵命！”

这时，探子进来报：“报告军师，邹普胜放弃了芜湖，正率兵从长江乘百十条战船逆上，明日可到达湖口。”

刘伯温高兴地说：“来到早不如来得巧，放进来，放到鄱阳湖里，我要做一锅烩的满汉全席。”

他转向探子道：“你着快马迅速赶到石臼湖，令赵勇将军将百十条战船全部驶向马鞍山，装满石头，越大越好，开赴湖口参战。”

“遵命！”

朱元璋一直没有吭声，他见探子走后，不解地问：

“爱卿，人家打仗是多带刀枪，你带这么多石头干什么？”

“上古有精卫填海，当今有刘基填湖。”

“填湖！”朱元璋恍然大悟，连忙伸出大拇指说，“高，实在是高！”

陈友谅在豫章用炮火，发泄完愤怒之情后，见豫章毫无动静，这才醒悟过来。

“不好！我们中了朱元璋的调虎离山之计，江州危急！”

3

当大汉国的巨舰返回江州时，常遇春已经在江州城楼上跷着二郎腿，不屑一顾地欣赏着庐山的风景，像没有看见他们似的。

陈汉将军王敏德，也是一个敢于硬碰硬的将军，他见吴将如此嚣张，两眼气得通红。

“皇上！待我去会会这个笨熊！”

陈友谅说：“常遇春是吴军悍将，王将军一人上阵，怕是要吃亏，还有哪位愿意一同前往。”

“臣愿意与王将军并肩作战！”刑部郎中定住，他与王敏德亲如兄弟，主动请缨。

陈友谅知道他们俩在战场上配合默契，叮嘱说：“注意安全！”

常遇春见战船上下来了两位汉将，二比一，他兴致来了，立即打开城门，立马横刀，高声喊道：

“两位汉贼，报上名来，本帅常遇春，刀下从来不斩无名之鬼。”

“什么常遇春，想必是常遇鬼吧，你听好了，爷乃陈汉将军王敏德是也！”

“常遇鬼，我乃是陈汉刑部郎中定住是也！”

“你俩说得对，本帅今天遇见两小鬼了，我劝你们不要做冤死鬼，还是回去叫陈友谅来受死吧！”

“看锤！”王敏得懒得搭理他，策马上前，距常遇春五六尺的距离，重重地抛出狼牙锤。

这一招叫先发制人，锤重有三十余斤，用臂力抛出，具有百十来斤重的力度，一般的人是很难躲过这一锤的。死在该狼牙锤下的冤魂不计其数。

常遇春见敌将使用的兵器是狼牙锤，他不敢轻视，忙用反刀迎接锤锋。

“当”的一声，两个冷兵器碰在一起，发出清脆的响声。

王敏德见状，暗自一惊，能躲过我这一锤的人，几乎为零，常遇春是第一个，果然名不虚传。

说迟时那时快，定住见常遇春挥刀挡住了狼牙锤，他以迅雷不及掩耳之势，挥舞着手中的狼牙锤，盖头向他打来。

常遇春忽觉头顶一阵冷风，忙双手举起刀柄于头顶，挡住了这致命的一击。

一把偃月刀，一链狼牙锤，一根狼牙棒，三匹清一色的赤兔马，二与一的战斗，天昏地暗。战至四五十个回合，王敏德渐渐体力不支，露出了破绽，常遇春瞬间瞄准了战机。

“去死吧！”他挥刀一扫，就将王敏德斩落于马。定住见状大怒，挥舞着狼牙棒如疾风骤雨般地向他打来。

常遇春不慌不忙，用刀一一拨开了他的狼牙棒，双方又战了二十多回合。

定住见取胜不能，欲策马飞袖箭伤敌。他的这一幕已被常遇春发现，趁他分神之机，他先下手为强，手中的大刀直飞定住的后背，刀锋却深深地插入了他的心脏。

4

常遇春连伤汉军两员大将，使船上的张定边、陈英杰、陈友仁、胡大海义愤填膺，纷纷向陈友谅请战，要为死去的两位将军报仇。

陈友谅早在京城武状元大赛中，就领教过常遇春的厉害。孙子兵法曰：“避其锐气，击其惰归。”

他不得不对其部属，实言相告说：“朕也不是他的对手，你们就不要作无谓的牺牲。”

张定边不服气地说：“难道就让他长期霸占我们的首都，传将出去，江湖上怎样评论我们。”

陈友谅说：“肯定不行！但需从长计议。”

这时，探子来报：“皇上！邹太尉的援军，乘百余艘战船，已经进入了湖口。”

“好！”陈友谅对众位说：“江州暂且放一放，走，我们去与邹太尉会师，与朱元璋比比水上功夫。”

邹普胜远远就看见大汉国军舰如十坐移动的山包，向他们驶来了，忙弃船登上了皇上的指挥船。

邹太尉见到皇上纳头便拜：“臣救驾来迟，请吾皇恕罪！”

陈友谅连忙将他扶起：“爱卿平身，不迟，不迟！”

邹普胜不解地问：“皇上！我大汉国军威浩荡，所向无敌，怎么转眼间，却让朱贼抢占了上风头呢？”

陈友谅叹了口气说：“不提了，是朕过于轻敌。”

邹普胜见皇上有难言之隐，就悄悄问旁边的张定边。

“这到底怎么回事？”

张定边说：“朱贼军中有能人，我们中了他的连环计。”

当然，他不会向他说是谢伯坚投敌造成的，那样就是掉了十兄弟的底子。

邹普胜又问：“皇上！下面我们该怎么办？”

陈友谅正要说出自己的打算时，突然探子又来报。

“皇上！吴军两百余艘战船，正向湖口驶来。”

陈友谅问：“每条船上有多少士兵？”

探子说：“船上被油布盖得严严实实，看不清楚有多少士兵。”

邹普胜进谏：“皇上！管他呢，敌人敢来进犯，我们就去击败他。”

“邹太尉说得有道理，朕正想出一口恶气。”

陈友谅恶狠狠地对陈友贵说：“友贵！集中炮火，全部击沉他们！”

“遵命！”顿时，炮声隆隆，火光冲天。汉军借着火光，只见吴军战船前仆后继，一艘一艘地被击沉在窄长的湖口水域，汉军将士看到这一精彩的场面，“好！”“我大炮威武无敌！”一片欢呼。

战斗结束后，陈友谅从望远镜中，只看到成片的船板在水上漂浮，只有零星的尸体夹在木板中间。

“难道是空船？”陈友谅一惊，忙对陈英杰命令道：“英杰，快乘小棹过去看看，到底吴军又要的什么伎俩。”

“是！”陈英杰带领九个兵丁分乘五只小棹，箭似的向沉船水域飞去。

一片硝烟味中，他们分别在破碎的船板中查来看去，只看见几十具尸体，在随船板儿边漂浮。

陈英杰迷惑不解，他带头跳下棹舟，潜入水中。

我的天啊！潜不到三尺深，就看见大块大块的石块，将鄱阳湖通往长江的河道，堵得严严实实。

陈英杰慌忙飞舟回来报告。

“皇上，我们炸毁的不是敌战船，而是一艘艘运送石头的船只，石块现已将通往长江去的河道堵死了。”

陈友谅发出一声冷笑。

“人心不足蛇吞象。朱元璋想将我们困死在鄱阳湖，自不量力！”

他向陈友仁命令道：“友仁！命令你的水师换乘小船，进行水上作业，务必要尽快疏通河道。”

“且慢！”张定边指了指对面的花尖山说：“如果敌人有伏兵埋伏在此山中，那我军不就成为他们的活靶子。”

“张太尉言之有理。”邹普胜同意他的观点。

陈友谅说：“友仁，你们先派小股人马，试探性地作业，如果确有伏兵，迅速撤退。”

他转向命令陈友贵说：“友贵将军，一旦发现花尖山上有伏兵，立马用炮火荡平花尖山。”

小股水师士兵刚到达沉船水域，正准备下水捞石头时，却被花尖山上飞来的箭镞射杀，葬身鱼腹。

陈友贵看得真切，快令炮火向花尖山狂轰滥炸。

这样一来，两军一个在水上，一个在花尖山上形成了拉锯战，十几天下来，汉军不但没有清除水障，反而白白地损失了好几千人。最令人丧气的是，巨舰的炮火火药已经寥寥无几。

原来，花尖山上埋伏的是张英的军队。张英早已防着汉军会用炮火压制，他们借助名叫“神仙洞”的天然大溶洞作掩护，使汉军的炮火是空炮，对吴军根本构不成威胁。

蛟龙被困死在水中，岂不是天大笑话。可事实上，陈友谅就处在这一尴尬的处境之中。

吴军避其锋芒，不与汉军在水上交战，他们的大军沿鄱阳湖沿岸，采取链式战术，围困汉军，使他们找不到突破口。

5

陈友仁曾带领水师，按演习登陆的办法，强行向花尖山登陆，欲占领花尖山，再进行水上捞石作业。但终由于张英占领了有利地形，居高临下，十余次登陆都没有成功。

由于没有破敌之策，陈友谅只有下令，所有汉军分十处，扎水寨固守，伺机再战。

汉军船上的供给一天少于一天，伙食是饱一餐饿一顿，使士气日益低落。

特别是使陈友谅不能释怀的是，探子侦察潜入江州，打探城中的百姓获知，谢伯坚是惧战倒戈，没有交战就拱手将江州献给了敌人，换来了吴军兵部副侍郎的虚职。

这就是结拜的弟兄，义字何在？陈友谅顿时感觉到，就像有人给了他当头一棒。

通过谢伯坚投敌事件，使他又想起了变节的康茂才，他真后悔当初没有听恩师的忠言逆耳，将康茂才、胡廷瑞开除出队伍。不过，胡廷瑞在沔阳倒还乖巧，但愿潘贵妃能镇得住他。

什么结义兄弟，什么亲情？关键时刻背后捅刀子，陈友谅的心凉了半截。康茂才、谢伯坚的叛变，对他的打击很大，他的脾气一天比一天暴躁，已至连张定边、邹普胜这样的大臣，都不敢随便与他搭讪。

船上的粮草越来越少了，这样下去不是办法。

这天，陈友谅召开了将军级别的军事会议，讨论是继续留在水上，还是登陆作战。

陈荣首先站起来发表自己的观点。

“我们要充分发挥我们水上作战的绝对优势，继续留在水上作战。”

邹普胜说：“那我们的粮草怎么解决？”

陈荣说：“我就不信，这么大的鄱阳湖，还养活不了我们几十万军队。”

陈友谅狠狠地瞪了他一眼说：“我们还是大汉国吗？干脆叫水上国得了。”

这时，大将郭恒站起来说：“我军虽然水师强大，可敌人避其锋芒，不与我们正面交战，而是采取蚕食的战术，要将我们困死在鄱阳湖，我们不如干脆集中兵力杀将上岸，冲出包围，再图发展。”

张定边脸上露出冷笑，不禁问他：“吴军在陆地上实行链式围困战术，登陆作战，必须找出敌人最薄弱的突破口。郭将军！哪里是敌人防御最薄弱的地方呢？”

郭恒：“这……”

坚持水上作战和提出登陆作战的意见不差上下，争论不休，会议开了一整天，还是没有结果。

“时间不早了，明天再议。”

陈友谅在散会之前强调说：“我军又处在困难时期，大家要团结一心，共克时艰。现在我任命，张定边为我军总督察，对扰乱军心者、心存异心者，有督察之责，有先斩后奏之权力。这是特殊时期，采用的是特殊办法。”

实际陈友谅担心，在困难时期，有的将领立场不坚定，心存异心，不如来一个亡羊补牢。

6

邹普胜和众将军暗自一惊，皇上今天是怎么啦？就连张定边也感觉到突然，皇上事先应跟我通通气啊。

陈荣回到他的战船上，皇上那冷酷的脸，总是在他的眼前晃来晃去，他吓得脸色煞白。难道我今天坚持水上作战，是违背了皇上的旨意？想到这里，他背沟里流出了一阵阵冷汗。

为了活命，皇上的表叔康茂才、结义兄弟谢伯志都能叛变，我一个小小的将军又何不能？在哪里都能杀元鞑子。康军师生前经常说：“识时务者为俊杰”，此时不走，还待人头落地？

不能一个人走，要将五万弟兄全部带走，只有这样，在朱元璋那儿才有投诚的资本。

陈荣历来是胆大包天的人，他决定的事情，就会立马实施。

也许是军心浮动，也许是巧合，也许是陈友谅气数已尽。大将郭恒回到自己的一亩三分地，饭也不吃，一个人躺在床上想着心事。

自从追随天完国皇帝徐寿辉造反，图的是升官发财，封妻荫子，谁知道他是个短命的鬼。人人都说我会见风使舵，时遇战乱之年，只有这样，才能生存发展。本想投靠陈友谅，会平步青云，哪曾知他是个论亲疏的小人，赵普生被杀就能说明问题。今天的军事会议上，我出于一片好心，主张弃船登陆，其结果是遭到张定边的质疑。谢伯坚投诚朱元璋，平步青云，连跳四级，一跃成为吴军兵部副侍郎，运气多好啊。我决不能被困死在鄱阳湖里，与陈友谅陪葬，此时不降还待何时。

郭恒主意已定，他在深夜，也带领五万人马投降了吴军。

朱元璋一夜之间，喜闻汉军两员大将带领十万大军投诚了过来，深深体会到不战而屈人之兵的道理。

“谁说天上不能掉馅饼，朕一夜就白捡了十万军队。”

朱元璋激动得睡不着觉，硬是将睡梦中的刘伯温拖了起来。

“快起来陪朕喝酒，一醉为快。”

刘伯温深知皇上的疯子脾气，很有味儿地陪圣上，在老爷庙临时指挥所的平台上，边欣赏着鄱阳湖远处，陈友谅战船上零星的灯光，边商讨明天封陈荣、郭恒两位叛将什么官儿。

第二天一早，邹普胜获知他的两个手下，连夜投奔了朱元璋，气得七窍生烟，老泪如泉涌。

“我有何脸面见皇上啊！”他仰天长嘶“苍天啊，想我邹普胜忠心耿耿辅佐皇上，而部下却毁我忠义之名，老夫难辞其咎。罢了，罢了，我还有何颜面立足江湖，不如去东山寺修行得了。”

张定边一早起来，正在船上打岳家拳，他安插在邹普胜军中的探子来报。

“大人！邹太尉的两员大将陈荣、郭恒分别带领五万人马，连夜投降了吴军，邹太尉也有逃跑迹象。”

张定边一听，大惊失色。

“消息可靠？”

“绝对可靠。”

“再探，盯紧邹普胜，随时向我报告。”

“是！”

张定边慌得连衣服都没有换，就匆匆地来到船上的行宫。

陈友谅由于想着怎样解开全军危困，一夜不眠，阇贵妃刚刚陪他躺下，就听见一个侍女隔帘而报。

“皇上！张太尉有紧急军务求见。”

陈友谅一骨碌地翻身起床，穿着睡衣来到客厅。

“皇上！大事不好。”张定边心里着急，也忘记了行君臣之礼！

“陈荣、赵恒昨夜各带五万人马，悄然地投降了朱元璋，邹普胜也有逃跑的迹象。”

陈友谅听后也是大惊失色，自言自语地说：“真是怕什么来什么。”

张定边问：“皇上，邹普胜怎么办？”

“他去哪儿了？”陈友谅反问。

“据探子报，他装扮成出家人的模样，一人划着小棹，往东山寺方向去了。”

“唉，”陈友谅叹了叹口气说，“他是天完国老臣，就随他去吧。”

张定边气恼地说：“赵恒不说，陈荣这个裸日的，良心被狗吃了，皇上您对他恩重如山，他却背叛了您，让人不可置信。”

陈友谅无可奈何地说：“二弟，他们这些人是墙头上的草，不存在对谁忠心耿耿，有奶就是娘。所以，我要你重掌督军之权，就是以防万一，没想到这两个狗贼的嗅觉比狗还灵。”

张定边担心地说：“朱元璋陡增了十万兵马，敌我力量悬殊，这如何是好？”

7

陈友谅也在思索这个问题，原来汉军有水陆六十二万军队，朱元璋只有四十五万人马，汉军占有绝对优势。

经过半年多的战斗，汉军投降吴军有十三万人马，张必先远征元军带走了十八万人马，战争阵亡了一万多人马，实际汉军现有不足三十万人马。而吴军是兵强马壮，现有五十八万之众。

陈友谅不无担心地分析说：“现在最使人担心的是，不能长期被困在鄱阳湖里，否则军心涣散，再出现陈荣、郭恒事件，后果将不堪设想。现在唯一的办法是，要有一支援军，从陆路撕开一个口子，方能解被困之危。

张定边建议道：“皇上，是否通知三弟撤回增援。”

陈友谅叹了一口气说：“朕马上下旨飞鸽传书，三弟收兵，但远水也救不了近火啊。”

张定边一想也是，张必先的战场距江州有三四千里路远，着快马也得一个多月，且不知三弟他在战场上脱不了身。战场是瞬息万变的，得有个万全之策。

“是否能通知罗显中前来解困。”张定边建议说。

陈友谅摇了摇头说：“不可，不可。罗将军一动则引发更大的灾难，一旦造成武昌兵力空虚，朱元璋乘虚而入，那就首尾难顾，而被他端了老窝。”

“现在唯一解困的办法是……”

陈友谅下了下决心说：“只有求亲家‘围魏救赵’了，这也是唯一可解困的办法。”

张定边试探地问：“您是说修书给苏州王张士诚，请他乘机率兵攻打金陵。这样，朱元璋一定会回去保他的老巢，鄱阳湖之困就会迎刃而解。”

“正是！”

“不知苏州王是否应许。”

“会的。张王虽然志小，但也是个重情重义之人。解危之后，就把公主琳儿嫁过去。”

“那派谁去送这封信呢？”

“我想了想，送信的事儿非胡大海莫属。”

“为什么要胡大海送呢，他贪杯，臣怕他喝酒误事。”张定边担心地说。

陈友谅胸有成竹地说：“不会的，胡大海孰重孰轻还是有分寸的。再说，他与张士诚在京城有一面之缘。亲家本来就是个小心多疑之人，派其他人去，他怕有诈，是不会相信。”

“原来如此，还是皇上考虑周全。”

胡大海领令后，装扮成一个商人，乘小舟出湖口，顺长江往苏州而去。

第二十七章

假女婿说谎言汉王不疑　九江口含泪劝太尉无果

乾坤逆转几沉浮，昏智孤家太尉忧。

戴孝披麻拦路口，只身救主险中求。

——题记

1

这天，刘伯温陪着皇上在老爷庙里下围棋，朱元璋边漫不经心地下着，边问军师。

“爱卿，想好了活捉陈友谅的良策没有，可不能总在鄱阳湖边耗下去，还有很多地方需要我军去收复啊。”

刘伯温放下棋子，拿起鹅毛扇子，扇了扇说：“主公，不急，不急。臣昨晚观天象，陈友谅的老巢，沔阳上空乌云密布，雨点如注，像是上天在哭泣。”

“哦！有这等奇事？”朱元璋兴奋地问。

刘伯温正要回答时，只见少将毕云龙，押着一个五花大绑、遍体鳞伤的商人进来。

“皇上！末将奉军师之命巡查长江水域时，发现此人鬼鬼祟祟，形迹可疑，待我们正要上船搜查时，见他将一封书札丢入江中被风浪卷走。于是，我们就将他押回审讯，拆除他的伪装一看，原来是与我交战过的汉军大将胡大海，可他嘴硬得很，就是不招。这不，末将只好将他押到皇上这儿来，让您发落。”

“嘿嘿……”朱元璋发出一声毛骨悚然的冷笑。

“壮士，还是招了吧，免受皮肉之苦。朕这里刑具多的事，还没有撬不开的嘴。”

“噗！”胡大海向朱元璋吐了吐口飞沫，咬牙切齿地说：“你就是朱重八？你这条秃驴，自己没有本领去打元鞑子，专偷别人的胜利果实。爷爷今天不妨告诉你，老子就是大汉国大将军胡大海，老子不怕死，二十年后老子还是一条好汉！”

刘伯温见朱元璋脸色由红转白，满脸杀气。他暗想：完了，这小子完了，谁叫你揭他的短呢。

朱元璋这个人，平生有两条短处是不能揭的。否则，轻者杀头，重者株连九族。

一是他原来没有名字，他是家里第八个儿子，父亲连名字都懒得取，因他是重字派行，排行第八，所以村子里的乡亲都叫他重八。朱元璋这个名字，还是他当兵后，是他的恩人郭子兴赐给他的。

二是他家里穷，连饭都没有吃的，为了活命，只好出家当上了一个小沙弥。

这不，朱元璋恼羞成怒地命令道：“将这狗日的拖出去，凌迟处死！”

所谓凌迟处死，就是将犯人小刀慢刮一百零一刀，使其在极度痛苦中死去。

正当刘伯温此时有点惋惜，这么一个重要俘虏，还没有问出什么情况时，就被处死，太过于草率。

忽然，军师只听见胡大海在去刑场的路上高喊。

“老娘！不孝之子不能为您养老送终，来世再报您的养育之恩！”

“刀下留人！”

刘伯温听后，三步并着两步，跑向刑场，将胡大海救了下来。

“将犯人关进大牢，好生照料。”

朱元璋气愤地说：“刘基！你想故意与朕作对吗？”

刘伯温不慌不忙地说：“主公，不敢！您不是问臣活捉陈友谅之策吗，现在有了。”

“怎么有了？”

“他！”刘伯温指着胡大海远去的背景说。

“胡大海一直跟随陈友谅身边，是个死硬分子，靠重刑是无法让他开口说出秘密的。刚才他在临死前，高唤他的母亲，看来他是个孝子。”

“孝子又怎么啦？”

“每个人都有弱点，只要我们掌握了他的弱点，并因势利导，不愁撬不开他的嘴。”

“你是说，他的致命弱点在他母亲身上。”

刘伯温摇了摇鹅毛扇子说：“主公，正是！看来只有老夫出面，去沔阳请胡老夫人了。”

朱元璋忙摆着手说：“不行，不行。你不能去送死。听说陈友谅部的军属，都在知府胡廷瑞的保护之下，你不能去送死。朕的千秋大业尚未完成，还要你出谋划策呢。”

刘伯温胸有成竹他说：“皇上请放心，我与胡廷瑞的父亲胡家富有过一段交情，算起来我还是他的长辈。这个胡老太婆子，还只有我去才请得动。”

刘伯温边扇着鹅毛扇子，两眼透露出一副老谋深算的样子，走近朱元璋身边，对着他的耳根，如此这般了一番。

朱元璋竖起大拇指：“妙！妙招！”

2

刘伯温乔装成云游道人来到沔阳。

“报告大人，府衙大门外有一道人求见！”守卫在沔阳府大门的侍卫，急匆匆地进来报告。

胡廷瑞正在品着香茗，慢条斯理地问：“何方道人呀？”

“回大人，他说是老爷您高堂的故交。”

“我父亲的故交？”胡廷瑞脑袋飞速地运转，他一拍脑门。

“难道是他？”胡廷瑞突然想起来，父亲生前跟他提起过，吴军中有一高人叫刘伯温，与父亲志同道合，都是反元志士。可现在汉吴之间不是朋友，而是敌人，要是被潘贵妃知晓，那还了得。

想到这，他忙对门卫说：“快请，悄悄地带进来！”

“老道拜见知府大人！”道人进来后，拱着双手向他行礼。

胡廷瑞抬头一望，一个身着青色长袍，头戴道观方帽，身背宝剑，手拿浮尘，长长银色的胡须飘洒在胸前。老者表情温和，两目炯炯有神，一副道骨仙风的样子。

胡廷瑞支退左右，慌忙下位，亲切地说：“前辈请坐。”

胡廷瑞亲自为他倒了一杯香茶，递给他说：“您老胆子真大，要是被潘贵妃撞见，您老的性命就难保了，我怎对得起九泉之下的父亲。”

刘伯温听后，暗喜。这小子挺念旧情，看来老夫不虚此行。

“难道潘贵妃不住在武昌宫中，却住在沔阳。”

“前辈有所不知，潘贵妃掌管着九大军垦农场，专门为皇上的军队生产供应粮草，总部就设在沔阳。”

“啊！原来是这样，陈友谅的女人，个个都了不起。”

刘伯温说完，从口袋里拿出一张银号汇票，起身递给胡廷瑞说：“贤侄，这是十万两银票，是我家主人给你做见面礼。”

胡廷瑞见是十万两银票，两眼发直了，他假装推诿地说。

“前辈，这怎么好意思呢，无功不受禄啊。”

刘伯温从他细微的动作，已经窥察出，他是一个爱财如命之徒，与陈友谅是貌合神离的人。所以，言语也不拐弯抹角。

“我受主人之命，一是来带走胡大海的老娘；二是你要作为埋伏在陈友谅老巢的一枚棋子，随时服从主人调用。”

胡廷瑞听后，不但不反对，而是气咻咻地发起牢骚。

“想我父子两代人为陈友谅出生入死，十多年来我还是个沔阳知府，早就不想跟他干了。请您转告您家主人，我胡廷瑞是人在朝中心在吴，时刻听从朱主人的调遣。”

“哈……”刘伯温听后，敞怀大笑。

3

胡大海是囚禁在花尖山一个溶洞改造成的临时牢房里，每天除有卫兵送饭外，从来没有人来问津。这样，反而使他惶恐不安，想不明白刘伯温的葫芦里，到底卖的是什么药。

这天，刘伯温来到他的牢房，隔着粗粗的木栅，皮笑肉不笑地对胡大海说。

“胡将军！你抬起你的眼睛看一看，外面是谁来看你来了。”

胡大海抬头一望，对面刑椅上坐着的正是八十多岁的老娘，只见一个狱卒正在将一副竹夹刑具，套在老娘的双手上。

胡母哪见过这阵势，惊恐地问：“你们是什么人，你们要干什么？不是说好了的吗，是领我来见我儿子的吗？”

“畜生！”胡大海见状，心如刀绞。

他大骂：“你们这些狗娘养的，你们还是人吗？有本事冲着我来呀，别为难我老娘。”

“嘿嘿……”刘伯温一声冷笑。

“老夫知道你是个孝子，不为难你老娘可以，只要你说出，陈友谅派你去干什么就行。”

“呸！”胡大海向他吐了一口痰。

刘伯温也不气恼，他用手中的鹅毛扇子向远处挥了挥。

“哎哟！”胡母发出一阵撕心裂肺的惨叫。

老母亲的惨叫声，就像万根钢针扎在儿的心口上，痛心疾首，他终于坚持不住，泪水汪汪地说。

“快放开我老娘，我说，我说。”

“这就对了嘛。”

刘伯温又向远处挥了挥扇子，假惺惺地说：“只要你说出真相，我这里有用华佗的秘方研制的创伤药，一涂在你母亲的手上，保准她老人家立马就不疼了。”

说完，他从口袋里掏出了一个精致的小药瓶，在胡大海眼前晃了晃。

“快给我娘涂上，我说我说，我保证说！”

胡大海良心还是有点不安，他心里默默地说：皇上！我对不住您了。自古忠孝不能两全，这个狗头军师太狠毒了，臣只能选择孝了，老娘八十多了啊……

果然不出刘伯温的所料，据胡大海交代，他是去给张士诚送信。信的内容是：陈友谅请求亲家派兵攻打金陵，重演“围魏救赵”的故事。幸亏被毕云龙发现，瓦解了陈友谅这一阴谋。

刘伯温在老爷庙旁的营房里，摆着丰盛的酒席，为他母子压惊。

席间，他边摇动着鹅毛扇子，边频频为他母子敬酒，边漫不经心地问：“陈友谅见过他女婿？”

胡大海说：“他只知道他女婿叫张仁，从未谋面。”

刘伯温听后，心中暗喜，一个“狸猫换太子”，活捉陈友谅的歹毒计谋，在心中形成。

4

这天，陈友谅、陈理、张定边、陈英杰在行宫会客室里，焦急地等待着张士诚的回信。

陈友仁则站在船的护栏边，瞭望着宽广的湖面。突然，他看见湖面上，有一叶小舟向他们的水寨疾驰而来。

待小船靠近，陈友仁问："船上何人？"

"我乃苏州王的太子张仁是也，奉父皇之命，前来拜见岳父汉皇。这位将军，快带我去见我泰山，我有紧急军务禀报。"

"啊！原来是侄女婿，快请上来。"陈友仁忙接他上船。

上船的张仁何等精明，他虽然不认识陈友仁，当听他叫"侄女婿"，他就跪下纳头便拜。

"小婿拜见叔叔！"

"快起来，我带你去见泰山。"陈友仁见是一个机智的小伙子，连忙将他扶起，将他带到陈友谅的行宫会客室。

张仁见会客室四人中，快步来到一身着大红蟒袍的长者面前，跪下纳头便拜。

"臣婿张仁，拜见泰山圣上，吾皇万岁，万岁，万万岁！"

"爱婿平身！"陈友谅连忙将张仁扶起，仔细端详着，这后生十七八年纪，英俊潇洒，两眼透出一股子聪明劲儿。真是岳丈看女婿，越看越喜欢。

坐在旁边冷眼旁观的张定边，从这个女婿转动着的眼神中，似乎看出有一种不对劲的地方。

在皇上的引荐下，张仁一一拜见了在座的各位长辈和太子。

恰好在这时，派出的探子回报。

"皇上，吴军不知怎的，在全面撤军。"

张仁乘机说："皇上，父王接到您的书信后，立即组织部队，将金陵团团围住。令儿臣前来请泰山圣上，带兵东进，占领玉山，对朱元璋实施合围之势。"

陈友谅听后，高兴地说："解吾之难者，亲家士诚也。"

皇上有点得意忘形了，他也不同张定边他们商量，就下达命令。

"英杰，你部和傅友德、丁普郎三部随朕东征；张太尉率兵随后，兵者诡道也，以防吴军设伏；友仁、友贵带领水军保卫太子、贵妃、公主，待令调遣。”

“是！遵命！”陈英杰受命正准备离开时。

“且慢！主公，待查实清楚再出兵如何，以防有诈！”

张定边见皇上这么草率就做出决定，不免担心。

陈友谅刚愎自用，满不在乎地说：“亲女婿在面前，这有何诈？别拿着鸡毛当令箭，小题大做。”

张定边凭直觉，认为这个女婿很有可能是个假女婿，他欲想揭穿他。如是，他试探地问他。

“张贤婿，送信的胡大海怎么没有随你返回呀？”

张仁听罢，早就想好了天衣无缝的托词。

“张将军啊，熊天瑞将军邀他一同攻打金陵，建功立业，再一起回大汉国，也有脸面见皇上。”

他这一回答，巧妙极了，就是哪壶不开提哪壶。陈友谅一直不满熊天瑞投奔张士诚，碍于他是张定边的舅哥，他才没有绩效。这样的回答，不是将张定边逼到了墙旮旯里，堵住他的嘴吗？

“这下还有什么要问的，多此一举！”陈友谅不满地瞪了张定边一眼。

张定边装着没有看见，故意对陈友谅说：“皇上，有情人终成眷属，何不传出公主，见一见贤婿如何。”

实际张仁是毕云龙装扮的，临出发前，朱元璋在他面前承诺，如果活捉了陈友谅，就将他的女儿，许配给他做夫人。

毕云龙见张定边这么一说，不知是计，他很想一睹公主芳容，忙赞同说。

“好啊，好啊！小生很想与娘子……”他自知失言，忙改口说，“小婿很是想念公主。”

“走！”陈友谅认为张定边是在扯野棉花，更没有听出假女婿的失言，他性急地接着假女婿毕云龙、卫将孙琼和陈英杰就走。

5

张士诚是书香世家，不可能教育出这么轻浮的儿子。张定边已经百分之百可以断定，这个驸马爷是个假的。

怎样才能使皇上回心转意呢，张定边下船在路上沉思，他走到一家白事馆前，眼前突然一亮。“有了。”

如是，张定边驾船紧追慢赶，终于在九江口追赶上了陈友谅。

“皇上！请留步！”

“张太尉，还有何事？”陈友谅命令陈英杰带着假女婿先行一步，他站在船上边问边等他。

张定边跳入陈友谅的船上，皇上见他重孝在身，着实吓了一跳。

“二弟，你这是为谁戴孝？”

张定边沮丧地说：“远在天边，近在眼前，就是为大哥您！”

“大胆！好你个张定边，为何如此诅咒孤家。”陈友谅气得吹胡子瞪眼睛。

“主公！听臣把话说完。臣认为这个女婿是假的！休怪臣说出了不利之言，你此番去玉山，必遭暗算。臣劝主公，今天就不要出兵，否则凶多吉少，若主公执意要出兵，臣只好披麻送行。”

“你……你……”陈友谅气得七窍生烟，恨恨地说：“张定边！你太放肆了，朕念你鞍前马后这么多年，免你一死，从现在起，革掉你的一切职务，哪里好玩，哪里去玩吧！”

“您就是将我头上的九斤半割下，我还是要缠住您，不许您去玉山，因为您是我大哥。”

说完，张定边“扑通”一声，就跪在陈友谅的面前，用手伸向他的战袍一角，紧紧地抓着不松手。

陈友谅正在气头上，愤怒地抽出身上的宝剑。张定边见状，极不情愿地闭上双眼，像一只等待宰割的羔羊，就是不愿松双手。

张定边只听得“哧”的一声，双手就像断了线的风筝，垂落了下来。他忙睁开眼儿一看，手里拿着一块战袍布料，主公头也不回地上了他的战船。

啊！张定边明白了，这是大哥的割袍断义之举。

张定边只好跪下辞拜，飞身跃到自己的船上，心酸地看着远去的主公战船，不禁放声大哭。

陈友谅率兵到达玉山途中，果然就中了朱元璋的埋伏。他正要下令捉拿假女婿时，毕云龙早已溜得无影无踪。

陈友谅忙令傅友德、丁普郎断后作掩护，他和陈英杰奋力突围。博友德、丁普郎正在奋力挡住蜂拥而来的吴军时，只听得吴军里，有一个熟悉的声音在高呼他俩的名字。

他俩立马一望，吴军冲在最前面的大将，原来是他们的主将大哥胡大海。

“胡大哥，你？……”博友德惊讶地问。

胡大海说：“两位兄弟，识时务者为俊杰，陈友谅气数已尽，我已经投奔了朱皇帝，快令将士们继续跟随我，吃香喝辣的。”

胡大海为人很讲义气，一向将他们视亲兄弟对待，他俩一听这话，互相点了点头，就同意了。

“好！一切听主帅的，大哥在哪里，我们就在哪里。”

又有四万人马叛变了，陈友谅还蒙在鼓里。

此时，常遇春一马当先，杀将过来，陈友谅高举龙骨偃月刀迎敌。

孙琼和陈英杰始终紧跟在皇上的左右，他们相互配合，协同对付常遇春。

两军从早上拼杀到晚上，吴军人多将广，汉军死伤所剩无几。陈英杰护卫皇上，边杀边跑，他们趁夜色作掩护，慌忙向鄱阳湖方向逃走。

由于三匹战马跑了一整天，刚到湖边，就同时倒地累死了。

陈英杰惧怕后面有追兵，令孙琼断后作掩护，他扶着陈友谅向湖边的芦苇丛中，躲藏起来。

再说张定边虽然生气，主公不听他的劝阻，刚愎自用，撤了他的职并割袍断义。但他念在兄弟的情分上，不能赌气一走了之，还是要想法儿救主公，哪怕是死，也要死在一起。于是，他装扮成渔夫，划着小船，来到硝烟已经散去的鄱阳湖边。

“主公！您在哪？”张定边隐约感觉到主公已经杀出重围，正藏在芦苇丛中的某一个地方。故而他每到一处，就压低嗓子，漫无目标地喊叫着。

“是二哥！”陈英杰耳尖，听出是张定边的声音，忙扶着陈友谅走出芦苇，高喊道。

“二哥！皇帝大哥在这儿呢！”

张定边将船靠了过来，见陈友谅安然无恙，弟兄三人抱头痛哭。

哭毕，陈友谅抱歉地说：“二弟，患难见真情，朕让困境冲昏了头脑，是非不分了，请你原谅朕。”

张定边大度地说：“我俩谁跟谁呀，是同生死共患难的过命兄弟，我还要辅佐您坐江山呢。可我现在什么都不是，成了光棍司令。主公，您说咋办？”

陈友谅脸唰地红了，忙说：“官复原职，另担当大汉国军师的重任。”

陈英杰在船艄划着桨儿，大哥、二哥的对话，他不知情，听似如云里雾里。

6

刘伯温获知陈友谅在他精心设计的天网中脱逃，百思不得其解。按道理是天网恢恢，疏而不漏，难道是自己的道法不够，凭他一人的力量，降服不了这颗明亮的土星。

“主公！暂且息鼓收兵，围而不攻，臣的道法不如陈友谅，老衲将去山西请高僧出山，干净、彻底地消灭陈友谅”。

他已下定决心，义无反顾地辅佐吴王朱元璋夺取天下，决定放下颜面，礼贤下士地去请他的两位师兄弟。

朱元璋对他的忠心深信不疑，愉快地点了点头。

刘伯温紧赶慢赶地来到山西古佛寺，他不顾旅途疲劳，凭着三寸不烂之舌，终于请出了师兄古佛真人周颠，师弟铁冠道人张忠，出山任吴军副军师，一同辅佐朱元璋。

这两位是一弥一道人，他们擅长观天象、占卦卜，使妖术。何时可以出兵，何时收旌息鼓，掐指一算，料事如神。

起初，朱元璋并不相信。在一次月朗星稀的夜晚，刘伯温和周颠、张忠两道人陪皇上饮酒赏月。

朱元璋有意想考考这两位道弥的功夫，他乘作酒兴问：

“二位师父，今晚可以出兵攻打陈贼否？”

周颠知道这是吴王，在有意试探他们的本领，他只是淡淡一笑。

“今晚际广星稀，不适宜大兵团作战，但却是大王练兵的最佳时机。”

正好，廖永忠、俞通海两位卫将，总是在他身边像蚊虫嗡似的“要杀敌立功”，今晚就令他俩去袭扰汉军，看看这老道的天相灵是不灵验。

深夜二更时刻，两卫将带领五百卫兵，悄悄地偷袭了汉军水寨。汉军正在睡梦中，两千多名将士，稀里糊涂地做了冤死鬼。

朱元璋闻讯大喜，他这才知道，两位老道甘愿投入他的帐下，如虎添翼，使他更加坚定了他战胜陈友谅的信心。

7

陈友谅获知水寨被袭，心中恼怒，急召陈理、张定边、陈英杰、陈友仁、陈友贵商议对策。

大家正在开动脑筋，想对策时，一向只听而不发表观点的太子陈理却出人意料地献上一计。

“父皇！我军将战船以一大航带五十艘小船，连成一排，分别在湖口、康郎山、匡庐脚下驻扎，形成掎角之势。船只靠敌营一侧蒙上牛皮，能挡住敌人的炮、箭攻击，再沿四周下扎排栅，排栅上挂满铜铃，可防敌夜间劫寨。”

陈友谅细一思量，心中窃喜。别看平时的善儿，磨磐难压出一个屁来，一旦压出来，还是蛮响的呢。

“各位爱卿，太子此计如何？”

事物往往就是这样，当人们在黔驴技穷时，往往一根稻草，认为在深水中也可以救命。

张定边表态说：“太子精明，我们这样严防死守，待到三弟领兵回援，我们再与朱贼决战。”

吴军几次试图袭寨，都被铜铃报警，使吴军竹篮打水——一场空。

朱元璋见状，心急如焚，他将三位军师请到老爷庙他的办公室，忍气吞声地问：“三位神仙，快出出主意，这样长期耗下去，待张必先回援，我们将前功尽弃。”

两位副军师也不答话，各人手拿尘刷，闭目打坐着。

朱元璋直气得咬牙切齿。刘伯温见他这一副凶神恶煞的样子，故意调侃地说。

“主公，饭没熟，趁嘴巴空闲着，我跟您讲一个故事听如何？”

“去去去，谁还有闲心听你的故事。”朱元璋不耐烦地说。

“主公听完这个故事，保证您高兴得两天不想吃饭。”

“真的？快讲来听听。”

刘伯温摇了摇鹅毛扇子，清了清嗓门，开始讲述起来。

8

话说，在关羽兵败麦城之后，刘备心中对东吴越来越记恨。刘备率大军攻进吴方国土二百余里后，由于江南六月份的天气酷暑难当，蜀军士气低落，无心恋战。

刘备无奈，只得下令到深山密林中扎营，水军的战船暂时靠岸，等到秋天再与东吴决战。

吴军大将陆逊见战机来了，他命令士兵，每人带着一捆稻草，连夜去偷袭蜀军军营……

朱元璋打断刘伯温的话说："别讲了，谁不知道这是陆逊'火烧连营'以少胜多的故事。"

刘伯温也不辩解，只是用狡黠的眼神望着他。

朱元璋恍然大悟。"你是说，要仿古人火烧连营。"

"正是！陆逊是用稻草，我得借东风。"

"哈……难怪你们这么沉得住气。"朱元璋的脸上，终于露出了笑容。

刘伯温继续扇动鹅毛扇子说："我们还要派一员大将，打入汉军内部做内应，调出一部分兵力与我在陆地作战。这样，我们乘虚而入，借东风火烧连营。"

朱元璋说："此计甚好。哪派谁去做卧底呢？"

刘伯温很有把握地说："派降将丁普郎前往，他立功心切，定能担此大任。"

朱元璋提示说："陈友谅有了康茂才、谢伯坚、胡大海等叛将的前车之鉴，丁普郎想必是去送死，他送死事小，可耽搁了我们的大事。"

"哈……"刘伯温大笑说："陈友谅最大的弱点是过于义气，刚愎自用，他万万也想不到我刘基一计三用。"

六月三伏的一天，鄱阳湖面东北狂风骤起，吹得湖水波涛汹涌，吴军陆地的帐篷被风掀得满天飞舞，而汉军的水寨像正在荡豆腐的豆腐架子，上摇下曳。

"天助我也！"终于等来了这么好的天气，朱元璋手舞足蹈了起来。

刘伯温下令道："令丁普郎按计划，趁大风大浪出发！"

值勤的汉军，在检查水寨缆绳时，发现湖面上有一条小船，在大风大浪中挣扎，三十几个人拼命地划着手中的单桨，努力使船儿保持平衡，像一片树叶似的，向汉军水寨漂来。

“启禀皇上！湖面有一叶小舟，向我水寨驶来。”值日官报告说。

陈友谅问：“船上有多少人？”

“报告皇上，三十来人。”

“啊！”陈友谅说，“这么大的风浪行船，一定是发生了什么事情，先救上来再说。”

值日官将救上来的三十来人，五花大绑，带到陈友谅的行宫。丁普郎见到皇上，“扑通”一声，跪拜着哭诉说。

“皇上！臣做梦都没有想到，还能见到您。”

陈友谅一看，这不是胡大海的副将丁普郎吗？

“啪”的一声，他气恼地一拍龙椅。

“来人，将这个叛徒，拖出去斩了！”

“且慢！皇上，听罪臣将话讲完，再杀不迟。”

丁普郎并不惧怕，委屈地说：“臣只有这几位贴身兄弟，我带着他们趁风高浪急，吴军无法追赶，冒着翻船的危险，回来是有紧急军情向吾皇报告。”

太子在一旁提醒说：“父皇，待他说完，再杀不迟！”

“快讲，什么军情，如属实，朕可饶你不死。”

“启禀皇上！我与叛将胡大海在一起喝酒时，他透露常遇春领兵往康郎山方向，袭击我水寨去了。我将胡贼灌醉后，就与我这几十个亲信冒死来报信。”

陈友谅听后大惊，急令张定边和陈英杰领兵前往通向康郎山的路口，堵住常遇春。令陈友仁，陈友贵提高警惕，严防敌人乘恶劣天气偷袭。

张定边见这么大的风浪，只有他们三十几个人冒死送信，也深信无疑，就带领陈英杰的军队，乘船往康郎山路口迎敌去了。

陈理问：“父皇！丁普郎他们怎么办？”

陈友谅吃一堑长一智，多了个心眼。

“先绑着，严加看守，如情报属实，再放不迟。”

这时，陈友谅的右眼不停地跳动，左跳财，右跳灾。难道有什么灾难降临在头上了，他不放心，亲自来到船舷走道，向湖面巡查。突然，他远远看见，有七条小船，顺风向他们疾驰而来。

陈友谅急令：“快放箭，拦住他们。”

陈友仁带领弓箭手不停地向迎面而来的船上放箭，谁知七条小船上，被铁冠道人作了避箭法，根本射不着他们。

这几条小船，是朱元璋的部将俞海通，廖永忠带领的敢死队。船上装满了硫黄、铳药、鞭炮、火蒺藜、芦苇等易燃易爆物品。

只见七条小船，迅速靠拢了汉军水寨，吴军用板斧劈开了排栅，与此同时抛出铁钩，拉住了汉军的巨船。

顿时，火光冲天，火乘风势，风助火威，汉军水寨处于一片火海之中。

吴卫将廖永忠、俞海通见敌船已烧着，大汉国皇帝陈友谅提前龙骨偃月刀前来拼命，两人慌忙夺得一条小船而逃。

“哪里逃！”陈友谅令贴身侍卫划着一条小船，紧紧追去。

第二十八章

叛将火烧指挥船手足尽忠　吴军劫走阇贵妃公主殉国

秋风落叶望星潸，柳岸新枝未复还。

自古红颜多薄命，捐躯为国泣河山。

——题记

1

丁普郎他们三十人，都是从吴军中挑选出来的武林高手。他们见船外火光冲天，知道是军师的计谋得手了。他向几位吴军眨了眨眼睛，部下领会，他们不费吹灰之力地挣脱了捆在他们身上的绳索，一个个猛然跃起。

“咔嚓”两声，两个看守他们的汉军的颈脖子被扭断了，一声不吭地倒在地上。

“快！从底层放火！”丁普郎拿着火把，边命令边带头冲向底舱。

三十个吴军冲到底舱后，见容易燃烧的地方就点上一把火。顿时，陈友谅的指挥船内着火，很快燃烧了起来。

“住手！”

陈友贵正在船底下巡查设备，忽然闻到一股烧焦的煳味，他警惕地四处寻找起火点，果然是有人放火。

陈友贵提剑就向一个放火者刺去，吴军见状，忙用火把拦住了剑锋，两人打斗了起来。

这时，敌人的援军越来越多，陈友贵只有招架之功，没有还手之力。

“让开，待本将来收拾他！”丁普郎恶狠狠地说。

“你这个可耻的叛徒！”陈友贵望着火势凶猛的底舱，知道已经无回天之力了，恨得咬牙切齿。

他灵机一动，飞身一跃，横剑用身体堵住了上楼梯的出口。

“哈……”

陈友贵发出一声狂笑：“一个都别想逃，我们同归于尽吧！”

底舱火光冲天，浓烟滚滚，丁普郎试图抢夺出口，都被陈友贵英勇顽强地顶了回去。这时大火席卷而来，将他们吞噬在火海之中，陈友贵与三十名吴军同归于尽。

2

“冲啊！”

“活捉陈友谅，赏黄金千两。”

这时，毕云龙在岸上看见陈友谅的指挥船，火光冲天，他高喊着，率部乘舟冲杀了过来。

吴军趁乱登上指挥船，陈友仁见状，忙上前迎敌，正与毕云龙撞了个正着。

这不就是哪个假女婿吗？仇人相见，分外眼红。陈友仁也不说话，提枪便刺，毕云龙连忙用剑护体。两位年轻的将领在船的二楼，打斗了起来，战斗了几十个回合，不分胜负。

久战不是办法，船体已着火燃烧着，时间长了，双双都要葬身火海。毕云龙想到这儿，顿生一计，高喊道。

“廖将军，你将陈友谅抓住了！”

陈友仁不知是计，本能地回头一望，说迟时那时快，几乎是与陈友仁后望的同时，毕云龙锋利的剑锋，从后背直入他的心脏。

毕云龙这才想起，皇上临行前悄悄地向他交代，务必要将美若天仙的陈友谅的小老婆，完好无缺地劫回来。

“快！快上三楼，救出所有的美女！”

毕云龙命令道，吴军冒着滚滚浓烟，冲向三楼。

三楼行宫里，阇贵妃、太子陈理、公主陈伯琳和几位侍女分别龟缩在不同的角落里瑟瑟发抖，只有那小陈达端着一铜盆的水，在浇灭时不时从底下蹿上来的火苗。

“主帅，她们在这儿，好漂亮的美人儿。”

首先冲进来的吴军伍长，第一个发现公主，他正欲上前猥亵她。

“哐”的一声，一铜盆重重地扣向欺负姐姐的坏蛋。小陈达怒吼道：“流氓！放开我姐姐！”

吴军伍长摸了摸疼痛的头心，斜眼一望，见是一个十来岁的小屁孩。顿时，他如恶魔般地抱起陈达，就向宫外走去。

“放开我弟弟！”陈伯琳见势不妙，连忙起身追去，正遇毕云龙进屋将她阻拦，他像老鹰抓小鸡似的将她抓了起来。

“去喂王八吧！”

陈伯琳听见“咚”的一声，她凄惨地哭喊着：“弟弟！是姐姐害死了你呀，姐姐一会儿就来陪你……”

阇贵妃从地上爬起，边向大门冲去，边凄怆地哭诉说：“潘贵妃，我没有保护好达儿，我对不住你呀！”

陈理一跃而起，欲与毕云龙拼命，他那三脚猫的功夫，哪里是他的对手。

“统统带走！”毕云龙一手擒着太子，一手拧着公主。其他兵士，押着阇贵妃一行，很快逃出了着火的战船。

3

朱元璋、刘伯温、周颠、张忠四人站在老爷庙的最高处，远远地望见陈友谅的水寨的火光，映红了鄱阳湖，个个欣喜若狂。

“好！好！陈友谅，你的末日到了。”朱元璋狂叫道。

刘伯温提醒说：“皇上不能掉以轻心，陈友谅不是一般的角色，这次我们要斩草除根，防备他死灰复燃。”

张忠轻描淡写地说：“军师大可放心，陈友谅就是土星下凡的妖孽，有老夫和周大师在这里坐镇，他就像秋后的蚂蚱，蹦跶不了几天。”

张忠正自吹自擂着。突然，从湖面上刮来一股阴风，将老爷庙敬供的神龟上的香纸灰，吹得满屋乱旋，迫使得张忠和周颠不得不重新闭上眼睛。

“哈……”刘伯温用鹅毛扇子散去面前的灰尘，冷笑地说：“你们别自个儿将功劳往自己身上揽，石龟精在提意见呢。”

朱元璋何等精明，忙封官许愿说：“大功告成之日，朕要好好谢谢三位高参，你们说说，想朕封你们什么官。”

“谢主隆恩！我什么官儿也不想要，只要主公恩准我回到我的一亩三分地，继续过着田园生活。”

其实，刘伯温深知伴君如伴虎，已经测算到，朱元璋一旦得到天下，就会将有功之臣们请到庆功楼，像今天这样，一把大火烧之。老夫还是留条老命，享享清福，何尝不可。

“没趣！”朱元璋狠狠地瞪了他一眼，转问两个山西道弥。“你们要朕封什么官？”

张忠、周颠其实是受佛祖之命，来帮助真龙天子平定天下，使生灵早日过上和平安逸的生活。

“出家人慈善为怀，四大皆空。助主公平定天下后，我们就返回古佛寺，无须什么官爵。”

“一群怪僧。”正当朱元璋感觉没趣时，毕云龙连跑带跳地进来。

他行罢君臣之礼后，俯着圣上的耳边，悄悄地说：“皇上，陈友谅的小老婆已经毫发无损地带回，同时还擒获了太子陈善、公主陈伯琳。”

朱元璋高兴地说：“陈理拘押候审，公主赏赐你做夫人，贵妃送到朕的寝宫。”

“是，遵旨！”毕云龙不好意思地说，“这……伯琳公主脾气倔强，宁死也不愿意嫁给末将。”

“她不从？送马皇后那调教调教。”

接着朱元璋叮嘱说：“在马皇后那儿，嘴巴放严实一点，切莫透了风声，不能让她知道陈友谅的小娘子在朕寝宫里，待生米煮成了熟饭，她反对无效。哈……”

毕云龙拍了拍胸脯说：“皇上放心，末将明白。”

刘伯温好言相劝：“主公！您既爱江山，又爱美人，无可厚非。但喝陈友谅的洗脚水，不怕被天下人耻笑。”

朱元璋又瞪了他一眼：“你知道个屁，这叫胜利者的占有欲，能够摧毁敌人的意志。”

“您……”刘伯温欲言又止。

“罪过，罪过。”张忠、周颠闭着双眼，双手合掌，异口同声。

“不跟你们这些妖道一般见识，朕有事先行一步。”

朱元璋早就听闻陈友谅的小妾美若天仙，才艺双馨，倾国倾城，早就使他垂涎三尺。此时他的心里，就像有十几条馋虫在挠着，痒痒儿的。他三步并着两步，来到老爷庙后面的临时寝宫。

他进入卧室一看，只见一个身段姣好，面如桃花，丰姿绰约的少妇，坐在他卧的龙床边，不停地抽泣。

朱元璋如饿狼扑食一般，扑向阇赛清。

“别碰我！求求你，让我去死。”

阇赛清见朱元璋要强暴自己，一种从未有的羞辱感陡然而生，她欲向室内的一根木柱撞去，了却一生。

“美人儿，朕怎么让你去死呢。”朱元璋抱紧她，伸出嘴狂啃她的桃花脸。

“好你个朱元璋！”阇赛清见他用“朕”字，就知道他是夫君的仇人，张开樱桃小嘴，狠狠地朝他的手腕咬去。

“哎哟！”

朱元璋痛得叫了一声，接着厚着脸皮儿说：“好，咬得好，打是亲，骂是爱，玉牙刻印手腕上。”

“你……你愧为人君，怎么这么厚颜无耻！”

朱元璋见她又咬又骂，他双手像老鹰抓小鸡似的，两手将她的手腕抓住，恶狠狠地说：“你竟敢骂朕！”

“你这个人面兽心的东西，你要是强行，本贵妃就咬舌自尽。”

朱元璋讨好地说：“好，好，我不强来。”

说完，他放开她，出门对外室的两个宫女说：“好好照看她，如要有个闪失，你们就与她陪葬。”

朱元璋在美人儿身上没有得到满足，悻悻而去，又去找三个军师商量，怎样彻底地铲除陈友谅。

阇赛清见朱元璋离去，她步履蹒跚地来到窗前，望着鄱阳湖浩如烟海，回想起与夫君的甜蜜岁月，特别是陪伴在行宫里的缠绵，使她伤感、诀别、思念一起涌上心头。

她不禁吟哦一曲《浪淘沙》。

湖水印幽窗，何处春光。冷烟烟外尽斜阳。谁见薄衫蓬髻发，托腕思量。

莫道不凄凉，恍悟徒伤。世间何事断人肠。曾是绕君春梦里，蜜月馨香。

当天晚上，朱元璋念念不忘着美人儿，他又回到寝宫，见到她就甜言蜜语地哄她，好话说了一大堆，她就是不从，他只好另行而睡。

一连五天过去了，阇赛清宁死不从。

朱元璋心想，不能再拖下去了，没有不透风的墙，要是被皇后马大姐发现了他金屋藏娇，到手的鸭子就会飞走。

软的不行，就来硬的。这天，他终于撕破了慈善的面纱，恶狠狠地威胁她。

“美人儿，你必须从了朕，否则朕要将你们陈家斩草除根！说到做到！”

阇赛清想到达儿的惨死，恶狼窝里尽恶仔，他们什么伤天害理的事做不出来？当听到朱元璋的“斩草除根”，倒是提醒了她。我还不能死，我怀着夫君的龙种有两个多月了。

俗话说：无毒不丈夫。朱元璋连他的韩皇帝都敢杀，何况夫君是败将呢，可怜我老陈家上下百余口，在劫难逃啊！

越王能卧薪尝胆，韩信甘受胯下之辱，成就了一番大业。我一个弱女子，宁肯受奇耻大辱，也要保住老陈家的血脉，将来孩子长大后，伺机为父皇报仇雪恨。

想到这里，阇赛清停止了反抗，痛苦地闭上了眼睛。

4

再说毕云龙将陈伯琳带到后宫，他向马皇后传达了皇帝的旨意。

马皇后满脸笑容地说：“毕将军，放心吧，伯琳公主在本宫这里，待我慢慢调教，她会回心转意的，瓜熟蒂落之时，本宫再通知你来迎娶。”

“谢圣母！”毕云龙感激流涕。

马夫人亲自将她接入后宫，令侍女优越侍候。

一日，马皇后和颜悦色地对她说：“陈公主！送你来的毕云龙将军，你也看见了，一表人才，年轻有为，是国家的栋梁之材。你们俩挺般配的，年龄相仿，郎才女貌。本宫欲为你俩为媒如何？”

“不可！”陈伯琳听后，想起小弟惨死在他的手下，我怎么能嫁给我大汉国的仇人，何况本公主还是有夫之妇。

“为何？”马皇后也不生气，笑着问。

公主咬着玉牙说：“他不是人，他是畜生！”

骂完后，她红着脸儿，对皇后说："请皇后娘娘不要再费口舌了，本公主早已被父王许配给张太子了。"

马皇后明知故问："哪个张太子？"

陈伯琳柔声说："公公是苏州王张士诚。"

马皇后一声冷笑："你还不知道啊，你的所谓郎君张仁也是我们的阶下囚，快死了这条心吧。"

陈伯琳听到郎君也被俘，哭泣着说："你们这些人真歹毒，煮豆燃萁，残害异己，天理难容。

马皇后开导说："傻孩子，一国不容二主，优胜劣汰，这是人类的发展规律，何为歹毒。"

陈伯琳知道自己是笼中之鸟，只是低头哭泣。

马皇后见状，假装慈悲地对侍卫说："传本宫的旨意，迅去监狱将张仁带到后宫，与公主见上一面，免得可爱的小美人哭成了泪人。"

不一会儿，侍卫回报："回皇后，张仁在狱中大骂老臣徐达大人，徐大人一怒之下，就将他杀了。"

陈伯琳听后，更加恸哭了。

马皇后假惺惺地劝说："好孩子，人死不能复生，要保重身体，你还年轻，去了粉的还有红的，得想开一些。"

她凄凉地对马夫人说："父皇已将我许配给张仁为妻，我生是张家人，死是张家鬼，我决不能做对不起大汉国之事。"

说完，她提起笔来写下"为国捐躯"四字后，突然拔出马夫人的佩剑，自刎而亡。

马夫人欲救已经来不及了，她望着一朵鲜花已经凋谢时，由衷地发出感叹。

"古今少见的贞节烈女也！"

5

陈友谅不在指挥船上，他因追赶吴卫将廖永忠他们而逃过一劫。

陈友谅现在乘坐的战船很大，吃水深，不论船上的水手怎么奋力划桨，紧追慢赶，但廖永忠他们的船小灵活，就像泥鳅一样滑，竟然溜走了。

待陈友谅再回头一望他的行宫时，眼睁睁地看着被大火焚烧，却无力救援，巨船慢慢地沉入湖底。

他心如刀绞，四弟、五弟、贵妃、太子、公主、小皇子的安危，时刻牵动着他的心，他命令身旁的卫将孙琼。

“孙将军，现在朕是名副其实的孤家寡人，只有你一将可用，你乔装打扮一番，务必要探明朕家人的下落，顺而也打探一下张太尉和陈英杰的情况，如果他们还活着，请带回见朕。”

孙琼说：“遵命！皇上，末将不在您身边，您一定要保重龙体，待我将他们找回后，再作打算。”

陈友谅说：“你放心去吧，朱元璋这个狗贼暂时还奈何朕不得。”

孙琼含泪辞别了陈友谅，胸藏袖剑，装扮成渔民，划着船儿，四处打探消息去了。

陈友谅令水兵们将船划向鄱阳湖西岸的湖堤边，望着远处河堤上一排排杨柳，垂柳青丝，充满生气，使他精神为之一振。

陈友谅下船后，往柳堤而来。他见被湖风吹拂的柳枝在不停地摇曳，顺手折断一枝，小心翼翼地插入泥土中，边插边吟道。

西河岸上插新桠，大汉茸茸似茂丫。
一树抽丝千百柳，奇葩繁衍众多花。
冬寒鄱水摧枯叶，春暖青山发嫩芽。
凡是江州皆尔族，普天同庆旺诸家。

忽听孙琼在远远的湖面高喊：“皇上！张太尉和陈将军他们回来啦！”

陈友谅一听，喜出望外，连忙回到自己的战船上，令水手迅速与张定边他们会合。

张定边、陈英杰与陈友谅一见面，三人就抱头痛哭。

“主公！都是我的错，我这个军师不称职啊，又中了叛徒诈降之计，才使我军损失惨重。”

张定边捶胸大哭。

“二弟，这不是你的错，主要责任在我。”

陈友谅问：“你们不是去康郎山阻击敌人去了吗？怎么这么快就回来了，

你们是怎样知道，敌人用计火烧水寨的呢？”

陈英杰见二哥泣不成声，就代为禀报。

张定边带领陈英杰的大军，日夜兼程，很快到达康郎山。

汉军正要靠岸登陆时，张定边望见康郎山上异常平静，心生疑惑。

“且慢登陆，康郎山有敌军埋伏。”

陈英杰望了望山口，见没有什么异样，就问：“二哥，你是怎么知道有敌军埋伏？”

张定边也不正面回答，他急令炮手向山上开炮，轰隆声一过，山峰上除有阵阵硝烟向天空袅袅升起外，却什么动静都没有。

“二弟，果然有埋伏，看出端倪没有？”

陈英杰望着山峰，略一思索，恍然大悟。

“二哥真不愧是沙场名将。如果没有伏兵，山上的野鸟听见炮声，一定会腾空而起。而这天空中连一只山雀都没有看见，说明敌人早已将它们吓飞了。”

张定边笑了笑说：“小弟进步不小啊。”

陈英杰见二哥表扬他，说明他的分析是正确的，无不得意地说：

“这也分析不出来，那这几十年在皇上身边，不是白混了的。”

张定边望了望康郎山的几处山峰，“嘿嘿”顿时发出一声冷笑，一个将计就计，包抄消灭敌人伏兵的计划在脑海中形成。

“英杰，委屈你一下，将你的军旗收起来，全部打着本太尉张字军旗，两军一鼓作气蜂拥登陆。”

张定边继而命令副官道：“你登陆后，迅速带领一千士兵，多砍些树枝，全部绑在马腿上，在康郎山下不停地来回奔跑，动静越大越好，没有我的命令，一个也不能停下来。”

副官答道：“末将明白！”

康郎山本来就是一座座沙丘形成，著有南方沙漠之称。经汉军一千多骑兵拖着树枝来回奔跑，整个康郎上空飞沙弥漫，顿时伸手不见五指。

张定边见副官的行动，达到了他预期的效果，他高兴地对陈英杰说：“英杰，我带弟兄们从正面迎击敌人，你从左翼迂回到敌人的背后，杀他个措手不及。”

陈英杰立马说：“二哥用兵如神，小弟心里明白，坚决执行。”

康郎山口确实有吴军的伏兵。常胜将军常遇春奉军师之命，埋伏在通往康郎山的必经之路，阻击汉军的援军，务必要将汉军拖住两天的时间，换取时间，使火烧连营的计谋顺利实施。

常遇春见汉军援军来势汹汹，立马当先，奋勇阻击敌人。由于风沙蔽日，两军互不知主将是谁，见不是同样军服的人就砍，直杀得天昏地暗。

双方正杀得难解难分之时，常遇春猛然听到他的背后，杀声震天。

“不好！中了敌人的反包围之计。”

想我常遇春，江湖上送我常胜将军，不能浪得虚名，不能在康郎山上翻了船，毁了一世英名。但在这飞沙蔽日之战场，也不知道敌人的虚实，他边组织军队保护后冀边高喊道。

“弟兄们，汉军的援军虚张声势，我们要奋勇杀敌，只要我们按原定计划拖住敌人，就是我们的胜利。”

他的这一声高喊，倒是提醒了正在拼杀的张定边。

不好！我们中了敌人的调虎离山之计，张定边惊出了一身冷汗。

“快放三声炮铳。”张定边急令信号兵。这是他和陈英杰约定的暗号。

陈英杰听见炮铳响后，将分散杀敌的队伍很快集中一处，杀开一条血路，真扑铳响的方向而来。

常遇春遭到了前后夹击，吴军伤亡惨重，常遇春终于招架不住，率兵突围，落荒而逃。

陈英杰正要领兵追杀，张定边见状高喊。

“英杰，别追了，快上船！皇上有难，快去救皇上。”

陈英杰听罢，忙搬师回援，这时已经是当日的深夜时间。当张定边和陈英杰的战船行驶在行宫方向的途中，远远看见水寨火光冲天，其光亮映照在鄱阳湖的上空，如同白昼。

“嫂子和两个弟弟、侄儿侄女们……”陈英杰说到这里，已经泣不成声。

陈友谅迫切地问：“我的家人怎么啦？”

孙琼告诉说：“贵妃、太子、公主已被吴军俘去，友仁、友贵两位将军和小皇子陈达，已经壮烈殉国。”

“啊……”陈友谅顿时一阵目眩，要不是陈英杰手疾眼快，一把将他扶住，他就会跌倒在地。

正在这时，探子慌忙来报。

“皇上！不好了，吴军大批水军朝我方冲了过来。”

张定边说：“慌什么慌，兵来将挡，水来土掩。英杰！我俩去迎敌，孙将军留下，保护主公。”

第二十九章

陈友谅中毒箭命悬一线　陈英杰报主恩英勇献身

大汉雄风逝水滨，何然忠义一门陈。
为寻解药龙潭闯，孤胆擒王献自身。

——题记

1

张定边快步跑到船头，举目一望，吴军的指挥船上站立着一员大将好似面熟，再定眼细瞧，这不是皇上的手下败将，原来元军的汉阳守将郭英吗？此贼几时投奔了朱元璋呢？

想到这儿，张定边扯着嗓子问："手下败将张英，你有何脸面来挑战，你是几时换了祖宗的呢？"

"张……"张英"贼"字刚要出口时，就感觉不对，本人也姓张，连忙改换说：

"汉贼！你跟我听好了，我家军师刘大人爱才心切，在我去京都的路上，就将我劝了下来。本将为了报汉阳之仇，励精图治，现在是吴王手下的五虎上将之一。陈友谅现在大势已去，念在我俩一笔难写两个张字的分上，我不与你计较。识相的，交出陈友谅，我保你在大吴国享受高官厚禄。"

"我家主公念你是个人才，没有杀你，你知恩不报不说，还认贼作父，张家没有你这个有奶便是娘的败类！"

张定边骂完，出其不意地射出一箭。

"啊！"张英冷不防，他见箭镞快速凶猛，举剑拦之是来不及了，他忙转身避之。只见直入他胸口的箭头，却射进了他的左肩。幸好他披有盔甲，伤得不重。

狗日的，老子是草原射鹰的高手，肩儿却被鹰啄了，这要是传将出去，我在江湖上的颜面何在。

张英想到这里，凶狠地从后背抽出一支毒箭，两眼四处寻找张定边，欲报仇雪恨。而张定边知道他是有名的神箭手，一侧身就躲进船板的后面。

正时，陈友谅恰巧将脖子伸出舷窗外，欲察看外面的战况。

破屋偏遭连夜雨，漏船恰遇迎头风。只听得陈友谅发出“哎哟”一声惨叫，一只长箭，正中他的右眼。

孙琼见皇上受了重伤，忙令鸣金收兵，他扶着皇上躺在床上，陈友谅则双手扶住箭杆，痛苦地呻吟。

张定边、陈英杰正要领兵反击，却闻皇上鸣金收兵，就知道皇上出事儿了，两人连忙跑进船舱，一看，都傻眼了。

“快，快！快去传太医。”

“哎！”

太医随孙琼进来后，迅速对他的伤势进行了检查，决定先取出箭头。

“圣上！取箭头时，很疼很疼的，是否施放麻药？”

陈友谅明白，伤眼施放麻药，势必会影响大脑思维。

他坚定地说：“就这样取出来！”

太医将一根小木棍放在陈友谅嘴里，小心翼翼地拔出箭头，大家看见皇上满头大汗淋淋，却一声都没吭，都为他的刚毅而叹服。

正当太医在为他包扎伤口时，却看见伤眼周边呈现出漆黑，他顿时蹙起了眉头，迅速将伤口包扎好了。

太医见皇上因虚脱暂时昏睡了，忙将张定边、陈英杰、孙琼叫到舱外，悄悄地对他们说：

“各位官爷，你们要有心理准备，皇上中了毒箭！”

陈英杰一听是毒箭，眼圈儿就红了，哽咽地问：“那可怎么办？”

太医说：“因不知箭头上染的是何毒药，老夫也无解药可解，只有射箭之人方有解药。

张定边焦急地问：“皇上还能坚持多久？”

太医说：“一般的人中毒后四五个时辰，就会不治而亡，而皇上身体硬朗，最多能够坚持两天。”

陈英杰听后，也不和其他的人打招呼，一人默默地走了。

此时，躺在病床上的陈友谅，做了一个噩梦，梦见恩师杨子元带着两个催命鬼，来到他的面前，恶狠狠地说。

“为师在世时，多次告诫你，要明察小人、提防匪类、善用异己、戒骄戒躁，你视而不听，现在造成的恶果，你自作自受，快去地狱下油锅吧！”

两个催命鬼不由分说，拿着铁链就要来套他。

“不要，不要呀！”陈友谅惊出一身冷汗，大声喊叫道。

太医、张定边和孙琼听见皇上的叫声，连忙跑进来。

张定边拉着陈友谅的手，关切地向：“主公，好点儿了吗？”

陈友谅摇了摇头，有气无力地说：“心慌，刚才恩师来接我了，孙琼，拿笔纸来，孤家知道，这是天命，朕在世的日子不多了，有好多话儿要说，朕说你记。”

“遵命！”

孙琼立即拿来了笔纸，泪水汪汪地来到了他的床前。

2

陈友谅临终前大彻大悟，作了一首七言古诗。

沔阳洪水扭乾坤，大汉根基待兴繁。
汉国开疆天未定，陈张撮土地联婚。
十雄结义蓬山喜，几贼潜逃众将怨。
未听师言根祸起，方知良药治头昏。
匡扶正义何为错，却遇奸邪不自尊。
三次轻吴诸队陷，一时大火众亲冤。
匆匆岁月亏家眷，漫漫年华谢育盆。
起义然由驱外鞑，干戈却为战同根。
失谋战役吾遭难，勿略沙场汝拚奔。
倘若吴王追我杀，莫忘柳岸插诗存。
隐居一户繁千户，埋姓诸门发万门。
万马奔腾山水动，千家兴旺碧泉喷。

……

临终撰写春秋事，留作后人好溯源。

……

吟到此时，陈友谅大喘着粗气，两眼无神地望着天花板上。张定边见主公紧紧地握住他的手不放，似乎还有很多后事要交代。

张定边努力地忍住泪水，安慰他说：“大哥，您安心养病，要不了多时，您的眼伤就会好的。”

陈友谅摇了摇头，脸上强挤出了一丝苦笑。

3

这时，探子来报：“皇上！皇后、杨丞相、张大帅、罗将军带领援军，冲破了吴军的封锁线，来看望您来了。”

话刚一说完，只见杨金花从门外猛扑到陈友谅的床边，捧着他那已经变形的脸，泪流满面地问。

“皇上，夫君，您怎么啦，您怎么啦？”

陈友谅听出了是皇后的声音，他抚摸着杨金花的丝丝白发，故作轻松地说：“皇后，我没事，倒是你太辛苦了。”

杨从政和罗显中上前关怀地问。

“皇上！伤口没有大碍吧？”

“皇上！保重龙体。”

张必先连忙俯身拉住陈友谅的另一只手，伤心地说：“大哥！只怪三弟救驾来迟，您责罚我吧！”

“这不怪好兄弟们！”

陈友谅见到他们，身体为之一振，精神好了许多。他担心地问：“你们都来了，武昌谁在镇守啊。”

张必先说：“皇上安心养伤，理儿、星儿现在可以担当大任。”

陈友谅强作笑脸地对张定边说：“理儿比善儿有担当。特别是星儿，他将来是我大汉国的栋梁之材，真是将门出虎子啊？”

张定边说：“谢主公夸赞！星儿的成长，是托了主公的福，也是他三叔锤炼的结果。”

陈友谅示意张必先将他扶起来，他斜躺在床头边，漆黑的眼睛，幽幽地望了望几位兄弟，蜡黄的脸上，强行挤出一丝笑意。

“想我黄蓬山结义十兄弟，追随朕创业艰难，身经百战，大浪淘沙，奉国、友德以身殉国，天瑞分道扬镳，伯坚叛变投敌，只剩下我们这六兄弟啊。”

罗显中站在后面，一直垂着脑袋，谢伯坚与他是在黄蓬山上为匪时，是结拜的异姓兄弟，他的叛变，使他无地自容。

陈友谅突然发现，六兄弟最小的陈英杰不在身边，他忙问：“十弟呢，英杰呢？”

4

陈英杰当听到太医说，只有射箭的人，张英才有解药时，他就离开太尉他们，独自一下来到船舷过道里，焦急地来回走动。想着，怎么才能使张英乖乖地交出解药。

“风萧萧兮，易水寒，壮士一去不复还！”不知是谁在吟咏这首悲壮的词曲，陡然提醒了他。

对！我何不仿效“荆轲刺秦王”，独闯龙潭虎穴，擒得吴王朱元璋，迫使张英交出解药。只有这样，才能救回大哥的性命。

他深知，此次行动风险极大，性命攸关。他不是贪生怕死之人，自从大哥将他从黄蓬湖的冰窟窿里救出来，他曾立誓，我这条命是大哥给的，一定要报答还给大哥。

他此时想起夫人蔡玥和幼子灵儿，眼里的泪水在眼眶中旋转。陈英杰思前想后，想了很多往事，最后下定了决心。

他跑进自己的卧室，找出纸笔，给妻儿留下一封遗书后，乔装打扮一番。

陈英杰腰藏匕首，悄悄地下了战船，划着一叶小棹，直奔老爷庙而来。

白天，朱元璋和三位军师，他们在老爷庙临时指挥所里，听到捷报频传，高兴万分。

特别是五虎上将张英回报，陈友谅右眼中了他的毒箭，不日就会毒发身亡。

“天助朕也，天助朕也！”

朱元璋一高兴，就会要求三位军师陪他喝酒。于是，侍卫端上酒菜，四人借着酒兴，就海阔天空地神吹，一直到了深夜。

刘伯温见主公已有八分醉意，再看着月儿高挂在头上，他对站在一旁皇上的贴身侍卫说。

“快扶皇上去休息？”

贴身侍卫请示道：“皇上，是回行宫，还是去阇贵妃宫里。”

刘伯温说：“还是去行宫，免得主公酒后嘴巴关不住风，把陈友谅受伤的事，透露出来，使贵妃不愉快。”

朱元璋醉醺醺地说：“对……军师说……对，回行……宫。”

他们的对话被潜伏在暗处的陈英杰听得清清楚楚，当听到十嫂阇贵妃已成了朱元璋的老婆时，牙根儿恨得痒痒儿的。大哥真是瞎眼了，亏得她还是所谓的才女，连好女不从二夫的道理都不懂，想起新仇旧恨，他恨不得一跃而去，去刺死这个狗皇帝。

但理智告诉陈英杰，他是要生擒他，才能得到解药，暂且留他一条狗命。想到这，他施展轻功，悄悄地紧跟着他，寻找机会下手。

当朱元璋路过老爷石龟精的神像前，他望见石龟精望着他不停地眨着眼睛。

朱元璋醉醺醺地说：“老爷！对不起，朕今儿一高兴，就喝高了，忘记了跟您老上香，罪过、罪过。”

说完，他拿起供案上的三炷香，在清油灯摇曳的火苗上点燃，立马跪在拜垫上，虔诚地拜了三拜后，起身回房，倒在床上就睡。

夜已深了，陈英杰见值班的众侍卫，他们打完哈欠后就东倒西歪地陆续睡着了。他蹑手蹑脚地往朱元璋的寝宫走去，刚走到石龟精神像前，他突然一个趔趄，脚好像被谁绊了一下。他一惊，警惕地四处望了望，一个人影都没有，只有神像在向他怒目而视。

“见鬼了！”陈英杰暗骂一声，就潜入了朱元璋的房间。

房间是前后两间，前间只有一个侍卫，正扒着茶几上睡觉。陈英杰悄悄地靠近他，他用左手捂住侍卫的嘴，拿出匕首轻轻在他颈脖子上一划，侍卫就毫无声息地做了他的刀下之鬼。

陈英杰拿着血淋淋的匕首，循着鼾声如雷的后房的方向，蹑手蹑脚地走了进去。

陈英杰一把掀开了朱元璋的被子，恶声吼道。

“朱贼！起来吧，别做你的春秋大梦了！”

他的这一吼，使朱元璋从睡梦中惊醒。

“来人！有刺……”朱元璋历来睡觉是微闭着眼睛，警惕性很高。今晚虽然喝多了一点，但还是被惊醒了，他见一把寒气逼人的匕首顶住他的胸前，“客”字还未喊出来，就吓得滚落在床下。

“起来！”陈英杰用力一提，就将死猪般的朱元璋提将起来，用匕首顶住了他的颈动脉。

“英雄饶命！您想要什么，朕就给您什么，只要你不杀我，您要天上的星星，朕就令人去摘。”

此时的朱元璋，只知道一个劲儿地讨饶。

“只要你令张英拿出解药，我就饶你一条狗命！”

朱元璋听后，方才明白是陈友谅的手下，来寻解药救主子的命。

“原来是大汉英雄，好说，好说，朕这就去张英帐里拿解药。”

陈英杰绑架他退了出来，只见门外四处都是他的卫侍，已经将老爷庙包围得水泄不通。他用手将匕首顶了顶他的皮肤，命令道。

“令他们让开一条道，否则我割断你的颈脖子！”

“哎哟！”朱元璋痛地喊道，“快让开一条道！”

正当陈英杰押着朱元璋从石龟精神像前经过时，突然听得“轰”的一声，神像忽地倒塌了下来，重重地砸在陈英杰的头上，将他砸昏了过去。

侍卫们乘机敏捷地救出了朱元璋，一阵乱剑乱斧，将陈英杰剁成了肉泥。

朱元璋见危险已经解除，连忙将倒地的神像，边抱着边哭诉。

“老爷呀，您救了朕两次命，您真是我的活祖宗，朕要为您重塑金身，在华夏大地为您多建造老爷庙，让民众都来祭拜您。”

刘伯温听见老爷庙内的打斗声，从睡梦中惊醒，连忙着衣跑了过来，见朱元璋有惊无险。

他扶起朱元璋说：“主公受惊了，快起来回宫休息，老爷庙的事明天再议。它只能扩大规模，在此地重建，可万万不可在其他地方建造。”

“为什么？”朱元璋瞪了他一眼。

“因为它不是神，是乌……”刘伯温故意将话说到半截，让朱皇帝去领会。

朱元璋若有所思，他望了望陈英杰血肉模糊的尸体，他并不气恼，心中叹服陈友谅身边，竟有如此忠义之士，要不是神龟显灵，后果不堪设想。

“快传仵作将该英雄的尸体收棺，按我朝大将军规格厚葬。”

朱元璋由衷地佩服这位年轻的英雄。

5

再说陈友谅在病床上，清点陈英杰，大家你望我，我望你，都感觉到迷茫，这不是陈英杰的性格呀，他本应该寸步不离地守在皇帝的身边。

“末将去找一找。”

孙琼精明，连忙跑进他的卧舱。

“陈将军，陈将军！”

这里哪儿还有陈英杰的影儿，只见桌上有一封书信，他打开一看，原来是一封遗书。

他连忙将遗书拿着，来到皇上的病房里，双手递给了杨金花。她见皇上已是奄奄一息了，不想打扰他，况且又是写给弟媳的书信，她不想打开来看。此时，她见皇上却用期待的眼神望着她。

她不得不打开书信，含泪轻轻地读了起来。

爱妻、吾儿：

今天是八月十五，是万家灯火团圆的日子，我却不能与你和灵儿相聚，也许你见到这封信后，就是我与你娘俩诀别之时。

皇帝大哥中敌毒箭命悬一线，夫不得不独闯龙潭虎穴，寻得解药，挽救皇上的生命。夫深知这是万分之一的可能，但夫要百分之百的努力，只有这样，才能报答大哥的恩情。

自古忠孝不能两全，有国家才有我们的小家。往往忠义又是并存的。为了忠，为了义，我将义无反顾地逆向而行。

假如夫遇难之刻，也是大汉国大厦倾覆之时，因为谁也救不了皇帝大哥。因此，你必须带着灵儿，追随二嫂张贵妃往湖南逃难。虽然大哥友富不在人世，但易华将军会忠心耿耿地保护我们老陈家一脉。拜托你要好好地保护灵儿，他是我陈家分支的唯一血脉。

待灵儿长大成人后，你要告诉他，有我这样敢为忠义而献身的父亲而感到骄傲。如逢乱世，也要继承父亲的遗志，为天下贫苦百姓能过上好日子而奋斗，不当孬种。如遇和平盛世，则要继承先祖的衣钵，耕读传家，孝义为彰。

夫英杰绝笔

大义四年八月中秋

“十弟！哥来也。”陈友谅听完，回光返照地大呼一声，随后撒手人寰。

第三十章

尾声

花果山中众小猴，闻王西去不思愁。
黄蓬树倒随萍去，沔水汹江远际流。

——题记

1

沔阳知府胡廷瑞在八月十五的晚上，独自坐在后花园的阁楼上，手里端着一杯香茗，两眼一眨不眨地望着星空。

突然，他看见那颗明亮的土星，顿时失去了光芒，向远方陨落。

“成功了！成功了！”他高兴得狂欢了起来。

他夫人端着一盘月饼上楼，见他如此高兴，莫名其妙地问：“夫君，什么成功了，让您这么高兴。”

“刘军师料事如神，他令十名武功高强的武士，秘密地去了黄蓬山，挖了陈友谅的祖坟，这不，应验了，土星坠落了。”

“哪个军师出这样的馊主意？”

“还有谁！驰名江湖的神扇子刘伯温呗。”

“挖人家祖坟是要断子绝孙的。”

“呸！呸！妇人之见，这叫无毒不丈夫。”

夫人不解地问：“你不是大汉国的命官吗，怎么和敌人沆瀣一气呢？”

“滚到一边去，你这个扫帚星婆娘，本官一直都是‘人在曹中心在汉’，什么大汉鸟臣。”

胡廷瑞轰走了夫人，立即高声喊道：“来人！”

副官连忙上楼问："老爷，有何吩咐？"

"令守城将士，立即打开城门，迎接东吴武士，一鼓作气消灭陈友谅的三夫人和两个儿子，斩草除根，彻底清除汉贼余党。"

副官奉命迎进了十名东吴武士，立即带兵包围了汉王府。

今天中秋，潘绍华的右眼不停地跳动，心神不定。晚上，她和泰儿、晋儿娘仨草草地吃完晚饭，无心赏月，独自一人回房休息。

睡至半夜，她又突然又被心尖的一阵刺痛痛醒。上一次刺痛是传来三儿陈达的噩耗，难道这一次？

她再也无心安睡了，披衣起床小解。

突然，汉王府外人声嘈杂，传来了重重的撞门声，她往楼下一望，见是胡廷瑞骑在高头大马上，指挥着士兵破门。

"大胆胡廷瑞！你要造反吗？"潘绍华怒问。

胡廷瑞发出一声冷笑。"潘贵妃，我告诉你，陈友谅完蛋了，我是代表我们朱皇帝前来捉拿余党。"

潘绍华听见夫君噩耗，又是一阵心痛，身体往地上倒去，恰好陈泰进来，一把将母亲抱住。

潘绍华强忍着悲痛，对两个儿子说："快操兵器，我们娘仨一定要杀出重围。"

大门很快被攻破，叛军蜂拥般地涌了进来。潘绍华和两个儿子虽然武艺高强，但在十名吴军武艺高强的武士面前，还是显得力不从心，娘仨左冲右突，就是冲破不出包围圈。

眼看娘仨就要命悬一线时，叛军突然听见一声"呜呜呜！"山摇地动的虎啸声，随即一只白额猛虎冲进叛军阵地，只一刻工夫，东吴就有五名武士葬身虎口。

"是我的坐骑！"潘绍华高兴地抱着两个儿子，飞身上了虎背，猛虎如飞地将她们娘仨，带到了神农架的深山老林中。

2

陈友谅驾崩之后，皇后杨金花强忍悲痛，带领张定边、张必先、杨从政、罗显中四兄弟和卫将孙琼等将士，乘小舟穿越湖口，护送陈友谅的遗体逆江而上，回归武昌。

朱元璋和刘伯温在老爷庙上看得一清二楚。

刘伯温斯文扫地地大叫道：“拦住消灭他们，斩草除根！”

朱元璋念及陈友谅毕竟是一代英雄，乘他落难之时，围攻送葬的队伍，恐遭天下人耻笑。再说，汉军还有三员大将在一起，兵力有二十万左右，厮杀起来，鄱阳湖又要血流成河。倒不如做个顺水人情，放他们一马，伺机分化瓦解他们，江南重镇武昌就会唾手可得。

徐达、常遇春、张英、朱元正、毕云龙五虎上将，听到军师的命令，正要领兵封锁湖口时，朱元璋大发慈悲。“陈友谅也是一代英雄，只是过于自骄，自骄者易生事，就让他们将他运回老家安葬吧！”

接着随即命令道：“四路大军立即跟进，将武昌城紧紧地包围起来。”

朱元璋见五虎上将领令后，各自准备去了，就对侍卫官廖永忠说：“传叛将谢伯坚见朕。”

本在一边生闷气的刘伯温，这时不得不佩服主公，像似宽宏大量，实则是以毒攻毒，要谢伯坚去他土匪大哥罗显中那儿，当说客策反他，以达到和平收回武昌的目的。

根据陈友谅生前的遗愿，本应将他的遗体运回老家黄蓬山祖坟地安葬，当张定边悉闻胡廷瑞已经叛变投敌，并且吴军已经破坏了他家的龙脉之地，就撤销了这个计划。

“杨丞相！你带领大学士詹同在武昌周边勘察一番，寻一块风水宝地，将先皇安葬，入土为安。”

张定边和杨金花商量好后，就对杨从政说。

杨从政和詹同带着罗盘，沿武昌周边勘察了三天，最后选择龟蛇锁江的黄鹤楼下的黄鹄山（蛇山），一块风水宝地。

在杨金花主持的朝议中，詹同在会上阐述为什么要将墓地选择在蛇山之上。

“蛇缠龟就是玄武。玄武者，北方壬癸水黑汞也，能柔能刚，上善若水。非金属石器之类，水乃河东之神，生乎天地之先，至药不可暂舍，能养育万物，故为风水宝地也。”

张必先不懂阴阴八卦，一听说是与龟为伴，就来气了。

“不行！不行！你别鼻孔里插大葱——装象。我大哥一生就害在乌龟王八蛋手上，只有朱元璋才将乌龟供为他老爷。大哥九泉有知，肯定不会答应。”

詹同也不气恼，只是念念有词地说："黄鹤一去不复兮，蛇龟锁江万民福也。"

"三弟！不得无礼，将按詹太傅说的，一举百定。"杨金花一锤定音。

张定边却在想另一件事，太子陈善被俘，一国不可无君，况且按旧制先帝驾崩，应由新上任的皇帝为主披麻戴孝。

"皇上的阴宫就按詹太傅的意见办理，按主公生前艰苦朴素的作风，丧事从简，明日出殡。"

张定边说着说着，就进入了主题。"一国不可一日无君，太子陈善被俘，生死不明，老夫建议立主公二子陈理为太子。"

一石激起千层浪，顿时朝中一片哗然。

詹同第一个站起来反对。"臣不同意张太尉的意见，在没有确切得到太子被害的消息之前，绝对不能换太子，以正朝纲。"

蔡哲也站出来说："我赞同詹太傅的意见，先皇虽然仙逝，但朝纲的严肃性还在！"

这两个文官是代表大多数文官的意见，张必先看见二哥的脸色由红转青，非常难看，他猛地抽出宝剑，吼道。

"谁不赞同张太尉的意见，我就斩了谁！"

这个心狠手辣的猛张飞是说到做到的。詹同、蔡哲等党羽见状，个个吓得默不作声，待安葬完陈友谅后，他们为了保命，连夜携家眷投降了朱元璋。

3

安葬完先帝后，张定边召集文武百官于太子殿内，向众官宣告：

"众位将士！国家兴亡，匹夫有责。我们反元斗争取得了阶段性的胜利，在先帝的正确领导下，虽然取得了辉煌业绩，但全国群雄割据，特别是窃贼朱重八趁火打劫，战火不断，生灵涂炭，为了百姓能安居乐业，我们任重而道远，当务之急，是拥立二太子陈理登基即位。"

文武百官听后，立即跪在太子殿下，山呼"万岁"！

陈理为新汉王，改年号为"德寿"。

4

陈理即位后，封张定边为镇国公兼军师，辅佐皇帝。封张必先为护国公，镇守洪山武昌前沿阵地。封罗显中为大元帅，镇守武昌的北大门阳逻一线。封张星为大将军，镇守武昌东大门寿昌一线。封孙琼为大将军，镇守武昌南大门九宫山一线。

在发动攻打武昌战役之前，朱元璋委派谢伯坚为说客，成功策返了罗显中，使武昌北大门洞开。

元至正二十四年二月，朱元璋发兵攻打武昌，汉吴两军激战一百六十三天，终因汉军主帅张必先战死，张定边之子张元星被擒，以失败告终。

第二天，吴军元帅徐达，派遣汉军降将罗显中作为外交使节，来到汉阳城劝降陈理。

汉室剩余文武众官，都被召进宫中商讨议和之事。

张定边见到来使竟是叛将罗显中，勃然大怒，狂吼道："可耻叛徒，先帝对你不薄，你竟然背叛朝廷，卖国求荣，今日还有脸充当马前卒，送死来了！"

说完，他抽出宝剑就要杀死罗显中。

"张太尉，且慢！"

皇母杨金花制止道："自古道'两军交战，不斩来使'，先帝创建的汉军乃是仁义之师，虽然败局已定，但不落话柄叫天下人耻笑。"

张定边余怒未消，没好气地说："皇太后，你说咋办？"

陈理闻知吴军已将汉阳城围得如铁桶一般，惊慌失措，也附和着问："是啊，皇娘，我们该怎么办呢？"

杨金花望着满朝文武百官，老的老，小的小，无一担当大梁之人，仰天长叹："苍天啊！尔要灭我大汉，是天数注定，且不能再让生灵涂炭。罢了，罢了，为了这二十多万将士，不再为我大汉陪葬，降吧！"

此时的杨金花已是泪流满面，她又对丞相杨从政交代说：

"丞相，在投降协议书上，必须加上这两条，一是让吴军网开一面，放汉室女眷和幼子一条生路，让她们自顾逃命，为陈家和诸将军留下血脉。二是请求朱重八放回太尉之子张元星、太子陈善、公主陈伯琳及众将军，保全众位将军的身家性命。否则，将鱼死网破！"

她见已是满头白发的哥哥，含泪点着头，就放心了。

突然，杨金花凄凉呼叫着：“汉王！妾来也！”纵身将头往殿中的大理石柱上一撞，香消玉殒。

太尉张定边凄惨地狂喊道：“我生为大汉太尉，竟无力回天，大汉已逝，留我何用！”说完抽剑自刎。

熊幺妹见丈夫已去，拾起他的宝剑，凄凉地惨叫道：“夫君，我来也！”

汉参知政事李行简，是陈友谅的忠实爱将，更是张定边的忠实信徒，他见令他尊崇的太尉已去，也拔剑自刎尽忠。

5

第二天，朱元璋见杨从政代表汉王陈理，呈报上来的《大汉投降协议书》上的名单，大喜过望。他不禁拿起案头的奏折，那是去年鄱阳湖之战后《汉军降将名单》，合二为一，竟有百名之多。

他一遍又一遍地、饶有兴趣地看着。

陈理：沔阳人，大汉汉王；1364 年降。杨从政，沔阳人，汉丞相；随陈理降朱。康茂才，沔阳人，太子太傅、汉大将；1362 年降。陈荣，沔阳人，汉大将军，1363 年降。黄昭：乐安人，兵部尚书；1364 年随陈理降。解开：吉水人，汉参知政事；1364 年随陈理降。詹同：婺源人，汉承旨学士、御史；1364 年随陈理降。蔡哲：武昌人，汉监察御史；1364 年随陈理降。罗复仁：吉水人，汉编修；1362 年在江州降。徐祥：大冶人，汉大臣；1364 年随陈理降。李才：汉枢密使；1363 年鄱阳湖战后降。熊伯颖：汉太常卿；鄱阳湖战后降。胡廷瑞：沔阳人，沔阳知府；1362 年降朱。谢伯坚：沔阳人，汉大臣，鄱阳湖战后降。陈友财：沔阳人，汉将军，友谅兄；1364 年在潭州降。欧普祥：黄冈人，汉大将，封袁国公；1361 年在袁州降。罗显中：沔阳人，汉大将，攻陷辰州；鄱阳战后降。吴宏：余干人，平章、饶州守将；1362 年降。康泰：沔阳人，汉大将，胡廷瑞外甥；随降。邓克明：新淦人，抚州守将、都督；1363 降。陈荣：汉平章；1363 年鄱阳湖之战后降。姚天祥：吉安人，汉平章；1363 年鄱阳湖之战后降。杨以德：夷陵守将；1364 年降。姜钰：枢密院事，守荆州、沙市；1364 年降。房胜：景陵人，副将；1364 年降。杨兴：汉将军，归州守将；1364 年降。张秉彝：石首人，枢密院同佥，守超州；1365 年降。

周文贵：辰州人，汉左丞；1365 年降。

除此之外，在鄱阳湖之战，汉阳之战的两大战役中，还俘获了陈友谅的十贵妃阇赛清、太子陈善、公主陈伯琳，大将张元星、丁必胜、于光、张志雄、郑仁杰、赵德胜、王溥、王汉、喻国兴、梁铉、彭时中、刘世衔、傅友德、左金吾、右金吾等人。

还有被朱元璋通缉的汉大臣有：邹普胜，麻城人，太师，1361 年九江之战失败后，在五祖寺出家；吴彻，崇仁人，汉宾师，1362 年后匿迹江湖；李仁，唐县人、汉参事，战后去向不明；陈友德，沔阳人，汉将军，友谅堂弟，鄱阳湖战后去向不明；姚正飞，安成人，汉副将，鄱阳湖之战后去向不明；龚增京，沔阳人，汉卫将，鄱阳湖之战后去向不明；饶鼎臣，汉知院，守吉安，武昌之战后去向不明；幸文才，天门人，汉将军，鄱阳湖之战后去向不明。

吴军彻底消灭了汉军，使朱元璋统一全国的决心更加坚定。他为了安抚民心，特下旨赦免追随陈友谅的文武百官的罪行，采取自愿的办法，可在朝中为官。授封陈理为归德侯，陈友财为归仁伯。追封陈思玉为承恩侯，追封杨金花为太夫人，追封陈友仁为康山王，陈友富为怀恩伯。

6

在这里，有必要交代陈友谅家眷的情况。

原太子陈善被特赦后，举家逃往大别山，改郭姓，螽斯繁衍。

二夫人张凤道带领四个幼子，陈必通、陈必达、陈必道、陈必远和陈英杰的夫人蔡氏及子陈灵，在亲信龚正军等人的保护下，一路乔装乞丐，来到江西丰城林家坪隐居。其行踪被当地官府获悉，恐于被害，于洪武二年，用计买通关卡通关，一路逃亡，辗转来到湖南吉首堡子大山坪窝定居。

还有四夫人周氏携二子陈公旭、陈公茂；五夫人何氏携三子陈伯通、陈伯能、陈伯慧；六夫人张氏携二子陈白毛、陈赤毛；七夫人达定氏（蒙古族）携子陈平旦；八夫人薛氏，携子陈曦；九夫人殷氏，携子陈宏分别逃往云南、贵州、湖南、湖北、江西、山东等地改名换姓，隐居山野。

洪武四年，朱元璋出于政治需要，以“明升陈理诸大臣有怨言，留任中原恐被人利用”为由，将陈理发配到远东高丽为侯，陈理的子孙部分改姓姬。十年后，陈理思念故土，在欧启忠、杨开林等人的保护下，携原配李氏和二个儿子陈全忠、陈全惠潜回中原，落籍于四川涪陵龙潭镇李度大山里隐居。

7

虽然大汉国烟消云散，但还有残云浮动。

孙琼，沔阳人，汉卫将，坚持斗争至洪武十二年。

易华，湘乡人，湖广参政，陈理降后坚持与朱对抗。

8

陈友谅的十夫人阇赛清，是个倾国倾城、才艺双馨的美人。当她和太子、公主一起在鄱阳湖之战中被俘后，朱元璋贪恋女色，在他的军中帐里本有佳丽百余人的情况下，出于胜利者占有欲的贪婪，又将阇氏收入帐中，任其享乐。

阇赛清天生丽质，外柔内刚，被俘前已怀孕两个月。为了保全陈友谅的血脉，她强装欢颜，忍辱负重，卧薪尝胆，博取朱元璋欢心。

不久，孩子出生，朱元璋不明就里，误以为是个早产儿，非常高兴，赐名朱梓。她在朱元璋身边，埋下了一颗定时炸弹。

朱梓十八岁时已出落得一表人才，文武双全，与大臣余显的女儿完婚后，朱元璋封为潭王，封地是湖南长沙的至国。

洪武十八年九月的一天，阇赛清将儿子叫到自己的房间，哭诉着向朱梓道明了他的身世。

她最后咬牙切齿地对儿子说："儿啊，娘蒙羞受辱十八年，为的是你长大成人的这一天，能为亲父报仇雪恨。"

朱梓听完母亲的诉说，虽然感到惊讶，但又觉得是理所当然，他也曾经怀疑过自己的身世。

因为，他是朱元璋的众多皇子中的第八皇子，但其性格、为人处世却与他们格格不入。

朱梓斩钉截铁地对母亲说："母亲请放心，孩儿坚决要为亲父报仇，杀死狗皇帝，恢复我大汉河山。"

从这以后，朱梓不理政务，暗中策划进行复仇活动，他串通丞相胡惟庸和岳父余显等大臣同谋政变。

不料，朱元璋暗自在丞相府、余府、潭王府都秘密安排有东厂之徒，致使他们的密谋败露。

朱元璋派人通知朱梓，啊！此时已改姓陈梓，进京问罪。陈梓心想：政变之事已经败露，丞相和岳父大人已经受到株连，进京也是送死。

他与夫人余氏商量，将幼子陈少梓托付给一亲信家奴，连夜逃出王府。

然后他纵火焚宫，与夫人手拉着手，高呼道：“宁见父王，不愿再见贼王！”夫妻双双跳入火海之中。

阇赛清闻悉儿子、儿媳已经殉难。她悲恸欲绝，用泪水调墨，填写了一曲《秋风清》：

冬风寒，冬夜潸。
小鸟独凄苦，枯荷鱼竭滩。
江南春尽离肠断，白绫洁萼追君还。

而后，她用一根白绫，系在房梁上，结束了她含冤受辱而又悲壮苍凉的一生。

自陈梓政变未遂后，大汉国的风云，才真正落下帷幕。